Hohenlohe

Mainhardter Wald, Löwensteiner und Ellwanger Berge

Lisa Aigner

GPX-Daten zum Download

www.kompass.de/gpx

Kostenloser Download der GPX-Daten der im Wanderführer enthaltenen Wandertouren. Mehr Informationen auf Seite 3.

AUTORIN

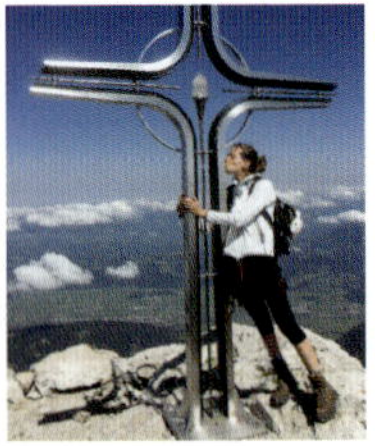

Lisa Aigner, geboren in München, ist in und mit der Natur aufgewachsen. Mit den Bergen vor der Haustüre war sie schon früh auf Schusters Rappen unterwegs. Während des Studiums der Ethnologie und Wirtschaftsgeographie hat sie dann die Leidenschaft für lange Wanderungen für sich entdeckt – sowohl in kleineren als auch größeren Gebirgen. Als freiberufliche Autorin für den KOMPASS Verlag entdeckt sie für ihre Projekte immer neue Gegenden, auf die sie ohne ihre Arbeit nie gestoßen wäre.

VORWORT

Vielseitig, spannend, mit vielen Höhepunkten und vor allem herrlicher Naturlandschaft – so lässt sich die wunderschöne Hohenloher Ebene und die angrenzenden Ellwanger und Löwensteiner Berge sowie der Mainhardter Wald gut umschreiben. Die Regionen bestechen durch landschaftliche, kulinarische und kulturelle Vielfalt und sind herrliches Terrain zum Wandern – aber auch zum Radfahren. Enge und weite Täler, durch die sich verwunschene Bäche und mächtige Flüsse ziehen, Burgruinen und herrschaftliche Schlösser, historische Stadtkerne mit alten Fachwerkhäuschen, die einen in eine andere Zeit zurückversetzen – dies und vieles mehr prägen das Bild dieser Landschaft. Gerade beim Wandern ist es ein Genuss, sich in diesem abwechslungsreichen Gebiet einfach mal treiben zu lassen: Vielerorts bieten sich Pausen mit malerischen Aus- und Weitblicken an – so kann man sich an einer der vielen Streuobstwiesen niederlassen und die Füße unter einen Apfel- oder Birnbaum strecken. Doch auch als Weinbaugebiete haben sich die Regionen einen Namen gemacht: Besonders im Herbst, wenn die vollen Trauben an den Reben hängen, und sich die Blätter in den Weinhügeln langsam bunt verfärben, machen diese Wanderungen besonders große Freude.

Auf unseren Touren durchstreifen wir oft kleine Naturschutzgebiete über naturnahe, schmale Pfade.

Jagst und Kocher haben sich tiefe Täler gegraben, Steilufer und Flachwasserzonen wurden geschaffen und bilden eine ökologisch intakte Flusslandschaft ab. Hier sollte sich jeder Wanderer darauf besinnen, dass er nur Gast in dieser schönen Umgebung ist und sich an ein paar einfache Regeln halten: Die Wege nicht verlassen, keine Blumen rupfen, im Wald nicht herumschreien, seinen Müll wieder mitnehmen – einfach ein wenig achtsam mit seiner Umwelt umgehen, das sollte für jeden Besucher selbstverständlich sein. Dann werden wir auch noch weiterhin Freude an den selten gewordenen Tier- und Pflanzenarten haben, die in den vielen kleinen Naturschutzgebieten innerhalb der Region einen Rückzugsort gefunden haben.

ORIENTIERUNG MIT GPS

Für Navigationsgeräte und Apps haben wir auf unserer Webseite alle Touren im GPX-Format zum Download bereitgestellt:

www.kompass.de/gpx

Hier findet man alle weiteren Informationen. Einfach das richtige Produkt auf der Seite auswählen, die Daten herunterladen und auf das Zielgerät oder in die gewünschte App importieren.

Mehrwert mit Spaßfaktor: Ob vorab zur Planung, als Sicherheit für unterwegs oder zum Erinnern und Archivieren der gegangenen Tour. Die digitale Wanderroute ist in vielerlei Hinsicht wertvoll. Ein Blick auf die Daten hilft Neues zu entdecken und liefert Inspirationen für die nächsten Touren. Alle Wandertouren aus diesem Führer stehen im GPX-Format kompakt und genau zur Verfügung.

Was ist ein GPX-Track? GPX ist ein Datenformat für Geodaten. Das Wort GPS steht für Global Positioning System (Globales Positionsbestimmungssystem). Mit einem GPX-Track bekommt man die rote Linie, also den Wanderpfad, als geografische Koordinaten.

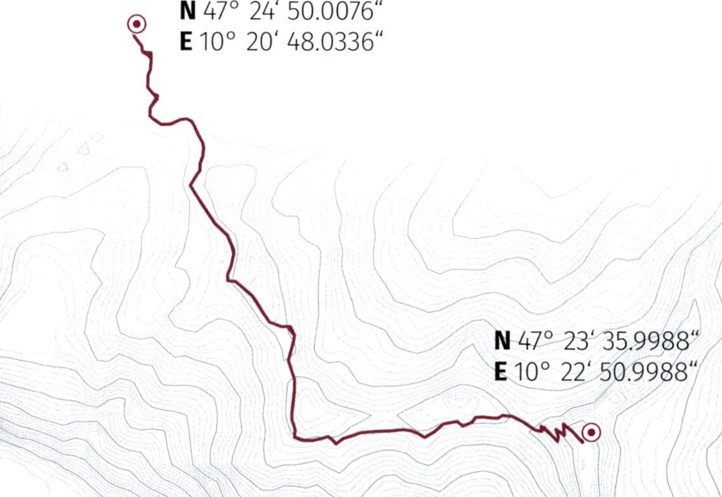

INHALT UND TOURENÜBERSICHT

AUFTAKT

ANHANG

km	h	hm (↗)	hm (↘)	P	Bus	Seilbahn	Einkehr	Gipfel	Übernachtung	Museum	Baden	Karte
16,3	4:20	360	360	✓								774
8	2:15	135	135	✓								774
13,8	3:45	382	382	✓								774
13,8	3:50	230	230	✓								774
13,1	3:30	195	195	✓								774
10,9	2:50	250	250	✓								774
14,1	3:50	256	256	✓								774
15	4:00	188	188	✓			✓					774
12,9	3:30	180	180	✓			✓					774
15	3:50	280	280	✓			✓					774
9,3	2:40	250	250	✓			✓					774
12,6	3:30	210	210	✓								774
7,1	2:20	208	208	✓			✓					774
16,3	4:30	300	300	✓								774
12,5	3:20	218	218	✓			✓					774
11,3	3:10	281	281	✓	✓							774
18,9	5:30	320	320	✓	✓							774
8,5	2:15	115	115	✓			✓					774
18,6	5:00	127	87	✓	✓		✓					774
13	3:30	140	140	✓	✓							774
13,5	3:40	175	175	✓	✓							774
14,2	4:00	320	320	✓	✓							774
11,2	3:00	245	245	✓			✓					774
11	2:50	210	210	✓				✓				774
14,5	4:25	249	249	✓	✓							774

INHALT UND TOURENÜBERSICHT

km	h	hm	hm									Karte
12	3:35	205	205	✓			✓					774
18	5:20	416	416	✓			✓					774
12,2	3:30	155	155	✓	✓		✓					774
7,5	2:00	134	134	✓								774
9,7	2:40	125	125	✓	✓		✓					774
11,5	3:10	220	220	✓			✓					774
9,3	2:30	212	212	✓								774
17,6	4:50	360	360	✓	✓		✓					774
15,1	4:10	295	295	✓			✓					774
12,1	3:30	225	225	✓			✓				✓	774
12,8	3:20	299	299	✓	✓							774
13,5	4:10	275	275	✓			✓					774
16,1	4:45	320	320	✓	✓		✓					774
15,7	4:45	470	470	✓			✓					774
11,6	3:20	230	230	✓								774
14,7	4:00	265	265	✓								774
10,7	3:15	253	253	✓								774
12,1	3:15	265	265	✓			✓					774
12,7	4:00	315	315	✓								774
10,5	3:30	398	398	✓	✓		✓					774
8,9	2:45	266	266	✓	✓		✓					774
9,6	2:45	266	970	✓			✓					774
11,7	3:30	155	155	✓								774
8,4	2:20	172	172	✓								774
15	4:15	350	350	✓	✓		✓					774
7,8	2:25	135	135	✓			✓					774
11,2	3:15	179	179	✓			✓					774
22,1	6:15	469	469	✓								774
13,2	3:45	220	220	✓								774
16,9	4:40	237	237	✓								774

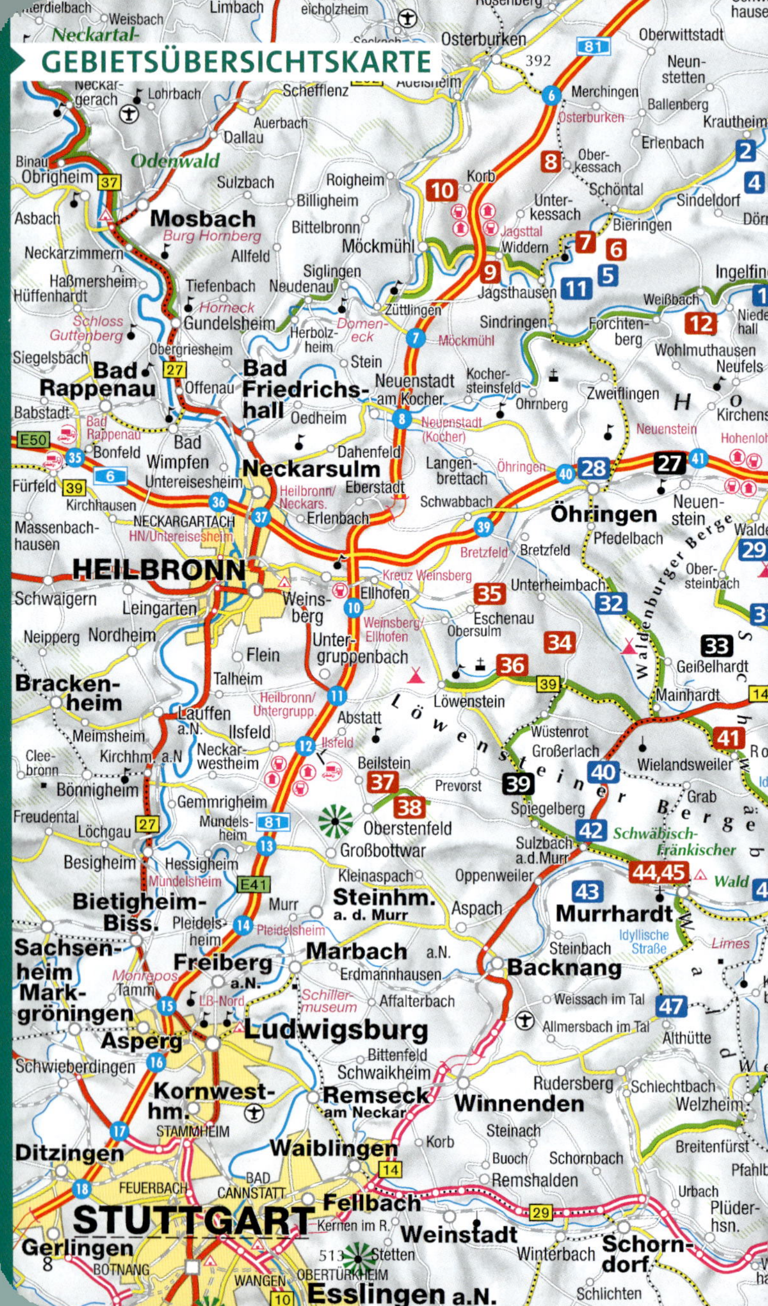
GEBIETSÜBERSICHTSKARTE
Neckartal-
Odenwald
Limbach
Weisbach
Osterburken
Oberwittstadt
Neun-
stetten
Merchingen
Ballenberg
Krautheim
Scheflenz
Lohrbach
Neckar-
gerach
Auerbach
Dallau
Erlenbach
Ober-
kessach
Schöntal
Binau
Obrigheim
Sulzbach
Roigheim
Korb
Billigheim
Sindeldorf
Asbach
Mosbach
Burg Hornberg
Bittelbronn
Unter-
kessach
Jagsttal
Bieringen
Neckarzimmern
Allfeld
Möckmühl
Widdern
Siglingen
Ingelfing
Haßmersheim
Hüffenhardt
Tiefenbach
Neudenau
Jagsthausen
Weißbach
Horneck
Schloss
Guttenberg
Gundelsheim
Züttlingen
Domen-
eck
Sindringen
Forchten-
berg
Herbolz-
heim
Möckmühl
Wohlmuthausen
Neufels
Siegelsbach
Obergriesheim
Stein
Kocher-
steinsfeld
Bad
Rappenau
Offenau
Bad
Friedrichs-
hall
Neuenstadt
am Kocher
Ohrnberg
Zweiflingen
Kirchens
Babstadt
Oedheim
Neuenstadt
(Kocher)
Neuenstein
Hohenloh
Bonfeld
Bad
Wimpfen
Dahenfeld
Langen-
brettach
Öhringen
Fürfeld
Untereisesheim
Neckarsulm
Eberstadt
Kirchhausen
Heilbronn/
Neckars.
Erlenbach
Schwabbach
Neuen-
stein
Öhringen
Massenbach-
hausen
NECKARGARTACH
HN/Untereisesheim
Pfedelbach
Walde
Bretzfeld
Bretzfeld
HEILBRONN
Kreuz Weinsberg
Ober-
steinbach
Schwaigern
Leingarten
Weins-
berg
Ellhofen
Unterheimbach
Waldenburger Berge
Weinsberg/
Ellhofen
Eschenau
Obersulm
Neipperg
Nordheim
Unter-
gruppenbach
Flein
Geißelhardt
Bracken-
heim
Talheim
Löwenstein
Mainhardt
Heilbronn/
Untergrupp.
Abstatt
Lauffen
a.N.
Meimsheim
Ilsfeld
Ilsfeld
Wüstenrot
Großerlach
Clee-
bronn
Kirchhm. a.N
Neckar-
westheim
Beilstein
Wielandsweiler
Bönnigheim
Prevorst
Grab
Gemmrigheim
Spiegelberg
Freudental
Löchgau
Mundels-
heim
Oberstenfeld
Schwäbisch-
Fränkischer
Wald
Großbottwar
Sulzbach
a.d.Murr
Besigheim
Hessigheim
Mundelsheim
Kleinaspach
Oppenweiler
Bietigheim-
Biss.
Murr
Steinhm.
a. d. Murr
Aspach
Murrhardt
Pleidels-
heim
Pleidelsheim
Idyllische
Straße
Sachsen-
heim
Freiberg
a.N.
Marbach
a.N.
Steinbach
Limes
Monrepos
Erdmannhausen
Backnang
Mark-
gröningen
Tamm
LB-Nord
Schiller-
museum
Affalterbach
Weissach im Tal
Asperg
Ludwigsburg
Allmersbach im Tal
Althütte
Schwieberdingen
Bittenfeld
Schwaikheim
Rudersberg
Schlechtbach
Kornwest-
hm.
Remseck
am Neckar
Winnenden
Welzheim
STAMMHEIM
Steinach
Ditzingen
Waiblingen
Korb
Breitenfürst
Buoch
Schornbach
Pfahlb
BAD
CANNSTATT
FEUERBACH
Remshalden
Urbach
Fellbach
Plüder-
hsn.
STUTTGART
Kernen im R.
Weinstadt
Gerlingen
Stetten
Winterbach
Schorn-
dorf
BOTNANG
WANGEN
OBERTÜRKHEIM
Schlichten
Esslingen a.N.

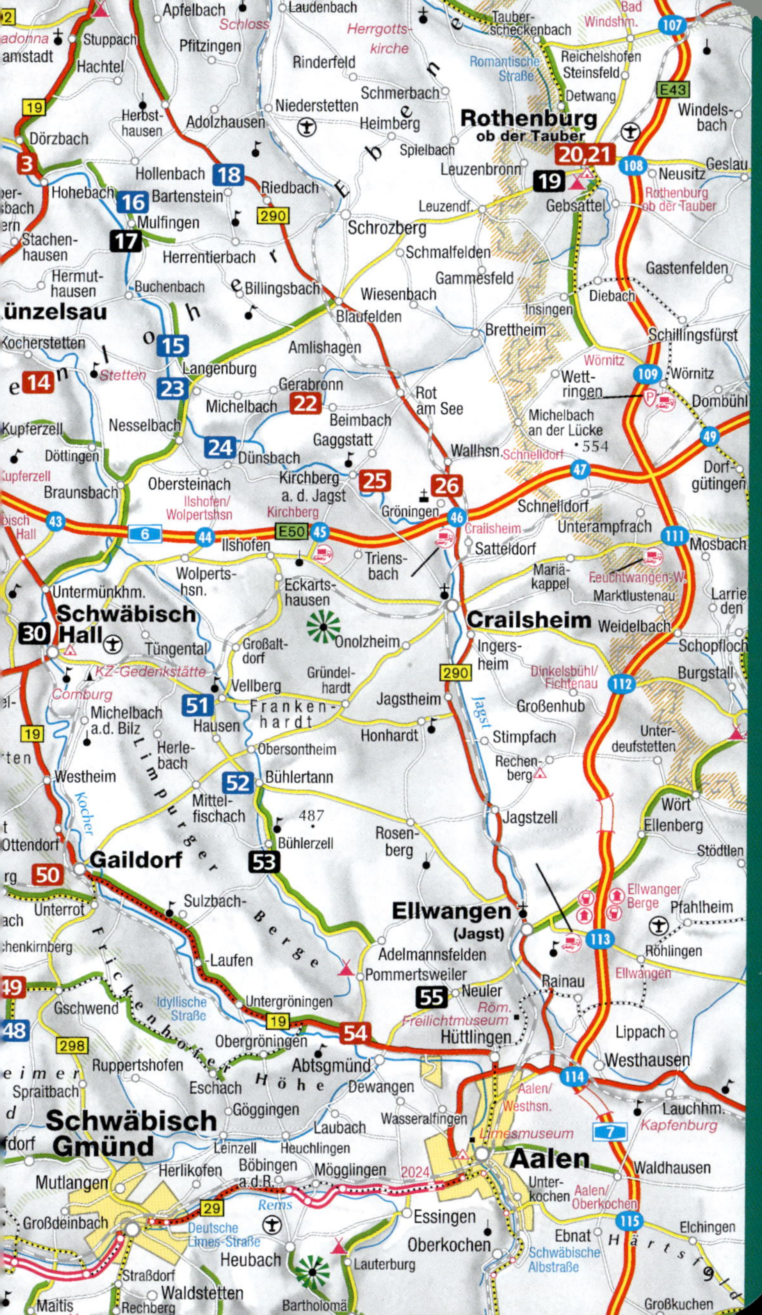

Rothenburg ob der Tauber
Schwäbisch Hall
Crailsheim
Ellwangen (Jagst)
Gaildorf
Schwäbisch Gmünd
Aalen
Künzelsau
Schrozberg
Niederstetten
Blaufelden
Langenburg
Gerabronn
Ilshofen
Schnelldorf
Feuchtwangen
Dinkelsbühl
Bad Windsheim
Romantische Straße
Limpurger Berge
Frankenhardt
Frickenhofer Höhe
Idyllische Straße
Deutsche Limes-Straße
Schwäbische Albstraße
Härtsfeld
Röm. Freilichtmuseum
Limesmuseum
KZ-Gedenkstätte
Comburg
Herrgottskirche
Jagst
Kocher
Rems
Wörnitz
Hüttlingen
Westhausen
Lauchheim
Kapfenburg
Oberkochen
Heubach
Essingen
Abtsgmünd
Wasseralfingen
Mutlangen
Lorch
Waldstetten

DAS GEBIET

HOHENLOHER EBENE

Die Hohenloher Ebene schmiegt sich halbkreisförmig an den nördlichen Rand des Naturparks Schwäbisch-Fränkischer Wald vom Neckar bis zur Tauber. Zwar suggeriert ihr Name, dass es hier wohl eher flach zugehen muss, doch merkt man auf den Wanderungen schon bald, dass es von einer Erhöhung auf die nächste geht und die Landschaft mit flachwelligen Hügeln durchzogen ist. Diese steigen dabei im Osten bis auf eine Höhe von 500 Metern an. Durchzogen wird das Gebiet von den Zwillingsflüssen Kocher und Jagst, die nur wenige Kilometer voneinander im Ostalbkreis entspringen. Sie zerschneiden und untergliedern mit ihren zahlreichen Nebenflüssen und Bächen die Landschaft kleinräumig. Im Westen der Hohenloher Ebene herrschen Löss und Lehmböden vor, die sich als fruchtbares Ackerland herausstellten. Im Osten dagegen ist der Boden stärker bewaldet. Auf den südexponierten Hängen finden sich Streuobstwiesen, gewaltige Steinriegel, Hecken und bunte Magerwiesen, während die nördlicheren Hänge und Teile der Hochflächen mit Wald bedeckt sind. Da der Westen mit seinen eiszeitlichen Lössablagerungen schon immer sehr fruchtbar war, wurde diese Fläche schon früh besiedelt und intensiv landwirtschaftlich genutzt. Die Hohenloher Ebene ist ein Teil des Südwestdeutschen Schichtstufenlandes: Lange bevor Kocher und Jagst und ihre Seitenflüsse und Bäche durch Erosion tief eingeschnittene, landschaftlich überaus reizvolle Täler im harten Dolomitgestein des Muschelkalk schufen, war ganz Süddeutschland von einem Flachmeer bedeckt. In diesem Meeresbecken setzte sich der im Wasser gelöste Kalk durch Verdunstung ab und verfestigte sich zu mehreren hundert Meter mächtigen Muschelkalkformationen. Fossilien von Pflanzen, wirbellosen Tieren und Sauriern aus dem Muschel-

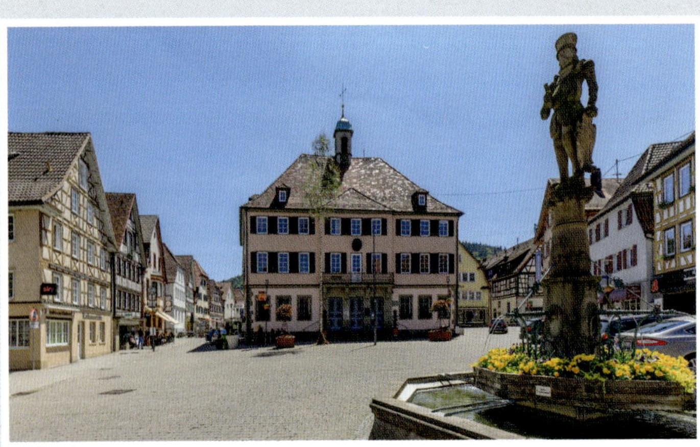

Rathaus und Brunnen in Murrhardt.

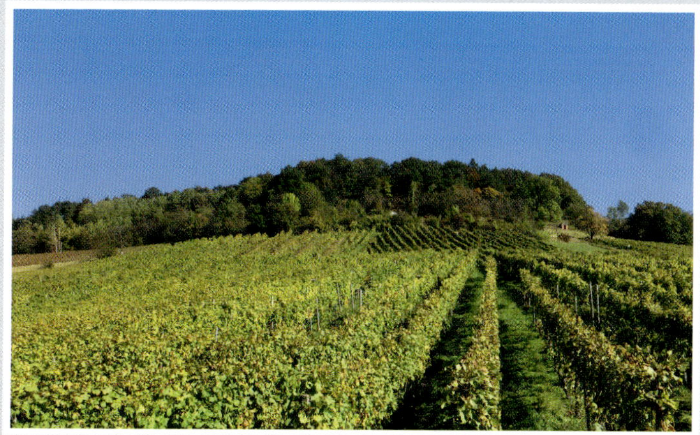

Wein, so weit das Auge reicht.

kalk-Meer, Sole und Salzvorkommen sind das Ergebnis dieser Entwicklung. Die Siedlungen liegen meist im Tal nahe der Flüsse und sind immer stärker der Gefahr ausgesetzt, überschwemmt zu werden. Das altbesiedelte, waldarme Bauernland galt schon immer als die Kornkammer Nordwürttembergs und wird auch heute noch intensiv genutzt: Allein im 77.000 Hektar großen Hohenlohekreis werden rund 46.000 Hektar landwirtschaftlich beansprucht. Dies entspricht beinahe 60 Prozent des gesamten Kreisgebietes. Das ist kein Wunder, denn der fruchtbare Boden sorgt für hohe Erträge beim Getreide- und Zuckerrübenanbau. An den steilen Hängen des Kocher- und auch des Jagsttales finden sich Streuobstwiesen und vor allem Wein. Beide sind über Jahrhunderte gewachsen und noch heute ein prägendes Element der Hohenloher Kulturlandschaft. Auch Viehzucht gibt es in Hohenlohe, wobei hier das Mohrenköpfle erwähnt sei. Das Schwäbisch-Hällische Landschwein ist eine alte Hausschweinrasse mit Verbreitungsschwerpunkt im Nordosten Baden-Württembergs, insbesondere im namengebenden Landkreis Schwäbisch Hall. Der württembergische König Wilhelm I. führte 1820 zur Förderung der Landwirtschaft chinesische Maskenschweine ein; durch Kreuzung mit einheimischen Rassen gingen die Schwäbisch-Hällischen hervor. Sie sind leicht an ihrem schwarzen Kopf und dem schwarzen Hinterteil zu erkennen und geben ausgezeichnetes Fleisch ab.

Weinbau

Vielfalt prägt das Hohenloher Weinbaugebiet. Das gilt für das Spektrum der Erzeuger wie auch für Rebsorten, Lagen und Böden. Noch immer ist der Hohenloher Weinbau fest in Genossen-Hand. Mit 550 von 803 Hektar bewirtschaftet die Weinkellerei Hohenlohe knapp 70 Prozent der gesamten Rebfläche des Kreises. Erweitert wird das

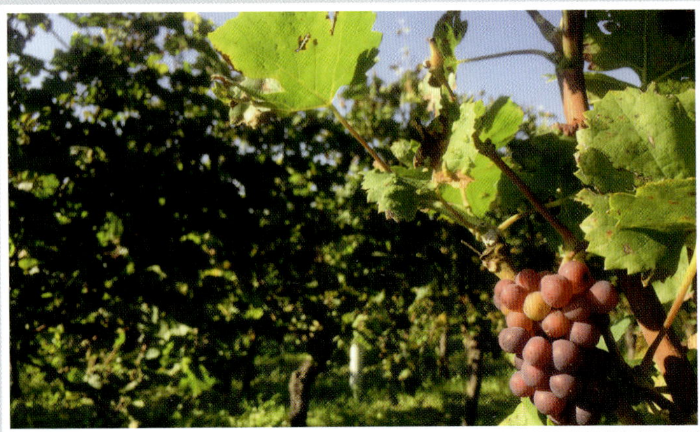

Eine gute Ernte steht bevor.

Angebot zudem durch die 19 Privatweingüter, die sich vor allem in der Hohenloher Ebene und dort besonders in der Gemeinde Bretzfeld konzentrieren. Nach wie vor dominieren traditionelle Württemberger Rebsorten wie Trollinger, Lemberger, Spätburgunder und Schwarzriesling bei den Rotweinen, Riesling bei den Weißen. Schwere, nährstoffreiche und tiefgründige Keuperböden, die die Bodenschicht in Württemberg prägen, bedingen eine gute Wasserversorgung der Reben in der Hohenloher Ebene und sind ideale Voraussetzung für rote Rebsorten wie den Trollinger, Lemberger und diverse Burgundersorten. Der hohe Kiesanteil begünstigt die Bodenwärme und lässt auf dem Gipskeuper in manchen Lagen sehr vollmundige Weine gedeihen.

Götz von Berlichingen

„Er sollt mich mal hinden lekhen" – Ein Ausspruch, immer wieder mal modifiziert, den wohl jeder heutzutage kennt. Einer der berühmtesten Söhne Hohenlohes – Gottfried von Berlichingen aus dem Geschlecht der Herren von Berlichingen, „Götz" genannt – wurde 1480 als Sohn des Kilian von Berlichingen in Jagsthausen geboren. Ab dem zehnten Lebensjahr musste er die harte Schule in Niedernhall besuchen. Die ehemalige Schule steht noch heute und wird als „Götzenhaus" bezeichnet. Als junger Mann im Dienste seines Onkels Konrad von Berlichingen unternahm er zahlreiche Reisen beispielsweise zu Reichstagen nach Worms oder nach Lindau. Tod des Onkels, im Hofdienst von Markgraf Friedrich II. wollte er sich nicht so recht dem höfischen Protokoll unterordnen, hitzköpfig wie er war. So kam er zu Ritter Veit von Lentersheim zur Lehre. Nach einigen Kriegsdiensten trat er die ritterliche Ausbildung an. Der junge Götz war weithin als kriegerisch recht ambitioniert bekannt. Im Eifer des Gefechtes – im wahrsten Sinne des Wortes – verlor er 1504 bei der

Belagerung von Landshut im Landshuter Erbfolgekrieg durch die Unachtsamkeit eines Kanoniers die rechte Hand. Beim Dorfschmied von Olnhausen fand er Rettung aus dieser misslichen Lage, die fast sein Ritterdasein zunichte gemacht hätte. Der Schmied fertigte ihm eine bis dahin einmalige Prothese, die erste eiserne Hand, bei der sich durch Druck auf einen Knopf alle Finger schlossen. Götz von Berlichingen starb am 23. Juli 1562 „uber etlich und achtzig Jahr alt" und wurde im Kreuzgang des Klosters Schöntal beigesetzt. Das Götz-Zitat kam folgendermaßen zustande: 1516 schrie Götz von Berlichingen in Krautheim dem Kurmainzer Amtmann Max Stumpf seine Meinung gründlich und lautstark hinauf: „Da schrie der Amtmann oben heraus, da schrie ich wieder zu ihm hinauf, er sollte mich hinten lecken ...". Der „Götz-Gedenkstein" erinnert an der Originalstelle. Auch literarisch wurde diese Begebenheit – jedoch ein wenig abgeändert – von Goethe festgehalten. In seinem Schauspiel „Götz von Berlichingen mit der eisernen Hand" von 1773 erscheint ebenfalls das berühmte Götz-Zitat: „Vor Ihro Kayserliche Majestät, hab ich, wie immer schuldigen Respect. Er aber, sags ihm, er kann mich im Arsche lecken!"

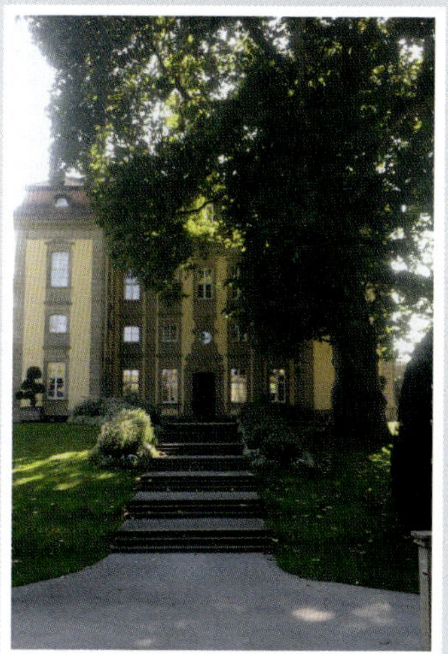

Ehemaliges Hoftheater Öhringen.

Öhringen

Das Städtchen Öhringen an der Ohrn blickt auf eine lange, spannende Geschichte zurück. Erstmals wurde es in einem auf 1037 datierten Öhringer Stiftungsbrief erwähnt. Im fränkisch geprägten Nordosten Baden-Württembergs gelegen, entwickelte es sich nach ersten Besiedlungen unter den Römern ab dem 11. Jahrhundert immer weiter, insbesondere mit der Stiftung eines Chorherrenstifts, zur Residenzstadt der Fürsten zu Hohenlohe. Von 1253 bis 1806 befand sich Öhringen dann unter der Herrschaft des Adelsgeschlechts derer von Hohenlohe. In der Zeit des Bauernkriegs und der Reformation stockte die Stadtentwicklung. Neuer Aufschwung erfolgte erst im 17. Jahrhundert. Öhringen wurde zur Residenz erhoben. Im Jahre 1806 wurde Öhringen in das neue Königreich Württemberg eingegliedert. 1806 ging die Stadt an Württemberg über und wurde zur Oberamtsstadt. 1938 dann Sitz des Landkreises Öhringen blieb sie bis zur Gründung des Hohenlohekreises 1973 Kreisstadt. Sie ist die größte Stadt im Hohenlohekreis und seit 1994 die einzige Große Kreisstadt. So behielt sie in allen Epochen eine hervorgehobene Stellung. Heute ist Öhringen ein dynamischer und florierender Wirt-

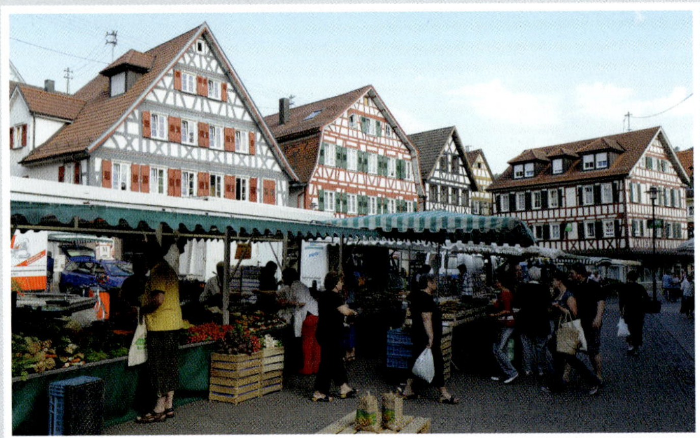

Wochenmarkt in Murrhardt.

schafts- und Einkaufsstandort mit einem Einzugsgebiet von mehr als 80.000 Einwohnern. Direkt am UNESCO Weltkulturerbe Limes gelegen, kann man heute die Zeugnisse aus der Römerzeit im Römerkeller des Weygang-Museums besichtigen. Im Herzen der Stadt liegen Marktplatz mit Brunnen, der Stiftskirche und dem Öhringer Schloss. Das prächtige Renaissance-Gebäude ist heute Sitz der Stadtverwaltung; es wurde 1611 nach Plänen des gräflich hohenlohischen Baumeisters Georg Kern im Renaissance-Stil erbaut und diente bis 1633 als Witwensitz der Gräfin Magdalena von Hohenlohe. Vom Schloss führt eine Freitreppe in den Hofgarten mit jahrhundertealtem Baumbestand. Zuerst in französischem Stil angelegt, wurde der Garten später durch einen englischen Park ergänzt. An Ende des Hofgartens befindet sich das ehemalige Hoftheater. Mit dem Schloss erwarb die Stadt Öhringen 1961 auch den Hofgarten.

NATURPARK SCHWÄBISCH-FRÄNKISCHER WALD

Die Ellwanger und Waldenburger und auch die Limpburger Berge sind Teil des Schwäbisch-Fränkischen Schichtstufenlandes des Keuperberglandes. Der Stubensandstein hat im Bereich der Ellwanger Berge eine Mächtigkeit von über 100 Metern und dominiert somit den Höhenzug. Im Norden wechseln sich zur Hohenloher Ebene hin die Schichten ab: Obere Bunte Mergel, Kieselsandstein, Untere Bunte Mergel, Schilfsandstein und Gipskeuper. Die weiten Flächen mit typischem Mittelgebirgscharakter sind von Wald bedeckt. Fichte und Weißtanne sind vorherrschend, ab und zu finden sich auch Mischwälder mit Buchen und Eichen. Die Pflanzenwelt spiegelt generell weitgehend die geologischen Verhältnisse wider. Die sauren Böden des Stubensandstein beherbergen Pflanzen mit entsprechenden Ansprüchen; so sind Blaubeeren nahezu auf dem gesamten Höhenzug zu finden. Die Löwensteiner Berge sind ebenfalls ein Gebirgszug, größtenteils im Naturpark Schwäbisch-Fränkischer Wald. Sie reichen von Heilbronn im Westen bis Großerlach im Osten und von Bretzfeld im Norden bis zum Backnanger Becken im Süden. Mittelpunkt und Namensgeberin des Gebirgszuges ist die Stadt Löwenstein. Geologisch gehören die Löwensteiner Berge zur Germanischen Trias. Vor ca. 220 Millionen Jahren entstanden, werden sie dem Keuper zugeteilt. Es gibt hier zahlreiche Felsformationen und Stollen, die anschaulich durch verschiedene Lehrpfade beschrieben werden, wie beispielsweise die auch in diesem Führer beschriebene Bodenbachschlucht bei Spiegelberg, einer Erosionsschlucht im Stubensandstein mit 30 Meter breiter Felsnische Hohler Stein und kleinem Wasserfall. Auch der Mainhardter Wald bildet eine Mittelgebirgslandschaft in den Landkreisen Schwäbisch Hall und Heilbronn, dem Hohenlohekreis und dem Rems-Murr-Kreis in Baden-Württemberg ab. Im Norden der Schwäbisch-Fränkischen Waldberge gelegen, ist er einer der fünf Waldregionen im Naturpark Schwäbisch-Fränkischer Wald. Er grenzt im Norden an die Hohenloher Ebene, im Nordosten an die Waldenburger Berge, im Osten an die Limpurger Berge, im Südosten an die nördlichen Ausläufer von Frickenhofer Höhe und Welzheimer Wald, im Süden an den Murrhardter Wald und an die Löwensteiner Berge im Westen. Seine höchste Erhebung ist die Hohe Brach, im Südosten verläuft der Mainhardter Wald zwischen den Tälern von Rot und Kocher in den Bergkamm des Kirgels. Hier befindet sich auch der Kernerturm, von dem aus man tolle Weitblicke genießen kann. Das Gebiet wird im Norden von Brettach und Ohrn durchflossen, im Osten treffen wir auf unseren Wanderungen einige Male auf die Rot mit ihren zahlreichen Nebenflüssen und im Süden finden wir

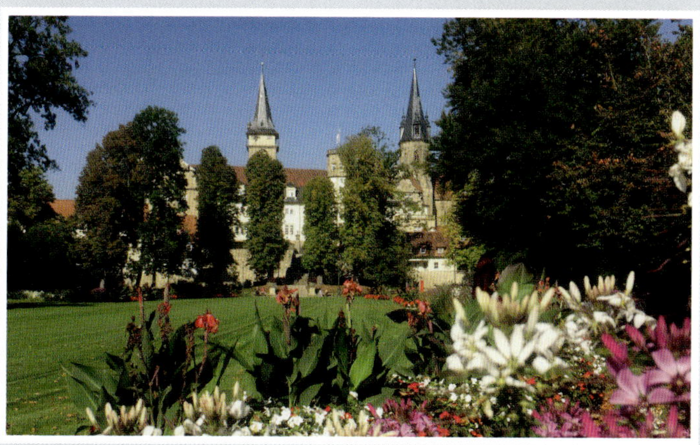

Schloss und Hofgarten Öhringen.

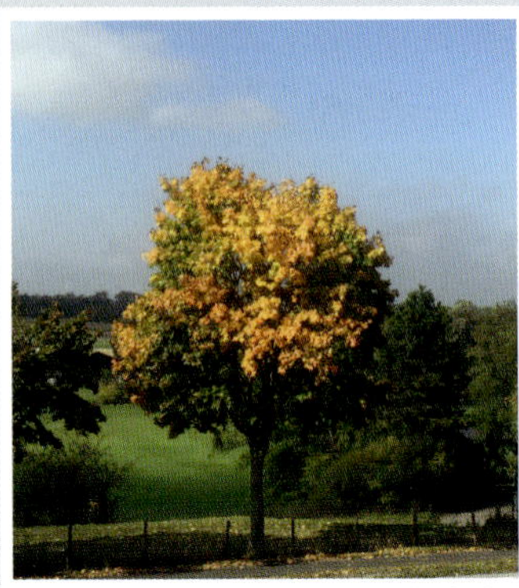

Der Herbst ist da.

zahlreiche kleine Zuflüsse der Murr. Einige wunderschöne Wanderungen, die in diesem Buch beschrieben sind, führen durch das idyllische Rottal.

UNESCO Weltkulturerbe Limes

Der Limes in Hohenlohe und dem Schwäbisch-Fränkischen Wald ist eindrucksvolles Zeugnis unserer Geschichte. Er markierte fast 1900 Jahre die Außengrenze des Römischen Reiches. 2005 als UNESCO Weltkulturerbe aufgenommen, zieht er sich geradewegs durch den Naturpark. Die als Welterbe anerkannten Grenzen sind ein außergewöhnliches Beispiel für die Militärarchitektur und Bauweise im Römischen Reich und zeugen von seiner enormen Macht und seinem großen Einfluss auf die von ihm beherrschten Gebiete. Germanien wurde von den Römern Schritt für Schritt erobert. 150 nach Christus verschoben sich die Grenzen des Römischen Reiches weiter nach Osten: eine kerzengerade Grenzlinie wurde zwischen Öhringen und Welzheim gezogen. Dafür wurde eine breite, durchgehende Schneise in den Wald geschlagen, um dann einen tiefen Graben und einen Wall anzulegen. Er wurde um eine hohe Palisade aus solidem Eichenholz ergänzt. Spuren dieses gewaltigen Bauwerkes sowie Überreste und Rekonstruktionen von Wachtürmen, Kastellen und Wohnhäusern sind auch heute noch zu finden, wie in Mainhardt oder in Murrhardt, in dem sich 300 Meter originale römische Kastellmauern und zwei gut erhaltene Abschnitte der ehemaligen römischen Grenzanlage mit Wall und Graben befinden. Murrhardt war einst Garnisonsort, das die Geschichte der Römer und des Limes anschaulich mit einem ehemaligen Römerkastell, dem Römerbad im Foyer des Ärztehauses und rekonstruierten Limes-Wachtürme erzählt. In Pfedelbach-Gleichen befinden sich Reste eines römischen Sechseckturmes. Der Sockel ist noch sichtbar, Graben und Wall zeichnen sich gut im Gelände des Gleichener Waldes ab. Auch im Rottal wurde nahe der ehemaligen Hankertsmühle ein römisches Kleinkastell entdeckt. So können wir auf manch unseren Touren den Limes hautnah erleben.

Murrhardt

Das Städtchen Murrhardt liegt zwischen dem Mainhardter Wald im Nordosten und Osten, dem Welzheimer Wald im Süden, der Backnanger Bucht im Westen und den Löwensteiner Bergen im Nordwesten. Die Geschichte der Stadt geht bis in die Römerzeit, fast 1900 Jahre, zurück: Ca. 160 n.Chr. wurden die Grenzen des Römischen Reiches nach Osten auf die verwilderten Höhen des Schwäbischen Waldes verlegt. Der Limes zieht sich mitten durch das Städtchen hindurch. Der alte, überlieferte Name

„Murrahardt“ bezeichnet den „Weidewald an der Murr“, da das Vieh früher zur Mast in den Wald getrieben wurde. Archäologische Funde belegen, dass es wohl schon im 7. Jahrhundert eine Siedlung in Murrhardt gegeben haben muss. 817 gründete der hl. Walterich dann das Benediktinerkloster St. Januaris, das fast 100 Jahre später in das Bistum Würzburg überging. Glashütten und holzverarbeitende Betriebe wurden ansässig und ein starker Wirtschaftsfaktor – neben der Landwirtschaft und dem Handwerk. Auf dem Walterichsberg wurde um 1120 dann die Walterichskapelle errichtet. Filigrane Steinmetzarbeiten, die Geschichten über Gut und Böse erzählen, Tiere und Pflanzen darstellen, machen die Kapelle zu einem Kleinod spätromanischer Baukunst. Sie ist Grab des Wunder vollbringenden Walterich und war zugleich Pilgerstätte, zu der die Pilger im Mittelalter in der Karwoche strömten. Die mittelalterliche Klosteranlage im Zentrum der Stadt erzählt einen spannenden Teil der Stadtgeschichte und ist die älteste Klosteranlage im ehemaligen Herzogtum Württemberg. Aus der Klosterkirche ging schließlich die Stadtkirche hervor. Sie besteht in dieser Form seit dem 15. Jahrhundert und ist geschmückt mit spätgotischen Rankmalereien, barocken Rollwerkmalereien sowie Werken aus der Renaissance. Murrhardt liegt inmitten des Schwäbischen Waldes und des Naturparks Schwäbisch-Fränkischer Wald. Hier befindet sich auch das Naturparkzentrum des Schwäbisch-Fränkischen Waldes. Der historische Stadtkern Murrhardts steht weitgehend unter Ensembleschutz. Die Stadt bietet einiges an Sehenswürdigkeiten und kulturelle Angebote wie das Römerkastell oder das Carl-Schweizer-Museum.

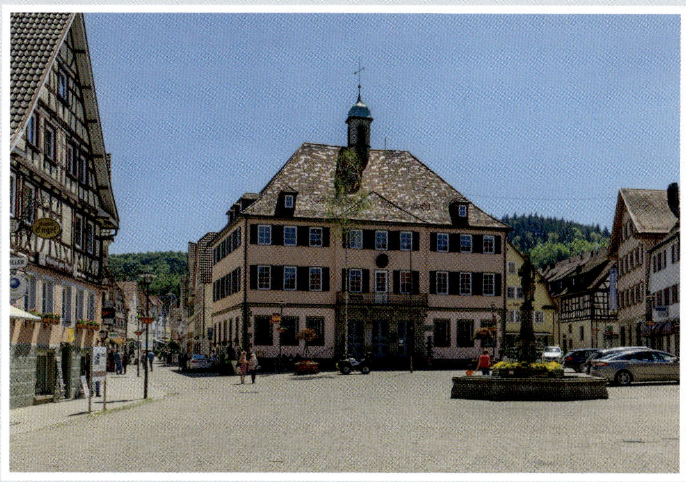

Rathaus Murrhardt.

ALLGEMEINE TOURENHINWEISE

SCHWIERIGKEITSGRADE

Die Hohenloher Ebene wird von Jagst und Kocher und ihren vielen Nebenflüssen zerteilt und untergliedert. Die Siedlungen liegen oft in tiefen Talgründen. Weiter südlich kommen wir dann schon in einen Teilbereich des Naturparks Schwäbisch-Fränkischer Wald. Hier bewegen sich die Wanderungen über die bergigen Höhen und tiefen Täler von Ellwanger und Löwensteiner Berge und des Mainhardter Waldes. Ein häufiges Auf und Ab ist daher bei den allermeisten Touren keine Seltenheit. Die Höhenprofile erleichtern jedoch die Einschätzung für den Wanderer, ob er dieser oder jener Tour auch gewachsen ist. Manch kleinere An- und Abstiege sind aber auch aus dem Höhenprofil nicht ersichtlich, der Höhenunterschied ist aber ein guter Richtwert, um den Wanderer zu informieren, was ihn erwartet. Die allermeisten Wege, die in diesem Wanderführer beschrieben sind, sind ausgeschildert. Es gibt jedoch auf machen Touren kurze Teilabschnitte, die nicht markiert sind. In der Beschreibung wird jedoch darauf hingewiesen. Das Büchlein richtet sich vornehmlich an Familien mit Kindern.

Die Touren sind daher oft ohne größere Klettereien oder technischen Schwierigkeiten zu bewältigen. Sie sind jedoch von ganz unterschiedlichen Längen, wobei hier die Eltern am Besten wissen sollten, welche Wegstrecken sie ihren Sprösslingen zumuten können. Das Alter spielt dabei sicherlich eine Rolle, so kann man sich für Wanderungen mit kleineren Kindern getrost an den blauen Touren orientieren. Die Wege selbst sind zum Großteil gut begehbar; jedoch sollte man bei aller Einfachheit auch hier bedenken, dass man in einem Gebirge unterwegs ist und nicht am Strand. Ordentliches Schuhwerk ist also eine Selbstverständlichkeit. Im Charakter einer jeden Tour wird nochmals auf die Schwierigkeit und Begehbarkeit des einzelnen Weges hingewiesen. Die Richtungsangaben verstehen sich im Sinne der Gehrichtung. Fast alle Wanderungen sind Rundwanderungen. Es ist nicht zu empfehlen, die Wanderungen in umgekehrter Richtung zu unternehmen, da manche Wegmarkierungen schlicht und ergreifend nur in eine Richtung führen. An manchen Stellen sind Abzweigungen so versteckt, dass man sie nicht finden würde, wenn man die Wanderung in umgekehrter Richtung macht.

■ EINFACH

Diese Touren sind gut markiert und führen zum Großteil auf breiten, gut erkennbaren und bequemen Wegen mit nur mäßigen Steigungen. Die Gehzeit hält sich unter drei Stunden, es sind nicht mehr als 12 km zu bewältigen.

■ MITTEL

Auch diese Wege sind zumeist gut zu gehen, manchmal braucht man auf Grund fehlender Markierungen ein wenig Orientierungssinn. Hier kann es auch mal länger und steiler bergauf oder bergab gehen. Schmale, wurzelige Pfade machen die Touren schwieriger. Die Länge schwankt hier zwischen 10 und 16 km und kann eine Gehzeit von bis zu 5 Stunden erreichen.

■ SCHWER

Diese Touren zeichnen sich vornehmlich durch lange Strecken aus, oft ab 16 km. Dementsprechend verlängern sich die Gehzeiten. Sollte die Strecke doch mal kürzer sein, dann besticht die Tour durch steile An- und Abstiege oder enthält Wegabschnitte, die auf Grund ihrer Beschaffenheit die Tour als eine schwarze Tour auszeichnen.

ZEITANGABEN

Die Zeitangaben sind Richtwerte, die sehr stark variieren können. Sie orientieren sich an einem durchschnittlichen Wanderer, Pausen sind berücksichtigt. Die Zeitangaben sind also KEINE REINE GEHZEIT! Generell und gerade auch

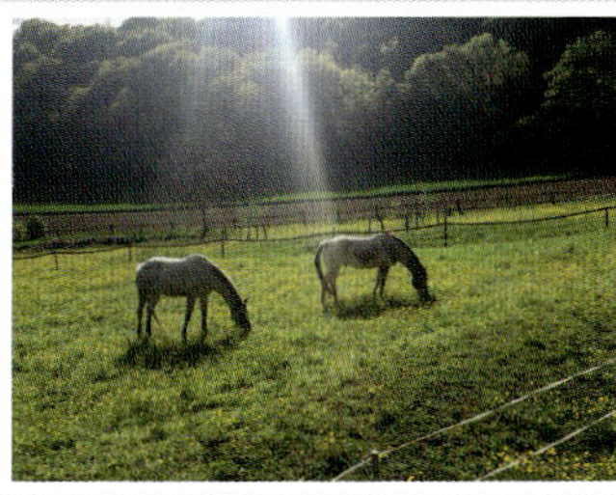

Abendstimmung im Jagsttal.

mit Kindern sollte immer mehr Zeit eingeplant werden – besonders bei schönem Wetter, da es bei nahezu allen beschriebenen Touren wunderschöne Plätze gibt, an denen sich auch mal ein längeres Verweilen lohnt. Zudem führen manche Touren an Lehrpfaden oder Themenwegen vorbei. Die Informationen der am Weg befindlichen Schilder sind oft sehr spannend und bereichernd und sollten nicht unbeachtet am Wegesrand liegen blieben. Am Besten ist es, die eigene Kondition bzw. die Kondition der Gruppe vorher abzuschätzen und sich dann lieber ein bisschen mehr Zeit zu nehmen, bevor man sich am Ende hetzen muss.

WANDERZEIT UND AUSRÜSTUNG

Die schönste Jahreszeit zum Wandern ist von Frühsommer bis Spätherbst. Mitte Mai, wenn der Frühling bereits alles erblühen lässt, hat ebenso seine Reize wie Mitte Oktober, wenn der Herbst die Umgebung in goldene Farben taucht. Im Frühjahr sind die Touren um Kirchberg an der Jagst und Dörzbach überwältigend für Nase und Augen – dann blüht hier der Bärlauch, der uns auf einigen Wanderungen in Form von übervollen Teppichen am Wegrand begleitet. Der Herbst färbt dann die Weinhänge der Hohenloher Ebene bunt – man kann sich daran gar nicht mehr satt sehen. Viele Wege kann man aber auch im Winter gehen, wenn es allerdings noch nicht allzu viel geschneit hat. Bei unsicheren Wetterverhältnissen ist es immer angebracht, auch wenn die Sonne noch so schön vom Himmel lacht, Regenausrüstung einzupacken. Schauer können einen hier schnell überraschen. Ein Rucksack mit Getränken ist auch nie verkehrt – auf einigen Touren gibt es keine Einkehrmöglichkeit. Zudem laden oft Sitzgelegenheiten am Wald- oder Wiesenrand zu einer schönen Pause ein.

BESCHAFFENHEIT DER WEGE UND ORIENTIERUNGSHILFEN

Wie bereits erwähnt, kann man den Großteil der Wege gut begehen. Man sollte jedoch unbedingt im Hinterkopf behalten, dass viele Wege oder Teilabschnitte einer Tour nahe an Fluss oder Bach verlaufen. Leider ist die Entwicklung so, dass auch in unseren Breitengraden immer öfter langanhaltende, sintflutartige Dauerregen auftreten. Dann sind viele Wege überschwemmt und unpassierbar, können sogar gefährlich werden. Bitte informieren Sie sich bei unsicheren Wetterverhältnissen vorher bei der zuständigen Behörde. Bei Unklarheit lieber mal eine Wanderpause einlegen – es gibt ja neben dem Wandern viele tolle Freizeitaktivitäten im Hohenloher Land und im Schwäbisch-Fränkischen Wald. Was jedoch unbedingt immer dabei sein sollte, ist eine Wanderkarte des Gebietes. Die Wege sind zwar sehr gut beschrieben und meistens auch gut ausgeschildert, doch im Laufe der Zeit ist es immer möglich, dass sich ein Weg ändert oder aufgegeben wird. Wer sich einen Überblick verschaffen möchte, ist mit den KOMPASS Karten Naturpark Schwäbisch-Fränkischer Wald (773) und Taubertal-Hohenloher Ebene (772) gut beraten. Zudem gibt es auf den Gemeinden oder Tourismusinformationen kleine Wanderfaltkarten von ihrer Region. Trotz guter Ausschilderung kann mal durch Wind und Sturm oder Holzarbeiten ein Wegschild verschwinden. Da hilft dann der kurze Blick auf die Karte, um sichergehen zu können, dass man sich noch auf dem rechten Weg befindet. Alternativ machen natürlich auch in bestimmten Situationen gps Geräte das Wanderleben leichter. Mit entsprechenden digitalen Karten kann man sich die Tracks vor der Tour aufs Handy laden. Sollte man mal wirklich nicht weiterwissen, ist somit ein Verlaufen ausgeschlossen.

ANREISE UND ÖFFENTLICHER NAHVERKEHR

Eine Anreise mit dem Auto gewährt in Hohenlohe und auch im Schwäbisch-Fränkischen Wald definitiv eine größere Flexibilität, da viele der Ausgangsorte nicht mit den öffentlichen Verkehrsmitteln erreicht werden können. Im Westen grenzt die Region an die von Norden nach Süden verlaufende A81 Würzburg–Heilbronn. Im Osten erreichen wir das Tourengebiet über die A7 Würzburg–Aalen und die A6 quert Hohenlohe von West nach Ost. Große Städte wie Schwäbisch Hall oder Bad Mergentheim sind mit dem Zug gut zu erreichen. Von hier aus kann man umsteigen und per Bus oder Bahn auch in kleinere Städtchen gelangen. Im Naturpark Schwäbisch-Fränkischer Wald gibt es zudem Freizeitbusse: Zwischen Mai und Ende Oktober kann man an allen Sonn- und Feiertagen mit dem Limes-, Wald- und Räuberbus sowie dem Berg- und Talbus zu den Sehenswürdigkeiten im Schwäbisch-Fränkischen Wald fahren. Die Fahrradmitnahme ist kostenlos, ansonsten gilt auf den Fahrten der Tarif des Verkehrs- und Tarifverbunds Stuttgart.

Infos unter https://www.naturpark-sfw.de/informieren/oepnv-mitfahrdienste/ oder unter www.vvs.de

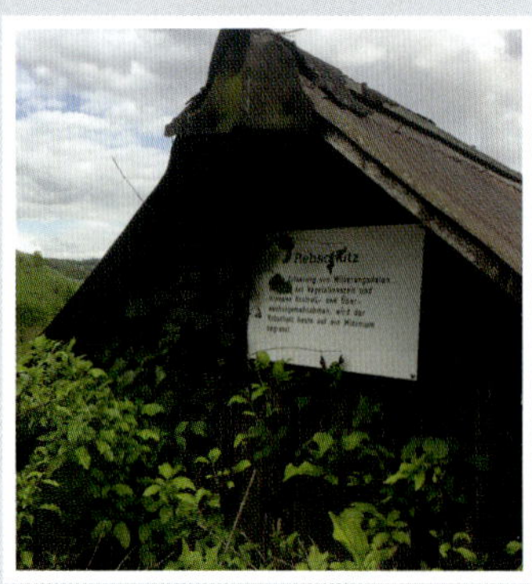

Altes Weinhüttlein.

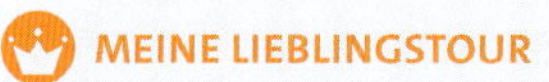

TOUR 39 | Von Spiegelberg in die Bodenbachschlucht

Auf der Rundwanderung bei Spiegelberg gibt es wahrlich Einiges zu entdecken: Es beginnt schon recht anspruchsvoll auf dem Räuberweg hinter Spiegelberg. Durch herrliche Wälder mit einem Abstecher zum Silberstollen durchstreifen wir Neulautern und finden uns nach tollen Ausblicken schnell auf feierlichen Pfaden über das Verlobungswegele wieder.

Doch dann geht's erst richtig los: In der Bodenbachschlucht ist auf versteckten Pfaden Konzentration geboten. In der benachbarten Tobelschlucht wartet das Naturdenkmal Hohler Stein auf uns. Erst wurzelig und steil, dann angenehm geht es zum hübschen Örtchen Großhöchberg weiter. Auf einsamen Wegen können wir uns dann nochmal auf dem Glaswanderweg zurück nach Spiegelberg fortbilden. Ein Besuch im Glasmuseum in Spiegelberg rundet die herrliche Wanderung ab.

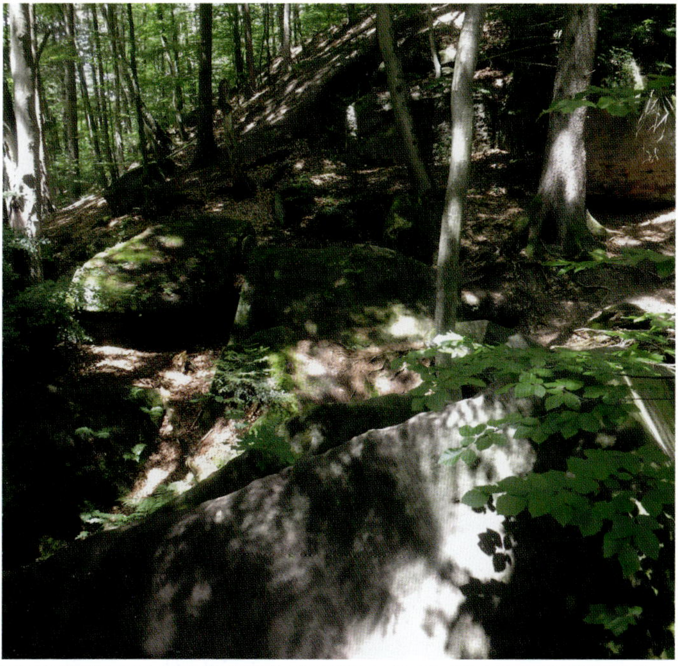

MEINE HIGHLIGHTS

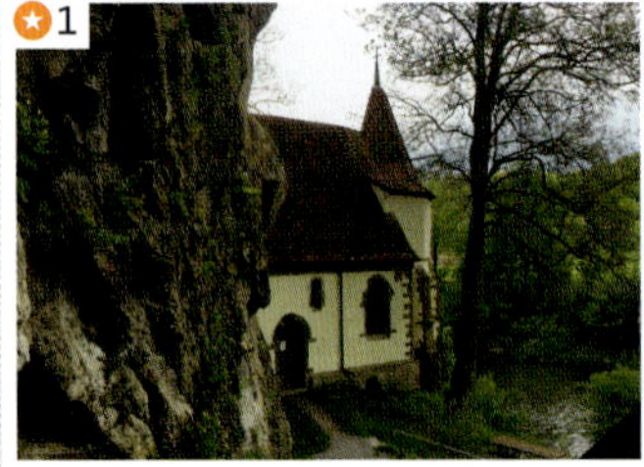
1

1: Tour 03 – Über Dörzbach nach Ailringen

Herrliche Naturpfade, ein wunderschöner Rastplatz unter einer stolzen Linde und eine erhabene Rokokokirche und ein Schloss – das sind nur die ersten Stationen auf einer kurzweiligen und äußerst abwechslungsreichen Wanderung. Abgesehen von weiteren Schlössern, hübschen Fachwerkfassaden und einsamen Wegen erwartet uns gegen Ende der Wanderung mit St. Wendel im Stein eine ganz außergewöhnliche kleine Kapelle, die sich wie ein Vogelnest direkt zwischen Jagst und Felsen schmiegt.

2: Tour 25 – Rund um Kirchberg an der Jagst

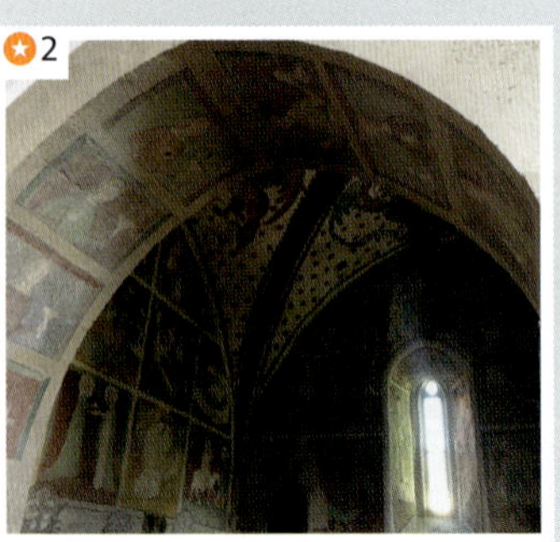
2

Das Städtchen Kirchberg an der Jagst alleine hat schon eine Menge zu bieten. Die Rundwanderung lässt jedoch das Herz eines jeden Naturfreundes höher schlagen. Auf engen, verschlungenen Pfaden geht's oberhalb durch idyllisches Naturschutzgebiet nach Bölgental. Über Felder und Wiesen gelangen wir dann zur spektakulären und einzigartigen Anhäuser Mauer, deren Anblick inmitten der Felder erst einmal immens unreal erscheint. Pfade durch lichten Wald führen uns dann zurück nach Mistlau – hier sollte man sich unbedingt die Nikolauskirche anschauen, bevor wir nochmals durchs Naturschutzgebiet und über den Ockenauer Steg zurückkehren.

3: Tour 26 – Über Burleswagen nach Gröningen

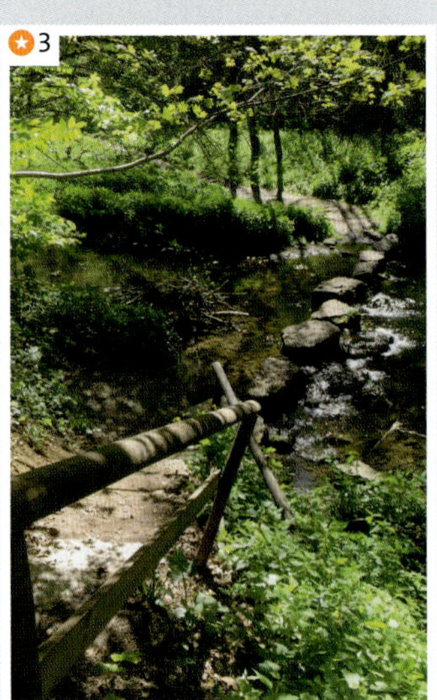
3

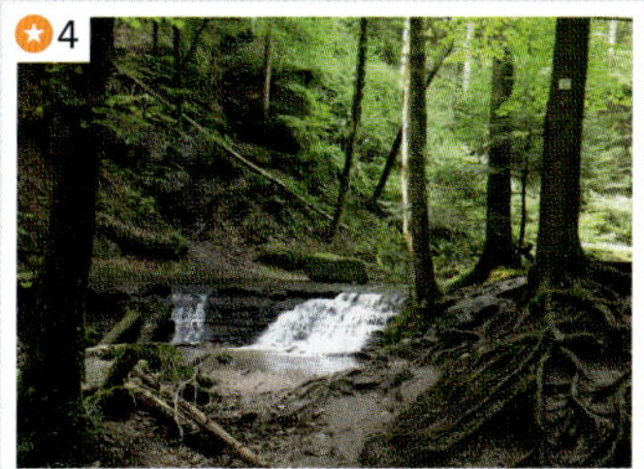

Die Hammerschmiede, Start und Ende der Tour, lädt auf jeden Fall zu einem kulinarischen und kulturhistorischen Besuch ein. Der darauffolgende Weg an der Gronach entlang durchs Naturschutzgebiet ist ein Genuss. Der sowieso schon kurzweilige Weg wird noch abwechslungsreicher durch die Holzarbeiten und Brücken, auf die wir unterwegs treffen. Ein bisschen abenteuerlich und vor allem einsam wird es nach Wollmershausen. Von Burleswagen geht's dann gemütlich zurück, mit Option auf eine traditionelle Einkehr in Gröningen.

4: Tour 47 – Von Althütte ins Strümpfelbachtal

Die Wanderung beginnt recht unscheinbar: Breite Waldwege führen hinab – doch geht es schnell auf schmalen Pfaden immer weiter hinab in ein klitzekleines, unbekanntes Bachtal – äußerst idyllisch und einsam hinab zum Iglsbach. Mit Ausblicken auf die Gleise der Schwäbischen Waldbahn wagen wir uns dann ins wildromantische Strümpflbachtal. Durch Matsch und lehmigen Schlamm laufen wir hier stetig am Bach entlang. Durch einen schönen Wald geht es schließlich nach Althütte zurück. Ein letzter Abstecher mit fantastischen Ausblicken vom Aussichtsturm Haube, dann kehren wir auf Pfaden und einsamen Waldwegen zurück zum Auto.

5: Tour 54 – Von Vorderbüchelberg ins Tal der Blinden Rot

Einsame Pfade, manchmal nicht ganz so einfach zu findende Wege – aber beschaulich und verträumt, so geht es auf einigen Wegabschnitten dieser Tour zu: hinter Vorderbüchelberg besuchen wir auf verschlungenen Wegen den Bühlerursprung. Hinter Pommertsweiler wandern wir einsam durch den Wald. Der Rückweg führt schließlich kilometerlang durchs Rottal, stets nahe am fröhlich dahinplätschernden Bach entlang.

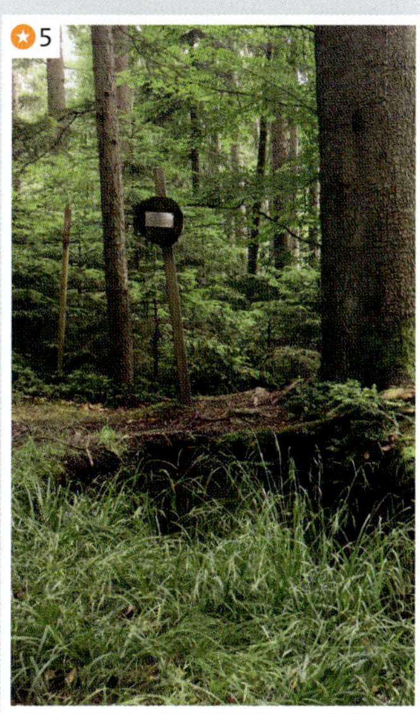

WEIT– UND FERNWANDERWEGE

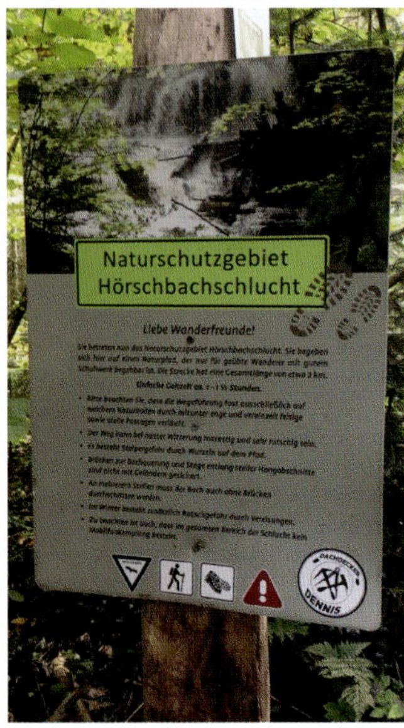

Achtsamkeit der Natur gegenüber.

Auf den beschriebenen Touren treffen wir immer wieder auf Wegstücke von diversen Fernwanderwegen, die die Hohenloher Ebene und den Fränkisch-Schwäbischen Wald durchlaufen. Die Wichtigsten sollen hier Erwähnung finden:

- Der Main-Neckar-Rhein-Weg – HW 3 – wird dargestellt durch ein grünes Bäumchen über einem roten Balken. Er wurde anlässlich des 25-jährigen Jubiläums des Landes Baden-Württemberg 1978 angelegt und verbindet von Nordost nach Südwest auf einer Strecke von 545 km die unterschiedlichen Naturräume Baden-Württembergs.

- Der Main-Donau-Bodensee-Weg – HW 4 – verläuft über 408 km von Würzburg am Main bis nach Friedrichshafen am Bodensee. Dabei gibt es viele landschaftliche und kulturelle Höhepunkte auf der Route vom Taubergrund über die Hohenloher

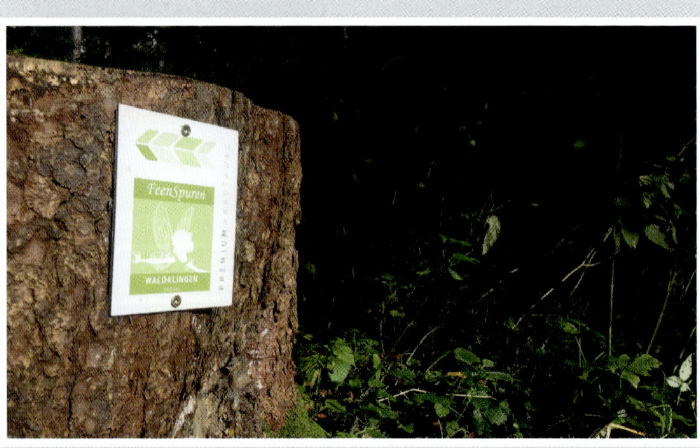

Auf Feenspuren.

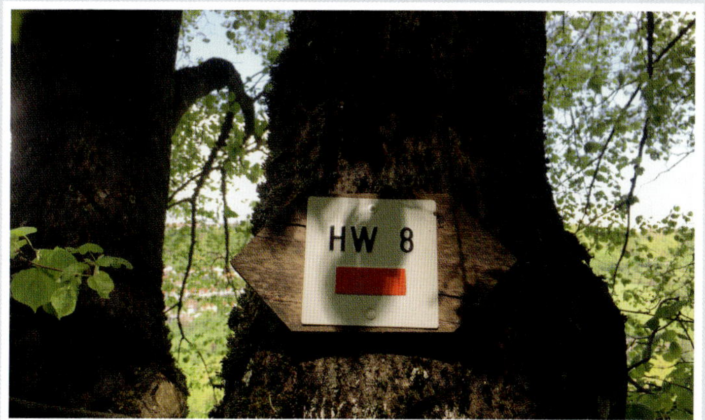

Markierung des Franken-Wegs.

Ebene, über die Schwäbische Alb und über Oberschwaben bis zum Bodensee. Dargestellt wird er durch einen roten Balken und die schwarze HW8 darüber.

- Vor allem im Schwäbisch-Fränkischen Wald treffen wir häufig über kürzere oder längere Strecken auf den Limeswanderweg. Das Thema des Limes zieht sich durch den gesamten Verlauf des Wanderwegs, daher ist sein Markierungszeichen ein stilisierter schwarzer Limesturm mit einem roten Balken. Als Teilstrecke des Deutschen Limeswanderweges verläuft er auf 187 Kilometern von Osterburken bis nach Wilburgstetten und veranschaulicht die Grenze des Römischen Reiches zwischen Rhein und Donau.

- Zu Ehren des langjährigen (1939 bis 1973) Vorsitzenden des Schwäbischen Albvereins Georg Fahrbach wurde 1978 der Georg-Fahrbach-Weg eingeweiht. in Anlehnung an den Lebensweg des Namensgebers verläuft er auf einer Strecke von 123 km zu verschiedenen Orten seines Wirkens. Er beginnt in seinem hohenlohischen Geburtsort Criesbach.

- Der Kulturwanderweg Jagst zieht sich von der Neckarmündung bei Bad Friedrichshall über die nördlichen Hohenlohekreis-Gemeinden bis zum Schloss des Hohenloher Fürsten in Langenburg. Mit ihm wird auf guten 105 Kilometern die Kulturlandschaft an der Jagst erlebbar. Auf einem dunkelblauen Untergrund ist die weiße Schrift Jagst zu sehen, unter ihr eine hellblaue Welle.

- In den Flussgebieten von Kocher, Jagst und Bühler führt der Kocher-Jagst-Trail auf 193 km in einer großen Runde durch vielfältige Landschaften. Dabei wird er unterteilt in den Ko-

WEIT– UND FERNWANDERWEGE

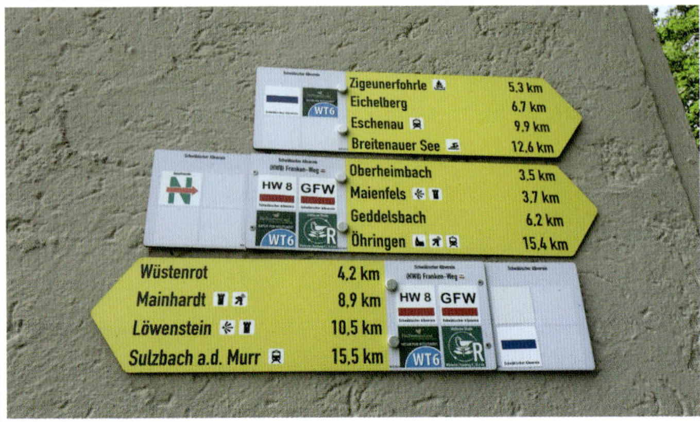

Vielfalt an Wegen.

chersteig, den Jagststeig und den Bühlersteig. Den Wanderer erwarten hier tief eingeschnittene Wälder und Höhen mit tollen Fernblicken.

- Der Württembergische Weinwanderweg schließlich verbindet in vielen Schleifen die Weinbauregionen Württembergs zwischen Tauber und Neckar. Er startet in Aub in Bayerisch Franken und verläuft auf einer von Wein geprägten Strecke auf über 470 km bis Esslingen am Neckar.

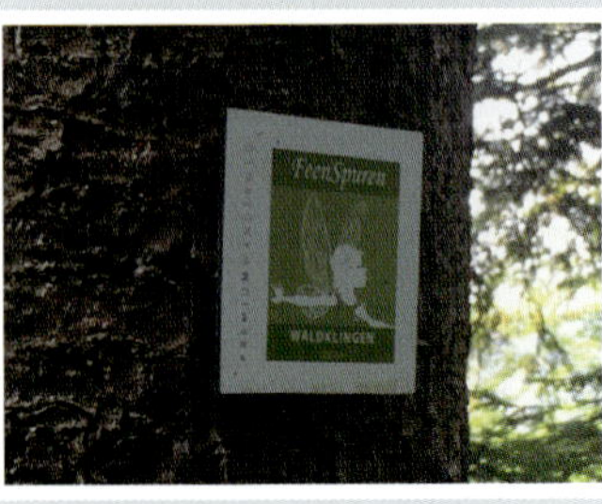

Feenspuren.

Damit ist er der längste Weinwanderweg Deutschlands.

REGIONALE UND ZERTIFIZIERTE WANDERWEGE

Da wir auch sehr häufig während unserer Wanderungen auf regionale Wanderwege stoßen, seien hier auch einige im Detail genannt:

- Pfade der Stille: Dies sind 16 Rundtouren, die zu Orten großer Spiritualität führen und auf denen man innerlich einmal zur Ruhe kommen kann. Insgesamt führen die 3 bis 27 km langen Rundwanderwege zu 45 Kleinoden im Jagsttal. Sie sind nur in eine Richtung ausgeschildert.

- Bühlertalwanderweg: Er führt uns auf rund 72 km von Abtsgmünd nach Ilshofen-Eckartshausen. Durchgehend mit dem BTW markiert, bietet er mit naturbelassenen Pfaden, nahezu unberührter Flusslandschaft und idyllisch gelegenen Dörfern ein abwechslungsreiches Wandererlebnis.

- Idyllische Straße: Das sind 24 hervorragend markierte Rundwanderungen im Naturpark Schwäbisch-Fränkischer Wald, die Wandergenuss pur bieten. Mit Strecken zwischen 5 und 25 Kilometern ist für jeden etwas dabei.

- Erwähnt seien hier noch die Feen-Spuren. Am Rande unseres Wandergebietes gelegen bei Murrhardt und Welzheim: Schluchten und Klingen, geologische Besonderheiten und römische Vergangenheit kann man auf diesen vier Premiumwanderwegen erleben.

TOURISTISCHE ROUTEN

- Idyllische Straße: Bereits vor 50 Jahren wurde die 130 km lange, idyllische Straße aus der Taufe gehoben. Die Ferienstraße verläuft zwischen Mainhardt und Alfdorf, Spiegelberg und Oberrot. Sie führt an Mühlen, Badeseen und Limesrelikten vorbei und verbindet Naturschönheit und Kulturgeschichte.

- Deutsche Burgenstraße: Sie verläuft in Hohenlohe zwischen Jagsthausen, Öhringen, Neuenstein, Waldenburg, Schwäbisch Hall und Langeburg. Die insgesamt über 950 km lange Strecke verbindet Burgen und Schlösser in schöner Naturlandschaft.

- Deutsche Limesstraße: Der Limes und seine Geschichte ist in Hohenlohe und dem Schwäbisch-Fränkischen Wald überall erlebbar. Sie folgt dem Verlauf des UNESCO-Welterbes Obergermanisch-Raetischer Limes von Bad Hönningen am Rhein bis Regensburg an der Donau. Dabei streift sie 60 bedeutende römische Denkmale sowie archäologische Lehrpfade und Wanderwege.

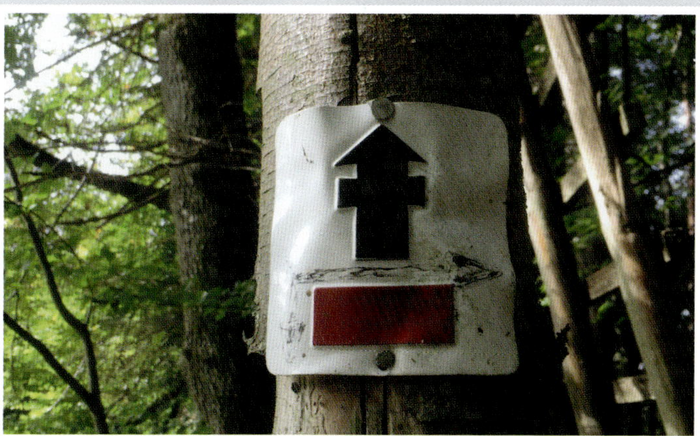

Beschilderung Limeswanderweg.

1

VON KLEPSAU NACH KRAUTHEIM

Weinberg- und Höhenwanderung im mittleren Jagsttal

 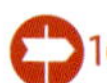 16,3 km  4:20 h  360 hm  360 hm  774

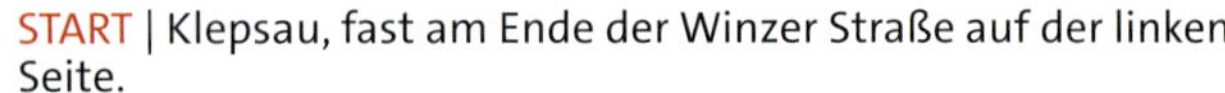

START | Klepsau, fast am Ende der Winzer Straße auf der linken Seite.
Geokoordinaten: [GPS: UTM Zone 32 x: 548893.672 y: 5471130.341].
CHARAKTER | Hauptsächlich breite Wanderwege bestimmen diese Runde. Zwischen Horrenbach und Laibach ist auf Grund fehlender Markierung ein wenig Aufmerksamkeit und Orientierung gefragt.

Der Heiligenberg in Klepsau erwartet uns zuerst mit seinen südausgerichteten Weinhängen. Die steilen Hänge haben einen sehr mineralischen Boden mit leichtem Tonversatz, ideal für den dort reifenden Bacchus. Die Jagst bringt uns dann nach Krautheim. Das Örtchen bietet uns eine Burg und ein Schloss. Das Schloss ist bewohnt, die Burg kann jedoch besichtigt werden. Hier hat Götz von Berlichingen dem mainzischen Amtmann 1516 seinen „Schwäbischen Gruß“ zur Burg hinaufgerufen. Die Spornburg wurde 1213 von Wolfrad I. von Krautheim erbaut. In Horrenbach dann erwarten uns einige sehr schöne und gut erhaltene Fachwerkhäuser sowie eine Fachwerkkapelle mit Bildstock. Im nächsten Ort – Laibach – bietet die Burg Laibach einen wahrhaft prunkvollen Anblick: 1307 erstmals erwähnt, wurde die Burg 1615 bis 1629 im Renaissancestil umgebaut. Das Gebäude zeigt eine Anlage mit vier Flügeln und zwei Treppentürmen, einem Rundturm und Giebel.

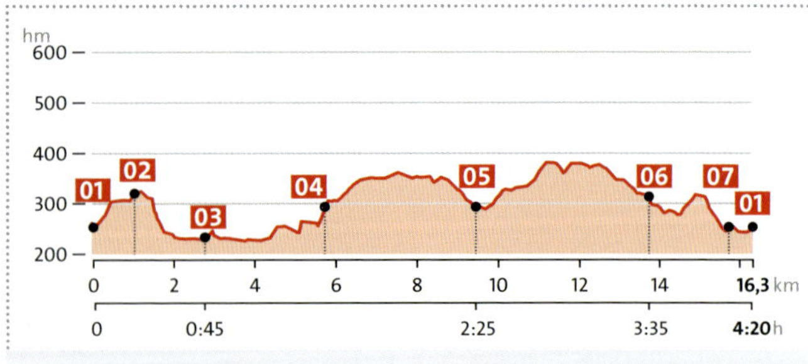

01 Klepsau 270 m; 02 Gedenkstein 310 m; 03 Jagstbrücke 236 m; 04 Schloss und Burg Krautheim 288 m; 05 Horrenbach 302 m; 06 Laibach 300 m; 07 Kapelle 243 m

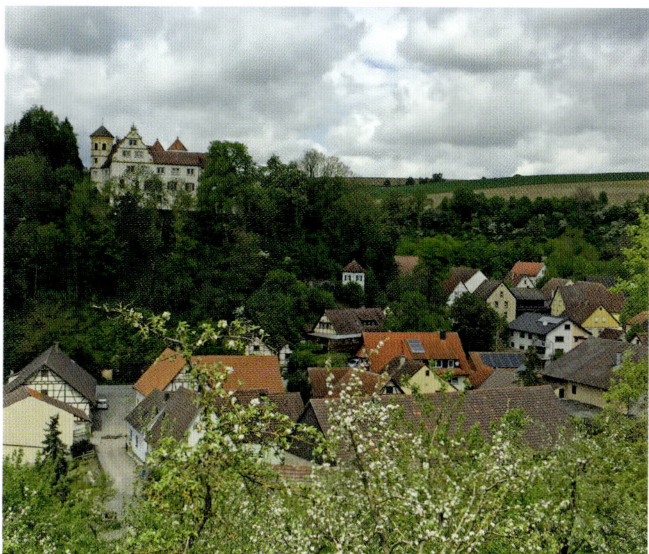

Blick auf Laibach mit Schloss.

▶ Wir wandern in **Klepsau** 01 (270 m) zunächst vom Parkplatz in der Winzererstraße den Teerweg hinauf. Der Jagst Kulturwanderweg führt uns an der zweiten Möglichkeit nach links zwischen den Weinhängen hindurch Richtung Heiligenberghütte. Nach zehn Minuten erreichen wir einen **Gedenkstein** 02 (310 m) mit einer Rastbank, ein paar Minuten später stehen wir an einer Gabelung: hier rechts hinauf, doch nur wenige Meter. Dann geradeaus auf dem Jagst Kulturwanderweg und der roten Traube geht es auf einem Pfad in den Wald hinein. Serpentinen führen uns durch den Wald hinab auf einen Teerweg. Wir folgen ihm nach rechts hinab, bis wir eine Straße erreichen. Wir überqueren sie geradeaus. An der nächsten Kreuzung biegen wir rechts ab, über die Jagst hinüber Richtung Krautheim. Nach der **Jagstbrücke** 03 (236 m) folgen wir der roten Traube, die uns nach rechts weiter auf dem Teerweg führt. Nach ca. eineinhalb Kilometern überqueren wir abermals die Jagst und laufen nun an Pferdekoppeln vorbei bis zur Hauptstraße. Ihr folgen wir nach links, nach Krautheim hinein. An der großen Kreuzung biegen wir rechts in die Bergstraße ein. Gleich darauf führen uns viele Treppen hinauf – nun auf T21 – hoch zur Burg. Oben laufen wir durchs Torhäuschen, dann an **Schloss und Burg Kraut-heim** 04 (288 m) vorbei. Weiter führt der Weg über den „Burgweg" zum Marktplatz, am Rathaus und dem Johannitermuseum vorbei. Nach dem Marktplatz schließlich folgen wir rechts hinauf in die „Bühl-hofstraße", dann geradeaus weiter in die „Birkenallee" und schließlich in den „Assamstadter Weg", auf LT21 und nun auch dem Pfad der Stille. Eine Teerstraße führt

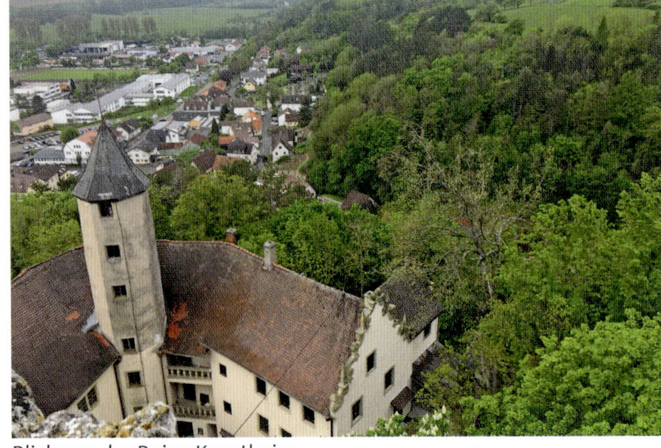
Blick von der Ruine Krautheim.

uns aus dem Ort heraus. An der Gabelung nach ca. 10 Minuten halten wir uns rechts. Die nächsten zehn Minuten immer geradeaus auf diesem Weg, dann schließlich nochmal an der folgenden Gabelung nach links, erreichen wir nochmals wenige hundert Meter später die L513. Geradeaus hinüber und auf dem „Krautheimer Weg" hinab nach **Horrenbach 05** (302 m) geht es steil bergauf. Wir gehen auf dem bekannten Hinweg zurück. An der Kapelle geht es nach links – wir folgen hier dem schmalen Teerweg aus Horrenbach hinaus. Achtung, ab hier sind die Schilder spärlich und wirr.... Hinauf nun durch den Wald, an der Gabel hinter dem Wäldchen nach links, der Weg wird bald zum Feldweg. An der nächsten Gabelung biegen wir rechts ab auf einem geflickten Teerweg leicht hinauf. Nach wenigen hundert Metern erreichen wir einen Teerweg, dem wir nach links folgen. An der darauf folgenden T-Kreuzung geht es nach rechts hinab. Nach eineinhalb Kilometern erreichen wir abermals eine T-Kreuzung, der wir nach rechts folgen in die „Schlossstraße", am Schloss vorbei und nach **Laibach 06** (300 m) hinein. Schließlich folgen wir der Straße in die „Dorfbrunnenstraße" und schließlich in die „Dörzbacher Steige". Hier hinauf, am Friedhof vorbei, dann um eine Rechtskehre folgen wir der Straße ein paar Minuten. In der darauffolgenden Linkskehre biegen wir auf einen Wiesenweg nach rechts ab und folgen LT22. Er führt uns ein Stück am Waldrand entlang (ca. 200 Meter), dann beherzt ohne Schilder rechts über eine Wiese kurz hinab zum nächsten Waldstück. Am Waldweg um eine Linkskurve, dann weiter hinab. Nach nicht einmal fünf Minuten erreichen wir einen Teer-weg, dem wir nach rechts folgen. An der **Kapelle 07** (243 m) vorbei, an der Straße links, an einem Bildstock rechter Hand vorbei in den Ort hinein. Am Sportplatz biegen wir rechts ab und laufen zwischen Fußballfeld und Verbandshaus links kurz hinauf, dann auf einem Pfad hinter dem Sportplatz entlang und erreichen in wenigen Minuten den Parkplatz in **Klepsau 01** (270 m).

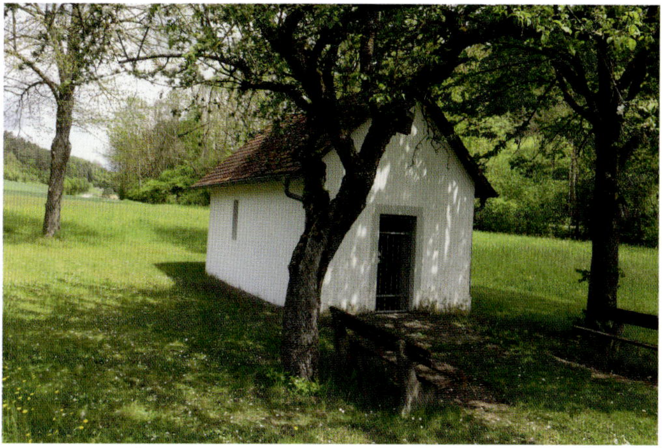

St.-Anna-Kapelle Krautheim.

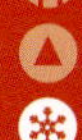

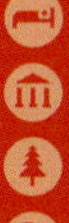

Tipp:

Außerhalb der Öffnungszeiten kann man sich den Schlüssel bei Familie Zeitler-Weizenhöfer holen. Links am Haupteingang vorbei, durch den Garten „Privatweg" und dann klingeln. Unbedingt die frühgotische Kapelle besuchen und singen. Die Akustik ist phänomenal!

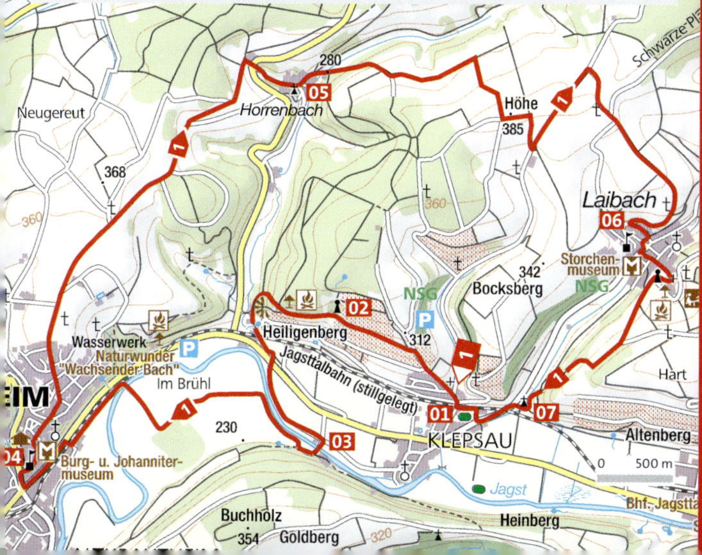

VON ALTKRAUTHEIM INS MESSBACHTAL

Auf naturnahen Wegen in ein kleines Seitental der Jagst

  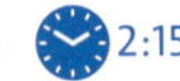  135 hm 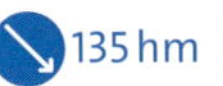 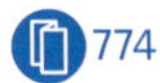

START | Altkrautheim beim Campingplatz direkt an der Jagst am Parkplatz Hofstattwiesen.
Geokoordinaten: [GPS: UTM Zone 32 x: 546211.791 y: 5469798.916].
CHARAKTER | Kaum befestigte Wege, gutes Schuhwerk von Vorteil.

Auf dieser Wanderung bewegen wir uns auf dem Natura-Trail. Den Ursprung hat diese Art von Wegen in einer Idee der Naturfreunde Württemberg: Die Wege bewegen sich innerhalb der Natura-2000-Gebiete, die prädestiniert für eine sanfte, touristische Nutzung sind. In Deutschland gibt es bereits um die 500 solcher Natura Trails. Die Trails machen die heimische Natur nachhaltig erlebbar und tragen zu einem verstärkten Bewusstsein für Natur und Umwelt bei. Der hier beschriebene Trail wurde von den Naturfreunden Öhringen–Hohenlohe e.V. ins Leben gerufen.

Wir starten am Parkplatz vom **Campingplatz** 01 (227 m) in Altkrautheim. Der Weg führt uns nun vorerst entgegen dem Campingplatz am Industriegelände der Spedition Rüdinger vorbei. Wir erreichen einen Wiesenweg mit der Markierung Natura Trail. Nach wenigen Minuten erreichen wir einen **Jagst Flutarm** 02 (228 m), der künstlich angelegt wurde. Wir folgen dem Wegverlauf nach rechts bis zur Kante eines Hanges. Hier biegen wir links ab und wandern durch ein Wäldchen. An einer Lichtung leicht rechts und über einen Pfad den Hang hinauf. Der

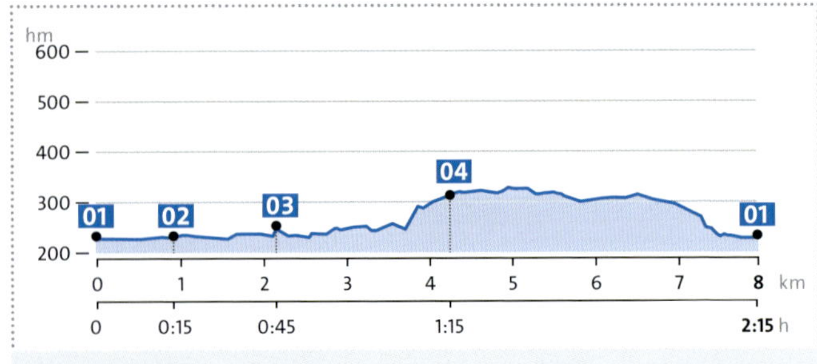

01 Campingplatz 227 m; 02 Jagst Flutarm 228 m; 03 Pfad der Stille 258 m; 04 Ehrenmal 315 m

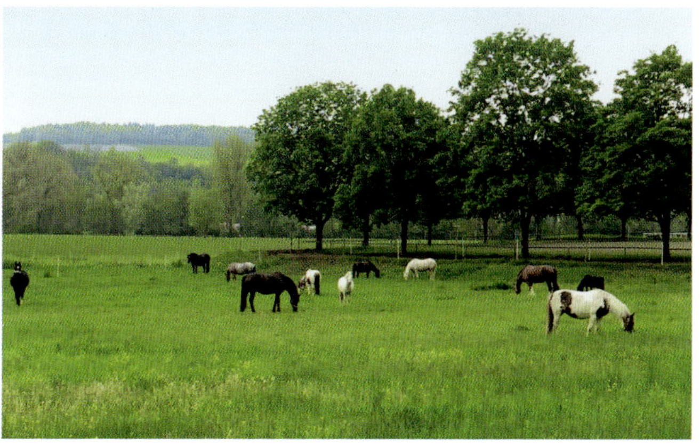

Idylle auf der Weide.

Pfad führt uns nach links immer weiter aufwärts bis zu einem Feldweg. Wir folgen ihm nach links bis zum Waldrand. Hier nun rechts bergauf. Schnell treffen wir auf den **„Pfad der Stille“** 03 (258 m), mit dem wir durch den Wald bis zu einem befestigten Weg wandern. Wir folgen ihm nach rechts. Nach einigen Minuten verabschiedet sich der feste Weg nach links, wir laufen geradeaus weiter, über Wiese entlang des Hanges. Bald führt uns ein schmaler Pfad den Hang hinauf. Oben überqueren wir ein Stück Wiese und wandern dann

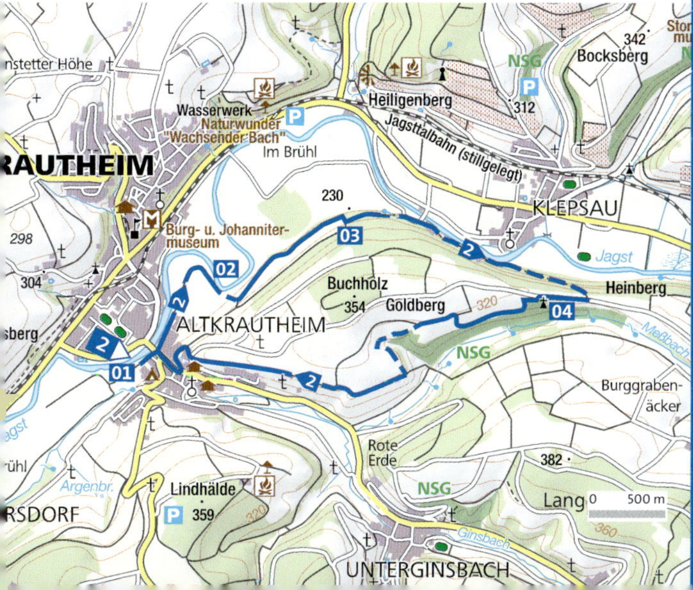

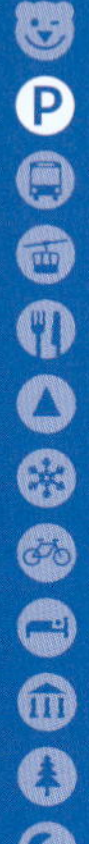

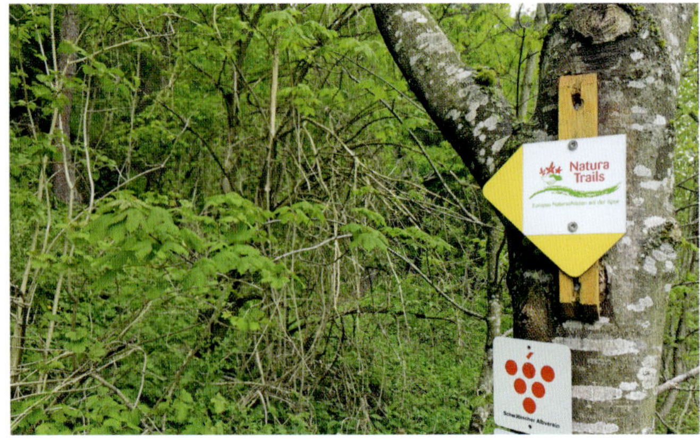

Auf dem Natura Trail.

auf einem Teersträßchen nach rechts bis zu einem **Ehrenmal** 04 (315 m). Kurz danach biegen wir links ab, bis zum Hang des Meßbachtales. Hier biegen wir rechts ab, wenige hundert Meter später nochmals rechts, hinauf, bis zu einem Sträßlein. Wir folgen ihm nach links und erreichen eine Streuobstwiese. Wir wenden uns abermals nach links und laufen auf einem unbefestigten Weg bis zu einer Scheune. Nun scharf links hinauf und kurz darauf dann rechts einen Hangweg entlang. Er führt uns nach Altkrautheim. An der Straße bald nach links auf einen Weg bis zur „Brunnensteige“. Hier gehen wir nun hinab, an der „Ginsbacherstraße“ nach rechts und zurück zum Parkplatz am **Campingplatz Altkrautheim** 01.

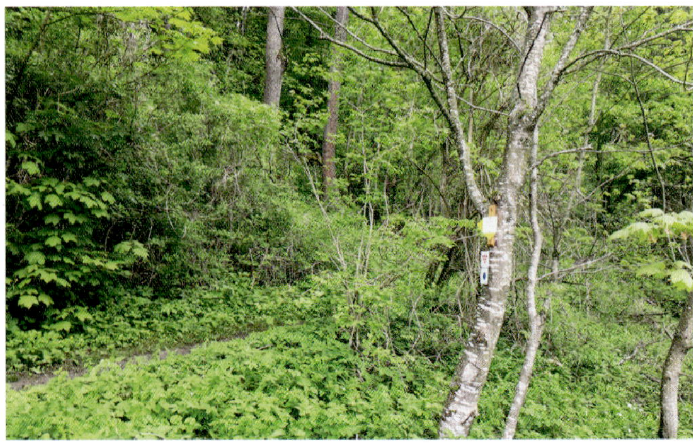

Ins Naturschutzgebiet.

ÜBER DÖRZBACH NACH AILRINGEN

3

An der Jagst entlang zu St. Wendel zum Stein

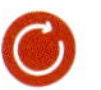 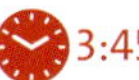 13,8 km 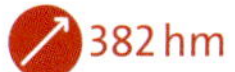 3:45 h 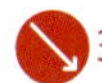 382 hm 382 hm 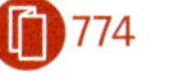 774

START | Parkplatz kurz nach Dörzbach Richtung Meßbach, links in den Kapellenweg, dann ca. 900 Meter auf schmaler Straße an der Jagst entlang, dann auf der rechten Seite.
Geokoordinaten: [GPS: UTM Zone 32 x: 551830.742 y: 5469234.914].
CHARAKTER | Das erste Drittel bewegt sich auf naturnahen Pfaden und kann steil und rutschig werden. Ab Dörzbach vorwiegend Teer- und Waldwege. Gut markiert.

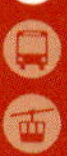
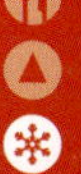
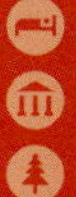

Viel zu entdecken gibt es bei dieser Wanderung: Das erste Kleinod erwartet uns in Meßbach: Die Dreifaltigkeitskirche stammt aus dem Jahre 1776/77 und wurde im Rokkokostil gebaut. In ihr können umfangreich restaurierte Deckenkonstruktionen und Wandmalereien betrachtet werden. Die Stäffeles bringen uns schließlich nach Dörzbach. Die Stäffeles – Stufen im Wald – wurden für die Kinder aus Meßbach Anfang 1900 angelegt, um ihnen den Weg zur Schule nach Dörzbach zu erleichtern. Kurz darauf passieren wir die Dörzbacher Eiskeller: Muschelkalkhöhlen, in denen das Bier der Dörzbacher Brauereien gekühlt wurde. Heute sind sie Unterkunft von Fledermäusen. Nach einem Besuch des Wasserschlosses Eyb in Dörzbach – von dem die ältesten Bauteile aus dem 12. Jahrhundert stammen – erreichen wir Ailringen. Hier erwartet uns eine Vielzahl von Kunst- und Kulturdenkmalen, nicht zuletzt das Kulturdenkmal Altes Rathaus, das

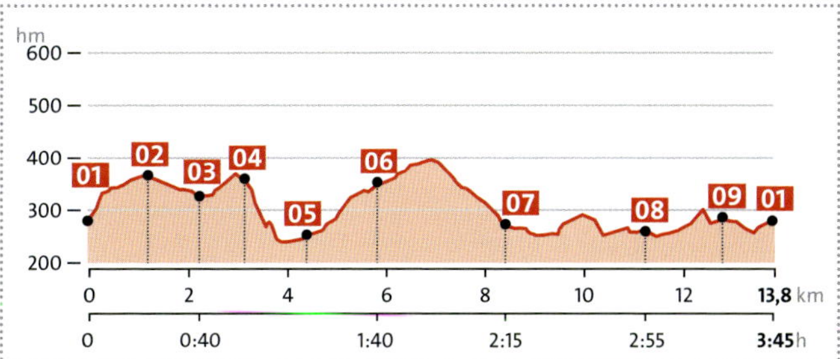

01 Wanderparkplatz beim Steinsberg 275 m; 02 Linde 367 m; 03 Meßbach 330 m; 04 Stäffeles 345 m; 05 Dörzbach 248 m; 06 Birkenhöfe 350 m; 07 Ailringen 267 m; 08 Hohebach 262 m; 09 St. Wendel zum Stein 261 m

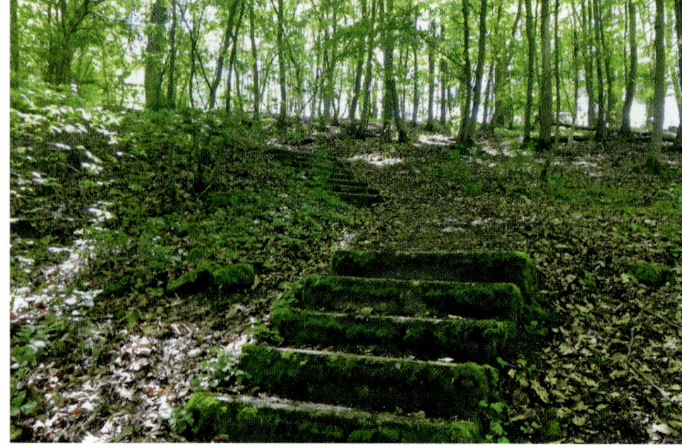

Stäffele zwischen Meßbach und Dörzbach.

1578/79 gebaut wurde. Einen Besuch wert sind die "Hohebacher Jagstbrücke" – von König Friedrich 1808 in Auftrag gegeben – sowie der Jüdische Friedhof (ältestes Grab von 1852), ein Ort des Friedens und der Rückbesinnung.

▶ Wir beginnen diese geschichtsträchtige Wanderung am **Wanderparkplatz** beim **Steinsberg** **01** (275 m). Zunächst folgen wir dem blauen Kreuz Richtung Wendischenhof auf einem Waldweg bald steil hinauf. Nach ca. 500 Metern biegen wir rechts ab und folgen nun dem Pfad der Stille, nur zweihundert Meter später wieder links. Ein grasbewachsener Weg bringt uns durch den lichten Laubwald an eine Teerstraße mit einer schönen **Linde** **02** (367 m). Wir biegen hier rechts ab und folgen dem Sträßlein nun eine knappe viertel Stunde bis nach **Meßbach** **03** (330 m), vorbei am Schloss Meßbach. Hier biegen wir links in die „Oberginsbacher Straße" ein. Nach einem kuren Stück geht es rechts in den „Talweg" (gegenüber befindet sich die Kirche der Heiligen Dreifaltigkeit), dann weiter über den „Alten Schulweg" über den Meßbach. Wir überqueren die Hauptstraße schräg nach rechts und folgen „Am Tannenwald" hinauf. Auf einem Feldweg geht es nun ein paar hundert Meter bis zur nächsten Kreuzung, hier hinüber auf der Wiese am Waldrand hinab. Über die **„Stäffeles"** **04** (345 m) geht es durch den Wald nun bis zur nächsten Kreuzung, auch hier geradeaus weiter hinab. Ein Rechtsbogen führt uns am Eiskeller vorbei nun aus dem Wald heraus bis zum Teerweg. Hier links, an der „Meßbacher Straße" dann rechts und über die Jagst hinüber. Vorne an der Hauptstraße in **Dörzbach** **05** (248 m) halten wir uns wieder rechts. „Am Marktplatz" biegen wir rechts ab und erreichen das Wasserschloss Eyb und die Dreifaltigkeitskirche. Zurück an der Hauptstraße biegen wir in die „Friedhofstraße" ein, dann die nächste rechts in die „Birkenhofstraße". Hier sind die Markierungen sehr spärlich, doch ist der Weg nicht zu verfehlen. Noch vorbei an den **Birkenhöfen** **06** (350 m), hinter dem

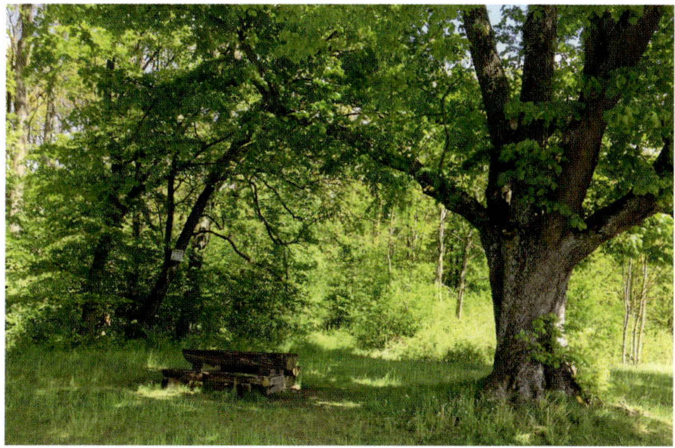

Rast unter der Linde.

letzten Hof noch vor Waldbeginn biegen wir rechts ab, nun auf dem Dörzbacher Rundweg Nr. 6. Ein Schotterweg führt uns erst am Waldrand entlang, dann hinab an einen Teerweg. Hier biegen wir links ein, an der nächsten Gabelung geht es rechts weiter abwärts (in die andere Richtung sehen wir eine kleine Kapelle). Wiederum an der nächsten

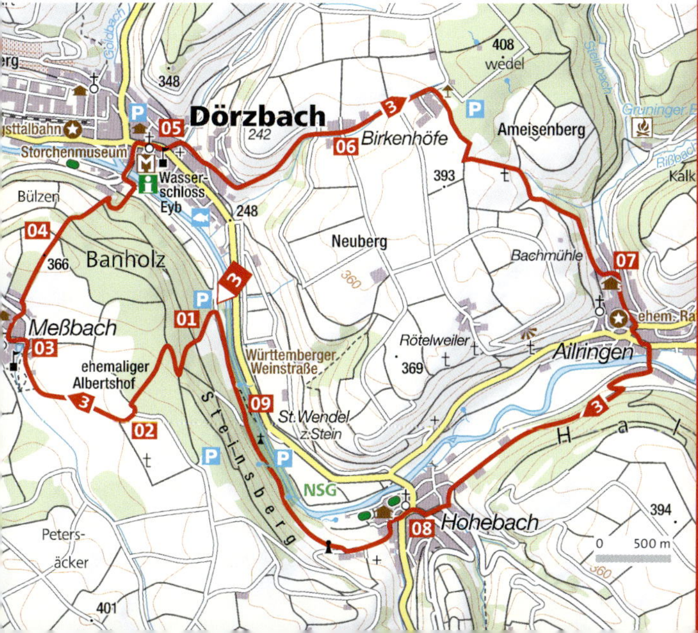

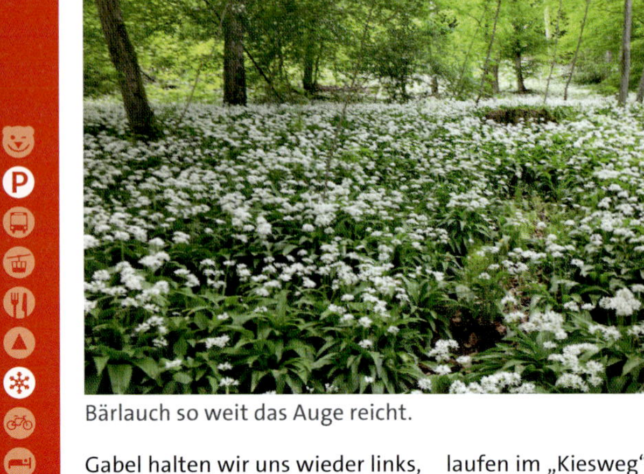

Bärlauch so weit das Auge reicht.

Gabel halten wir uns wieder links, an einem Bildstock vorbei nach **Ailringen** **07** (267 m) hinab. An der Hauptstraße und der Kapelle rechts, dann gleich links nun weiter auf dem Pfad der Stille in die „Alte Poststraße“. Wir überqueren die Hauptstraße schräg nach links und laufen im „Kiesweg“ bis zur Jagst. Über die Brücke, an der nächsten Kreuzung geradeaus und auf dem Teerweg hinauf. Nach der Linkskurve biegen wir an der Gabelung auf einen Waldweg scharf nach rechts ab. Hinauf geht es nun Richtung Hohebach. Der Waldweg mündet nach ca. eineinhalb Kilometern im „Haldenweg“. Weiter geradeaus auf die „Obere Gasse“ nach **Hohebach** **08** (262 m) hinein. Am Ende der Straße nach rechts, dann kurz darauf am „Kirchplatz“ links, weiter auf dem blauen Punkt. Gleich nach der Kirche folgen wir der Wendischenhöferstraße“ nach rechts. Wir folgen aus dem Ort heraus, bei den letzten Häusern führt uns der blaue Punkt nach rechts in den Wald. Nach einer knappen viertel Stunde erreichen wir **St. Wendel zum Stein** **09** (261 m). Hinab geht es zur Kapelle. Durch sie hindurch führt der Weg. Auf der anderen Seite treffen wir wieder auf unseren Waldweg, der uns nun in zehn Minuten geradewegs zum **Parkplatz** beim **Steinsberg** **01** (275 m) zurückbringt.

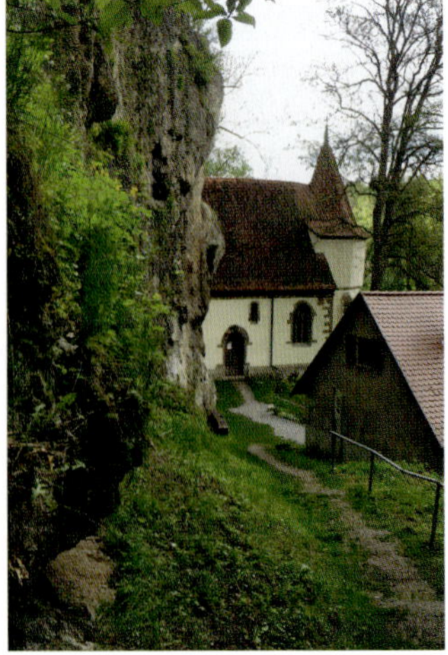

St. Wendel zum Stein

ÜBER ALTKRAUTHEIM NACH GOMMERSDORF

Pfade hoch über dem Jagsttal

 13,8 km 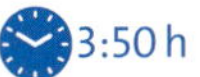 3:50 h 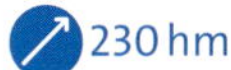 230 hm  230 hm  774

START | An der K2316 von Altkrautheim Richtung Eberstal. Der Parkplatz befindet sich ca. 2,5 km nach Altkrautheim auf der linken Seite im Wald.
Geokoordinaten: [GPS: UTMZone 32 x: 546620.535 y: 5467879.864].
CHARAKTER | Breite Waldwege und Teerwege wechseln sich ab; zwischen Krautheim und Gommersdorf ein sehr schmaler, etwas abschüssiger Pfad.

Die Wanderung führt uns erst durch lichte Wälder bis nach Unterginsbach. Nach einem Besuch der Kirche St. Johann in Altkrautheim führt der Weg in Krautheim dann erst an Industriehallen vorbei und schließlich hinauf an den Ortsrand. Ab hier folgen wir einem entzückenden Pfad oberhalb der stillgelegten Jagsttalbahn. Er gewährt herrliche Einblicke in das Jagsttal und hält – was Flora und Fauna betrifft – viele Überraschungen bereit; der nächste Ort unserer Wanderung ist Gommersdorf. Hier empfiehlt sich ein Besuch der Kirche St. Johann und des unter Denkmalschutz stehenden Pfarrhauses in Gommersdorf. Sowohl Pfarrhaus als auch Klosterhof dienten als Sommerresidenz der Äbte von Kloster Schöntal.

Start unserer schönen Runde ist der **Parkplatz** an der **K2316** 01

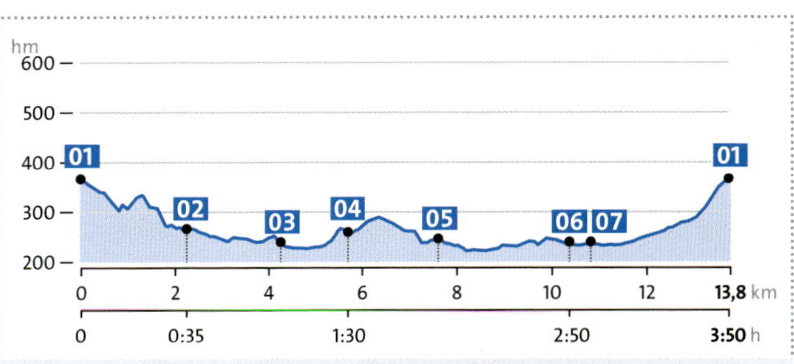

01 Parkplatz K2316 354 m; 02 Unterginsbach 267 m; 03 Kirche St. Johann 239 m; 04 Friedhof Krautheim 244 m; 05 Gommersdorf 249 m; 06 Steinkreuz 253 m; 07 Heiligkreuzkapelle 236 m

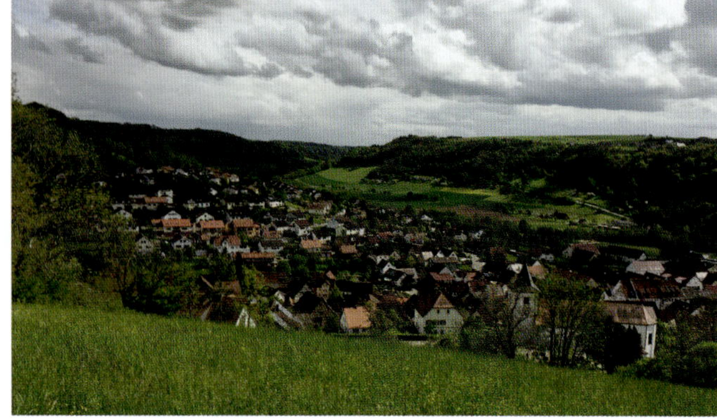

Blick auf Altkrautheim.

(354 m). Von hier aus folgen wir dem Weg in den Wald. An der ersten Gabelung links hinab zunächst auf der Markierung des Rundweges Nr.12. Nur ein kurzes Stück später gabelt sich der Weg noch einmal: Hier halten wir uns rechts. Nun folgen wir dem Hauptweg eine gute viertel Stunde lang. An einer Kreuzung führt uns das Wegzeichen nach links, aus dem Wald heraus. Schnell bringt uns ein Teersträßchen hinab, an den ersten Häusern vorbei, nach **Unterginsbach** **02** (267 m) hinein. Wir folgen der „Brunnengasse" über den Bach, nun zusammen mit der roten Traube und dem blauen Kreis, dann links wieder über einen Bach und vor bis zur Hauptstraße. Sie bringt uns nach links, gute 50 Meter, dann biegen wir schräg links auf den Radweg ein. Der Weg führt uns nun in guten zwanzig Minuten nach Altenkrautheim. Wir folgen der Straße in den Ort hinein, an der Kirchgasse biegen wir dann rechts ab, an der **Kirche St. Johann** **03** (239 m) vorbei. Hinab führt der Weg, links herum bis zur „Eberstaler Straße". Wir folgen ihr nach rechts, bis zur Hauptstraße. Hier links gewandt überqueren wir die Jagst. Gleich hinter der Brücke biegen wir dann rechts ab, an einigen Industriehallen von Krautheim vorbei. Schließlich erreichen wir die L1025, die „Götzstraße". Wir überqueren sie, und gleich darauf biegen wir am Kopfsteinpflaster links in die „Wolfgangstraße" ein. Ab hier folgen wir dem „Jagst Kulturwanderweg", und laufen nun geradewegs bis zum **Friedhof Krautheim** **04** (244 m) und einer schönen alten Linde, die als Naturdenkmal ausgewiesen ist. An

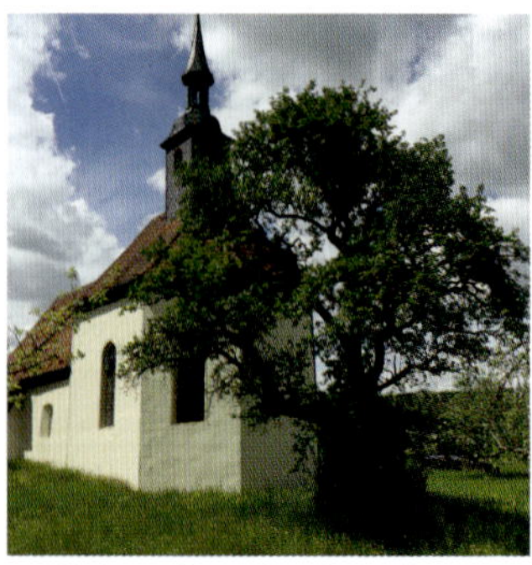

Heiligkreuzkapelle Altdorf.

beiden noch vorbei, bis es an der „Unteren Klinge" nach rechts hinauf geht. Jedoch nur ein paar Meter, dann führt uns ein Schotterweg nach links. Er steigt gemächlich an und mündet in einen schmalen Pfad. Gute zwanzig Minuten wandern wir auf diesem tollen Pfad oberhalb von Krautheim und können uns dabei an den Ausblicken nicht satt sehen. Schließlich erreichen wir einen Teerweg, dem wir nach links hinab folgen. Er bringt uns an die Hauptstraße, der wir nach rechts, nach Gommersdorf hinein folgen. In **Gommersdorf** 05 (249 m) an der Kirche St. Johann biegen wir links in die Rathausstraße ab. Sie bringt uns geradewegs an die L1025. Wir überqueren sie und folgen nun ein Stück dem Pfad der Stille. Er führt uns rechts am Sportplatz vorbei und über die Jagst, dann links und nach ca. 5 Minuten an der Gabelung rechts hinauf. An der bald darauf folgenden Kreuzung biegen wir rechts ab und folgen nun dem Jacobsweg. Nach einer knappen viertel Stunde erreichen wir eine Kreuzung mit einem **Steinkreuz** 06 (253 m). Wir laufen geradeaus weiter bis zum Weiler. Bevor wir direkt nach der ersten Scheune links abbiegen, nun auf dem Rundweg Nr.11, machen wir einen kurzen Abstecher zur **Heiligkreuzkapelle** 07 (236 m). Dafür laufen wir schräg nach rechts vor zur K2381. Zurück auf der ursprünglichen Route wandern wir am Weiler vorbei durch das wunderschöne Bachtal vom Katzenbrünnle. Hier geht es nun gute zwei Kilometer entlang auf einem Teerweg. Am Wald schließlich wandern wir das letzte Stück einen Waldweg leicht hinauf und erreichen die **K2316** 01 und den **Parkplatz.**

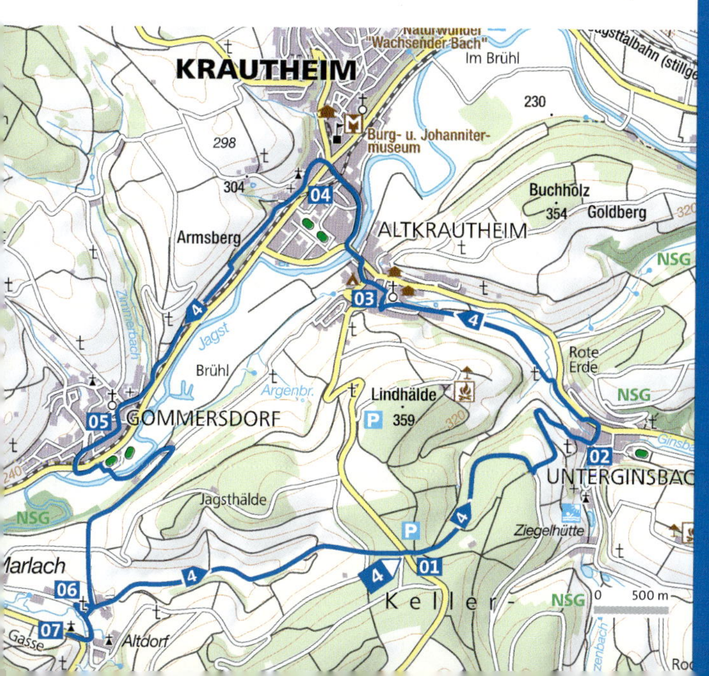

5

VON NEUSASS NACH WESTERNHAUSEN

Entlang der ehemaligen Jagsttalbahn

 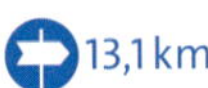 13,1 km 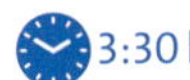 3:30 h  195 hm 195 hm 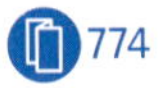 774

START | Großer Wanderparkplatz bei Neusaß bei Schöntal an der K2321.
Geokoordinaten: [GPS: UTM Zone 32 x: 537809.041 y: 5463043.545].
CHARAKTER | Zwischen Schöntal und Neusaß schmale bis breitere Pfade. Ansonsten schmale und etwas breitere Teerwege. Moderate und über den Weg gut verteilte Steigungen.

Neusaß ist der eigentliche Ort, an dem das Kloster Schöntal von Mönchen von Kloster Maulbronn gegründet wurde. Ein paar Jahre später nach Schöntal, ins „schöne Tal" der Jagst verlegt, blieb nur die alte Holzkirche zurück. Seit 1395 ist in Neusaß die Marienwallfahrt belegt. 1152 ursprünglich als Klosterkirche gebaut, wurde 1667 der Chor erneuert; 1706 schließlich wurde die Kapelle vergrößert. Ihre ältesten Teile entstammen noch der Spätgotik. Dem Heiligenbrünnlein nahe der Kapelle, das auch die Fischweiher speist, wird eine heilende Wirkung nachgesagt. Der von Theodor Schnell dem Jüngeren gestaltete Altar hat Jugendstilcharakter. In seiner Mitte befindet sich eine spätgotische Pieta. Fast die Hälfte des Weges führt entlang der Strecke der ehemaligen Jagsttalbahn. Die Schmalspurbahn fuhr auf einer Strecke von 39,1 km zwischen Möckmühl und Dörzbach. Um dem Wunsch, das Mittlere Jagsttal an den Normalspurbetrieb anzuschließen, wurde die Bahn 1888 geplant und schließlich 1901 der

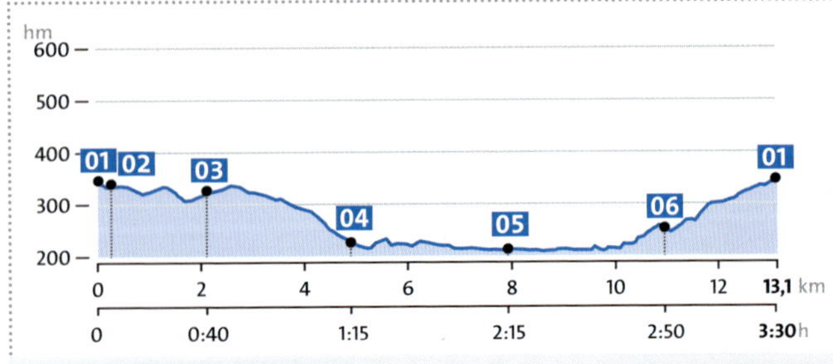

01 Parkplatz 343 m; 02 Wallfahrtskirche Neusaß 333 m; 03 Halsber 321 m; 04 Westernhausen 243 m; 05 Sportplatz Bieringen 212 m; 06 Alter Wachturm 236 m

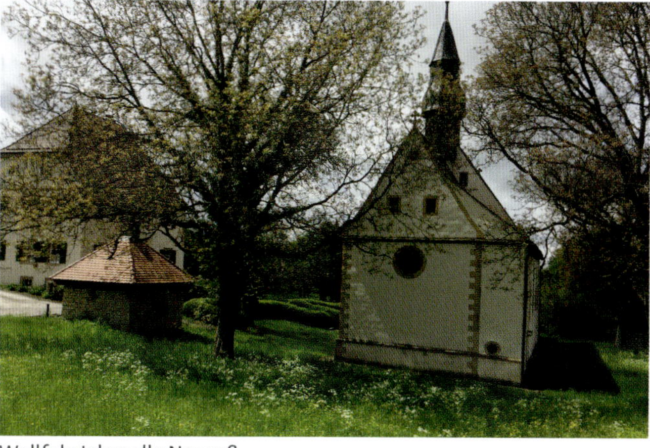

Wallfahrtskapelle Neusaß.

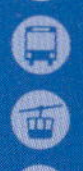

Personenverkehr aufgenommen. Seit 1988 ist sie stillgelegt. Noch immer kann man an vielen Stellen die schmalen Schienen erkennen.

▶ Wir starten unsere Wanderung am **Parkplatz** von **Neusaß** 01 (343 m). Ein Teerweg führt uns nun geradeaus zur **Wallfahrtskirche Neusaß** 02 (333 m), dann geradeaus weiter auf dem Rundwanderweg Nr. 6 und dem Jacobsweg. An seinem Ende nach einer guten viertel Stunde geht es weiter geradeaus auf einem Schotterweg hinab zur K2377, der Teerweg verlässt uns nach links. Wir überqueren die Straße leicht nach links versetzt und folgen dem Jacobsweg nach **Halsberg** 03 (321 m). Am Landgut halten wir uns rechts, weiter auf dem Teerweg. An der nächsten

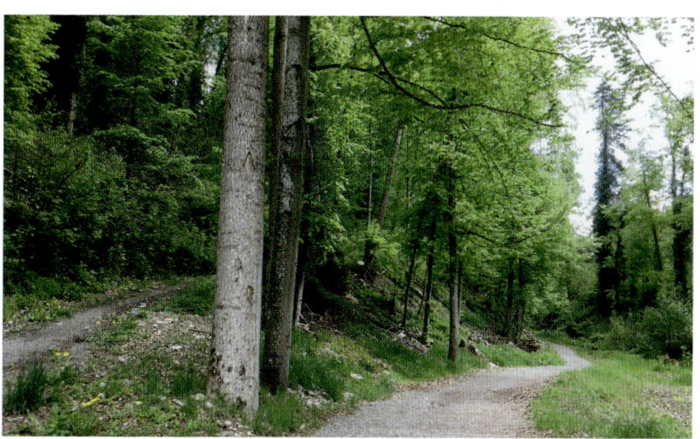

Am Honigbach entlang.

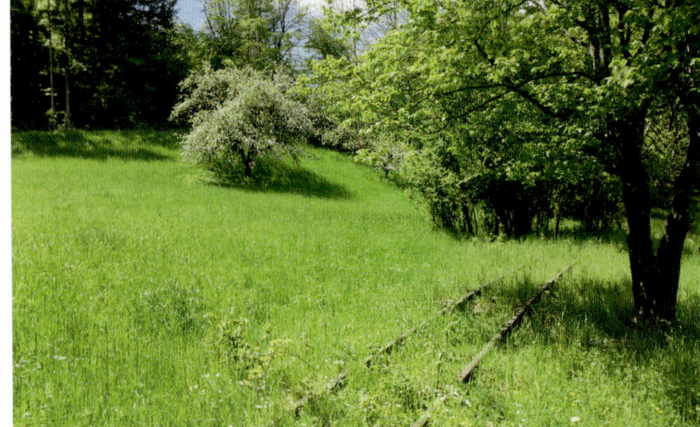

Alte Gleise der Jagsttalbahn.

Straße biegen wir links ein, am Steinbach entlang. Wir folgen diesem Weg nun stetig geradeaus, am Steinkreuz macht die Straße eine Linkskurve, für eineinhalb Kilometer leicht abwärts. Schließlich gelangen wir in die Klosterwaldstraße am Ortsrand von **Westernhausen** 04 (243 m). Hier folgen wir nun dem blauen Kreuz. Wir tangieren kurz die Hauptstraße L1046, halten uns aber links auf „Linde", und schließlich wieder links in den „Hofacker", an alten Scheunen vorbei. Nun folgen wir einem asphaltierten Weg Richtung Bieringen, entlang den Schienen der ehemaligen Jagsttalbahn. Nach einer dreiviertel Stunde erreichen wir Bieringen. Über die Hauptstraße schräg nach links hinüber, dann geradeaus am **Sportplatz Bieringen** 05 (212 m) vorbei geht es nun weiter Richtung Kloster Schöntal, an Wiesen vorbei und noch immer an den alten Gleisen entlang. In einem großen Linksbogen gelangen wir schließlich an die L1025. Wir überqueren sie nach rechts und folgen nach wenigen Metern einem Weg links hinauf. Bald führt uns der Schotterweg am **Alten Wachturm** 06 (236 m)vorbei bis an eine Teergabelung: Wir biegen scharf den zweiten Weg links auf den Kreuzbergweg ein und folgen dem Rundwanderweg Nr.2. Kurz darauf führt ein schmaler Weg nach rechts, dann wieder scharf rechts. Der Rundwanderweg Nr.1 bringt uns nun bis kurz vor die K2322. Hier gabelt sich der Weg: Wir entscheiden uns für den rechten, schottrigen Weg. Er bringt uns in guten zwanzig

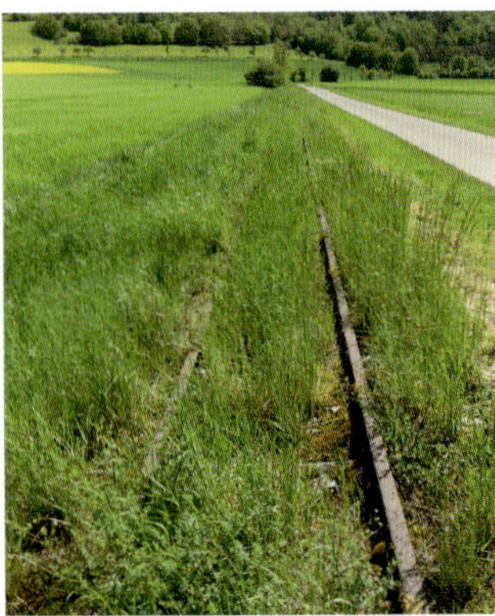

Verwitterte Gleise der Jagsttalbahn.

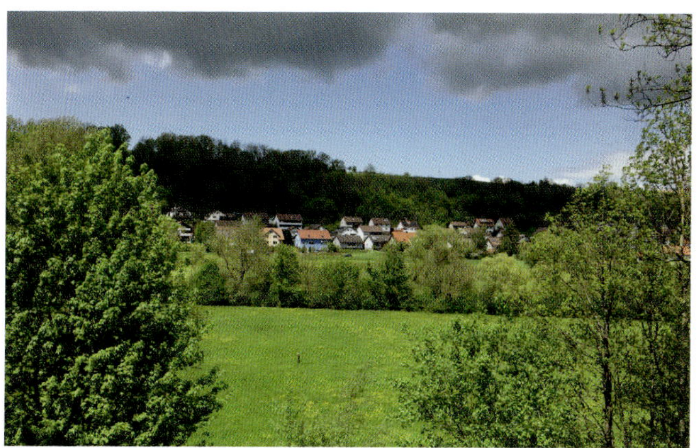

Blick auf Westernhausen.

Minuten nun stetig am Honigbach entlang zur **Wallfahrtskapelle Neusaß** 02 (333 m). Von hier aus dann in wenigen Minuten zurück zum Auto und zum **Parkplatz Neusaß** 01 (343 m).

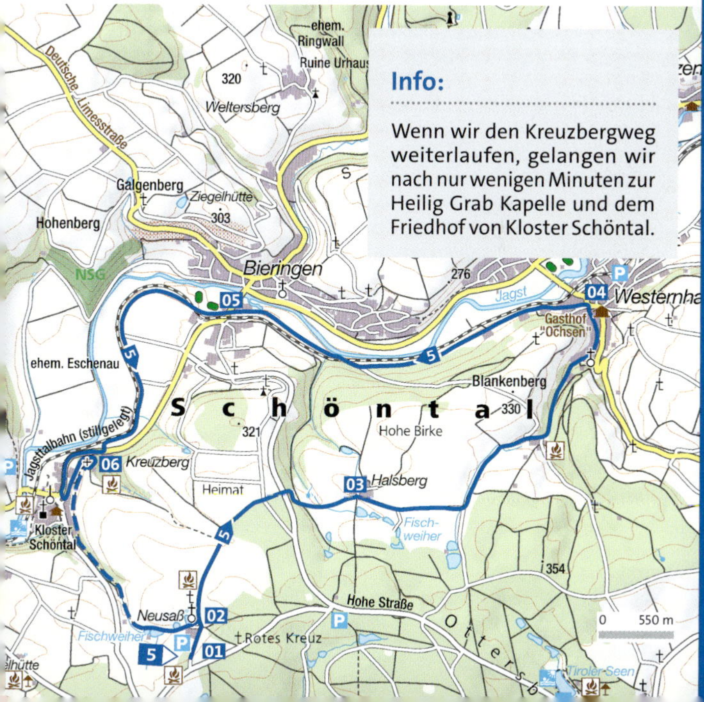

Info:

Wenn wir den Kreuzbergweg weiterlaufen, gelangen wir nach nur wenigen Minuten zur Heilig Grab Kapelle und dem Friedhof von Kloster Schöntal.

6

VON NEUSASS NACH ERNSBACH

Kurzweilige Wanderung durchs mittlere Kochertal

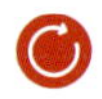 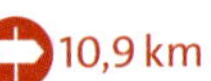 10,9 km  2:50 h  250 hm 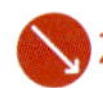 250 hm  774

START | Großer Wanderparkplatz bei Neusaß bei Schöntal an der K2321.
Geokoordinaten: [GPS: UTM Zone 32 x: 537809.566 y: 537809.566].
CHARAKTER | Die erste Hälfte der Wanderung führt uns vornehmlich über breite und gut markierte Waldwege. Von der Grillhütte hinter Muthof hinab zum Ortsrand von Neu-Wülfingen bedarf es auf den steilen, steinernen Stufen abwärts ein wenig Trittsicherheit. Bei Nässe sind sie extrem rutschig!
An der Kocher entlang geht es über Teerwege – im Sommer wird es sehr heiß, es gibt keinen Schatten. Ab Ernsbach geht es dann kontinuierlich bergauf.

Vom großen **Parkplatz** von **Neusaß** 01 (341 m) laufen wir zunächst den Teerweg vor bis zur Wallfahrtskapelle. Hier weist uns der Schilderbaum den Weg nach rechts, auf dem roten Kreuz über einen Wiesenweg Richtung Muthof und Neu-Wülfingen. Wir schlendern am Waldrand entlang bis zur Straße. Nachdem wir sie überquert haben, leitet uns der „Katzenschlagweg" geradewegs in den Wald hinein. An der darauffolgenden Kreuzung führt uns das rote Kreuz geradeaus hinauf. Nach zehn Minuten gelangen wir an eine große Kreuzung; ein breiter Schotterweg führt uns nach rechts. Weitere zehn Minuten später halten wir uns an der nächsten Kreuzung links leicht abwärts. Unten angekommen laufen wir geradeaus auf einem schmäleren Waldweg weiter, noch immer auf

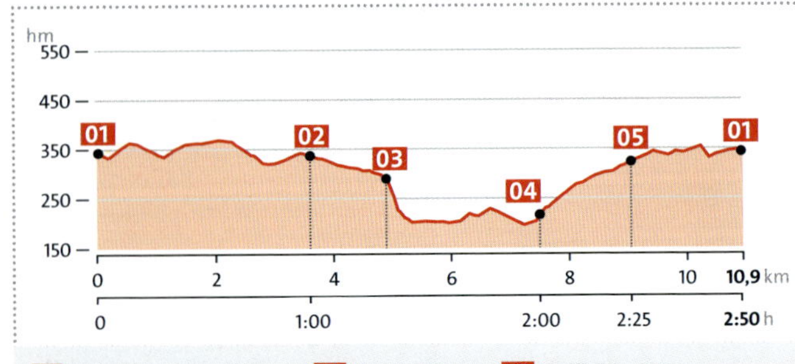

01 Parkplatz Neusaß 341 m; 02 Muthof 345 m; 03 Grillhütte 301 m; 04 Ernsbach 200 m; 05 Spitzenhof 321 m

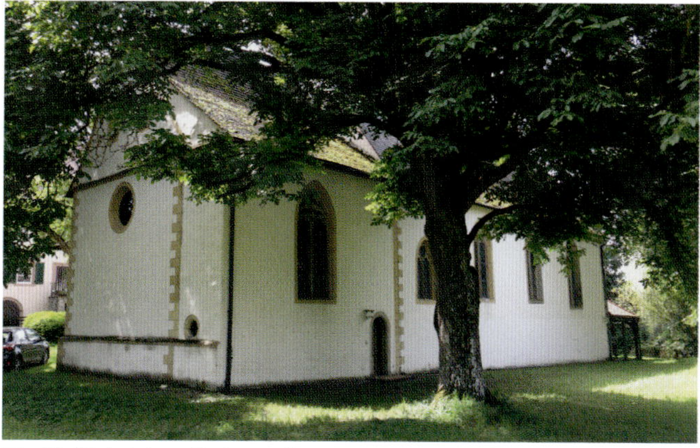

Die Wallfahrtskapelle Neusaß.

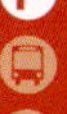

dem roten Kreuz. Doch schnell wird der Weg wieder breiter und führt uns aus dem Wald heraus. Wir erreichen einen Teerweg, dem wir nach links folgen. Er bringt uns nach **Muthof** **02** (345 m). Im Ort halten wir uns links auf die Klosterwaldstraße. Sie führt bis zum Ortsende, an dem wir rechts abbiegen, und mit dem Radweg auf schmaler Teerstraße Richtung Forchtenberg wandern. An der **Grillhütte** **03** (301 m) an der Gratmannsplatte mit toller Aussicht auf Neu-Wülfingen und das Kochertal weist uns das rote Kreuz auf einen schmalen Pfad: Wir folgen ihm hinab, schnell geht er in Natursteintreppen über. An der Straße am Ortsrand von Neu-Wülfingen laufen wir geradewegs hinab bis zur Wülfinger Straße. Wir biegen rechts ab und folgen kurz darauf „In den Schwarzäckern" nach links, zusammen mit dem Kocher Kultur-

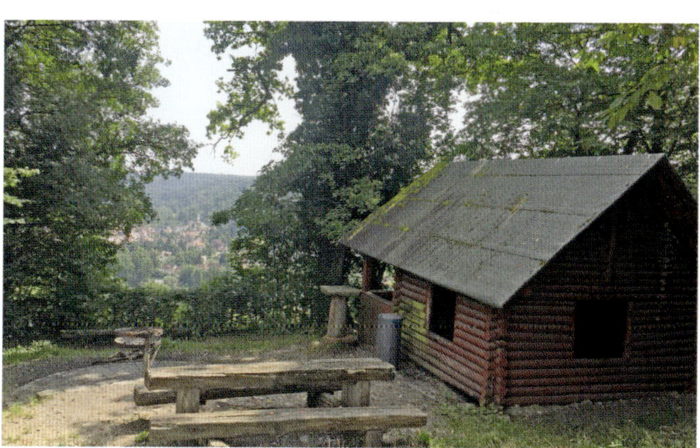

Grillhütte oberhalb von Neu Wülfingen.

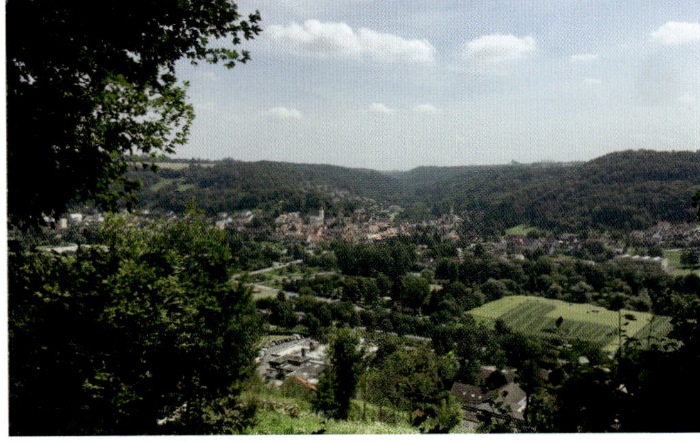

Blick auf Neu-Wülfingen.

wanderweg und dem Württembergischen Weinwanderweg (Trauben) Richtung Ernsbach. Ein Teerweg führt uns nun am Kocher entlang, bis wir nach einer dreiviertel Stunde den Ortsrand von **Ernsbach** 04 (200 m) erreichen. Kurz hinter dem Ortsschild führen uns die Trauben rechts hinauf. Stets geradeaus aufwärts geht die Teerstraße bald in einen Schotterweg über. Nun begleitet uns wieder das rote Kreuz Richtung Spitzenhof und Neusaß. Nach einer guten viertel Stunde treten wir aus dem Wald heraus, kurz darauf erreichen wir **Spitzenhof** 05 (321 m). Wir folgen der Teerstraße nach links bis zur T-Kreuzung, an der wir rechts abbiegen. Kurz darauf lässt uns das rote Kreuz nochmal links einbiegen und bringt uns durch den Wald wieder an die K2321. Wir folgen ihr nach rechts zurück zum **Parkplatz Neusaß** 01.

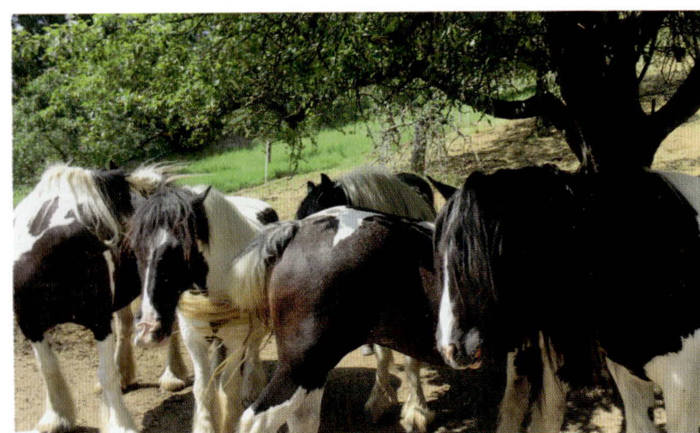

Gedränge unterm schattigen Baum.

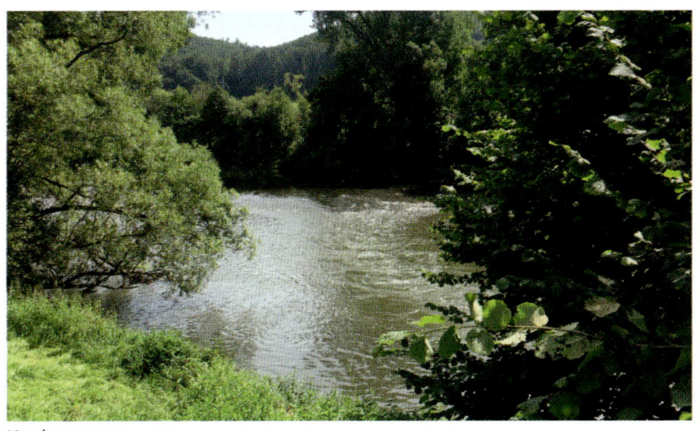

Kocherauen.

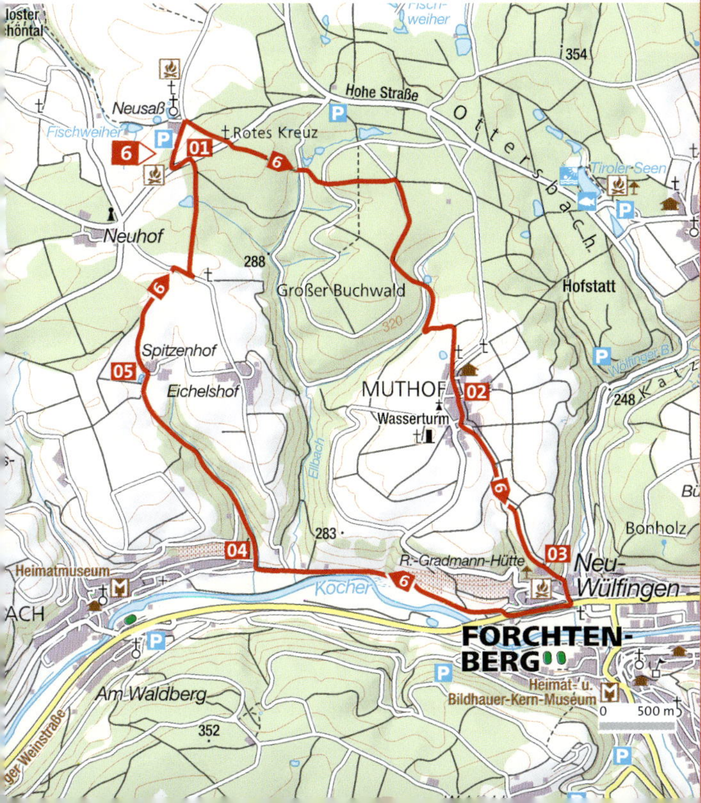

Neusaß
Fischweiher
Rotes Kreuz
Hohe Straße
Ottersbach
Tiroler Seen
Neuhof
288
Großer Buchwald
320
Hofstatt
Spitzenhof
Eichelshof
MUTHOF
Wasserturm
248
Elbach
Bonholz
283
R.-Gradmann-Hütte
Neu-Wülfingen
Heimatmuseum
Kocher
FORCHTEN-BERG
Heimat- u. Bildhauer-Kern-Museum
Am Waldberg
352
354
0 500 m
01
02
03
04
05
6

7

VON KLOSTER SCHÖNTAL ZUR BURG ROSSACH

Zu Besuch bei einem Kloster, einer ehemaligen Wasserburg und einem Schloss

    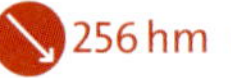 

14,1 km | 3:50 h | 256 hm | 256 hm | 774

START | Parkplatz zwischen Jagstbrücke und Kloster Schöntal im „Großer Garten“.
Geokoordinaten: [GPS: UTM Zone 32 x: 536636.775 y: 5464260.422].
CHARAKTER | Durchgehend gut markiert auf breiten Wald- und Teerwegen. Ein längerer Anstieg von Berlichingen zum Schloss Rossach, ansonsten eher kürzeres Auf und Ab.

Das Schloss Rossach in der Gemeinde Schöntal wurde im 12. Jahrhundert gebaut vom Adelsgeschlecht von Rossach. Größtenteils im 30-jährigen Krieg zerstört, verblieben nur Reste von Ringmauern und Türmen. Heute ist das Schloss ein Gutshof mit mehreren Fachwerkhäusern. Es befindet sich im Privatbesitz von Alexandra Freifrau von Berlichingen.

▶ Wir beginnen unsere schöne Wanderung am **Parkplatz Schöntal** 01 (212 m) und folgen zunächst der Straße zum Kloster. Der Weg führt uns durch die Klosteranlage hindurch bis zu den hinteren Parkplätzen. Hier erwartet uns ein Brücklein, das uns über den Honigbach führt. Wir biegen gleich danach rechts ein und folgen einem Pfad. Er führt uns in 600 Metern an den Rückgebäuden der LTI Metalltechnik GmbH vorbei bis zur Straße. Wir sind in **Berlichingen** 02 (228 m) und folgen kurz „Im Flürlein“, dann bie-

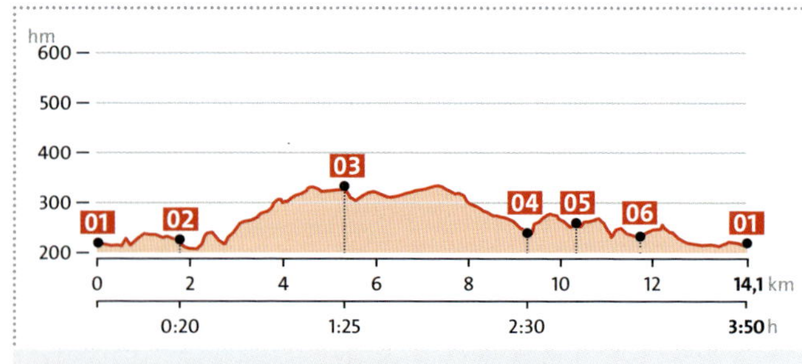

01 Parkplatz Schöntal 212 m; 02 Berlichingen 228 m; 03 Schloss Rossach 328 m; 04 Grillhütte 270 m; 05 Galgenberg 212 m

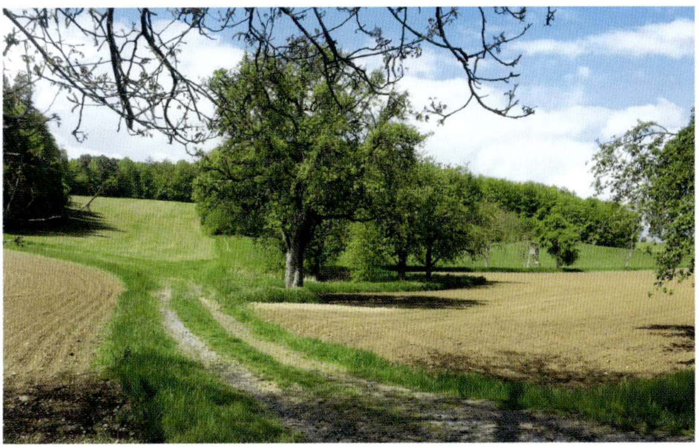

Über die Felder nach Schöntal.

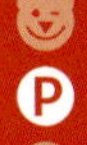

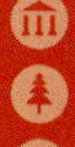

gen wir links ein in die „Siedlungsstraße" und gleich wieder rechts in den „Schöntaler Weg". Er bringt uns vor bis zur Hauptstraße und zur Kirche St. Sebastian. An der Kirche vorbei, der Hauptstraße nach rechts folgend, laufen wir über die Berlichingen Brücke (einen Abstecher zur Burg Berlichingen machen wir, indem wir an der Hauptstraße auf den gegenüberliegenden Marktplatz laufen und weiter in den „Tränkweg"). Dann folgen wir der „Jagsthäuser Straße" nach rechts.

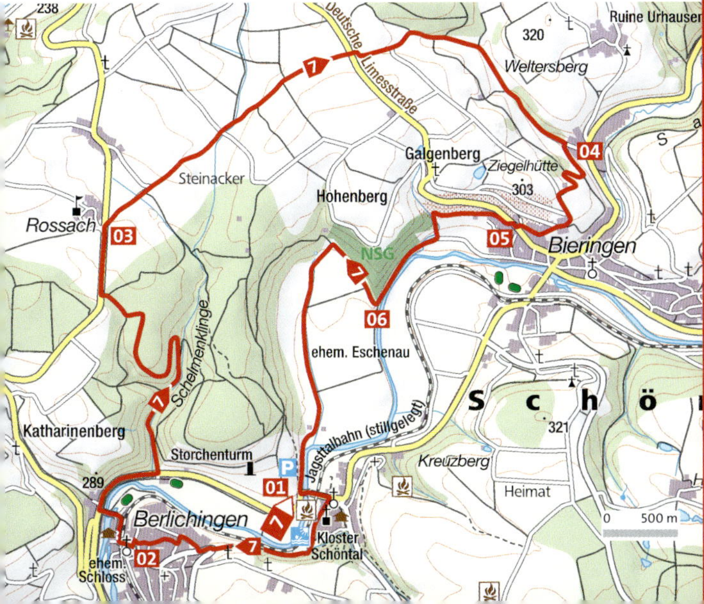

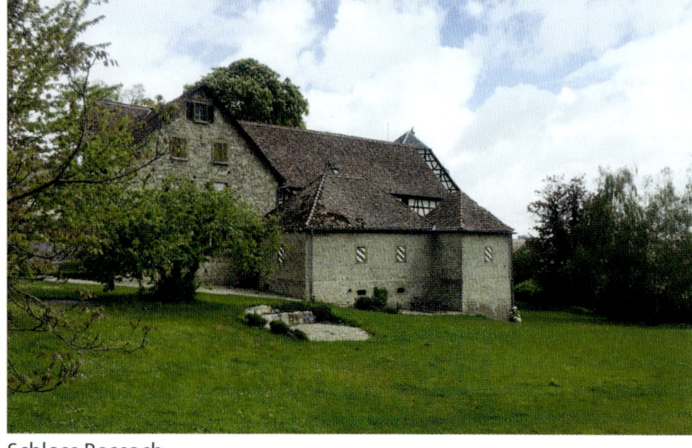

Schloss Rossach.

Nach ein paar Hundert Metern biegen wir links auf einen Schotterweg ein. Er bringt uns mit der Schelmenklinge in Serpentinen hinauf zur K2321. Hier biegen wir rechts ein und laufen neben der Straße bis zum **Schloss Rossach** 03 (328 m). Hier wenden wir uns auf den Rundwanderweg 4 nach rechts hinab. Wir folgen nun dem Teersträßlein gemeinsam mit dem Pfad der Stille stetig geradeaus, bis wir nach einer guten dreiviertel Stunde die Deutsche Limesstraße erreichen. Wir überqueren sie geradeaus und erreichen nach gut 25 Minuten eine Gabelung, an der wir uns rechts halten, weiter auf dem Pfad der Stille. Hinauf geht es nun in Serpentinen, an der **Grillhütte** 04 (270 m) vorbei bis zur nächsten Kreuzung: Hier folgen wir dem Teerweg nach links. Er führt uns in einer Rechtskurve in die „Darrenstraße". Wir überqueren bald die „Weinbergstraße" geradeaus in den „Weinbergweg" und folgen ihm geradewegs zu den Weinhängen am **Galgenberg** 05 (242 m). In einer scharfen Linkskurve führt uns der Weg hinab, nun auf dem Jagst Kulturwanderweg, an der T-Kreuzung mit der Scheune biegen wir rechts ab. Wir folgen dem Weg nun an der Jagst entlang, an der folgenden Gabelung halten wir uns rechts. Nach dem darauffolgenden Rechtsknick geht es noch ein gutes Stück geradeaus, durch das Naturschutzgebiet Hohenberg 06, bis wir nach ca. 500 Metern dem Weg an der Gabelung um eine Linkskurve folgen. Bald wandern wir wieder auf einem Teerweg nun immer geradeaus, bis uns wieder die Jagst linker Hand begleitet. An der L1025 biegen wir links ein und wandern zurück zum **Parkplatz Schöntal** 01.

Auf dem Weg nach Rossach.

VON OBERKESSACH NACH UNTERKESSACH

Durchs schöne Kessachtal

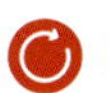 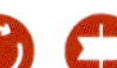 15 km 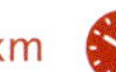 4:00 h 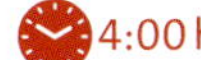 188 hm 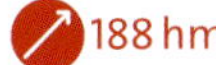 188 hm 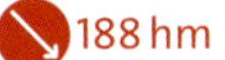  774

START | Parkmöglichkeiten am Sportplatz oder Friedhof in der Merchingerstraße in Oberkessach.
Geokoordinaten: [GPS: UTM Zone 32 x: 535672.227 y: 5468611.949].
CHARAKTER | Fast ausschließlich Teerwege und kleinere Sträßlein. Vor Unterkessach bewegen wir uns ein kurzes Stück auf Waldwegen. Geringe Höhenunterschiede.

Diese Runde bietet uns gleich zwei Kirchen im barocken Stil: Die Kirche St. Johannes der Täufer in Oberkessach stammt aus dem 18. Jahrhundert, das zugehörige Pfarrhaus wurde 1609 erbaut. Die barocke Saalkirche in Unterkessach wurde 1738 bis 1742 erbaut. Sie ist der Nachfolgebau der aus dem 15. Jahrhundert stammenden Georgskapelle. Der Rad- und Fußweg durchs schöne Kessachtal mit seinen saftigen Wiesen und weiten Auen verbindet die beiden Dörfer.

▶ Wir beginnen unsere Wanderung in **Oberkessach** 01 (250 m). Parkmöglichkeiten gibt es am Sportplatz in der „Merchinger Straße". Wir folgen der Straße zunächst Richtung Kirche und zur L1046. Wir folgen ihr nach links, um die Linkskurve herum und die „Rathausstraße" entlang über die Kessach hinüber. Nach einem kurzen Stück verlassen wir die Vorfahrtsstraße nach rechts auf die „Bieringer Steige". Kurz vor der L1046 biegen wir am Bildstock rechts ab auf einen Schotterweg und folgen ihm hinauf.

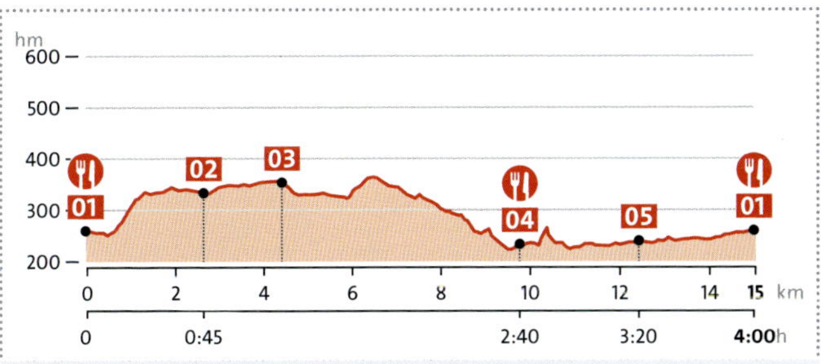

01 Oberkessach 250 m; 02 K2321 337 m; 03 Limesturm 337 m;
04 Kirche Unterkessach 227 m; 05 Kessachtal 244 m

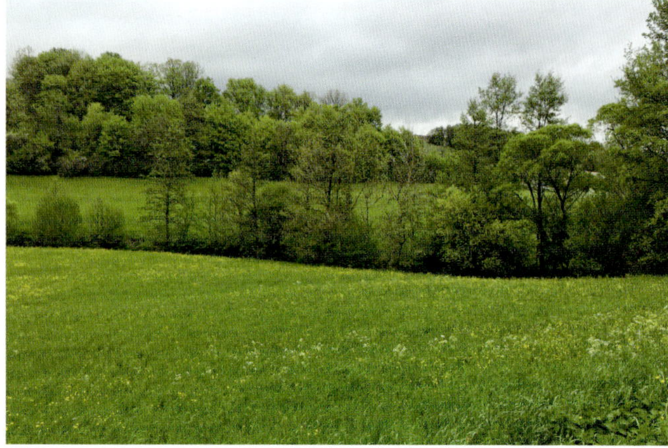

Herrliche Auen im Kessachtal.

Schon nach wenigen Minuten erreichen wir einen Teerweg, dem wir nach rechts folgen. Wir laufen nun auf dem Teerweg gute eineinhalb Kilometer entlang, bis wir die **K2321** 02 (337 m)erreichen. Über die Straße geradewegs hinüber, dann immer weiter auf diesem Weg. Nach einer halben Stunde erreichen wir den **Limesturm** 03 (337 m). Wir folgen weiter unserem Teerweg über eine langgezogene Rechtskurve bis zur K2020. Auch hier geradeaus hinüber, nun auf einem Wald- und Schotterweg, nach wenigen Metern an der Gabelung halten wir uns rechts, erst am Waldrand entlang, dann in den Wald hinein. Nach ca. 15 Minuten biegen wir an der Kreuzung rechts ab. Nach 500 Metern treffen wir auf einen Weg, in den wir links

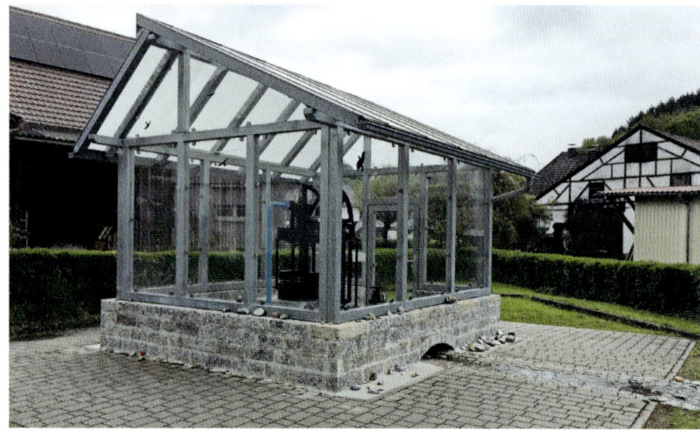

Lambach-Pumpe in Oberkessach.

einbiegen. Nach 150 Metern geht rechts ein Weglein ab, dem wir um eine Rechtskurve folgen. Wir tangieren nach ein paar Minuten die K2020, bis es links auf einem Pfad nochmals hinab geht. Beim nächsten Treffen auf die K2020 folgen wir ihr diesmal ein Stück hinab, nur ca. 75 Meter, dann führt uns nochmals ein unbefestigtes Weglein rechter Hand hinab. Es mündet in „Am Trieb“, an der „Talstraße“ biegen wir dann rechts ein. An der **Kirche Unterkessach 04** (328 m) folgen wir weiter der „Talstraße“ um die Rechtskurve. Kurz nach Ortsende führt uns der Weg nach rechts über die Kessach hinüber. An der Gabelung biegen wir links ein und wandern nun fast eine Stunde durch das schöne **Kessachtal 05** (244 m). Schließlich mündet der Weg in den „Auweg“. Wir sind wieder in **Oberkessach 01** (250 m) angelangt. An der „Kaiserstraße“ biegen wir links ein, über den Mühlkanal und die Kessach hinüber, bis wir an der „Kessachstraße“ wieder rechts abbiegen. An der Lambachpumpe vorbei vor zur Vorfahrtsstraße. Hier nach links und in wenigen Minuten zum Auto zurück.

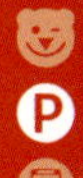

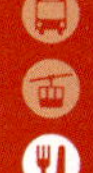

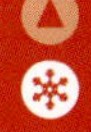

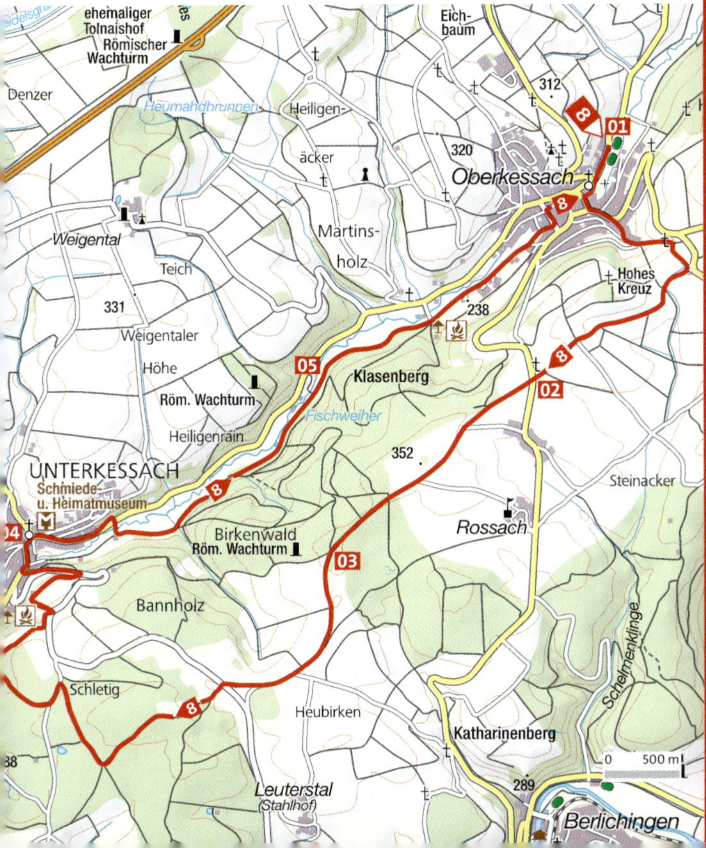

VON WIDDERN NACH UNTERKESSACH

Am großen und am kleinen Fluss

 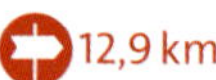 12,9 km  3:30 h  180 hm 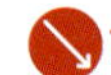 180 hm  774

START | In Widdern gibt es an der Evangelischen Stadtkirche einen Parkplatz.
Geokoordinaten: [GPS: UTM Zone 32 x: 530557.795 y: 5462720.909].
CHARAKTER | Die schöne Runde führt vornehmlich auf geteerten Wegen am Wasser entlang. Nach Unterkessach erwartet uns ein langer Anstieg. Kurz vor dem Wald, ebenfalls nach Unterkessach, bedarf es eines guten Orientierungssinns.

Von der Evangelischen Stadtkirche in **Widdern** 01 (185 m) überqueren wir zunächst die Möckmühler Straße und laufen in die Kessachgasse. Der darauffolgenden Mühlgasse folgen wir nach rechts. An der nächsten Gabelung geht es rechter Hand weiter in den Gartenhausweg; er bringt uns bald auf schmalem Teerweg und KJ12/ KJ13 aus dem Ort hinaus in den Wald. Nachdem wir den Wald wieder verlassen haben, geht es an Wiesen vorbei über eine Straße. Dann führt uns ein Teerweg weiter. Wenige Minuten später halten wir uns an der Gabelung rechts Richtung Unterkessach auf KJ13. Idyllisch führt der Weg direkt an der Kessach entlang weiter, bald an einem romantischen Weiher und dem **Henkersbrunnen** 02 (212 m) vorbei und schließlich an den Ortsrand von **Unterkessach** 03 (222 m). Im Ort wenden wir uns an der Talstraße nach rechts, dann „Am Trieb" links hinauf. Die Straße mündet in einen Waldweg, der uns aufwärts bis zur K2020 bringt. Wir überqueren sie schräg nach rechts, folgen nochmals

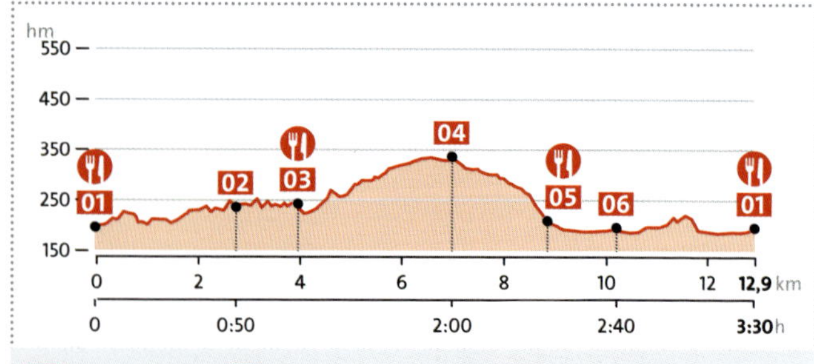

01 Widdern 185 m; 02 Henkersbrunnen 212 m; 03 Unterkessach 222 m; 04 Sternkreuzung 334 m; 05 Olnhausen 210 m; 06 Kocher-Jagst-Radweg 210 m

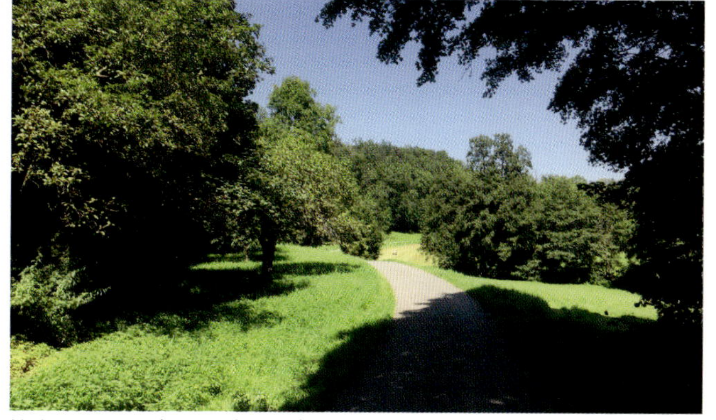

Unterwegs nach Unterkessach.

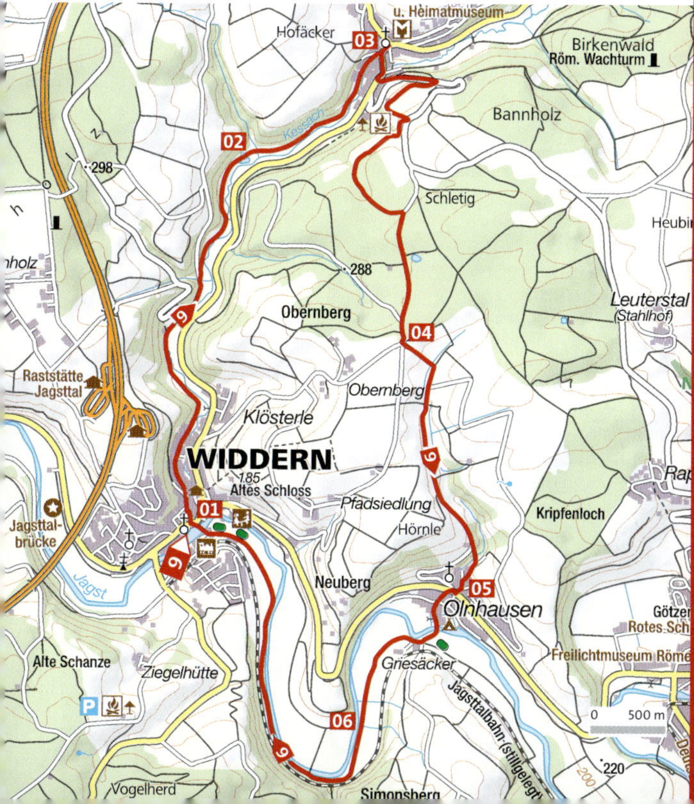

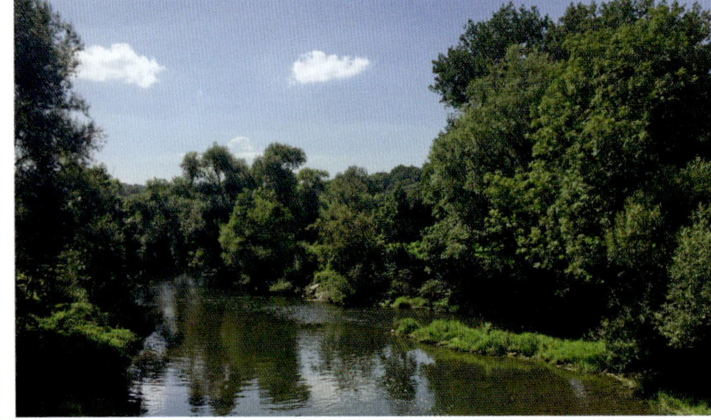
Jagst bei Olnhausen.

ein kurzes Stück einem geteerten Weg um die Rechtskurve herum, dann zweigt rechter Hand ein Schotterweg ab. Er führt uns bis an einen Wald- und Wiesenrand und endet dann dort. Wir laufen geradewegs ohne Markierung am Waldrand entlang über die Wiese, folgen dem Waldsaum dann nach links hinauf bis an einen Waldweg. Diesem folgen wir nach rechts. Bald geht es an Wiesen vorbei und am Waldrand entlang bis zu einer Gabelung, an der wir uns links halten. An der folgenden T-Kreuzung halten wir uns rechts, hinauf, bis wir nach einer viertel Stunde am Waldrand eine **Sternkreuzung** **04** (334 m) erreichen. Wir wählen den zweiten Weg von links, den Rundweg Nr. 3 Olnhausen-Bannholz und folgen einem geteerten Weg zwischen den Feldern hinab. Unten halten wir uns rechts, durchs Landschaftsschutzgebiet hindurch und dann stetig geradeaus auf dem Rundweg Nr. 3. Nach ca. 20 Minuten führt die Markierung nach links auf einen verwachsenen Weg hinab. Achtung, sie ist leicht zu übersehen. Am Ortsrand von **Olnhausen** **05** (210 m) halten wir uns links und folgen „Am Berg" hinab zur Hauptstraße. Hier laufen wir kurz nach rechts, um dann wieder links in die Rathausstraße abzubiegen und dem Rundweg Nr. 4 zu folgen. Wir überqueren die Jagst und halten uns an der Gabelung kurz darauf rechts, nun auf dem **Kocher-Jagst-Radweg** **06** (191 m) und dem Rundweg Nr. 4 entlang der Flussauen. Nach einer Stunde, kurz nach dem Spielplatz, überqueren wir nochmals die Jagst und sind wieder an der **Evangelischen Stadtkirche Widdern** **01** (250 m) angekommen.

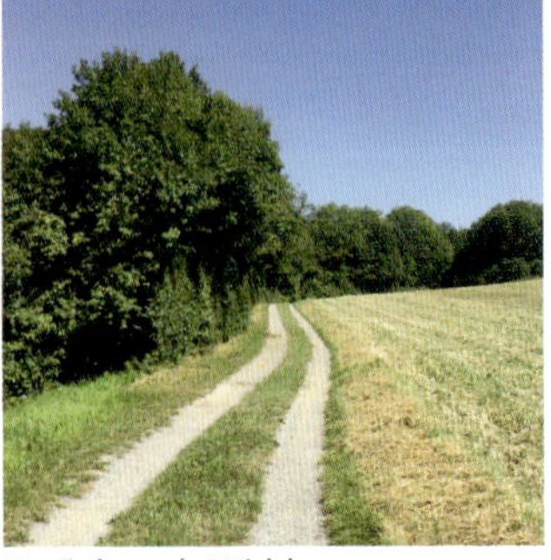
Zurück nach Widdern.

ÜBER MÖCKMÜHL INS HERGSBACHTAL

Herrliche Talwanderung und ein verträumtes Städtchen

 15 km 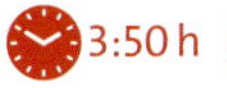 3:50 h 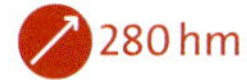 280 hm 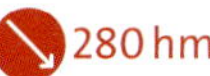 280 hm  774

START | Kurz hinter Hagenbach Richtung Möckmühl befindet sich nach einer Linkskurve rechter Hand ein Parkplatz. Geokoordinaten: [GPS: UTM Zone 32 x: 527280.056 y: 5466702.580].
CHARAKTER | Etwas längere, aber technisch einfache Wanderung auf vornehmlich breiten Wald- und Teerwegen. Kurz hinter Möckmühl erwartet uns mit dem Weinbergweg ein sehr romantischer, verwilderter Abschnitt.

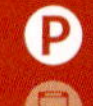
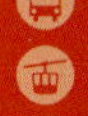

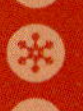
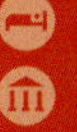

▶ Vom **Parkplatz Hagenbach 01** (331 m) laufen wir zunächst kurz die Straße hinab bis Hagenbach. Im Ort folgen wir der Markierung K3 einem Teerweg nach links hinauf. Nach wenigen Metern bringt er uns nach rechts, weiter auf einem Teerweg, bald hinab, an Feldern vorbei bis an eine Gabelung. Hier laufen wir weiter geradeaus, nun auf M8. Kurz darauf führt uns ein Wiesenweg leicht aufwärts, weiter auf K4. Am Waldrand entlang erreichen wir bald einen Teerweg, dem wir nach links folgen. Jedoch nur wenige Meter, dann biegen wir wieder rechts auf einen Waldweg ab. M8 führt uns nun gute fünf Minuten durch den Wald, bis wir an einer Kreuzung nach links auf den Hemmrichsweg abbiegen. Nach fast einer halben Stunde gelangen wir nach einer Rechtskurve an eine Kreuzung: Hier folgen wir dem Weg links hinauf. Der „Große Eichenweg" bringt uns kurz darauf zur **Großen Eiche 02** (339 m). Hier befand sich einmal ein Wanderparkplatz. Wir

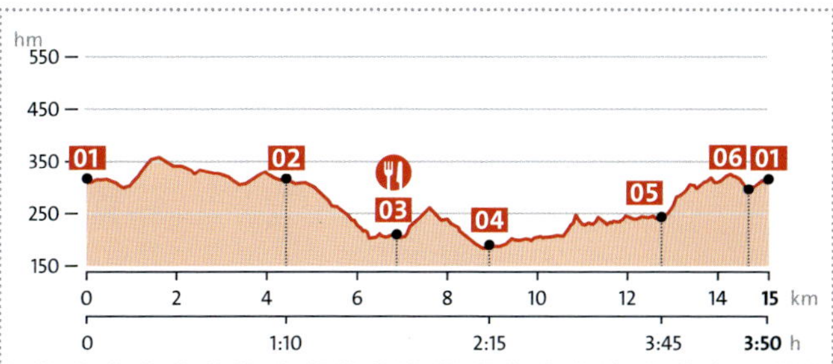

01 Parkplatz Hagenbach 331 m; 02 Große Eiche 339 m;
03 Möckmühl 207 m; 04 Ruchsen 185 m;
05 Dippacher Schutzhütte 245 m; 06 Hagenbach 339 m

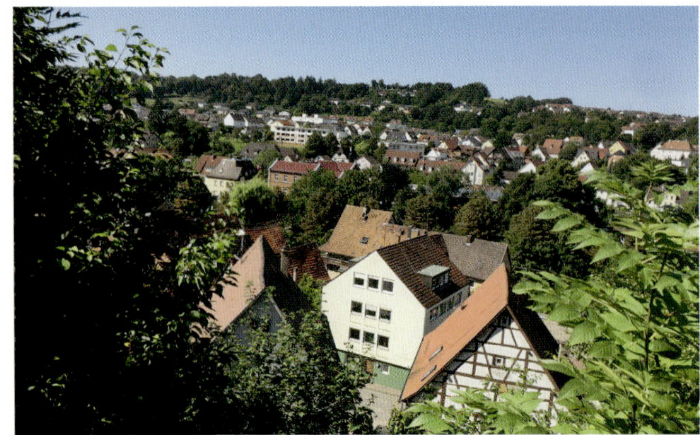

Blick auf Möckmühl.

laufen aus dem Wald hinaus bis zur Straße, an der wir kurz vorher rechts auf einen Flurweg abbiegen. Dieser Weg bringt uns bald auf einem Teerweg zum Hundesportplatz. Hier an der Straße wenden wir uns nach rechts, nach ca. 50 Metern folgen wir dem Schild „Zur Burg". M5 und M8 führen uns nun an der Burg von Möckmühl vorbei, dann über Kopfsteinpflaster den Schlossberg hinab ins Zentrum von **Möckmühl** 03 (207 m). An der Ruchsener Straße erwartet uns ein hübscher Platz mit Brunnen, Eiscafé und schönen Fachwerkhäusern. Hier folgen wir der Ruchsener Straße nach links bis zur L1025. Auf ihrer rechten Seite folgen wir ihr aus dem Ort hinaus. Nach 300 Metern führt auf der linken Seite ein Pfad hinauf auf den „Weinbergweg". Hier folgen wir den Markierungen M8 und dem Jagst Kulturwanderweg. Der tolle Weg oberhalb des Jagsttales bringt uns an alten

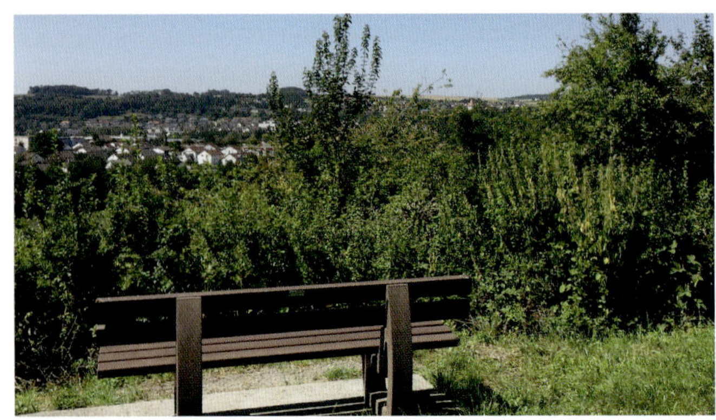

Rastplatz oberhalb von Möckmühl.

Mauern und teils ehemaligen Weinhängen entlang und mündet schließlich in einer Straße. Wir folgen ihr rechts hinab auf M4 und dem Jagst Kulturwanderweg hinab nach **Ruchsen** 04 (339 m). Kurz vor der Hauptstraße führt uns der Weg nach links über ein Brücklein über den Hergstbach in die Baulandstraße, der wir nach links folgen. Sie bringt uns nun direkt am Bach entlang ins Hergstbachtal. Der zwar geteerte, aber doch relativ einsame Weg schlängelt sich nun fast eine gute Stunde durch das Tal, an Wäldern und Wiesen und vielen Sonnenblumenfeldern vorbei. Schließlich erreichen wir die **Dippacher Schutzhütte** 05 (339 m). Ein paar Meter weiter biegt links der Weg mit der Markierung K3 ab. Wenige später, am Waldrand, halten wir uns rechts, in den Wald hinauf. Der Weg führt uns nun gute zwanzig Minuten erst durch den Wald, dann am Waldrand entlang. Beim Waldaustritt sehen wir schon **Hagenbach** 06 (339 m), das wir auch kurz darauf erreichen. Im Ort folgen wir dann der Straße nach links zurück zum **Parkplatz** von **Hagenbach** 01 (339 m).

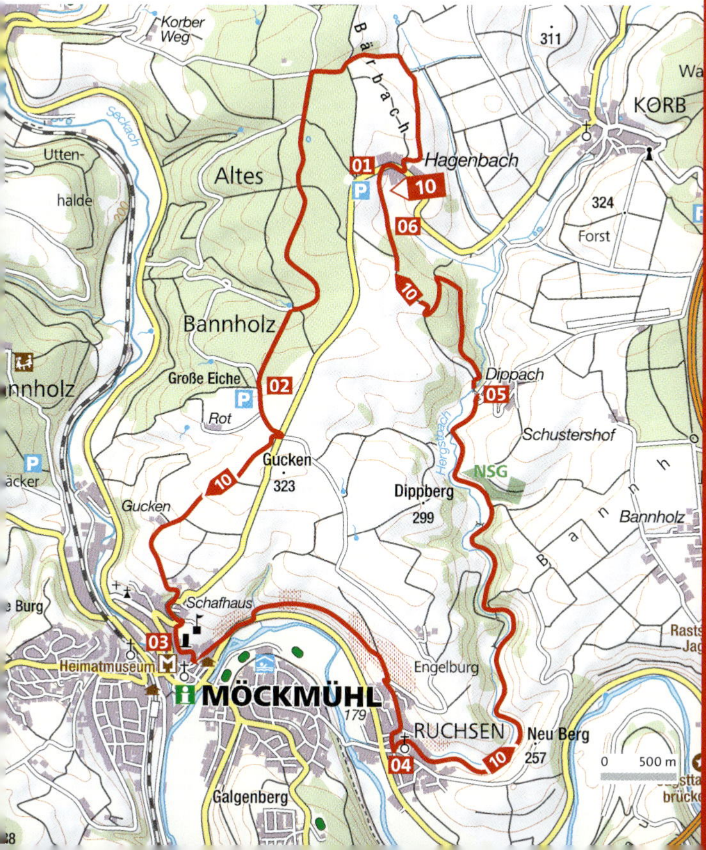

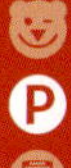
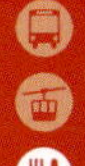
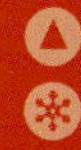
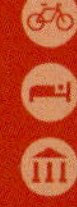

ÜBER SINDRINGEN NACH JAGSTHAUSEN

Über die Felder zwischen Jagst und Kocher

 9,3 km 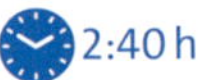 2:40 h 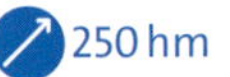 250 hm  250 hm 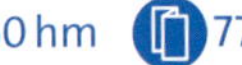 774

START | Von Edelmannshof bei Jagsthausen nehmen wir direkt gegenüber die schmale Straße. Nach 250 Metern befinden sich auf der linken Seite am Waldspielplatz Parkplätze. Geokoordinaten: [GPS: UTM Zone 32 x: 535977.312 y: 5461275.332].
CHARAKTER | Die einfache Runde führt zumeist über geteerte Wege und schmale Straßen. Für die kurze Strecke gilt es relativ viele Höhenmeter zu bewältigen, was die Wanderung etwas anstrengend macht.

Das idyllische Sindringen liegt in wunderbarer Tallage am Kocher. Das alte Städtchen beeindruckt mit einer wunderschönen Kocher-kulisse mit Wehr, der Stadtmühle und der vollständig erhaltenen Stadtmauer. Die Heilig-Kreuz-Kirche und das alles überragende Schloss sind weitere Attraktionen des Ortes, der auf eine lange Geschichte zurückblicken kann.

▶ Vom **Parkplatz Edelmannshof** 01 (346 m) folgen wir der Straße Richtung Edelmannshof. An der K2018 biegen wir rechts ab, kurz darauf geht es auf dem Radweg nach links Richtung Holzweiler Hof auf „Im Grund". An der nächsten Kreuzung rechts herum, nun „Am Kaibach" stetig hinab nach **Sindringen** 02 (244 m). Wir laufen durch den Ort bis zur „Unteren Straße", beim Bücherhäuschen und einem sehr alten, verwitterten Haus biegen wir rechts ab. Über die Schlossstraße und den Kirchplatz

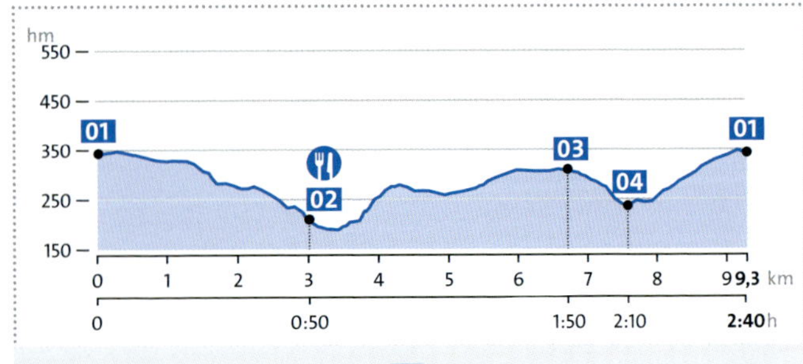

01 Parkplatz Edelmannshof 346 m; 02 Sindringen 244 m; 03 Stolzenhof 318 m; 04 Jagsthausen 268 m

Burg Sindringen.

geht es dann wieder hinauf, dabei statten wir der Heilig-Kreuz-Kirche und dem Schloss Sindringen einen Besuch ab. Die Gartenstraße bringt uns wieder zurück zum „Am Kaibach“, dem wir kurz wieder bergauf folgen, um dann in die Bergstraße abzubiegen. Kurz darauf führt uns der Limes Wanderweg nach rechts über einen schmalen Pfad aus dem

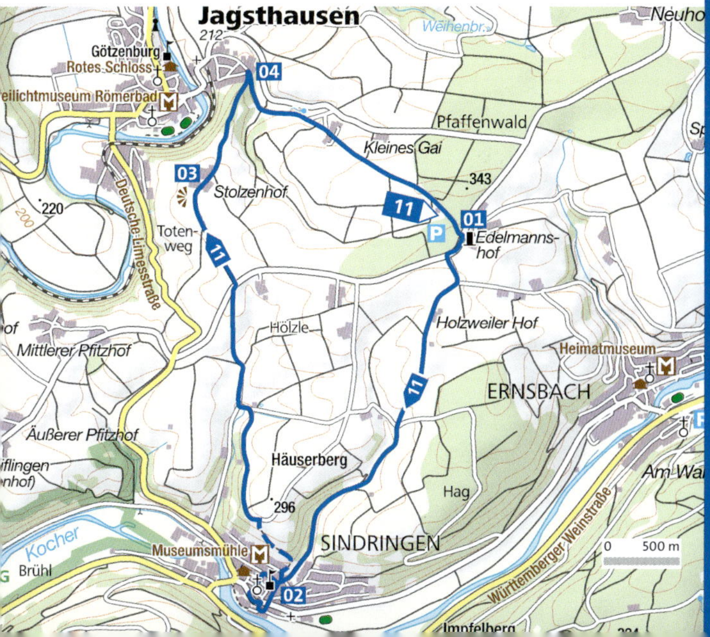

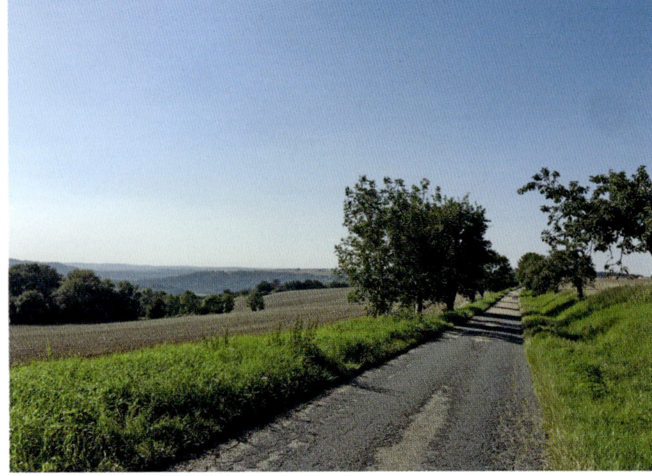
Auf dem Weg nach Jagsthausen.

Ort heraus. Nach ein paar Minuten halten wir uns links, dann immer an der Mauer entlang, bis wir einen geteerten Weg erreichen. Wir folgen ihm nach links, noch immer auf dem Limeswanderweg. Nach zehn Minuten biegen wir an der T-Kreuzung links ab, kurz darauf halten wir uns an der zweiten T-Kreuzung rechts. Nach 250 Metern erreichen wir eine Gabelung, der wir nach links folgen. Die K2328 überqueren wir geradeaus, der geteerte Weg bringt uns nach **Stolzenhof** 03 (318 m). Wir passieren den Weiler und laufen auf einem Wiesenweg hinab. Hier beginnt auch der Bogenparcours. An der Wiesengabelung weist uns ein Schild nach links, auf schmalem Weg ins Gehölz hinein.

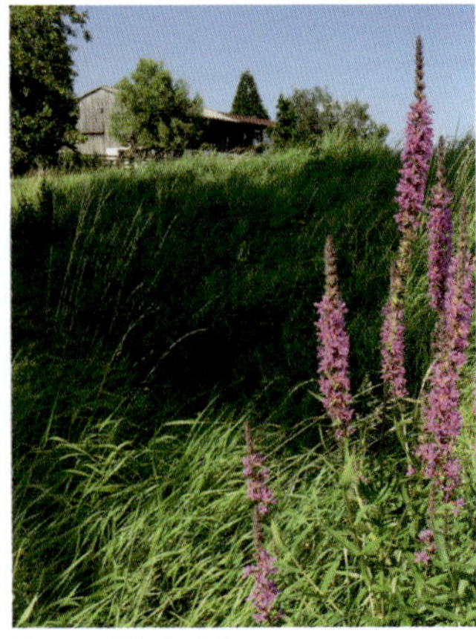
Ruten Weiderich.

Der breite Waldpfad führt nun stetig am Bogenparcours entlang und wird allmählich steiler und auch schmäler. Nach einer guten viertel Stunde gelangen wir an den Ortsrand von **Jagsthausen** 04 (268 m). Nach links können wir nach Lust und Laune dem Ort mit seinem roten und weißen Schloss einen Besuch abstatten. Dann laufen wir zurück zum Ortsrand und folgen dem schmalen Teerweg über Ghai zurück zum **Parkplatz Edelmannshof** 01 (212 m).

ÜBER SCHLOSS HERMERSBERG NACH FORCHTENBERG

Durch lichte Wälder ins Kupfertal

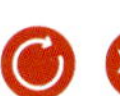  12,6 km 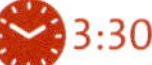 3:30 h 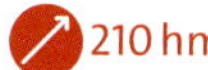 210 hm  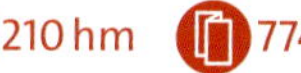 210 hm 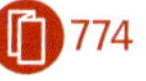 774

START | Parkplatz Kohlplattenwiese: Über die Kochertalstraße nach Weißbach. Hier mit der „Hauptstraße" über die Kocherbrücke. Kurz geradeaus, nach dem Parkplatz links und der Straße nun durch Guthof hindurch folgen. Der Parkplatz befindet sich ca. 350 Meter nach Guthof auf der rechten Seite. Geokoordinaten: [GPS: UTM Zone 32 x: 543113.955 y: 5459133.852].
CHARAKTER | Die Wanderung führt sehr angenehm über meist breite Waldwege. Da sie fast ausschließlich im Wald verläuft, ist sie besonders gut für heiße Sommertage geeignet. An der Kupfer bietet es sich sogar an, sich im kühlen Nass etwas zu erfrischen.

Vom **Parkplatz Kohlplattenwiese** 01 (341 m) folgen wir zunächst der Straße nach rechts Richtung **Hermersberg** 02 (357 m) auf dem blauen Punkt. Im Anstieg erreichen wir in guten 15 Minuten den Weiler mit der schönen und sehr gepflegten Schlossanlage. Wir biegen nach rechts ab, am Schloss, den Stallungen und dem Hofladen vorbei geradeaus auf den Wald zu. Kurz hinter Waldeintritt halten wir uns zweimal links und folgen dem gelben Schloss ca. 10 Minuten durch den Wald hinab. An der nächsten Kreuzung laufen wir geradeaus und begleiten nun den Zimmerbach. Schließlich gelangen wir an eine Teergabelung: Hier treffen wir auf die Abzweigung mit dem **Roten Kreuz** 03 (358 m); es führt uns nach rechts, nun an der Kupfer entlang

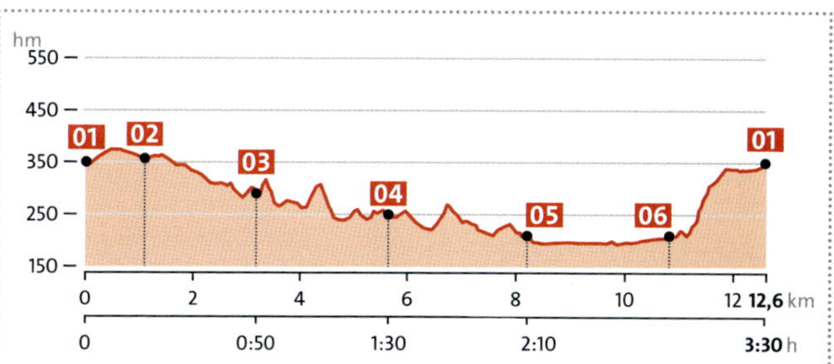

01 Parkplatz Kohlplattenwiese 341 m; 02 Hermersberg 357 m; 03 Rotes Kreuz 358 m; 04 Kupferbrücke 230 m; 05 Forchtenberg 221 m; 06 Weißbach 221 m

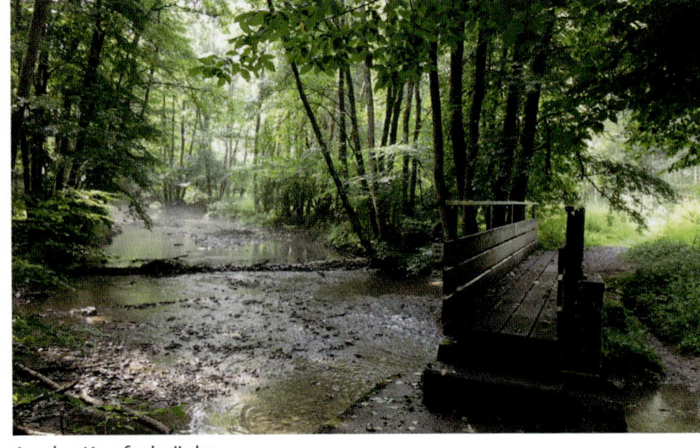

An der Kupferbrücke.

und einen Waldweg hinauf. Der Weg ist erst schmäler, dann wieder breiter. Tief links unter uns fließt die Kupfer dahin. Nach einer halben Stunde halten wir uns an der Gabelung links auf dem Georg-Fahrbach-Weg (GFW), der hier von rechts steil herabkommt, und dem roten Kreuz. Nur ein paar Minuten später machen wir an der nächsten Gabelung einen Abstecher nach links hinab zur Kupfer. Hier können wir uns an recht heißen Sommertagen erfrischen. An der **Kupferbrücke** **04** (230 m) wenden wir uns nach rechts und steigen einen schmalen, rutschigen Pfad wieder hinauf auf unseren ursprünglichen Weg. Dieser führt uns geradeaus weiter auf einem schmalen Weg über weichen Waldboden. Nun stetig geradeaus bis an den Waldrand. Am Waldaustritt führt uns der Schotterweg nach links, dann halten wir uns sofort rechts einen schmäleren Weg hinauf. Er führt uns oberhalb des kleinen Tales entlang bis an den Ortsrand und zur Gradmannstraße, der wir nach rechts folgen. Nach ein paar Minuten führt uns die Michael-Kern-Straße links hinab. Unten rechts haltend, führen uns Schlossbergweg und Schulstraße weiter in den Ortskern von **Forchtenberg** **05** (221 m). Über ein paar Treppen gelangen wir links hinab auf den „Bugrain" (nach rechts die Treppen hinauf können wir in fünf Minuten einen Abstecher zur Schlossruine machen). Ansonsten gehen wir nach rechts durchs Örtchen hindurch, an einladenden Cafés vorbei. Nach wenigen Metern folgen wir nochmals ein paar Treppen nach links hinab zur alten Stadtmauer samt Türmchen. Links davon schlüpfen wir durch den kleinen Torbogen hinab zum Kocher. Dann folgen wir dem Radweg am Kocher entlang nach rechts Richtung Weißbach. Nach dem Industriegebiet, am Ortsrand von **Weißbach** **06** (205 m), halten wir uns rechts und folgen zunächst dem Radweg Richtung Hermersberg. Im Anstieg führt er uns um eine Rechtskehre, gleich darauf um eine Linkskurve. Achtung, hier aufgepasst: Kurz hinter der Linkskurve weist uns nun der blaue Punkt nach links, über die Wiese hinauf in den Wald. Ein relativ steiler, steiniger und bei Nässe sehr

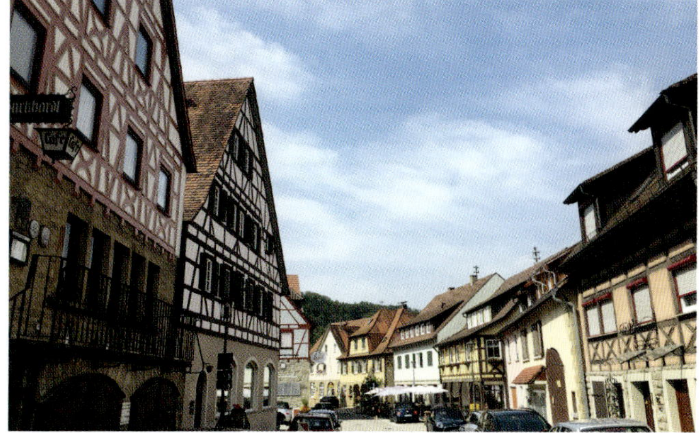

Im Forchtenberger Städtle.

rutschiger schmaler Weg führt uns nun hinauf. Dabei queren wir einmal einen Schotterweg. An der Straße biegen wir links ab und folgen hier auf dem blauen Punkt bald durch den romantischen Weiler Guthof hindurch. Weiter geradeaus haben wir fünf Minuten später den **Parkplatz Kohlplattenwiese** **01** erreicht.

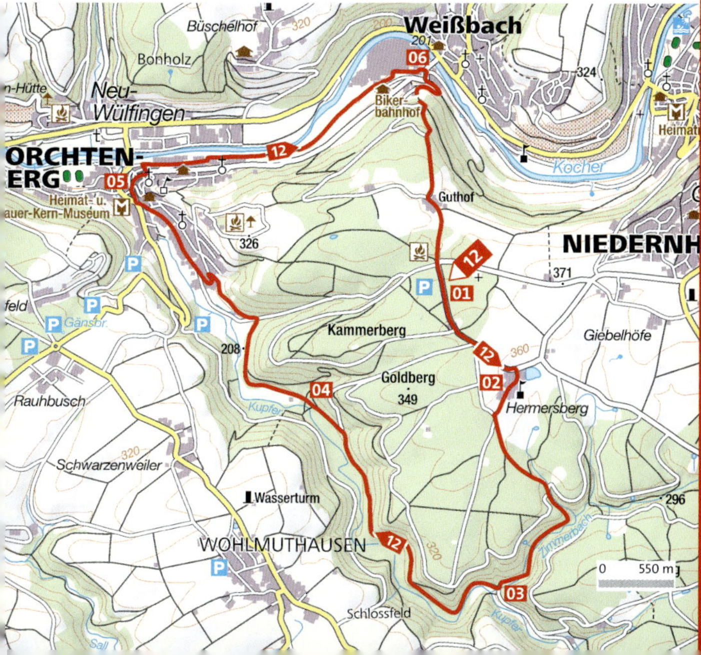

13

ZUR RUINE LICHTENECK BEI INGELFINGEN

Wanderung im Zeichen des Weines

 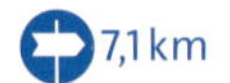 7,1 km 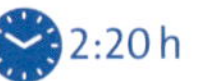 2:20 h 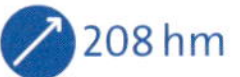 208 hm  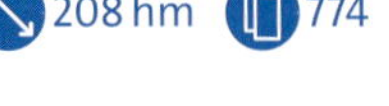 208 hm 774

START | Parkmöglichkeiten in der Mühlstraße in Ingelfingen. Geokoordinaten: [GPS: UTM Zone 32 x: 547516.932 y: 5461028.711].
CHARAKTER | Kurze Runde vorwiegend auf Teerweglein. Kurzer, steilerer Anstieg auf Pfaden zur Aussichtshütte.

Diese Wanderung bewegt sich ganz im Zeichen des Weines. Wir wandern hier die sonnigen Hänge der Ingelfinger Weinhügel entlang und besuchen zuerst die Ruine Alte Zarge; die ursprünglich 550m² große Burganlage stammt aus dem 11. Jahrhundert. Die alleinstehende, wuchtige Mauer wirkt imposant und lässt nur ahnen von dem damaligen Stolz der Burg. Weiter geht die Wanderung mitten durch den Weinberg bis zur Ruine Lichteneck. Die ehemalige Spornburg ist eines der Wahrzeichen der Stadt. Schließlich geht es hinab zum Schulklingenbach und in die Weinberge auf der anderen Seite. Hier erwartet uns auch das Ingelfinger Fass, ein Weinbaumuseum. Der Weinbaulehrpfad gibt zusätzliche Informationen.
Ab vom Wein gibt das Muschelkalkmuseum einen interessanten Einblick in die Geschichte der Umgebung.

▶ Wir starten diese Wanderung in **Ingelfingen** 01 (212 m). Erst einmal folgen wir der Mühlstraße, in der es genug Parkmöglichkeiten gibt, nach links. Kurz darauf biegen wir nach rechts ab in „Am Hohenberg“. Auf dem blauen Punkt folgen wir

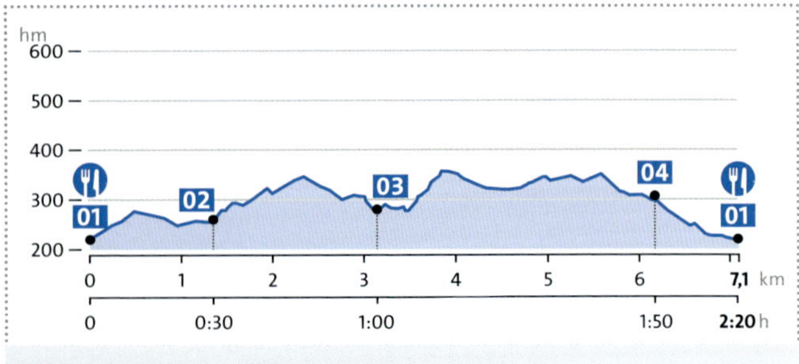

01 Ingelfingen 212 m; 02 Ruine Alte Zarge 245 m;
03 Burg Lichteneck 286 m; 04 Ingelfinger Fass 398 m

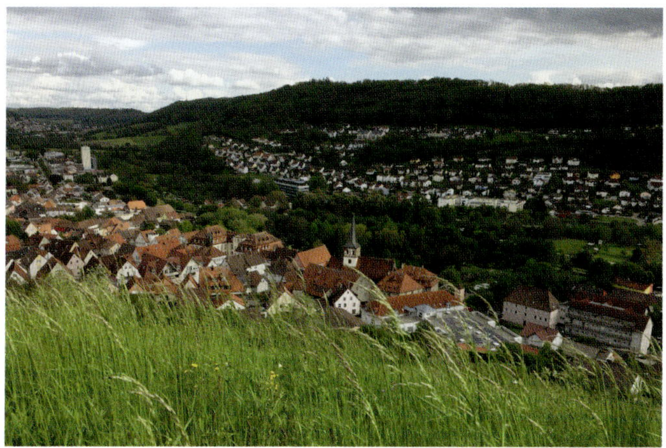

Blick auf Ingelfingen.

Richtung Ruine Lichteneck. Nach ca. 20 Metern biegen wir dann ohne Markierung nach links in den „Auweg" ein. Nach weiteren hundert Metern geht es nochmals links haltend am Weinhang entlang leicht aufwärts. An der darauffolgenden Gabelung halten wir uns rechts, wieder leicht abwärts. Bald darauf sehen wir schon die **Ruine Alte Zarge** **02** (245 m), der wir einen kurzen Besuch abstatten. Zurück auf unserem Teerweg folgen wir um eine Linkskurve, weiter hinauf nun auf dem Kocher Kulturwanderweg. Kurz darauf am Holzhaus, in dem ein Café beherbergt ist, geht es rechts über einen Wiesenpfad steil kurz den Hang hinauf. Dann wandern wir weiter nach links auf

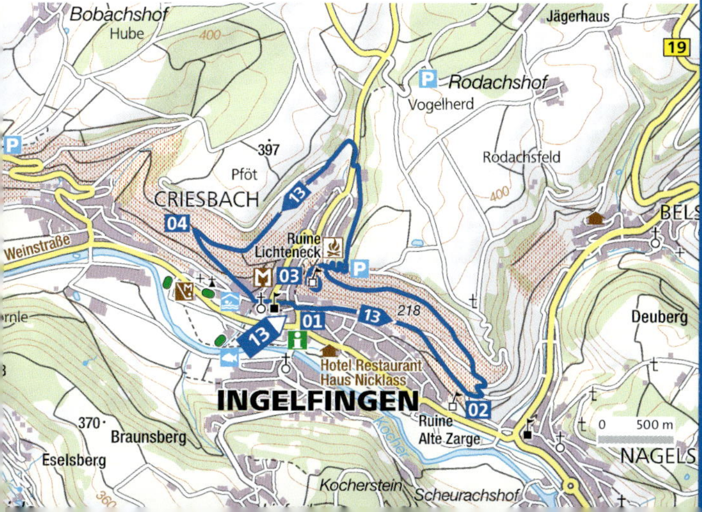

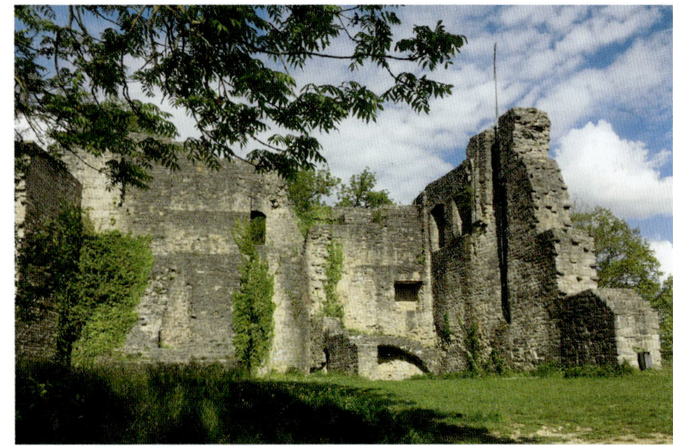

Ruine Lichteneck.

dem Teerweg. Nach wenigen Minuten halten wir uns an der Gabel rechts, weiter aufwärts. 20 Minuten später erreichen wir eine kleine Parkbucht. Linker Hand folgen wir einem Pfad zur **Burg Lichteneck** 03 (286 m), die uns mit ein paar Mauerüberbleibseln erwartet. Zurück an der Parkbucht mit Bank führt uns der Kocher Kulturwanderweg an der kleinen Mauer über sechs Treppenstufen hinauf, dann auf einem Pfad weiter. Im Zickzack-Kurs laufen wir den Pfad durch den Wald hinauf bis zur Aussichtshütte. Wir genießen den schönen Rundumblick, dann folgen wir der Straße hinab zur ST2383. Wir überqueren sie nach rechts und biegen nach wenigen Metern links in „Am Goldberg" ein. Nun folgen wir dem Teerweg weiter auf dem Kocher Kulturwanderweg. An der nächsten Gabel halten wir uns links und folgen dem Wegschild „Ingelfinger Fass". Nach zehn Minuten bewegen wir uns wieder oberhalb des Weinhanges. An der nächsten Kreuzung geradeaus, ein paar Minuten später geht es dann beim Weinbaumuseum **„Ingelfinger Fass"** 04 (398 m) links hinab. Zusätzliche Ergänzungen gibt es an ein paar Infoschildern über Wein und Weinbau entlang des Weges. An den Weinhängen laufen wir hinunter und folgen der Schlossstraße – vorbei an der sehr sehenswerten Nikolauskirche und am Muschelkalkmuseum – zurück ins Zentrum von **Ingelfingen** 01 (212 m).

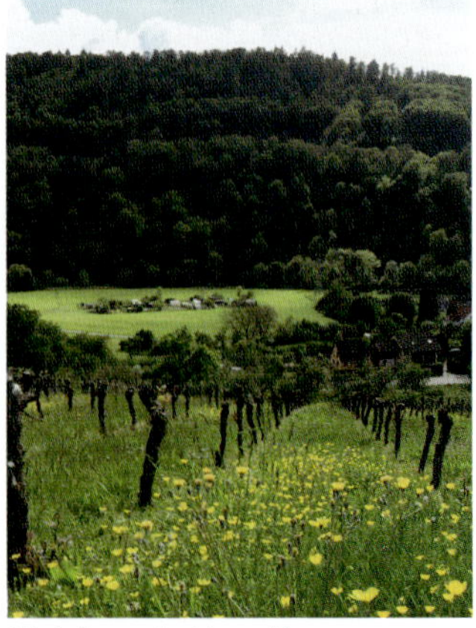

Weinhang bei Ingelfingen.

ÜBER KOCHERSTETTEN NACH KÜNZELSAU

Wald- und Flusswanderung mit tollen Ausblicken

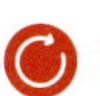 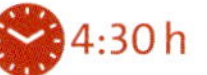 16,3 km 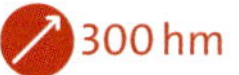 4:30 h 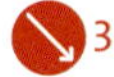 300 hm 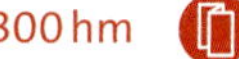 300 hm 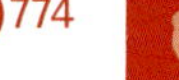 774

START | Parkplatz an der K 2372: Von Morsbach Richtung Künsbach. Nach der Rechtskehre ca. eineinhalb Kilometer, dann rechts auf einem Schotterweg ca. 100 Meter in den Wald. Parkplatz an der Waldkreuzung links.
Geokoordinaten: [GPS: UTM Zone 32 x: 552444.092 y: 5457156.678].
CHARAKTER | Lange Wanderung auf schönen Waldwegen und Teerwegen. Im Wald bei Etzlinsweiler besteht zwar gute Beschilderung, aber ein wenig Orientierungsvermögen und mal ein Blick auf die Karte können hier nicht schaden.

Der Beginn unserer Wanderung führt auf dem Frankenweg durch schöne Wälder, von deren Wegewirrwarr im Wald man sich aber nicht beirren lassen darf. Nach einem langen Waldspaziergang eröffnen sich uns die ersten tollen Blicke auf Schloss Stetten, oberhalb von Kocherstetten. Von dem Örtchen aus geht es weiter Richtung Morsbach am Kocher entlang. Hier lohnt sich ein Abstecher zur Wehrkirche St. Alban und St. Wendelin. Sie wurde im 14. Jahrhundert aus massivem Kalkstein erbaut. Damals gab es anstelle der Fenster nur Mauerschlitze; die Fenster auf der Südseite wurden erst 1847 durchgebrochen. Im 15. Jahrhundert wurden Schiff und Turm mit einem Fachwerksaufbau erhöht. Die Wandmalereien sind besonders lohnenswert; sie

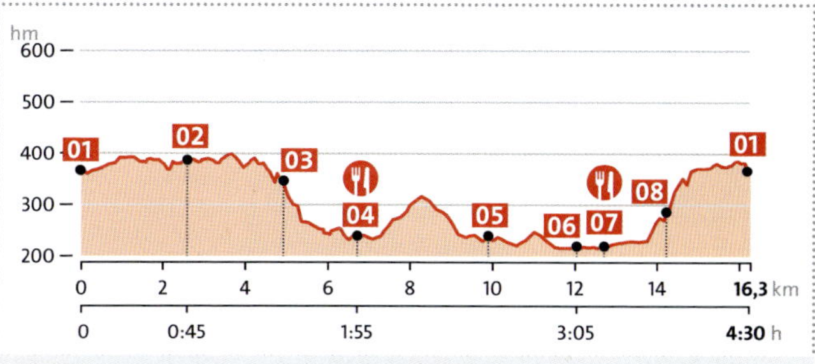

01 Parkplatz Künsbacher Straße 365 m; 02 Etzlinsweiler Bach 386 m; 03 Schloss Stetten 298 m; 04 Kocherstetten 241 m; 05 Morsbach 230 m; 06 Kleingartensiedlung 221 m; 07 Künzelsau 219 m; 08 Linde 292 m

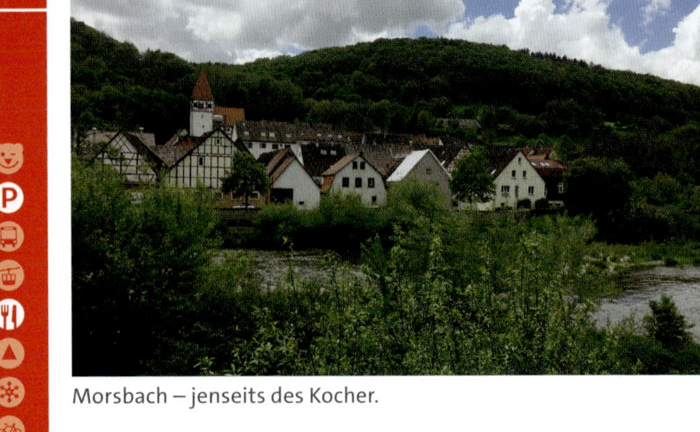

Morsbach – jenseits des Kocher.

stammen aus dem 15. Jahrhundert und wurden erst 1958 freigelegt. Unser Ziel, Künzelsau, erwartet uns ebenfalls mit tollen Sehenswürdigkeiten. So sollte man einen Besuch beim Wartbergturm, Schloss Bartenau oder dem Alten Bahnhof nicht verpassen.

▶ Wir starten unsere Rundwanderung am Parkplatz an der **Künsbacher Straße** 01 (365 m). Zunächst geht es in wenigen Minuten zurück zur Straße. Wir überqueren sie nach rechts und folgen HW8 auf einem Teerweg. Nach ca. 30 Metern führt er uns nach rechts und in ein paar Minuten in den Wald, weiter auf einem Waldweg. Wir folgen nun dem gut ausgeschilderten Weg fast eine halbe Stunde durch den Wald, bis wir, nah am Waldrand, den **Etzlinsweiler Bach** 02 (386 m) überqueren. Die Markierung schickt uns

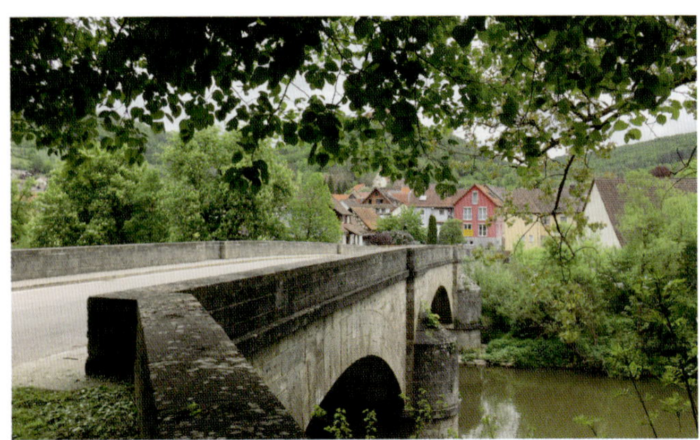

Brücke über den Kocher.

weiter um eine Linkskurve, und kurz darauf links abbiegend auf einen Pfad; dieser wiederum bringt uns nach ca. 250 Metern an einen Waldweg, dem wir nach links folgen. Nach 300 Metern verlassen wir den Weg rechts haltend; ein schmälerer Weg lässt uns nun parallel zum Hauptweg laufen, ihn einmal überqueren und schließlich nach einer Rechtsbiegung wieder mit ihm gemeinsam wandern. Doch auch hier keine 500 Meter: In der folgenden Rechtskurve halten wir uns geradeaus und gelangen kurz darauf an einen breiten Waldweg. Wir folgen ihm nach rechts, um eine Linkskehre herum und wandern allmählich aus dem Wald heraus. Oberhalb von Kocherstetten, am Waldrand entlang nun mit tollen Ausblicken auf **Schloss Stetten** 03 (298 m) laufen wir bald auf einem Teerweg hinab zur L1045: Wir folgen ihr nach rechts, über die Brücke über den Kocher hinüber und nach **Kocherstetten** 04 (241 m) hinein. An der Mäusdorfer Straße biegen wir links ab Richtung Morsbach auf dem Kocher-Kulturwanderweg. Wenige Minuten darauf halten wir uns am Rainlesberg links und folgen nun auf dem Herrmann-Lenz-Weg einem Teerweg eine dreiviertel Stunde bis nach **Morsbach** 05 (230 m). Linker Hand sehen wir den strahlend weiß leuchtenden Kirchturm von St. Alban und St. Wendelin. Unser Weg schickt uns jedoch weiter geradeaus. Zwanzig Minuten später gelangen wir an eine **Kleingartensiedlung** 06 (221 m). Hier biegen wir

Alternative:

Wer nach der langen Wanderung noch Ausdauer hat: Noch vor Ortsende, kurz hinter der Neuapostolischen Kirche, führt nach rechts ein Weg zum Wartberg hinauf. An der Teerstraße rechts, und in wenigen Minuten erreichen wir den 10 Meter hohen Wartturm, der 1488 errichtet worden ist. Dann laufen wir die Teerstraße einfach hinab, sie bringt uns zurück auf unsere Wanderroute.

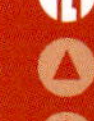
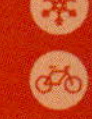
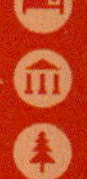

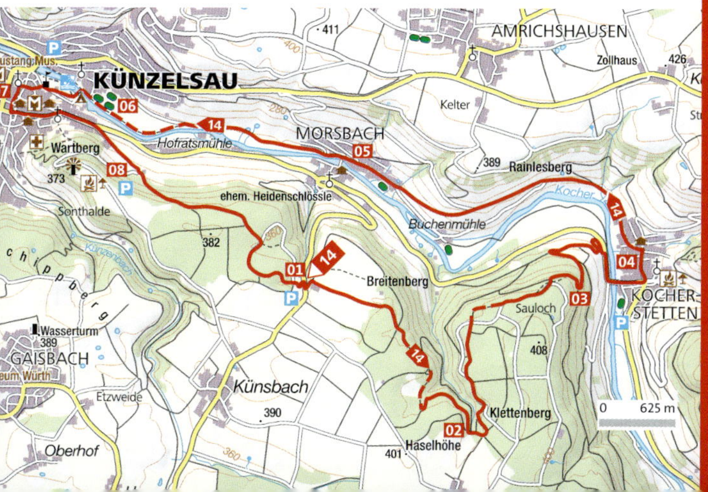

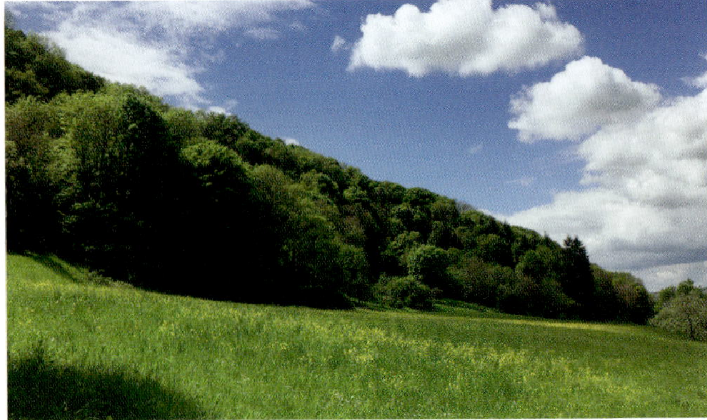
Herrliche Wiesen bei Künzelsau.

links ab, ein paar Schritte Richtung Kocher, vor der Brücke jedoch wenden wir uns nach rechts auf einen unbefestigten Weg am Kocher entlang. Er bringt uns am Sportplatz vorbei und links über die Brücke zum Festplatz Wertwiesen. Nach rechts folgen wir hinter dem Parkplatz dem Alten Mühlgraben bis zum Schloss Bartenau in **Künzelsau** 07 (219 m). Die Schlossgasse bringt uns vor bis zur Hauptstraße, an der wir links einbiegen. An der Komburgstraße wenden wir uns dann nach links. HW8 führt uns bis kurz nach Ortsende an der Komburgstraße entlang. Dann rechts auf einer schmalen Teerstraße hinauf. Nach 500 Metern macht der Teerweg an der schönen **Linde** 08 (292 m) eine Rechtskehre, wir folgen HW8 jedoch weiter geradeaus bald durch den Wald. Gut beschildert und auf angenehmen Wegen folgen wir der Markierung eine gute halbe Stunde durch den Wald zurück zum Parkplatz an der **Künsbacher Straße** 01 (230 m).

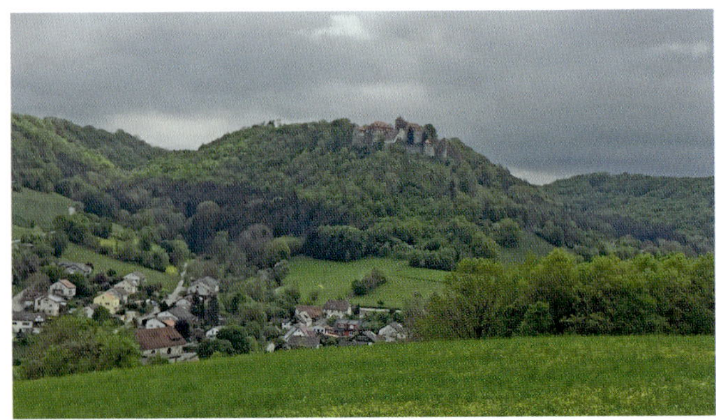
Blick hinüber zu Schloss Stetten.

VON UNTERREGENBACH NACH BUCHENBACH

Rätsel um einen geschichtsträchtigen Ort

 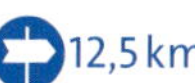 12,5 km 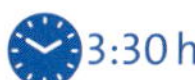 3:30 h 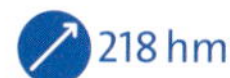 218 hm  218 hm  774

START | Unterregenbach. Parkmöglichkeiten an der Kirche St. Veit in Unterregenbach.
Geokoordinaten: [GPS: UTM Zone 32 x: 560575.238 y: 5458363.260].
CHARAKTER | Nach Eberbach und von Buchenbach sind die Wege breit und angenehm zu laufen. Zwischen Eberbach und Buchenbach gibt es ein paar unbefestigte Wege. Hier ist gutes Schuhwerk zu empfehlen. Gut markiert mit anspruchslosen Steigungen.

Der Ausgangspunkt dieser schönen Rundwanderung ist Unterregenbach. Der kleine Ort hat einen wahren Schatz an Geschichte zu bieten: Archäologische Ausgrabungen legten eine über 1000-jährige Kirchenanlage frei. Auch Spuren eines Klosters kamen dabei zu Tage. Unter dem Pfarrhaus kann die noch von damals stammende Krypta besucht werden. Ein anliegendes Grabungsmuseum veranschaulicht mit Fundstücken zumindest einen Teil dieser langen Geschichte. Unter dem Fußboden der Kirche St. Veit findet sich noch der Grundriss der karolingischen Saalkirche. Eine 2020 ins Leben gerufene Stiftung soll helfen, das „Archäologische Rätsel Unterregenbach" zu lösen.

▶ Zu Beginn unserer Wanderung

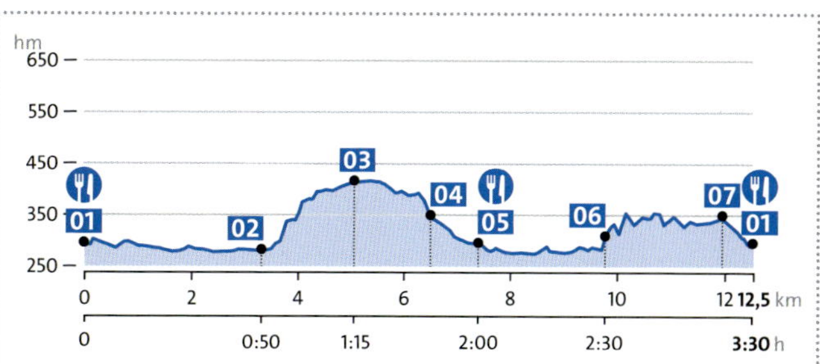

01 Unterregenbach 291 m; 02 Eberbach 283 m; 03 Kreuzung zwischen den Feldern 414 m; 04 Weidegitter 316 m; 05 Buchenbach 278 m; 06 Abzweigung Main-Neckar-Rhein-Weg 296 m; 07 Linde 291 m

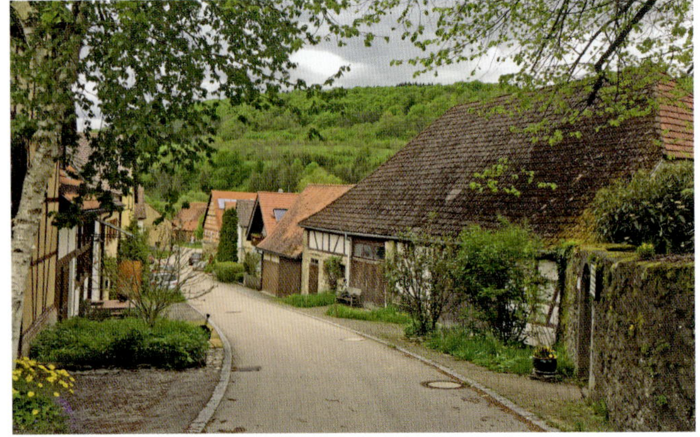

Unterregenbach.

wenden wir uns an der Kirche St. Veit in **Unterregenbach** 01 (291 m) links hinab in die „Lindengasse". Sie bringt uns auf „Am Kanal"; wir folgen nun dem roten Balken Richtung Eberbach, eine gute dreiviertel Stunde an der Jagst entlang auf einem Teerweg. Schließlich überqueren wir eine Brücke und laufen an den Ortsrand von **Eberbach** 02 (283 m). An der ev. Kirche St. Maria biegen wir links ein auf dem blauen Kreuz und dem grünen Baum und überqueren das Brücklein über den Rötelbach. Gleich darauf biegen wir links ein in den „Unteren Mühlenweg". Nach ca. 100 Metern wenden wir uns nach rechts, hinauf zur Hauptstraße. Wir überqueren sie schräg nach links in den „Klingenweg", kurz darauf halten wir uns rechts „Am Kreuzstein". Nach ein paar Metern wieder links herum, führt uns das Sträßlein am letzten Haus vorbei geradeaus hoch in den Wald. Das blaue Kreuz führt uns bald auf schmalem Pfad bis zur Teerstraße, die wir geradeaus überqueren. Weiter geht es auf dem recht zugewachsenen Wald- und Wiesenweg Richtung Heimhausen. Schließlich noch ein kurzes Stück über eine Wiese und in einem kleinen Rechtsknick wieder zur Straße. Auch diese überqueren wir und folgen dem Waldweg weiter hinauf. Nach zehn Minuten erreichen wir eine Teerkreuzung: Wir wenden

Tipp:

In Unterregenbach gibt es die Möglichkeit, im alten Pfarrhaus zu nächtigen. Zudem befindet sich gegenüber der Kirche St. Veit ein Holzschrank: Hier gibt es sehr feine, selbstgemachte Marmelade und Balsamico von Quitte und Birne, verschiedene Pestosorten und diverse Schaumweine – ebenfalls aus Eigenproduktion. Die Preise stehen auf den Produkten, das Geld wird in eine Kasse geworfen. Hersteller ist Hansjörg Wilhelm. Eben jener bietet auch ein B&B im alten Pfarrhaus an. Infos unter 07905/940600 oder info@hohenloher-schaumweine.de uns scharf links hinab, sogleich auf einen Feldweg. Er bringt uns nach ca. 500 Metern an eine **Kreuzung zwischen den Feldern** 03 (414 m). Wir laufen geradeaus weiter auf einem Feldweg. An der darauffolgenden Gabelung nach ca. 10 Minuten biegen wir links ab, noch immer dem blauen Kreuz folgend. Nach weiteren zehn Minuten gelangen wir an einen Teerweg. Wir folgen ihm nach rechts, doch nur wenige Meter, dann führt ein verwilderter und etwas verwachsener Weg scharf links hinab. Wir erreichen eine T-Kreuzung. Hier folgen wir dem Waldweg nach links. Er führt schnell aus dem Wald heraus und an einen Teerweg. Auf der gegenüberliegenden Seite befindet sich ein **Weidegatter** 04 (316 m). Wir laufen hindurch (Bitte wieder schließen!) und folgen unserer Markierung auf einem Wiesenpfad hinab. Kurz darauf passieren wir nochmals ein Weidegatter, dann geht es durch den Wald auf breitem Pfad bis zu einer Straße. Wir folgen ihr nach rechts hinab in die „Oberen Weinberge“. Dann „In den Weingärten“ weiter hinunter bis zur „Langenburger Straße“. Hier rechts

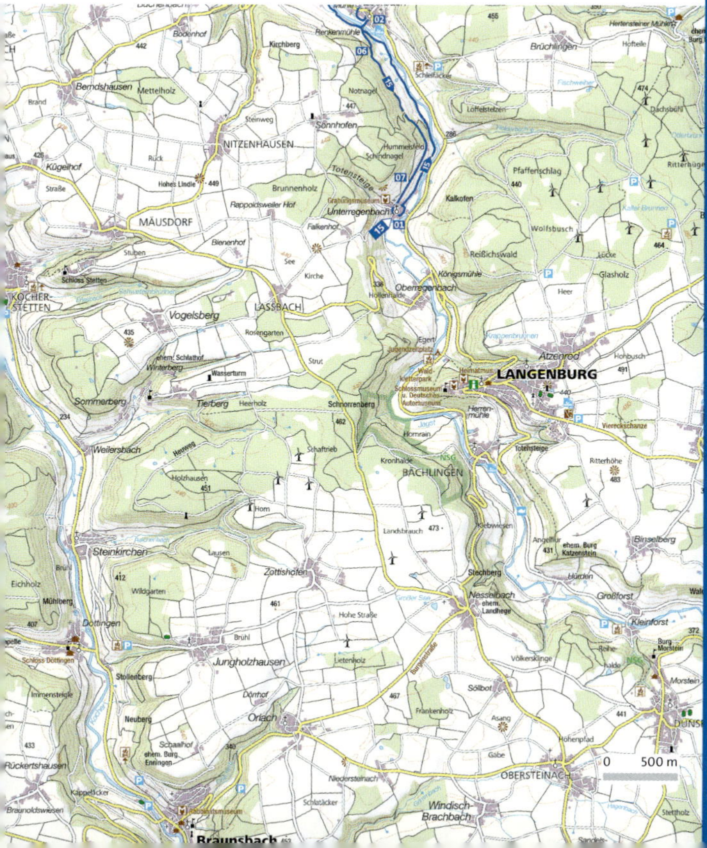

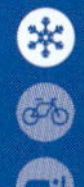

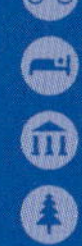

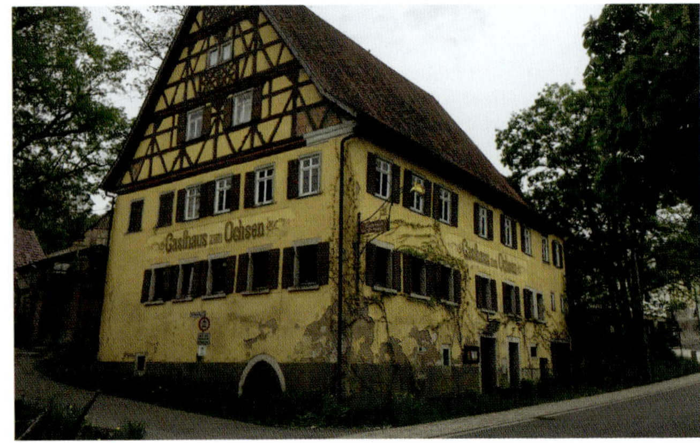

Gasthaus zum Ochsen in Buchenbach.

zur Ortsmitte von **Buchenbach** 05 (278 m), am „Ochsen“ links in den „Brunnenweg“, nun auf dem Kochersteig. Fast eine halbe Stunde laufen wir nun auf dem Teerweg an der Jagst entlang. Schließlich erreichen wir eine Kreuzung mit der **Abzweigung Main-Neckar-Rhein-Weg** 06 (296 m), wir folgen dem Weg nach rechts hinauf, nun wieder auf dem grünen Baum. Er mündet bald in einen Schotter-weg. Wir folgen nun schnurstracks diesem Weg. Nach guten 40 Minuten erreichen wir einen Teerweg und eine Gabelung, an der eine schöne **Linde** 07 (212 m) steht. Weiter geht es auf dem grünen Baum geradeaus hinab, nach **Unterregenbach** 01 (291 m) hinein und zurück zum Auto.

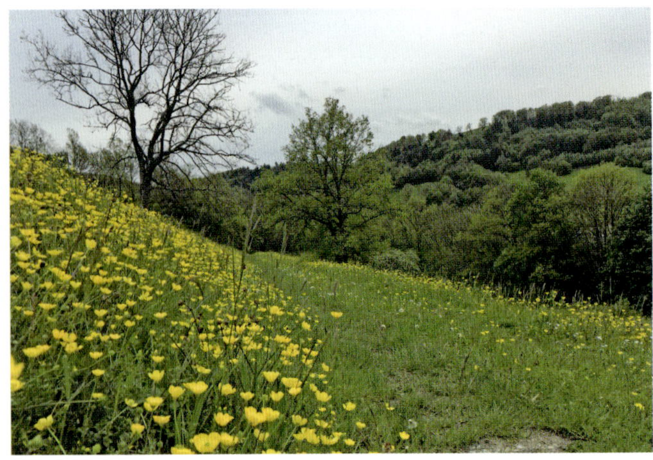

Über die Weide hinab.

VON MULFINGEN NACH ZAISENHAUSEN

Über die Höhen bei Mulfingen zur Lourdesgrotte

 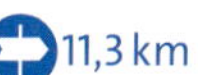 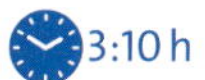 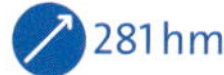  281 hm 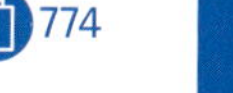

11,3 km | 3:10 h | 281 hm | 281 hm | 774

START | Sportplatz Mulfingen. Die Bachgasse bis zum Ende der Straße und dem Sportplatz fahren. Dort gibt es einen großen Parkplatz.
Geokoordinaten: [GPS: UTM Zone 32 x: 558997.392 y: 5465846.247].
CHARAKTER | Durchgehend Teer- sowie breite Waldwege. Einige steile Anstiege.

Die Lourdesgrotte wurde anlässlich einer großen Trockenheit im Jahre 1893 gebaut: Sie war damals die einzige Quelle im Jagsttal, die noch Wasser führte. Als Ausdruck des Dankes bildete sie der damalige Gemeindelehrer Vögele der heiligen Grotte im französischen Lourdes nach. Das Naturdenkmal Ottensee birgt ein ganz besonderes Naturschauspiel in Hohenlohe: er ist ein temporärer See: er befindet sich in einer zu allen Seiten geschlossenen Senke; oft erscheint er innerhalb weniger Stunden und bleibt dann aber nur für wenige Tage.

▶ Wir beginnen diese Wanderung am Parkplatz vom **Sportplatz in Mulfingen** 01 (300 m). Der Pfad der Stille, der am Ende des Parkplatzes beginnt, führt uns gleich an der ersten Gabelung nach links. Auf einem Teerweg geht es hinauf auf die Höhen. Von schönen Ausblicken begleitet, wandern wir ca. eine vier-

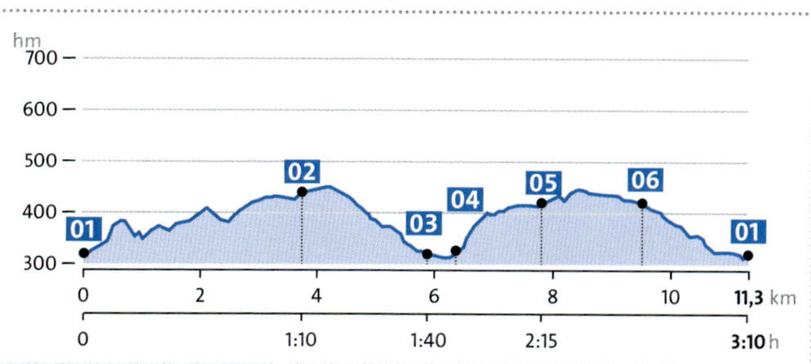

01 Sportplatz in Mulfingen 300 m; 02 Ochsental 435 m; 03 Zaisenhausen 332 m; 04 Lourdesgrotte 314 m; 05 Naturdenkmal Ottensee 421 m; 06 Marienbild 416 m

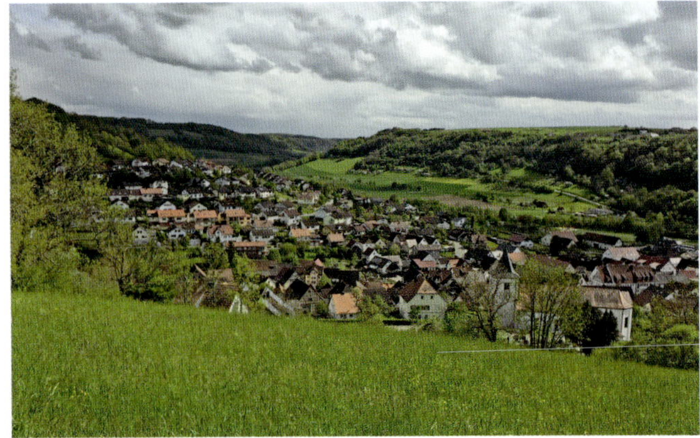

Mulfingen.

tel Stunde diesen Weg entlang. An der Weggabelung geht es geradeaus, doch leicht links haltend, nun sanft bergauf auf einem Schotterweg. Wir folgen dem Weg – zu unserer Rechten fließt der Roggelshäuserbach – nun eine gute halbe Stunde. Eine scharfe Linkskehre führt uns dabei immer weiter hinauf, bis wir aus dem Wald heraus treten. Geradeaus geht es weiter auf einem Teerweg, der uns nach **Ochsental** 02 (435 m) hineinführt. An der „Mäusberger Straße" biegen wir rechts ein, dann gleich wieder auf den „Zaisenhäuser Weg" nach links. Wir folgen dem Teersträßlein nun geradeaus, an der Gabelung weist uns der Pfad der Stille nach rechts, dann gleich wieder links. Hinab geht es nun bis zur Straße, der wir nach links weiter hinab folgen. Sie führt uns nun mit schönen Blicken auf das Dörfchen nach **Zaisenhausen** 03

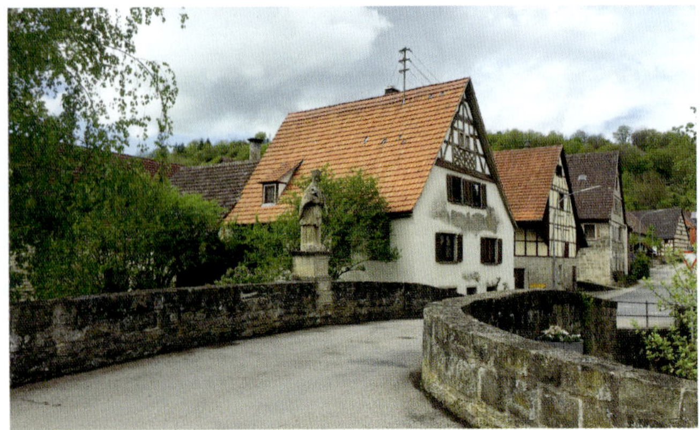

Nepomukbrücke in Zaisenhausen.

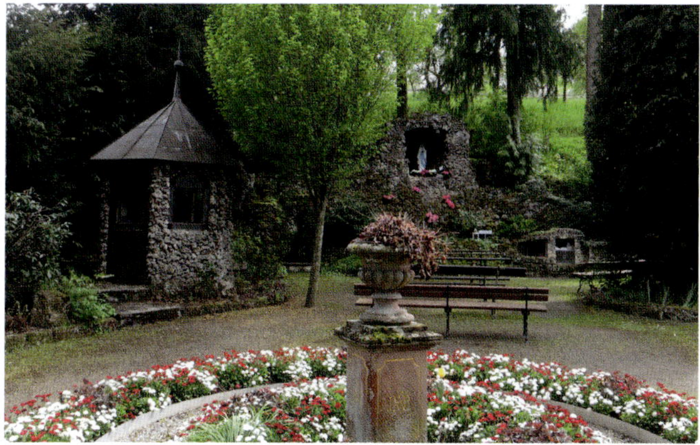

Lourdesgrotte.

(332 m) hinein. Noch vor der steinernen Nepomukbrücke weist uns ein Wegzeichen nach links zur **Lourdesgrotte** 04 (314 m), die wir nach wenigen Metern erreichen. Wir folgen der schmalen Straße nun weiter geradeaus aus Zaisenhausen heraus, nach den letzten Häusern links hinauf. Bald wird der Schotterweg immer steiler, geht es immer weiter bergauf, und wir kreuzen dabei zweimal einen Querweg. Oben an den Wiesen biegen wir rechts ein und folgen dem Weg nun bis zu einer Gabelung. Wir lassen einen Teerweg links liegen und folgen

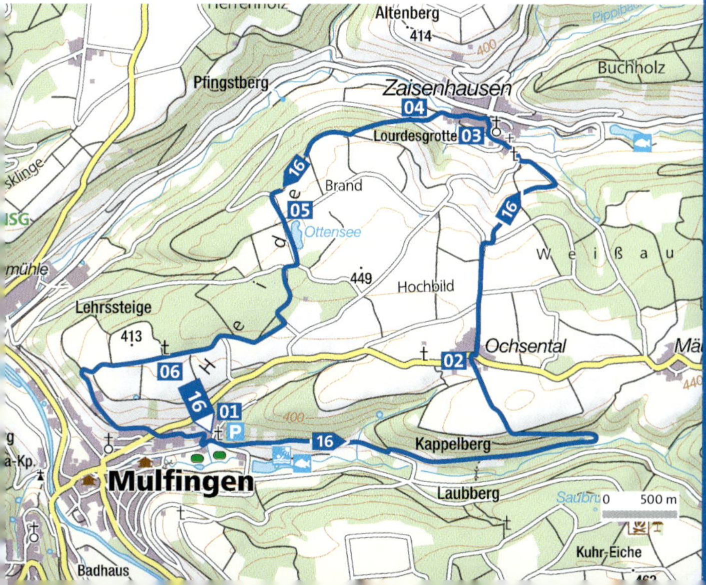

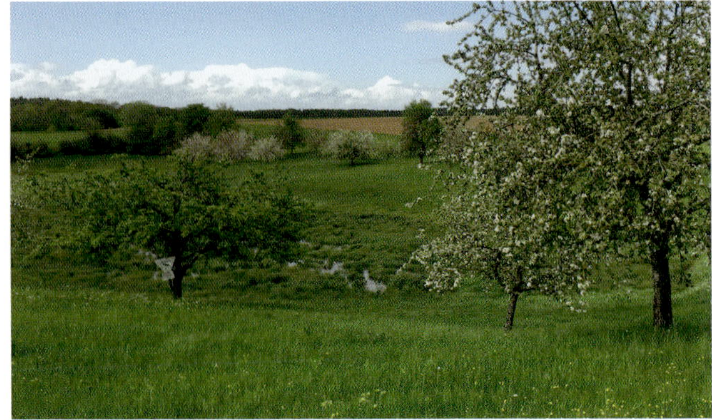

Naturdenkmal Ottensee.

unserem Weg weiter geradeaus bis zu einer Kreuzung: Hier nach links. In wenigen Minuten bringt uns der Waldweg an ein geteertes Sträßlein, dem wir geradeaus folgen. Dabei kommen wir am **Naturdenkmal Ottensee** 05 (421 m) vorbei. Am Waldrand verlassen wir das Sträßlein und wenden uns nach rechts, nach wenigen Minuten dann folgen wir an der Gabelung dem Pfad der Stille nach links. An der Gabelung beim Waldaustritt biegt der Weg nach rechts. Dann stetig geradeaus am Waldrand entlang. Schließlich gelangen wir an ein **Marienbild** 06 (416 m) mit einer Rastbank. Hier lassen wir den Wald endgültig hinter uns; ein geteertes Sträßlein führt uns nun immerzu hinab bis zur „Ochsentaler Straße". Wir überqueren sie in den „Steigenäcker"; durchs Wohngebiet folgen wir der Straße hinab bis zum **Parkplatz am Sportplatz Mulfingen** 01 (300 m).

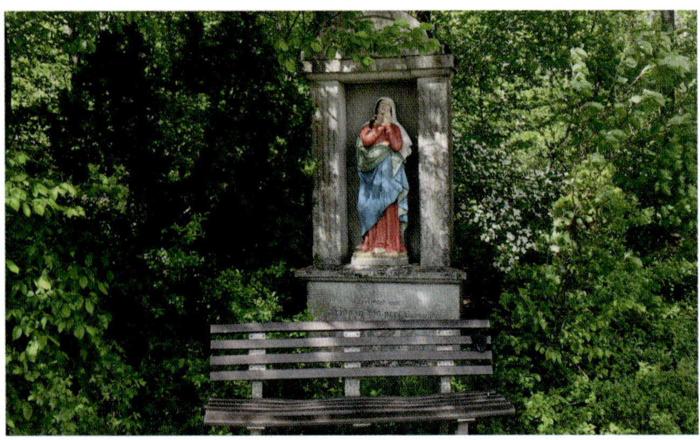

Marienbild.

VON MULFINGEN NACH HOLLENBACH

Von einer Wallfahrtskapelle zu einer Tausendjährigen Linde

 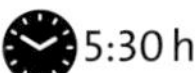 18,9 km  5:30 h 320 hm 320 hm  774

START | Parkplatz an der St. Anne Kapelle, im Riedweg in Mulfingen.
Geokoordinaten: [GPS: UTM Zone 32 x: 557828.117 y: 5465641.896].
CHARAKTER | Durchgehend gut begehbare Wege, meist Teerwege, wenige Stücke über Schotter- oder Waldwege. Einmal steil und weglos, hier Vorsicht bei Nässe.

Gleich zu Beginn begegnen wir der kleinen, idyllisch gelegenen St. Anna Kapelle. Erbaut wurde das Wallfahrtskirchlein 1510, sie ist das Wahrzeichen der Stadt Mulfingen. Der Sippenaltar stammt aus der Schule Riemenschneiders. Während der Reformationszeit wurde das Kirchlein vorübergehend als Wohnhaus genutzt. Unter Bischof Julius Echter wurde sie dann während der Gegenreformation um 1585 wieder geweiht und entwickelte sich daraufhin zur Wallfahrtskapelle. Jährlich finden hier am 26. Juli, am St. Anna Tag, große Wallfahrten statt. Zu erwähnen sei hier auch die Dorflinde in Hollenbach: Sie ist eine der ältesten Linden im süddeutschen Raum. Ein Holzgerüst, das wiederum von Steinpfeilern gestützt wird, trägt ihre Äste. Der Platz unter der Linde war Versammlungsort, Gerichtsort und ein heiliger Ort. Sie steht vor der Stephanuskirche.

Wir starten unsere Wanderung an der **St. Anna Kapelle 01** (265 m)

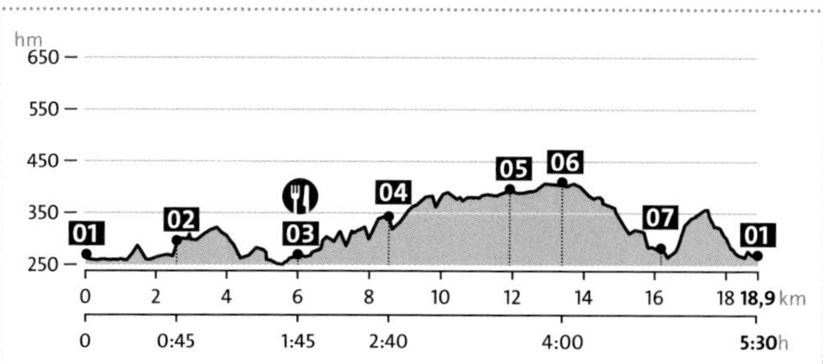

01 St. Anna Kapelle 265 m; 02 Abzweigung Blauer Punkt 304 m; 03 Ailringen 264 m; 04 Stausee 312 m; 05 Hollenbach 387 m; 06 Löhleinsberg 401; 07 Rastbank mit Infotafel 307 m

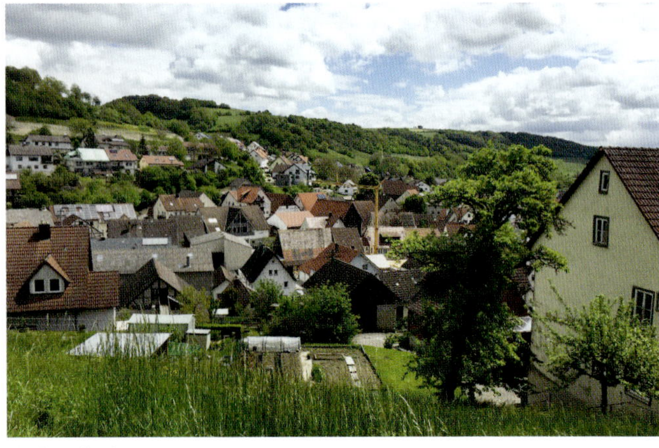

Blick auf Ailringen.

in Mulfingen. Zunächst führt der Weg zusammen mit dem Jacobsweg und dem Radweg direkt auf einem Teerweg an der Jagst entlang. Wir folgen ca. zweieinhalb Kilometer diesem Weg, bis uns ein Schotterweg nach links hinauf lenkt. Schon an der nächsten Gabelung folgen wir der **Abzweigung mit dem Blauen Punkt 02** (304 m) nach rechts. Der Weg führt nun erst am Waldrand, dann in den Wald. Nach einer knappen dreiviertel Stunde erreichen wir eine Gabelung mit ein paar Wegschildern: Wir folgen geradeaus weiter, nun auf einem Teerweg hinab. Der blaue Punkt verlässt uns nach links, wir folgen nun dem Pfad der Stille. An der Brücke spazieren wir hinüber, dann folgen wir der „Jagsttalstraße" kurz nach links, dann gleich wieder rechts in die „Alte Poststraße" hinein. Kurz darauf überqueren wir die „Hollenbacher Straße" und laufen ins Dorfzentrum von **Ailringen 03** (264 m). Am Alten Rathaus geht es geradeaus in den „Kirchbergweg". Wir folgen hinauf über viele Stufen zur Kirche St. Martin. Nach einem kurzen Besuch geht es wieder ein paar Stufen treppab. Dann führen uns linker Hand ein paar weitere Stufen hinunter. Gleich biegen wir nach links ins „Haggässle" ab. Der Weg geht in einen Schotterweg über. Am Teerweg biegen wir scharf rechts ab. Hinab geht es bis zur Brücke, doch noch bevor wir sie überqueren, folgen wir dem Pfad der Stille nach links. Eine viertel Stunde geht es nun am Rißbach entlang. Dann macht er eine Rechtskurve, wenige Minuten später wieder eine Linkskurve. Kurz darauf halten wir uns an der Gabel rechts. Wir erreichen einen kleinen **Stausee 04** (312 m). Hier nach rechts hinüber, dann geht es links weiter. Der Weg geht in einen Schotterweg über. Nach ungefähr einer halben Stunde erreichen wir die Straße. Wir folgen ihr nach links, wenige Minuten, dann nach links nach **Hollenbach 05** (387 m) hinein. Wir folgen „Am Talberg", dann nach rechts und weiter auf „An der Linde". Kurz darauf stehen wir vor der 1000-jährigen Linde und der Stephanuskirche. Die „Brunnengasse", dann rechts die „Amtsstraße" und schließlich über die „Gartenstraße" führen uns aus dem Ort heraus und unter der L1020 hindurch. Kurz dahinter führt der Pfad der Stille um eine Rechtskurve. Nach einem kurzen Stück biegen wir die erste Möglichkeit nach links ab. Der Teerweg führt uns erst hinauf, dann hinab, nach **Löhleinsberg 06** (401 m) hinein. Im Weiler führt ein Teerweg nach rechts; er geht schnell in einen Feld- und Waldweg über. Nach einer viertel Stunde halten wir uns an der Gabelung im Wald links. In einer Kehre führt der Weg nach einer Weile hinab. Am Teerweg schließlich biegen wir mit der Kehre scharf nach links ab Richtung Mulfingen. Nach einer weiteren viertel Stunde erreichen wir einen Rastplatz mit einer **Infotafel 07** (307 m) über Bläulinge. Hier geht es nun rechts hinab, über einen Wiesenstreifen (eventuell mit sehr hohem Gras) zwischen den Feldern hindurch. Wir folgen ab hier dem Jagst Kulturwanderweg. Unten

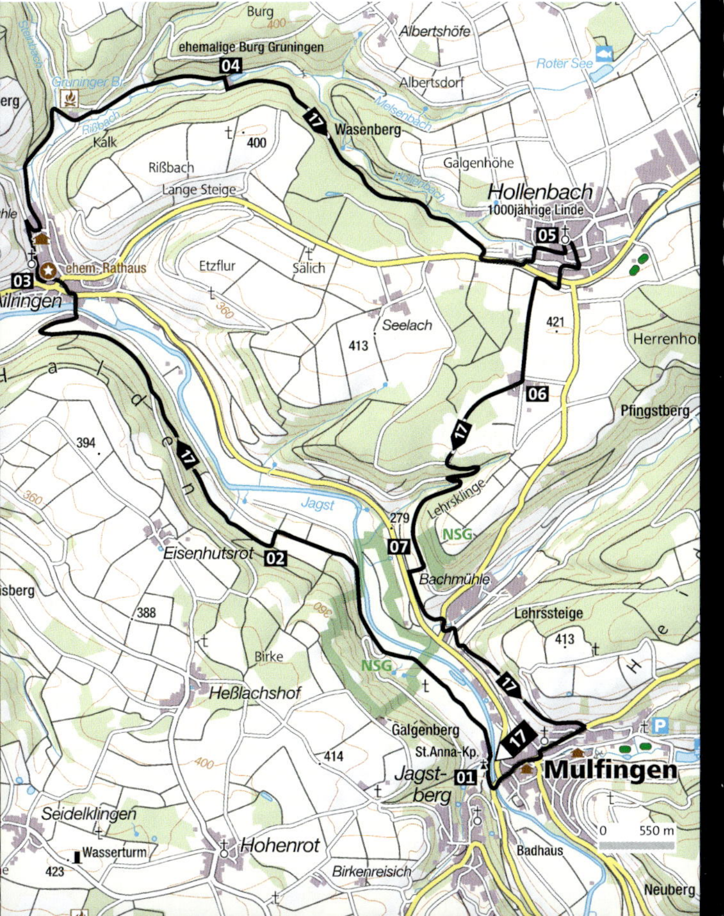

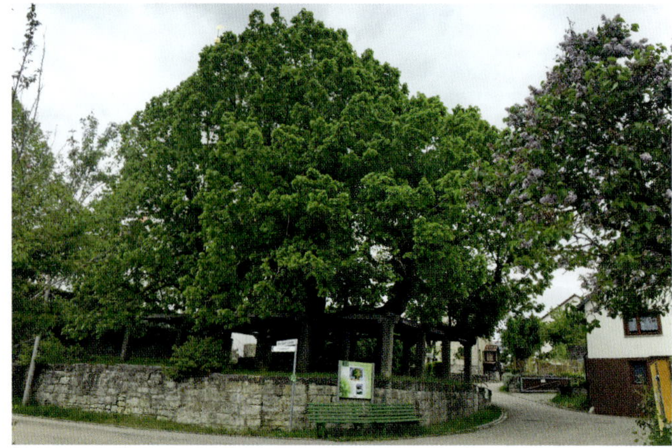

Dorflinde Hollenbach.

treffen wir auf einen Wiesenweg, dem wir nach links folgen. Er führt uns an die Straße und die Gebäudehallen von ebmpabst. Schräg rechts an den Hallen vorbei, führt uns der Weg zu den Parkplätzen. Wir folgen dem Teerweg hinauf, an weiteren Parkplätzen vorbei. Oben halten wir uns links auf Schotter und dem Jagst Kulturwanderweg. Er führt uns schnell auf einem Wiesenweg hinauf durch hohes Gras. Nach einer viertel Stunde erreichen wir einen Teerweg, dem wir nach rechts folgen. Er führt uns an die „Ochsentaler Straße". Wir biegen hier rechts ein und laufen die Straße hinab. Rechts bald die Hauptstraße entlang, bis zur Jagst. Wir überqueren sie und folgen dem Riedweg nach rechts zur **St. Anna Kapelle 01** (265 m).

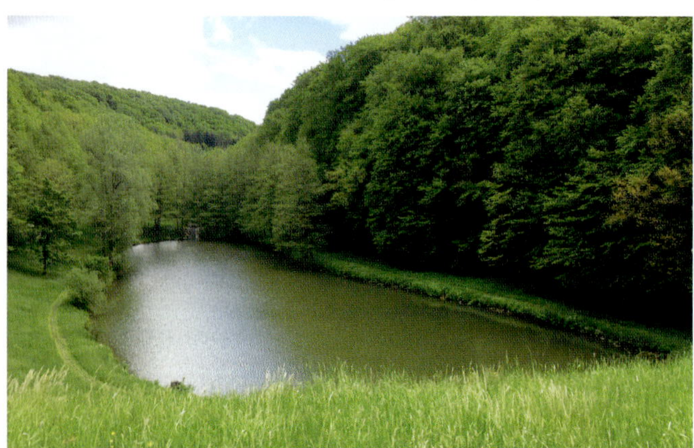

Rißbachstaubecken.

VON BARTENSTEIN NACH SICHERTSHAUSEN

Kleine Runde im Tal der Ette

  8,5 km 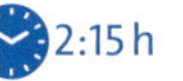 2:15 h 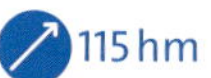 115 hm 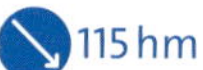 115 hm  774

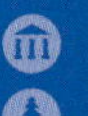
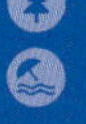

START | Parkmöglichkeiten in der Schlossstraße oder am Schlossplatz in Bartenstein.
Geokoordinaten: [GPS: UTM Zone 32 x: 563965.928 y: 5467397.706].
CHARAKTER | Auf dem Weg nach Sichertshausen viele unbefestigte Wege und Pfade; der Rückweg nach Bartenstein verläuft angenehm gemeinsam mit dem Radweg auf Teersträßlein.

Bartenstein ist eine barocke Kleinresidenz in Reinform. Im 13. Jahrhundert hatten hier die Ritter von Bartenstein ihren Herrschaftssitz. Die Stadtanlage ist komplett auf das Schloss ausgerichtet. Diese architektonische Einheit von Schloss und Stadtanlage bildete das Lebenswerk des Architekten und Hofbaumeisters Andrea Gallasini. Neben dem Schloss sind noch mehrere Häuser und zwei Stadttore erhalten geblieben. Der Ortskern steht unter Denkmalschutz. Auf dem Weg nach Sichertshausen begegnet uns ein uraltes Naturdenkmal: Nach der K2856 steht eine Lenzeiche. Ihr geschätztes Alter liegt bei 280 Jahren. In der Höhe misst sie 26 Meter, der Umfang des Stammes beträgt fast sieben Meter.

▶ Wir starten die kleine Rundtour in **Bartenstein** 01 (447 m). Von der Schossgasse aus laufen wir zuerst in die Käppelesgasse. Wir folgen

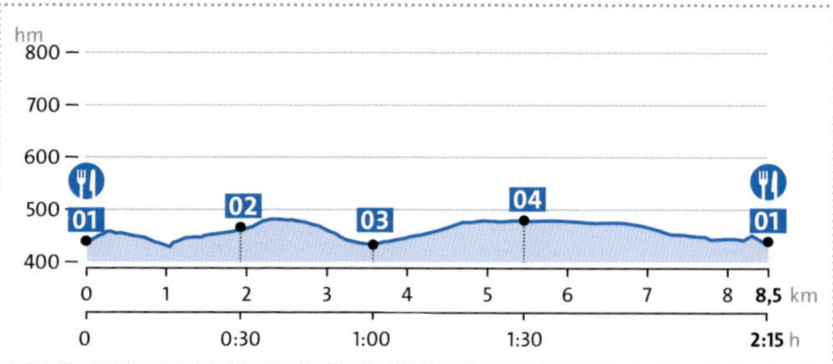

01 Bartenstein 447 m; 02 Gütbach 459 m; 03 Sichertshausen 432 m; 04 Eichswiesen 475 m

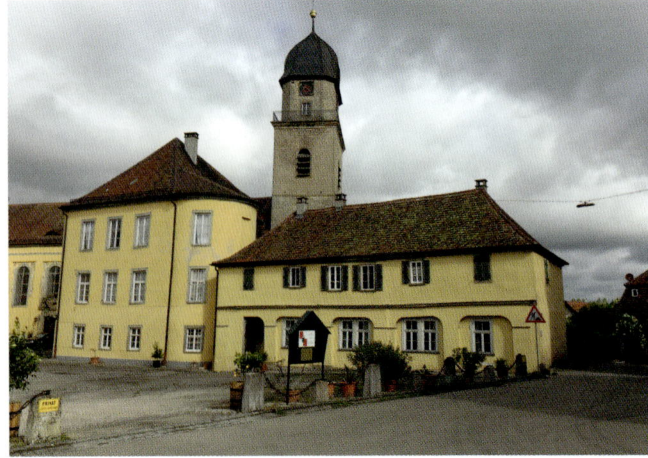

Schloss Bartenstein.

dem Grünen Baum, der uns weiter geradeaus aus dem Ort heraus auf einen Feldweg führt. Schon bald geht es weiter über einen Wiesenweg hinab. An den Gabelungen immer geradeaus, der Weg wird schmäler. Schließlich erreichen wir gute 300 Meter, nachdem wir den Gütbach gekreuzt haben, ein Teersträßlein. Wir folgen ihm nach rechts. Durch **Gütbach** **02** (459 m) führt es uns zur B290. Wir überqueren die Straße und folgen auf der anderen Seite einem Schotterweg. An der Gabelung halten wir uns rechts. Der Weg führt nach einer guten viertel Stunde an die K2856, die wir jedoch nur kurz tangieren. Der Weg knickt nach links ab und führt uns bald am Waldrand entlang. Bevor es gänzlich in den Wald hinein geht, folgen wir dem grünen Baum nach rechts. Er führt uns nun nochmals gute 400 Meter am Waldrand entlang, bis wir einen Feldweg erreichen. Wir folgen ihm zum Ortsrand von **Sichertshausen** **03** (432 m). An der K2856 biegen wir nach links ein. Jedoch nur ein paar Meter, dann geht es an der Kreuzung im Örtchen nach rechts Richtung Eichswiesen. Auf einem schmalen Teersträßlein folgen wir nun gemeinsam mit dem Radweg etwas mehr als zwanzig Minuten diesem Weg. Am Ortsrand von **Eichswiesen** **04** (475 m) angekommen, wenden wir uns sogleich nach rechts. Wir folgen wieder einem Sträßlein nun nochmals eine gute halbe Stunde stetig geradeaus, dabei einmal die B290 überquerend, zurück nach **Bartenstein** **01** (447 m). Die Riedbacherstraße noch links herum, führt sie uns direkt in die Schlossstraße, die uns nun zum Auto zurückbringt.

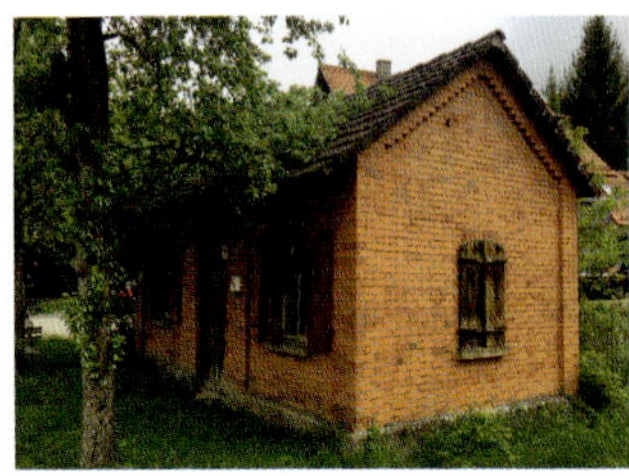

Altes Pumpenhaus in Gütbach.

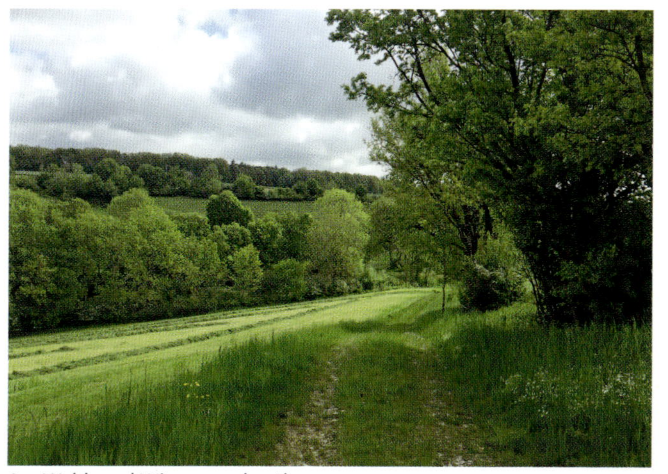
Am Wald- und Wiesenrand entlang.

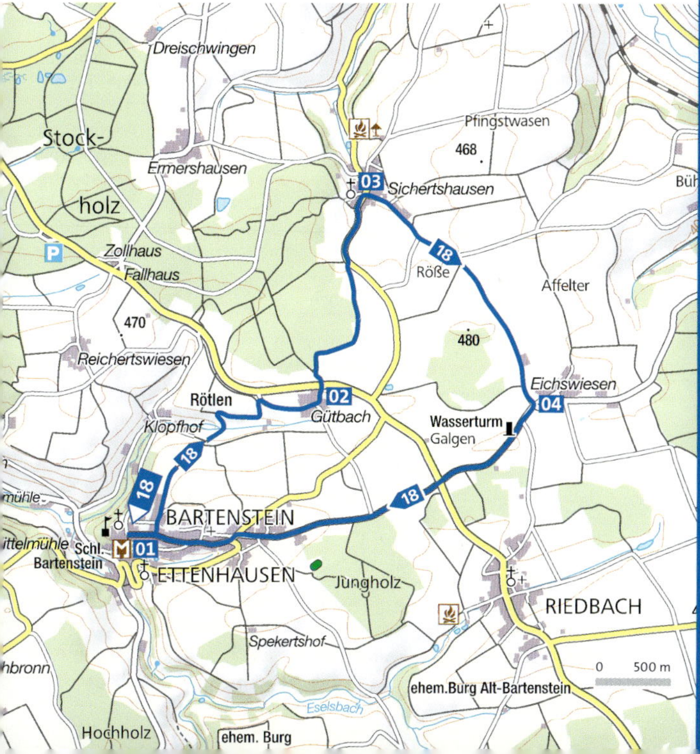

Dreischwingen
Stock-
holz
Ermershausen
Pfingstwasen
468
03 Sichertshausen
Büh
Zollhaus
Fallhaus
18
Rößle
Affelter
470
480
Reichertswiesen
Eichswiesen
Rötlen
02
Gütbach
04
Klopfhof
Wasserturm
Galgen
18
18
18
mühle
BARTENSTEIN
ittelmühle Schl. Bartenstein
01
ETTENHAUSEN
Jungholz
RIEDBACH
Spekertshof
hbronn
0 500 m
ehem. Burg Alt-Bartenstein
Eselsbach
Hochholz
ehem. Burg

VON ROTHENBURG NACH SCHROZBERG

Vom Frankenland in die Hohenloher Ebene

 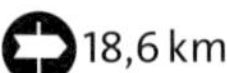 18,6 km  5:00 h 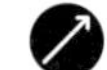  127 hm  87 hm  774

START | St. Jakobs-Kirche in Rothenburg; Parkmöglichkeiten am nahen Schrannenparkplatz am Schrannenplatz.
Geokoordinaten: [GPS: UTM Zone 32 X: 585529.187 y: 5470132.865].
CHARAKTER | Diese schöne Wanderung führt uns auf dem Jakobsweg vom Naturpark Frankenhöhe hinüber nach Hohenlohe. Dabei kommen wir in den Genuss des schönen Taubertals und wandern auf einsamen, idyllischen Waldwegen in die Hohenloher Ebene hinein. Hier geht es erst lange über freie Flächen, an Feldern und Wiesen vorbei, dann durch den Schorrenwald.
Die gut markierte Strecke verläuft größtenteils auf angenehmen, breiten Wegen.

Der Start befindet sich mitten in **Rothenburg ob der Tauber 01** (429 m), an der Jakobskirche. Wir laufen zunächst einmal über die Klostergasse und das Trompetergässchen rechter Hand hinab zum Burgtor. Wir durchschreiten es und werden von wunderschönen Blicken auf die Altstadt von Rothenburg mit ihren Türmen und Toren und natürlich der alten Stadtmauer begleitet. Jetzt halten wir Ausschau nach der Jakobsmuschel. Dabei passieren wir die Blasiuskapelle und wandern auf der Weinsteige hinab ins Taubertal. Wir laufen unter der Tauberbrücke hindurch, der Linksbogen führt uns dann aus sie hinauf. Wir verweilen ein wenig und genießen den Blick auf die Tauber, dann

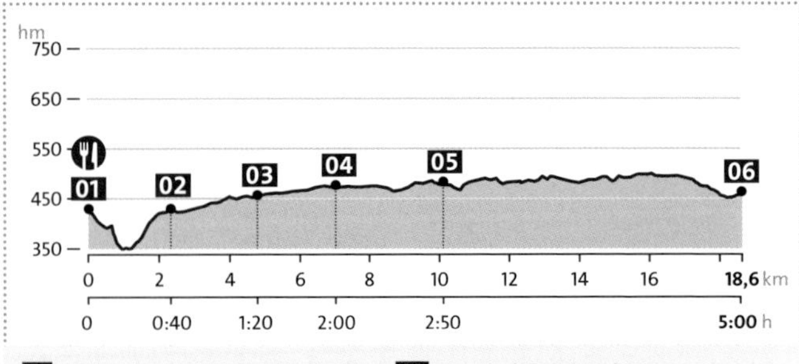

01 Rothenburg ob der Tauber 429 m; 02 Bismarck Denkmal 421 m;
03 Brundorf 460 m; 04 Enzweiler 470 m; 05 Schöngras 475 m;
06 Schrozberg 485 m

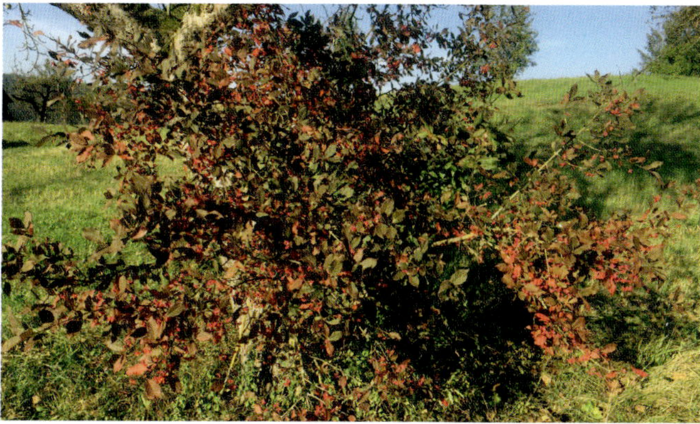

Herbstliches Pfaffenhütle am Wegrand.

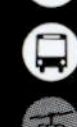
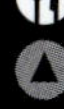

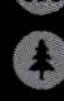

geht es weiter. Wir nehmen den Weg nach links in den Mischwald hinauf. Hier gesellt sich nun auch HW 8 zu uns. An der nächsten Gabelung halten wir uns rechts, überqueren dann eine Straße und erreichen schließlich die Skisprungschanze. Ein Blick zurück auf das anmutige Rothenburg, dann setzen wir unseren Weg fort und gelangen ans **Bismarck Denkmal 02** (421 m). Am Waldrand führt ein Linksbogen über die Felder und an der Ziegelhütte vorbei. Wir folgen einem Feldweg nach links bis zur Landstraße. Hier biegen wir rechts ein, nach ein paar hundert Metern jedoch weist der Jakobsweg nach links auf einen Feldweg, an dessen Beginn wir **Brundorf 03** (460 m) streifen. Nach einer halben Stunde passieren wir die Kreuzung mit dem Weg nach Leuzenbronn, wir wandern jedoch weiter geradeaus. Wir passieren eine Windkraftanlage und wechseln kurz darauf die Bundesländer – von Bayern nach Baden-Württemberg. Am Ortsrand von **Enzweiler 04** (470 m) halten wir uns am Steinkreuz rechts zur Straße und durchqueren das kleine Örtchen. Gleich danach führt ein Teerweg nach links. Wir passieren ein Rastbänkchen und Streuobstwiesen und streifen nach einer viertel Stunde das Örtchen Spindelbach. Hier bringt uns ein Feldweg erst an den Waldrand, dann in den Wald hinein. Nach zwanzig Minuten Spaziergang geradeaus – einmal überqueren wir dabei die Landstraße – gelangen wir nach **Schöngras 05** (475 m). Wiesen begleiten uns an den Waldrand. An der Gabelung halten wir uns rechts und folgen einem asphaltierten Weg durch den Wald. Dann gelangen wir an eine Landstraße. Nach links, dann rechts über einen Wie-

Tipp:

Von Schrozberg fährt der Bus Nr. 101 wieder zurück nach Rothenburg ob der Tauber. Der Bus fährt Montag bis Freitag ab sieben Uhr in unregelmäßigen Abständen sowie am Samstag um 8:00 Uhr und um 11:55 Uhr. Weitere Infos unter https://kreisverkehr-sha.de/

senweg zum nächsten Waldstück. Zuerst am Waldrand, dann links haltend, laufen wir in den Schorrenwald hinein. Der hervorragend ausgeschilderte Jakobsweg führt uns sicher durch den Wald. Nach einer viertel Stunde halten wir uns rechts auf den Funkstatterweg. Noch einmal so lange, und wir biegen links in den Schorrenweg ein. Schließlich gelangen wir nach links zum Schorrensträßchen, das uns an einem Spielplatz vorbeiführt. Am Waldaustritt erreichen wir auch direkt den Ortsrand von Schrozberg. Durchs Neubaugebiet hinunter und links zum Ortszentrum von **Schrozberg 06** (485 m).

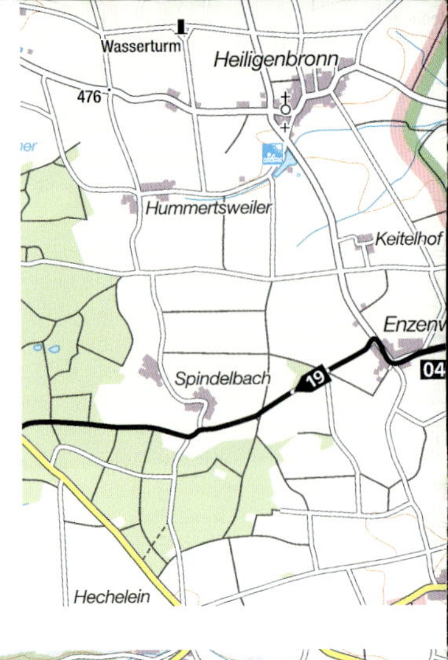

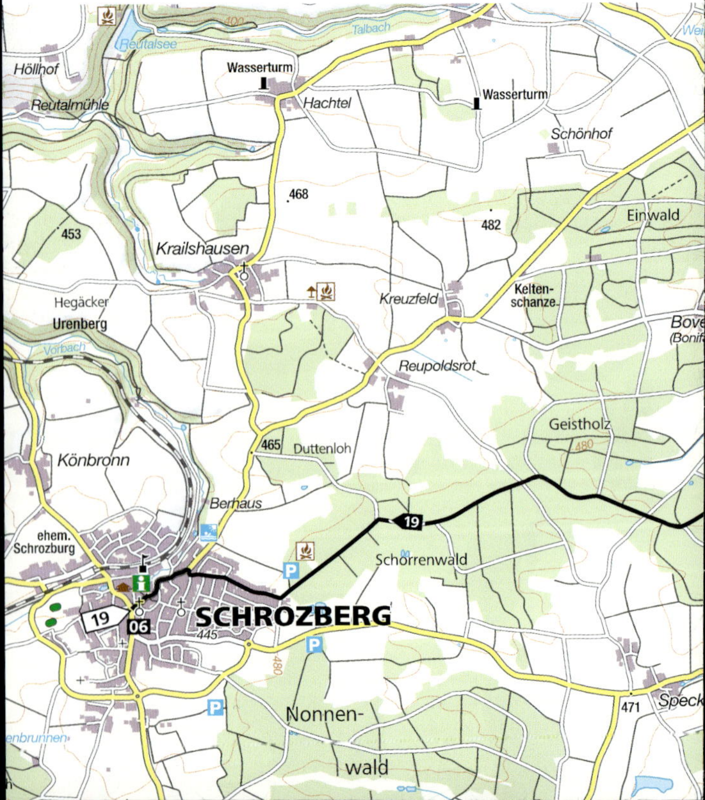

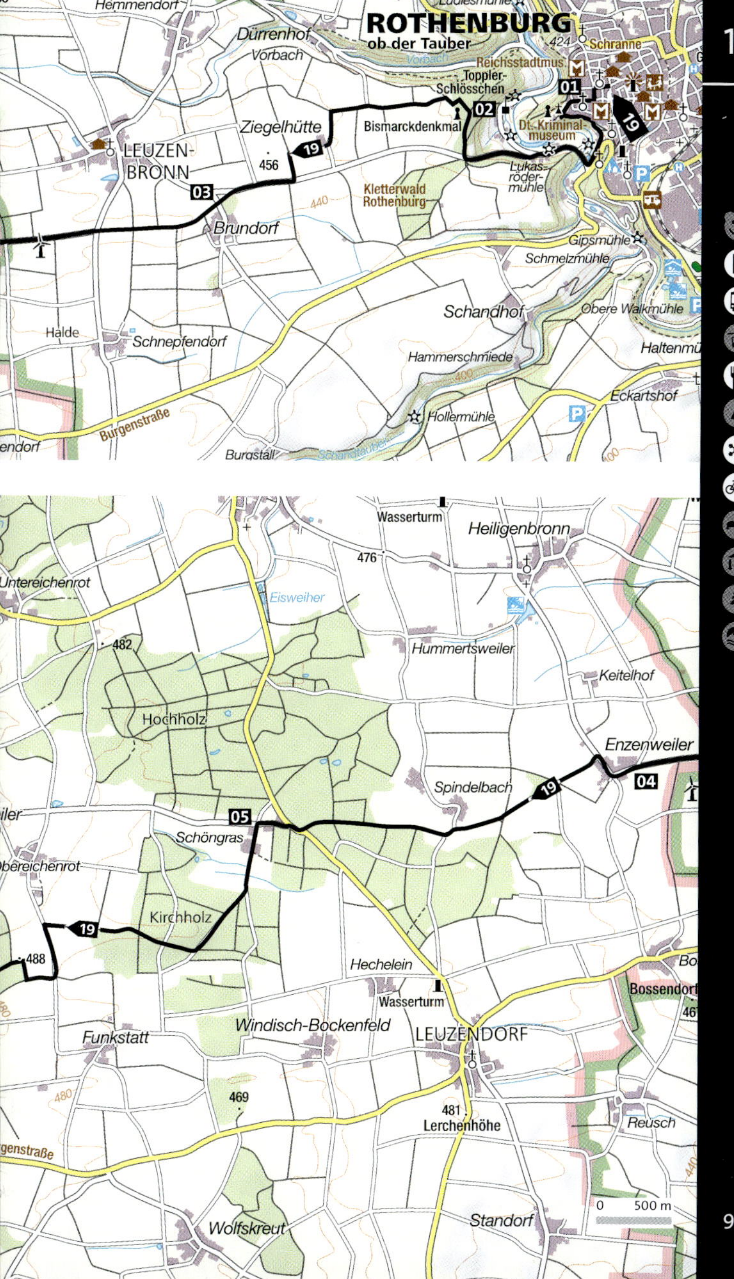
ROTHENBURG
ob der Tauber
Pulvermühle
Ludlesmühle
Hemmendorf
Dürrenhof
Vorbach
Schranne
Reichsstadtmus.
Toppler-
Schlösschen
Bismarckdenkmal
Ziegelhütte
LEUZEN-
BRONN
Dt.-Kriminal-
museum
Lukas-
röder-
mühle
Kletterwald
Rothenburg
Brundorf
Gipsmühle
Schmelzmühle
Schandhof
Obere Walkmühle
Halde
Schnepfendorf
Hammerschmiede
Haltenmü
Eckartshof
Hollermühle
Burgenstraße
Burgstall
Schandtauber
Wasserturm
Heiligenbronn
Untereichenrot
Eisweiher
Hummertsweiler
Keitelhof
Hochholz
Enzenweiler
Spindelbach
Schöngras
Obereichenrot
Kirchholz
Hechelein
Bossendorf
Wasserturm
Windisch-Bockenfeld
LEUZENDORF
Funkstatt
Lerchenhöhe
Reusch
Burgenstraße
Wolfskreut
Standorf
0 500 m

20

DURCHS STEINBACHTAL

Vom Stadtgewimmel in die Einsamkeit des Steinbachtales

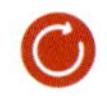  13 km  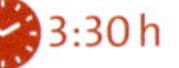 3:30 h 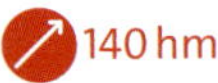 140 hm 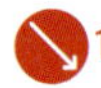 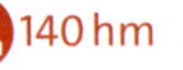 140 hm  774

START | Parkplatz am Galgentor in Rothenburg ob der Tauber. Geokoordinaten: [GPS: UTM 32 x: 585970.969 y: 5470299.902].
CHARAKTER | Bis Beginn des Steinbachtales breite, gut zu gehende Wege. Im Steinbachtal teils schmale Pfade, bei Nässe rutschig. Hinter Steinbach kommt ein sehr steiler, langer Anstieg. Gutes Profil ist hier wichtig, es kann extrem rutschig werden.

Direkt an der Grenze des Naturparks Frankenhöhe gelegen, sind die Grenzen zur Hohenloher Ebene doch gefühlt sehr fließend. So wurde die Wanderung durchs Steinbachtal in dieses Büchlein aufgenommen, da sie wunderschöne Einblicke gewährt und nur einen Steinwurf von der Hohenloher Ebene entfernt liegt. Wir durchwandern nach dem Gewusel in Rothenburg das Naturschutzgebiet Lindleinsee. Die Feuchtwiesen des Großen und Kleinen Lindleinsees weisen eine artenreiche Vegetation auf, von deren Blütenangebot viele Insektenarten das ganze Jahr profitieren. So finden auch Insektenjäger wie Grasfrosch oder Ringelnatter einen günstigen Lebensraum. Wenn man ein Weilchen verweilt, kann man eventuell sogar einen seltenen Greifvogel erspähen.

▶ Wir beginnen unsere Wanderung am **Galgentor** 01 (443 m) in Rothenburg ob der Tauber. Zunächst folgen wir der Galgengasse nach rechts auf

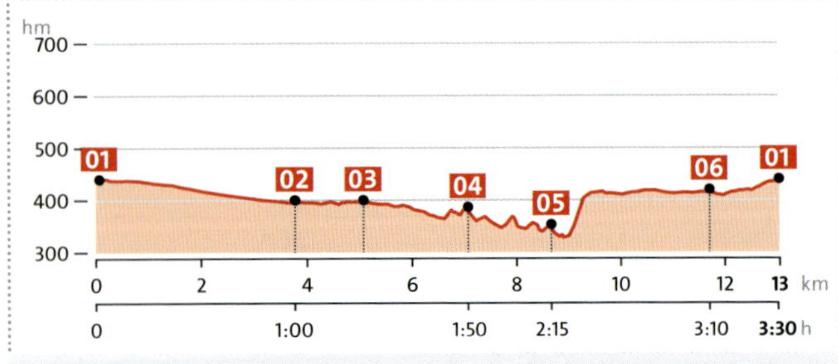

01 Galgentor 443 m; 02 Naturschutzgebiet Lindleinsee 396 m; 03 Kleiner Lindleinsee 391 m; 04 Holzbrücke 351 m; 05 Steinbach 328 m; 06 Rothenburg ob der Tauber 328 m

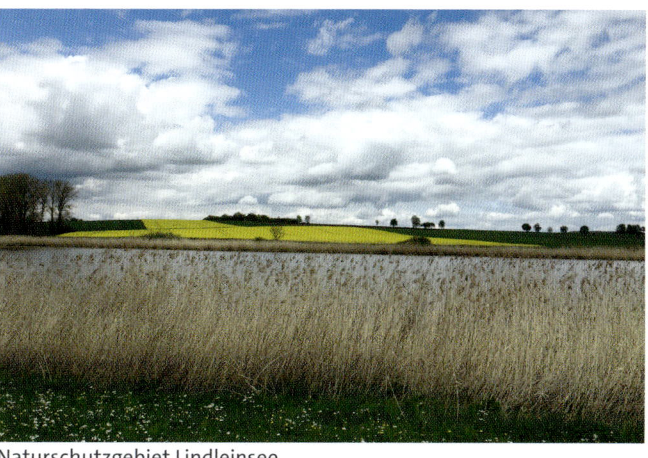

Naturschutzgebiet Lindleinsee.

dem Fränkischen Marienweg. Die Straße immer geradeaus entlang, bis wir kurz vor Ortsausgang nach links auf einen Teerweg abbiegen. 10 führt uns nun. An der folgenden Gabelung halten wir uns rechts, nach einer Viertelstunde schickt uns 10 in einer Rechtskurve geradeaus auf einen Wiesenweg. Er führt uns an einen Schotterweg, dem wir nach links folgen. Schließlich erreichen wir das **Naturschutzgebiet Lindleinsee** **02** (396 m). Der Weg führt hinter dem See scharf nach rechts, auf einen Pfad am Seeufer entlang. Bald schreiten wir kurz über Schotter, dann führt uns 10 nach links auf einen Pfad, nun zusammen mit dem

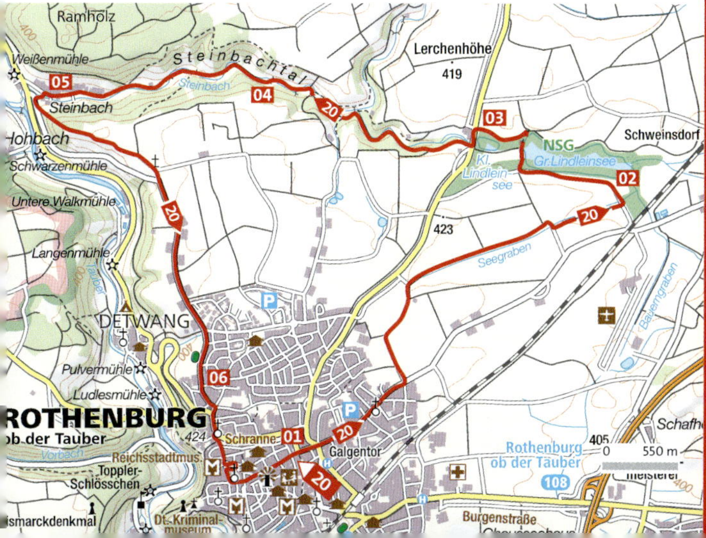

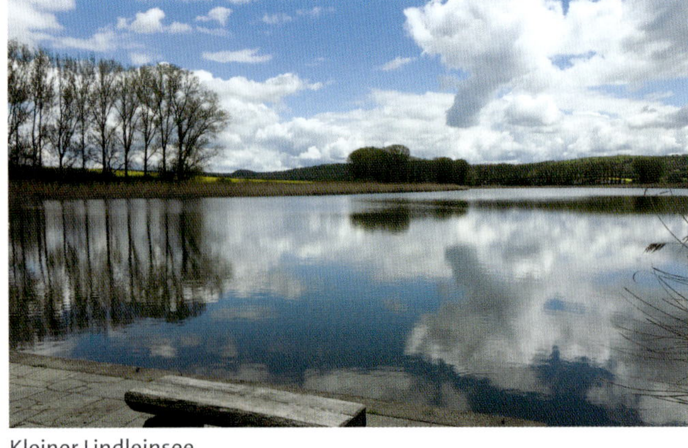

Kleiner Lindleinsee.

blauen Kreuz und dem Jacobsweg. Bald wandern wir über einen Wiesenweg am **Kleinen Lindleinsee** 03 (391 m) vorbei bis zur Straße. Am „Chausseehaus 1" (hier gibt es eine Töpferei) biegen wir links ab. Nach ca. 50 Metern geht es wieder rechts auf einen Teerweg. Kurz darauf führt uns ein Pfad rechts hinab, weiter auf unseren Markierungen. Wir folgen dem Weg durch den Talgrund, über eine schmale **Holzbrücke** 04 (351 m), immer am Steinbach entlang. Nach einer guten dreiviertel Stunde erreichen wir **Steinbach** 05 (328 m). Kurz vor Ortsausgang biegen wir links ab, über den Steinbach hinüber auf dem blauen Kreuz. An der Vorfahrtsstraße wenden wir uns nach links, dann gleich wieder links auf einen Pfad äußerst steil hinauf! Oben treffen wir auf einen breiten Weg. Wir folgen ihm bis zur Straße. Am Steinkreuz weiter geradeaus, folgen wir bald dem „Walnussweg". Wir folgen ihm bis zu seinem Ende und sind wieder in **Rothenburg ob der Tauber** 06 (414 m). Hier biegen wir auf die 9 nach rechts in die „Heckenackerstraße" ab. An der „Hindenburgstraße" nach links folgen wir nun bis zum Klingentor, durch das wir geradeaus hindurchschreiten. Über ein Holzbrücklein geht es nach Rothenburg hinein. Wir folgen der „Klingengasse" geradeaus, dann in die „Judengasse" links abbiegen. Nach wenigen Schritten rechts in die „Deutschherrngasse", sie führt uns zum Kirchplatz von St. Jacob. Wir überqueren den Kirchplatz und wenden uns an der „Georgengasse" nach links. Sie wird nach ein paar Minuten zur Galgengasse, der wir nun zurück zum **Galgentor** 01 (443 m) folgen.

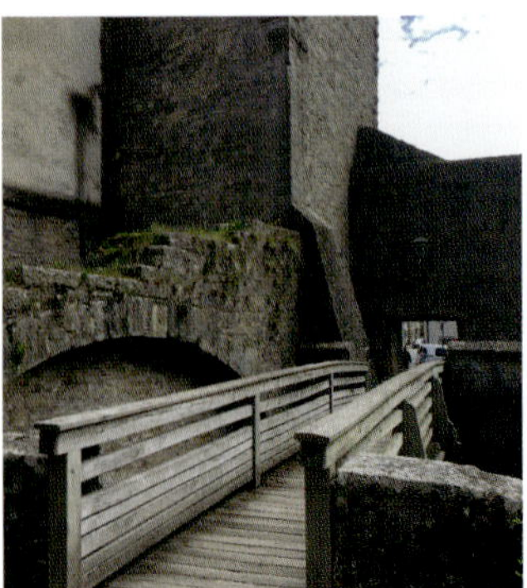

Holzbrücke.

VON ROTHENBURG INS SCHANDTAUBERTAL

Durch eines der schönsten Bachtäler Mittelfrankens

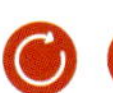  13,5 km 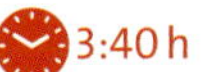 3:40 h 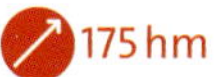 175 hm 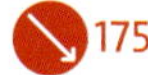 175 hm  774

START | Parkplatz am Sauturm in Rothenburg ob der Tauber am Taubertalweg.
Geokoordinaten: [GPS: UTM 32 x: 585564.142 y: 5469363.600].
CHARAKTER | Nach Bettenfeld läuft man zumeist über breite Feldwege. Ein schmaler Pfad jedoch am Blinkbach entlang. Der Rückweg oberhalb der Schandtauber führt häufig über Wiesenwege. Der Abstieg in den Talgrund ist steil, der Anstieg aus dem Talgrund heraus extremst steil und bei Nässe extrem rutschig. Unbedingt gutes Schuhwerk mit Profil!

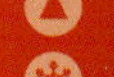
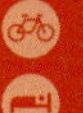
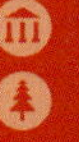

Die Grenzen zwischen der Frankenhöhe und der Hohenloher Ebene sind oft fließend und die Gebiete nur einen Steinwurf voneinander entfernt. So hat diese idyllische Wanderung um Rothenburg noch einen Platz in diesem Büchlein gefunden. Wildbad, ein Gemeindeteil Rothenburgs, wurde Mitte des 14. Jahrhunderts von der Stadt erbaut, nachdem auf Grund eines Erdbebens an eben dieser Stelle ein Quellchen zu Tage kam. Der prachtvolle Gebäudekomplex, so wie er uns heute erfreut, wurde Ende des 19. Jahrhunderts von Friedrich Hessing in neunjähriger Bauzeit errichtet. 1903 eröffnet, jedoch schon 14 Jahre später wieder aus Kostengründen geschlossen, wurde es schließlich 1925 versteigert. Heute wird es als Tagungsstätte genutzt.

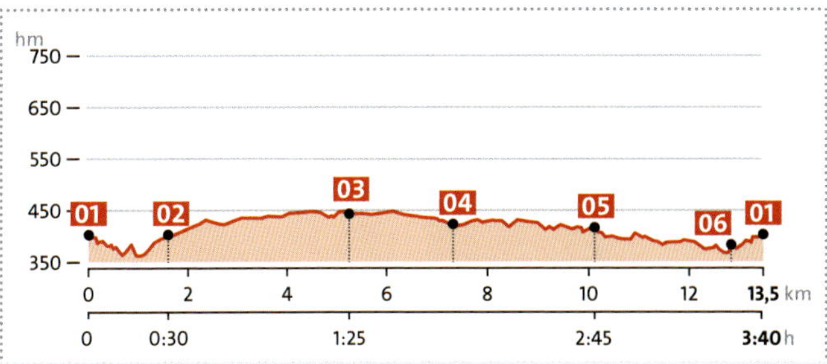

01 Parkplatz Sauturm 408 m; 02 Blinkbachtal 400 m;
03 Steinkreuz 447 m; 04 Bettenfeld 431 m; 05 Abzweigung K2 414 m;
06 Schmelzmühlensteg 362 m

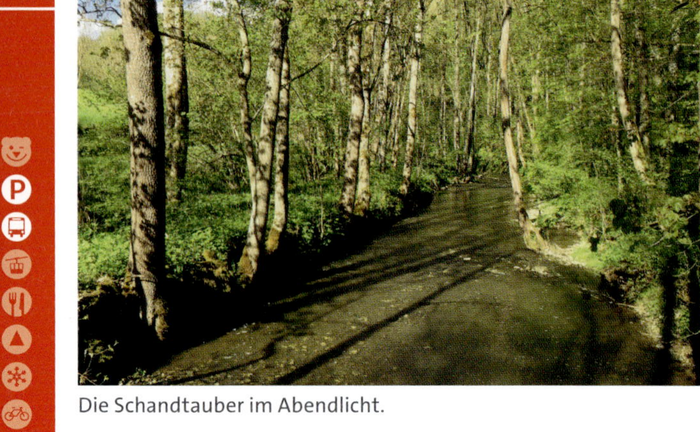

Die Schandtauber im Abendlicht.

Wir beginnen unsere Wanderung am **Parkplatz am Sauturm** 01 (408 m). Ein geteerter Weg führt uns hinab zum Wildbad. Wir gelangen an den Taubertalweg und biegen am Kopfsteinpflaster links ein. Nach ca. 50 Metern führt von der Straße ein Weg nach rechts auf der Markierung 5, 6 (Rundwanderweg Rothenburg ob der Tauber). Weitere 100 Meter später folgen wir einem Pfad nach rechts hinab ins **Blinkbachtal** 02 (400 m). Eine gute Viertelstunde später führt uns der Weg heraus aus dem Bachtal, am Parkplatz des Klettergartens vorbei. Wir folgen dem Schotterweg um eine Linkskurve bis zur St1022. Mit W5 überqueren wir die Straße und wandern auf einem Schotterweg hinauf. An der Gabelung führt die Markierung nach rechts, ca. 2 Kilometer, erst über Wiese, dann über Schotter und schließlich auf geteertem Weg bis zu ein paar gemauerten Höfen. Hier biegen wir nach rechts ab; ein Schotterweg führt uns wieder hinauf. Wir erreichen eine Gabelung mit einem **Steinkreuz** 03 (447 m): Es geht nun nach links, ca. eine viertel Stunde auf diesem Weg an den Feldern entlang. Wir sehen und hören die Landstraße schon, biegen jedoch vorher links ab. Der Weg führt um eine Rechtskurve am Lindenhof vorbei. Wir erreichen die AN6 und folgen ihr geradeaus. Sie führt uns direkt nach **Bettenfeld** 04 (431 m) hinein. 5 geleitet uns in den Ort hinab, über die historische Brücke hinüber und bis zur Kirche. Hier steigen wir links die Treppen empor, dann über das Kopfsteinpflaster 5 hinterher. Der

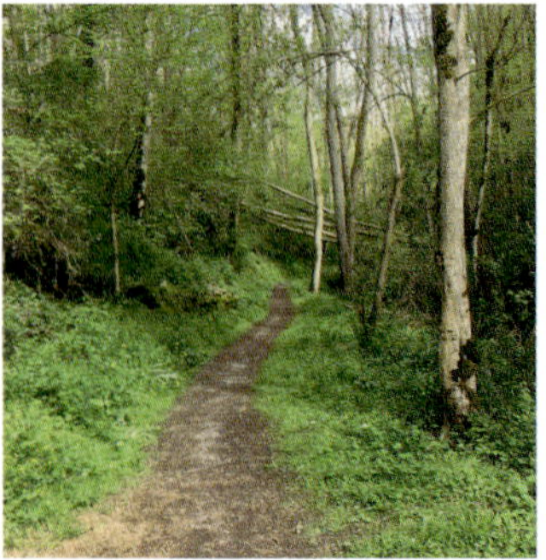

Pfad durchs Blinkbachtal.

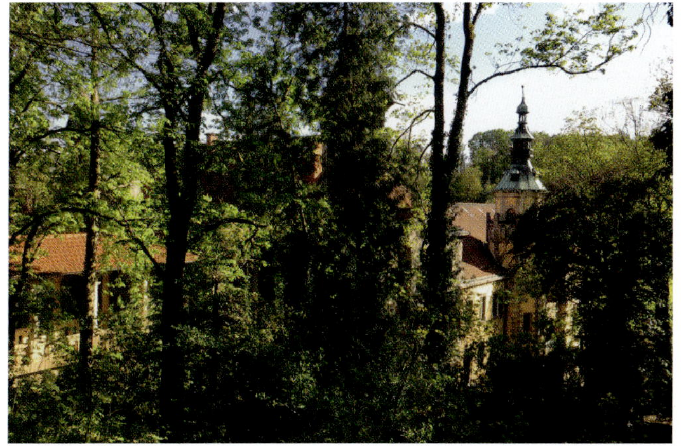

Wildbad in Rothenburg.

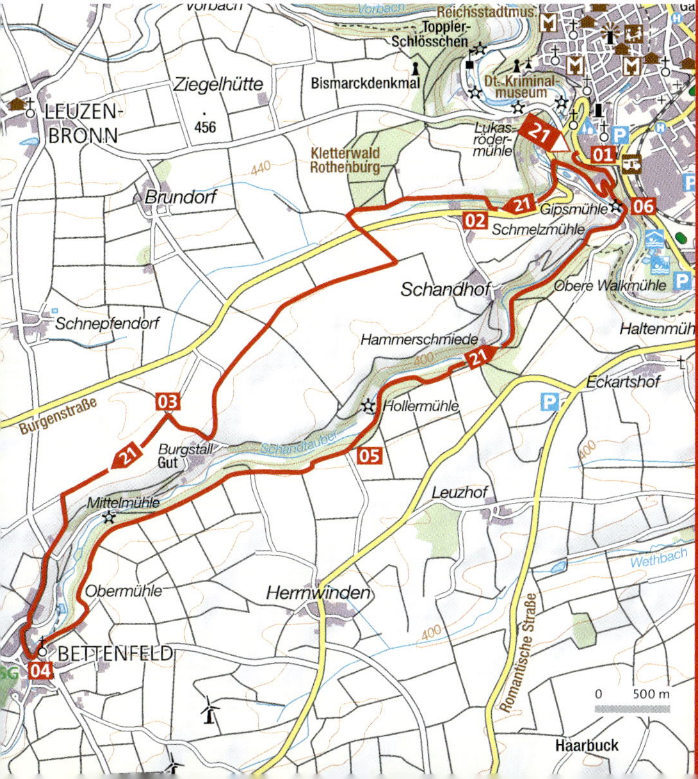

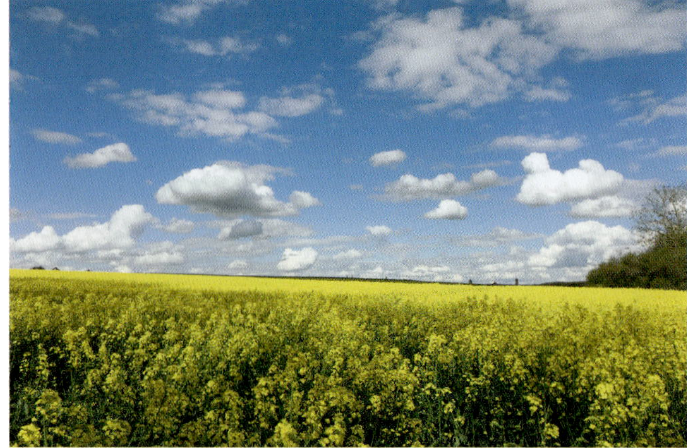

Rapsfeld bei Rothenburg.

Weg führt uns nach links um die Kirche herum, an der Friedhofsmauer entlang und schließlich ein kurzes Stück über einen Teerweg. Doch gleich nach der letzten Scheune biegen wir links ab auf einen Wiesenweg. Er führt nach einer Rechtskurve oberhalb der Schandtauber entlang. Nun geht es immer geradeaus, mal auf Wiese, mal auf einem Schotterweg. Nach guten zweieinhalb Kilometern macht der Schotterweg eine markante Rechtskurve, 5 läuft geradeaus. Hier nehmen wir die **Abzweigung auf K2** **05** (414 m) hinab in den Bachgrund. Ein Pfad führt uns nun idyllisch auf der Wiese durchs sattgrüne Tal der Schandtauber. Nach guten zwanzig Minuten führt er uns schräg rechts hinauf. Achtung, der Weg hier ist extremst steil und auch schon bei ein bisschen Nässe äußerst rutschig! Am Schotterweg geht es dann nach links hinab. An der kurz darauffolgenden Brücke beginnt der Wasserwirtschaftliche Lehrpfad, der uns nun das letzte Stück aus dem Schandtaubertal hinaus begleitet. Direkt neben der Schandtauber entlang erreichen wir in einer halben Stunde eine Straße. Wir überqueren den **Schmelzmühlensteg** **06** (362 m); er führt uns über die Tauber; auf der anderen Seite geht es nach links auf einem schmalen Weg. Er führt uns direkt an die Straße vom Wildbad. Wir folgen ihr wieder nach rechts hinauf, und wenigen Minuten zum **Sauturm** **01** (408 m) zurück.

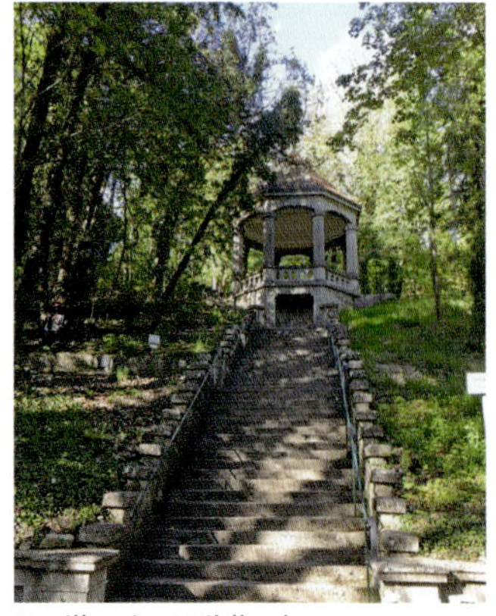

Pavillon im Wildbad.

ÜBER GERABRONN ZUR BURG AMLISHAGEN

Ruinen und das romantische Brettachtal

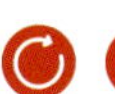 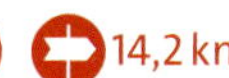 14,2 km 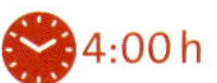 4:00 h 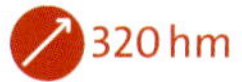 320 hm 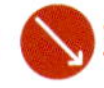 320 hm  774

START | Rotmühle. Auf der L1033 von Beimbach nach Gerabronn. Ca. 500 Meter hinter Beimbach geht es links zur Rotmühle. Hier gibt es ausreichend Parkplätze.
Geokoordinaten: [GPS: UTM Zone 32 x: 70077.064 y: 5454719.502].
CHARAKTER | Zwischen Rotmühle und Werdeck sind die Markierungen etwas spärlich; um die Ruine Werdeck herum sind die Wege sehr verwachsen und teilweise nicht gut gepflegt. Nach Burg Amlishagen brauchen wir im Wald ein wenig Orientierungssinn. Die Pfade sind hier teils schmal und steil, Trittsicherheit ist wichtig. Bei Hochwasser kann die Wanderung nicht begangen werden, da sie direkt neben der Brettach entlangführt.

Wir beginnen unsere Wanderung am Ferienlager an der **Rotmühle** 01 (354 m). Vom Parkplatz geht es am Schützenhaus vorbei und direkt dahinter links gerichtet über einen schlammigen Wiesen- und Waldweg hinauf mit dem blauen Balken. Am Waldrand knicken wir scharf rechts ab, dann führt der Weg am Feld entlang um die Linkskurve. Wir folgen dem Wiesenweg bis zum Ende des Feldes, dann halten wir uns links und laufen über die Wiese gute 300 Meter hinauf bis zur Straße. Hier nach rechts gewandt bis nach **Wer-**

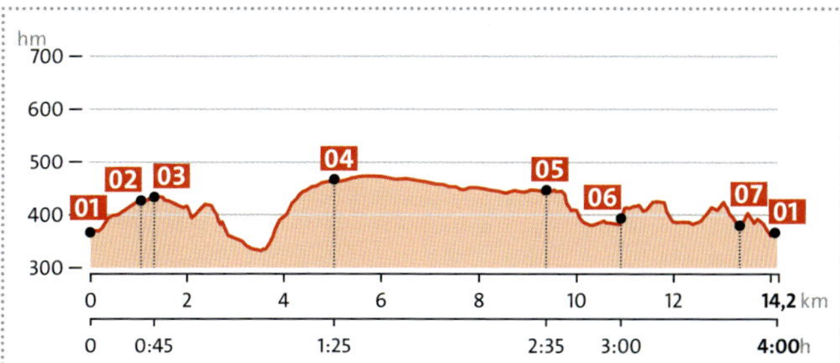

01 Parkplatz Rotmühle 354 m; 02 Werdeck 432 m; 03 Ruine Werdeck 425 m; 04 Gerabronn 468 m; 05 Burg Amlishagen 443 m; 06 Steinbrocken 407 m; 07 Stausee 374 m

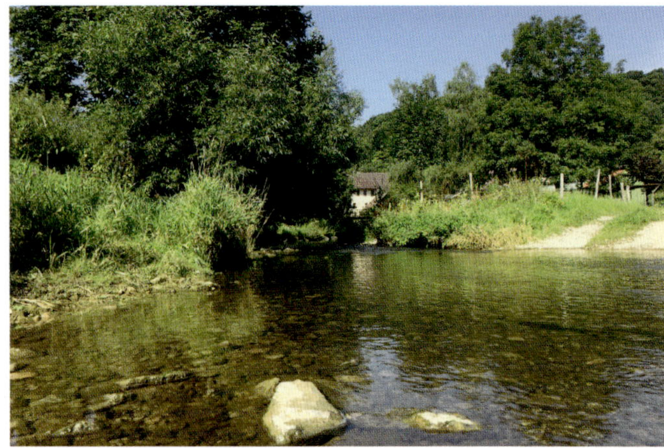
Mitten durch den Bach.

deck 02 (432 m) hinein. 150 Meter hinter dem Örtchen führt uns ein Schotterweg nach rechts, erst am Waldrand entlang, dann in den Wald hinein. Ein paar Minuten nach Waldeintritt halten wir uns an einer Gabelung rechts auf dem roten Kreuz, kurz darauf geht es nochmals rechts einen verwachsenen Waldweg hinab. Wenige Minuten später erreichen wir eine Gabelung: Geradeaus geht es zur **Ruine Werdeck 03** (425 m) – Achtung: Zu Recherchezeiten war der Zugang zur Ruine gesperrt; sollte er wieder geöffnet sein, können wir geradeaus der Ruine einen Besuch abstatten. Andernfalls halten wir uns links. Der erdige Weg führt linker Hand an der Ruine vorbei. 200 Meter später biegen wir – kurz vor dem Zuweg zur Ruine von der anderen

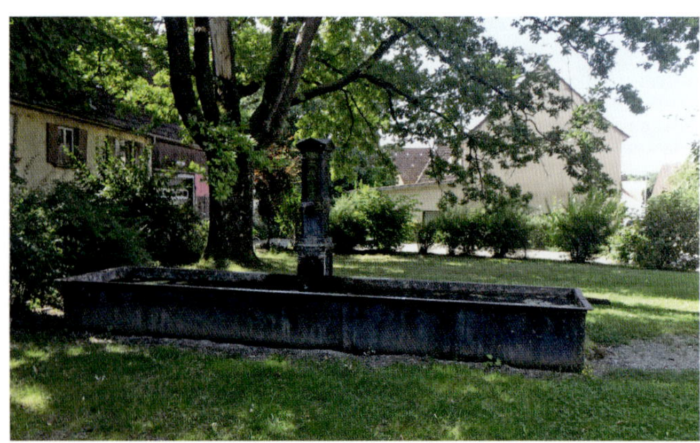
Brunnen in Amlishagen.

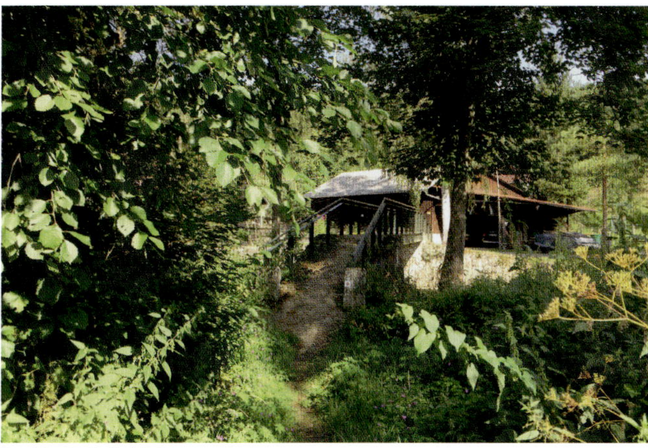
Brettach-Brücklein.

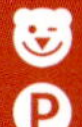
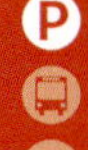
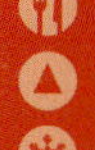
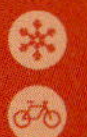
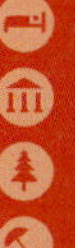

Seite – scharf links ab und folgen einem schmalen Weg und dem roten Kreuz Richtung Gerabronn. Bald geht es steil hinab, nach zehn Minuten treten wir aus dem Wald heraus auf eine schöne Wiese. Wir laufen geradeaus zum Bach, den wir hier queren können – allerdings müssen wir dann die Schuhe ausziehen. Andernfalls wandern wir noch ein kurzes Stück am Bach entlang und nehmen dann die Brücke. Wir sind nun in Bügenstege. Die Straße führt uns rechts um die Kurve, 150 Meter bergan, dann biegen wir scharf links auf einen schmalen Pfad und über ein paar Treppen ab. Am Schotterweg wenden wir uns nach links und laufen durch den Wald hinauf bis zur K2518. Ihr folgen wir nach links und gelangen in wenigen Minuten nach **Gerabronn** 04 (468 m). Gleich zu Beginn des Ortes halten wir uns rechts in die Jahnstraße. Nun folgen wir dem blauen Kreuz Richtung Burg Amlishagen. Ein paar Minuten später führt die Beethovenstraße nach rechts; an der Hausnummer 32+34 zweigt ein Fußgängerweg nach rechts. Er bringt uns über einen schmalen geteerten Weg erst rechts, dann gleich wieder links auf die Felder hinaus. An der darauffolgenden Kreuzung biegen wir links ab, laufen ein paar Minuten den Teerweg hinauf, dann biegen wir wieder rechts ab und folgen dem Teerweg bis zur nächsten Straße. Wir biegen links ab und folgen ihr kurz darauf um eine Rechtskurve; kurz darauf

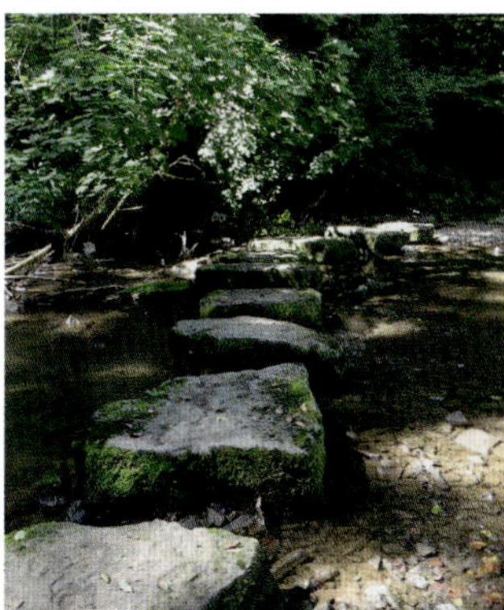
So gelangt man auch über den Fluss.

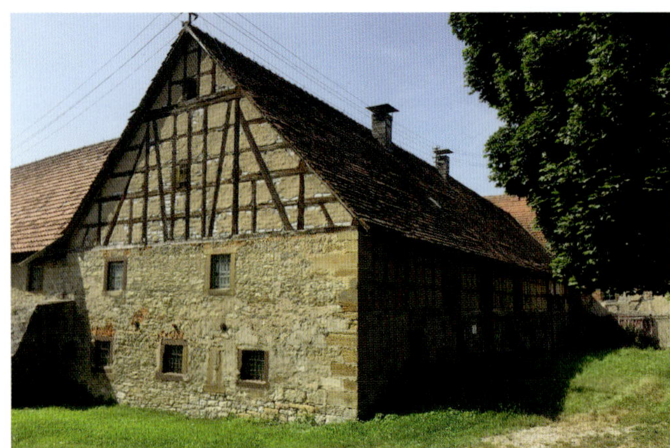

Alter Hof bei Amlishagen.

halten wir uns an der Gabelung mit der Bank rechts. Ein Teerweg führt uns nun am Waldrand entlang bis zur Gerabronner Straße. Wir folgen ihr nach rechts und gelangen kurz darauf rechter Hand an den Kirchplatz. Hier statten wir der schönen Katharinenkirche und der **Burg Amlishagen** 05 (443 m) einen Besuch ab. Dann setzen wir unseren Weg auf der Gerabronner Straße fort, doch nur wenige Meter, dann führt uns kurz nach dem Brunnen erst ein schmaler Pfad, dann steile Treppen auf dem blauen Balken Richtung Herbstmühle und Brettach Stausee hinunter. Unten am Teerweg biegen wir scharf rechts ab, nach wenigen Minuten halten wir uns dann links über die Brücke,

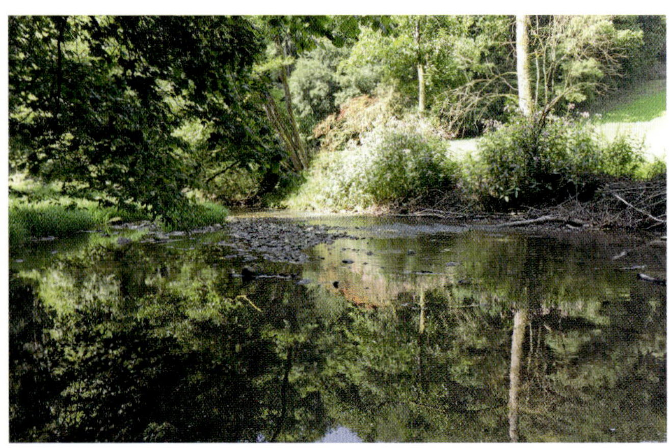

Die Brettach.

an der Hubertusmühle vorbei. Beim Waldeintritt führt rechter Hand der blaue Balken auf einen Pfad Richtung Brettach Stausee. Erst am Waldrand, dann am Zaun entlang laufen wir bis zur Brettach, der wir nun über große Steine entlang folgen. Nach wenigen Minuten verlassen wir kurz den Bach, laufen durch hohes Gestrüpp an einer Lichtung entlang und erreichen schließlich nochmals das Bächlein, das wir diesmal über dicke **Steinbrocken** **06** (407 m) überqueren. Auf der anderen Seite bringt uns der Weg bis zu einer Weide. Hier biegen wir scharf links ab, am Waldrand und Zaun entlang. Nach ein paar Minuten schickt uns unser Wegzeichen nach links auf einen breiteren Pfad. Eben laufen wir nun bis zu einem steinigen Waldweg, auf den wir nach links einbiegen. Doch nur wenige Meter, dann führt uns ein schmaler Pfad nach rechts durch einen jungen Laubwald. Er mündet in einen breiten Waldweg, dem wir geradeaus folgen. Nach fünfzehn Minuten halten wir uns an der kleinen Waldlichtung links und nur wenige Meter später führt uns ein schmaler Pfad nach rechts. Bald steil hinab, endet er schließlich an einem Teerweg, dem wir nach rechts folgen. An dessen Ende steigen wir ein paar Treppen hinab und laufen weiter auf einem schmalen Pfad, der uns nun oberhalb des **Stausees** **07** (374 m) entlangführt. Am Waldaustritt steigen ein paar Treppen hinauf bis zum Teerweg. Wir folgen ihm nach links, doch nur wenige Meter, denn kurz vor der Schranke biegt ein schmaler, verwachsener Pfad rechts hinab ab. Unten überqueren wir die Straße und laufen zum **Parkplatz Rotmühle** **01** (354 m) zurück.

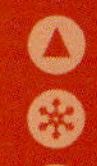

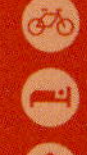

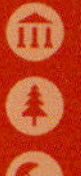

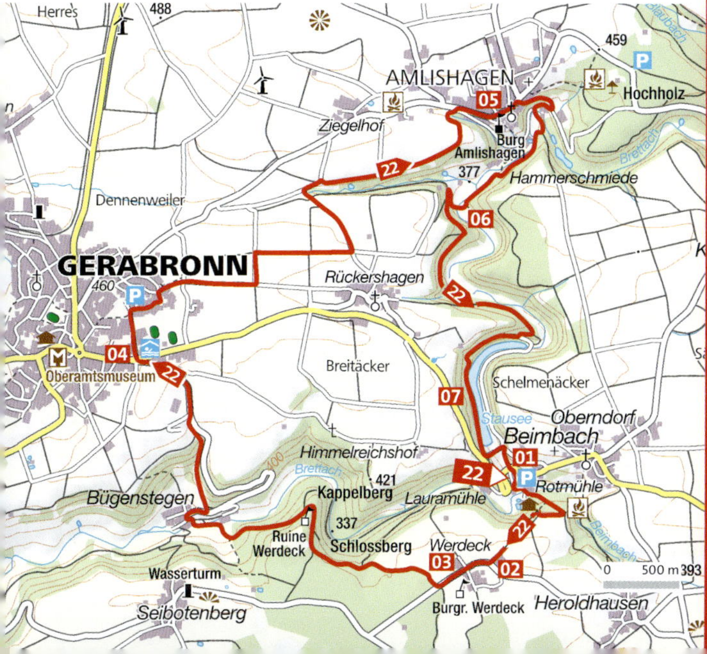

VON LANGENBURG NACH BINSELBERG

Von einer historischen Altstadt in den Jagstgrund

 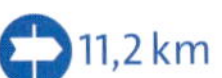 11,2 km 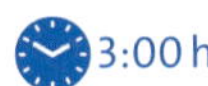 3:00 h  245 hm 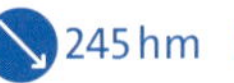 245 hm  774

START | Parkmöglichkeit am Ende der Hauptstraße links kurz vor Schloss Langenburg.
Geokoordinaten: [GPS: UTM Zone 32 x: 561622.212 y: 5455927.321].
CHARAKTER | Zum Großteil Teerwege, wenige Feldwege. Zwischen Großforst und Binselberg kann der Weg steil und rutschig werden, ebenso kurz vor Langenburg.

In Langenburg gibt es viel zu entdecken; im Schloss Langenburg selbst – welches schon von außen eine Augenweide ist, sind das Schlossmuseum und das Oldtimermuseum untergebracht. Ebenso kann man die Carl-Julius-Weber-Gedenkstube im Rathaus besichtigen. Sehenswert ist auch die Löchnersche Schmiede; sie stammt aus dem Jahre 1930 und ist noch im Originalzustand zu bestaunen. Führungen nach Voranmeldung. Auch die Kirche in Bächlingen sollte man sich nicht entgehen lassen: Geschätzt wird ihr Alter auf etwa 1000 Jahre. Zudem birgt sie Wand- und Deckengemälde aus dem Jahre um 1350 sowie ein wunderschönes Epitaph des Ritters Burghard Reze von Bechlingen, etwa in dieselbe Zeit einzuordnen. Entspannen können wir uns dagegen während des langen Spaziergangs an der Jagst entlang. Natur pur und viele Schautafeln informieren über den Lebensraum und das Aktionsprogramm Jagst, das auf Grund des Großbrandes 2015 in Lobenhausen und eine daraus resultierende, verheerende Verunreinigung des Flusses ins Leben gerufen wurde.

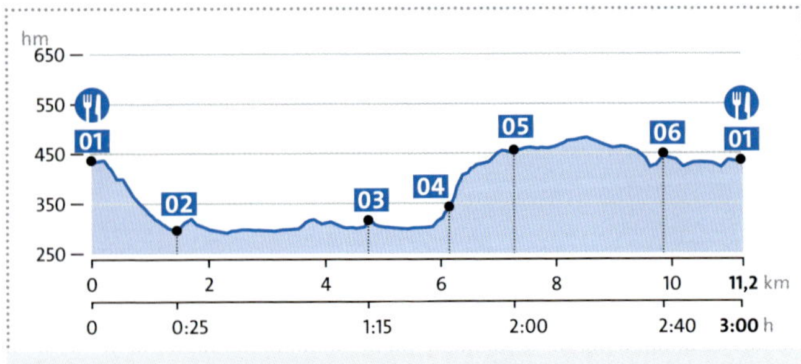

01 Langenburg 432 m; 02 Bächlingen 303 m; 03 Großhürden 310 m; 04 Großforst 312 m; 05 Binselberg 462 m; 06 Baumlehrpfad 441 m

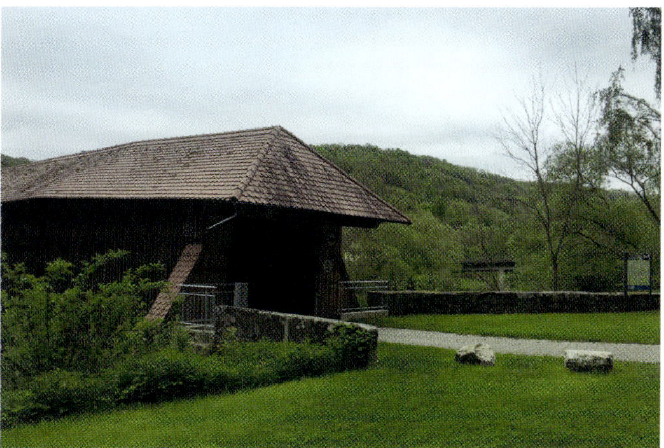

Archenbrücke.

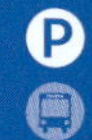

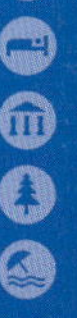

▶ In **Langenburg** 01 (432 m) gibt es in der Hauptstraße kurz vor der Schlossanlage Parkmöglichkeiten. Dann folgen wir der Hauptstraße um die Linkskehre die „Bächlinger Straße“ hinab. Der Jacobsweg führt uns nach 150 Metern rechts weiter abwärts auf einen Pfad, Richtung Bächlingen; die „Alte Steige“ hinunter erst über ein paar Treppen, dann auf einem Teerweg. Zehn Minuten später erreichen wir **Bächlingen** 02 (303 m). Wir folgen der Vorfahrtsstraße in die „Langenburger Straße“ hinein, vor der Brücke noch nach rechts in die „Jagsttalstraße“ und dann links über die Archenbrücke. Gleich hinter der Brücke weist uns der grüne Baum nach links, unter der L1036 hindurch Richtung Wiesengrund und Jagstwehr. Ein Feldweg führt uns zur

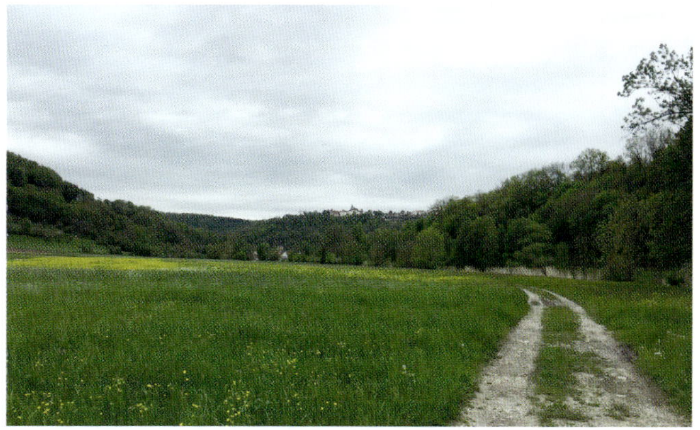

Ins Jagsttal.

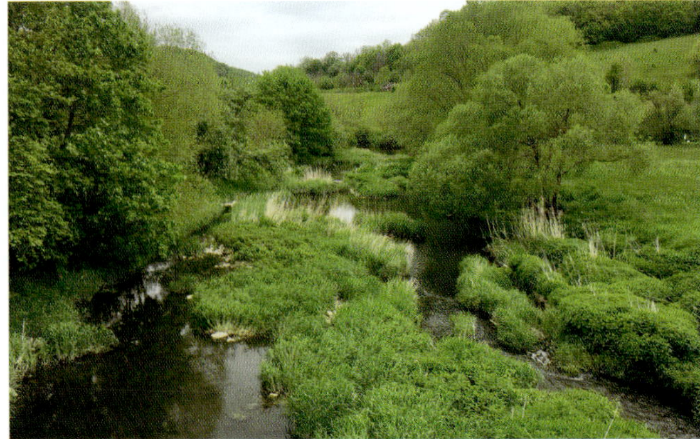

Rückzugsort für seltene Tiere – die Jagst.

Jagst, nach fast 15 Minuten erreichen wir einen Teerweg, dem wir nun weiter geradeaus folgen. Eine halbe Stunde später erreichen wir Kleinhürden; nach links dem Straßenverlauf folgen, über die Jagst hinüber und nach **Großhürden** 03 (310 m) hinein. In Großhürden verweist uns die Markierung nach rechts nach **Großforst** 04 (312 m). Gleich zu Beginn des Ortes halten wir uns links zwischen den Wohnhäusern hindurch: Wir folgen nun dem roten Kreuz. Achtung, hier schwer zu finden. Noch am ausgedienten Bushäuschen vorbei, das weiße Haus zu unserer Linken lassen wir auch hinter uns, dann geht es geradeaus auf einem Wiesenpfad zwischen einem alten Steinhaus und dem Strommast hinauf. Wir wandern nun erst auf einem Wie-

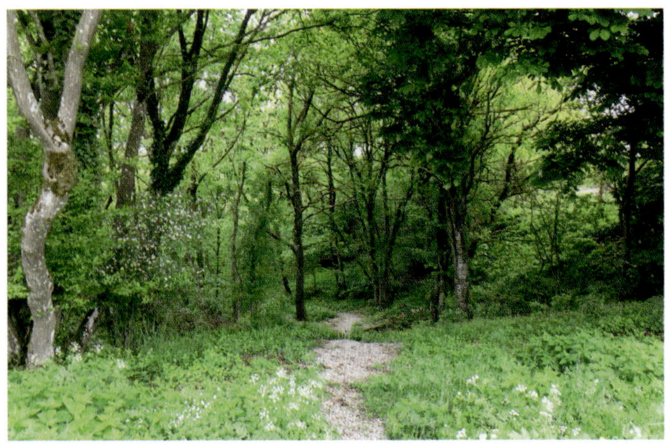

Pfad nach Binseleberg.

senpfad, dann allmählich auf einem erdigen Pfad stellenweise steil hinauf durch den Wald. Nach ca. 15 Minuten, am Waldaustritt, wenden wir uns nach rechts über die Wiese. Schließlich erreichen wir einen Schotterweg, der uns nach **Binselberg** 05 (462 m) hineinführt. Wir laufen nun nach links, in der Mitte des Ortes dann rechts, durch den Ort hindurch. Ca. 500 Meter nach Ortsausgang erreichen wir eine Gabelung mit einem Windrad: Hier geht es geradeaus weiter. Eine viertel Stunde später gelangen wir an den Ortsrand von Langenburg. Hier führt uns der „Breberweg" scharf nach links hinab. Nach dem letzten Haus folgen wir rechts auf einen Schotterweg; kurz darauf, an der Schottergabel, schlagen wir den rechten Weg auf dem roten Kreuz ein. Ein kurzes Stück später führt uns nochmals das rote Kreuz links hinab, an der darauffolgenden Gabelung müssen wir nochmals nach links, noch weiter hinab. Unten folgen wir dem Pfad um die Linkskurve, über ein Zubächlein des Ziegenbaches, dann immer geradeaus. Der Weg wird etwas breiter und führt uns bald zusammen mit dem **Baumlehrpfad** 06 (441 m) aufwärts. Nach ca. 15 Minuten erreichen wir wieder die „Bächlinger Straße". Wir folgen ihr kurz, dann biegen wir rechts in den „Kronenbuck" ab. Er führt uns an die „Hauptstraße" und zurück zum Parkplatz in **Langenburg** 01 (432 m).

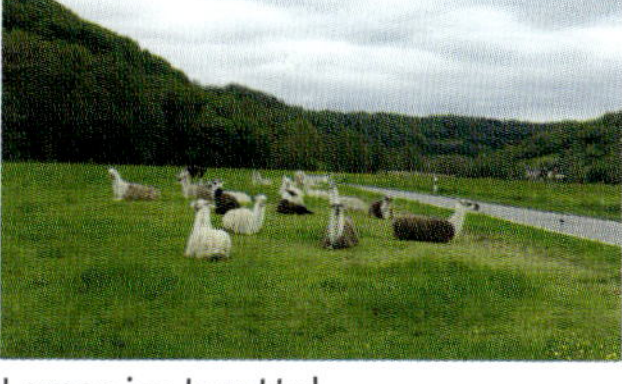

Lamas im Jagsttal.

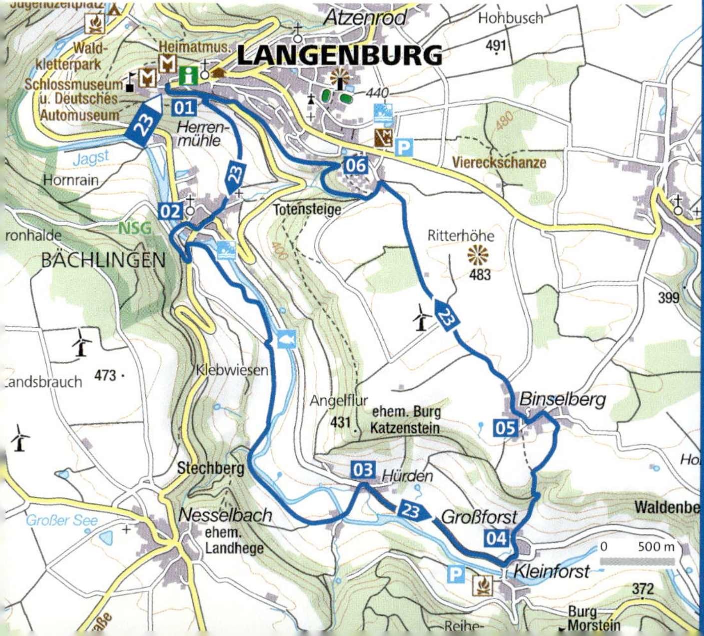

VON MORSTEIN ZUR RUINE LEOFELS

Durch die Auen des mittleren Jagsttales

 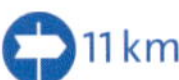 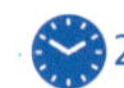 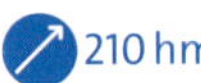  

11 km | 2:50 h | 210 hm | 210 hm | 774

START | Wir fahren auf der L1073 durch den Ort. In der Mitte des Ortes befindet sich am Dorfbrunnen ein Parkplatz. Geokoordinaten: [GPS: UTM Zone 32 x: 564334.398 y: 5452153.453].
CHARAKTER | Die Wanderung verläuft zu großen Teilen auf geteerten Wegen oder schmalen, wenig befahrenen Straßen und ist zur Hälfte unmarkiert, aber unschwierig zu finden. Auch die Strecke von Hessenau nach Großforst führt zwar an der Straße entlang, sie ist jedoch kaum befahren und bietet tolle Blicke und Einblicke auf diesen Teil des Jagsttales.

Vom **Parkplatz in Morstein** 01 (422 m) am Dorfbrunnen laufen wir zunächst der Straße entlang Richtung Dünsbach auf dem HW3. In **Dünsbach** 02 (436 m) biegen wir an der zweiten Kreuzung links ab auf dem blauen Balken in die Kirchbergerstraße Richtung Leofels. An der „Langen Straße" wenden wir uns nach rechts hinauf. Sie führt aus dem Ort heraus, an der folgenden Gabel bleiben wir geradeaus und laufen bald auf einem Waldweg, dann auf einem Schotterweg in den Wald. An der T-Kreuzung nach einer viertel Stunde biegen wir links ab. Der blaue Balken verlässt uns hier gleich darauf nach rechts, wir aber laufen geradeaus weiter, auf einem Schotterweg an den Windrädern vorbei. Stetig geradeaus erreichen wir schließlich die K2564. Wir folgen ihr nach rechts und erreichen 5 Minuten später Leofels. Im Ort biegen wir die erste oder zweite Straße rechts ab – bei-

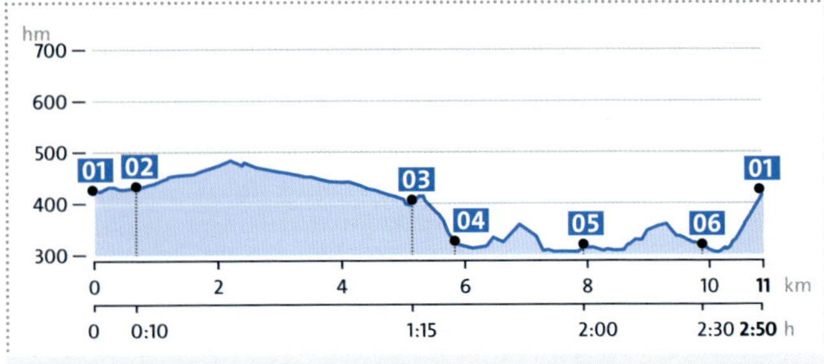

01 Parkplatz Morstein 422 m; 02 Dünsbach 436 m; 03 Burg Leofels 412 m; 04 Hessenau 432 m; 05 Elpershofen 310 m; 06 Großforst 422 m

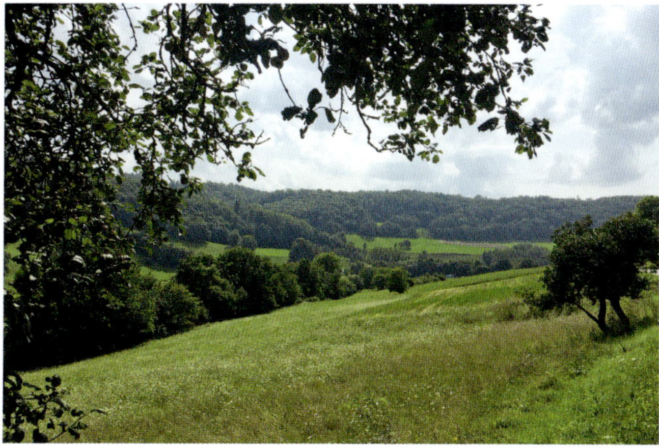

Blick hinüber zum Bühlwald.

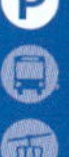
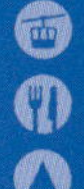
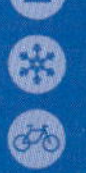
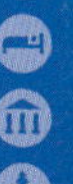

de führen zum Ziel, nämlich der **Burg Leofels** 03 (412 m). Nachdem wir die Burg besichtigt haben, führt vor der Burg die Straße nach rechts noch ein kurzes Stück weiter (wenn wir mit der Burg im Rücken stehen), dann mündet sie in einen schmalen Pfad. Er bringt uns schnell mit dem roten Kreuz hinab in eine kleine Schlucht. Über Steine, Geröll und Treppen überqueren wir den Leofelser Bach. An der Gabelung danach bringt uns der Kuhsteig geradeaus hinab, nochmals den Leofelser Bach querend. In **Hessenau** 04 (432 m) folgen wir nun der Straße nach links an der Jagst entlang. Auf dem breiten Wiesenstreifen zwischen Fluss und Straße lässt es sich gut wandern, stets werden wir begleitet von tollen Blicken über das Flusstal und seine schönen Auen. An der

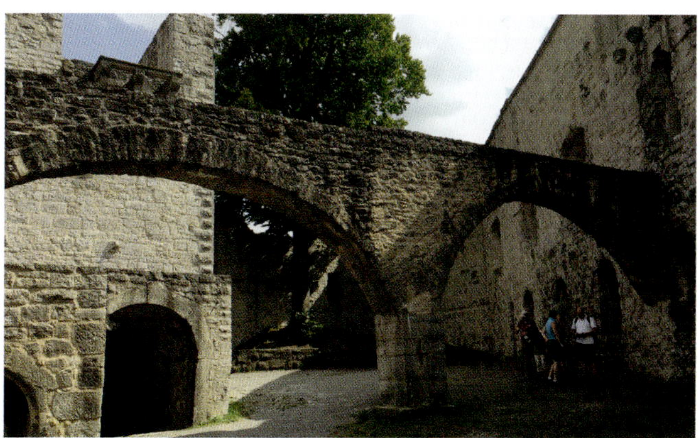

Ruine Leofels.

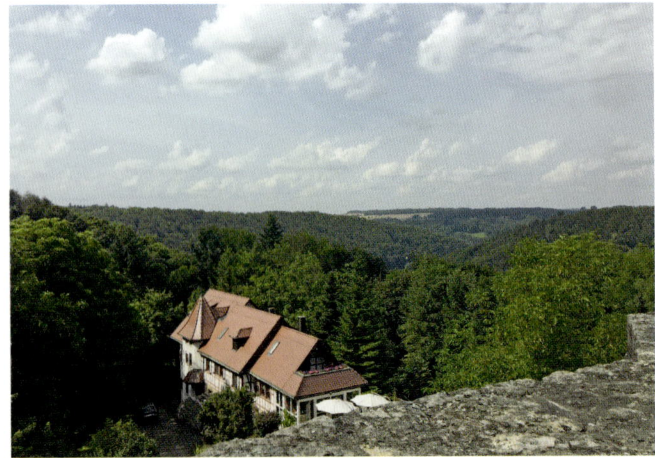

Blick von der Ruine Leofels.

L1037 biegen wir rechts ab, überqueren den Fluss und wandern dann bei **Elpershofen** 05 (310 m) auf der rechten Seite der Jagst weiter bis nach **Großforst** 06 (322 m). Hinab geht es hier nochmal über eine Brücke nach Kleinforst. Hier folgen wir nun dem HW3. Durch das Örtchen hindurch und kurz darauf auf der schmalen geteerten Straße nach links über den Dünsbach und hinauf. Hinter der Kurve halten wir uns rechts auf einen Pfad in den Wald hinauf. Dabei führen uns der HW3 und das rote Kreuz. Gute zehn Minuten laufen wir nun stetig bergauf, bis wir wieder die L1037 in **Morstein** 01 (422 m) erreichen. Über die Straße hinüber und wir sind wieder am Parkplatz.

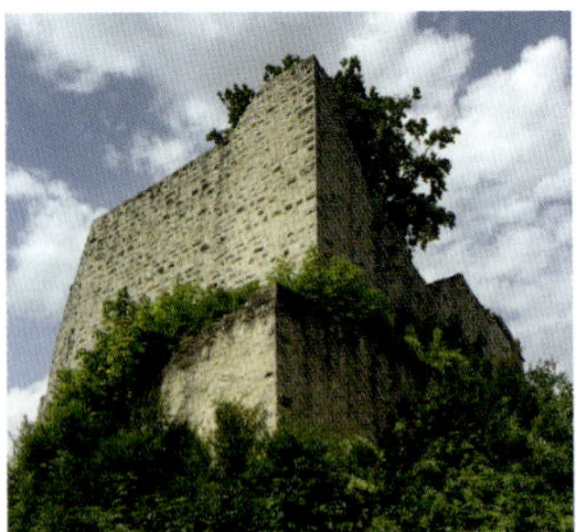

Ruine Leofels.

Tipp:

Die Ruine der Spornburg Leofels liegt hoch erhaben über dem Jagsttal auf einem Bergvorsprung. Kulturell ist die Ruine seit 1979 regelmäßig genutzt worden. Mehrtägige Folk-Festivals wurden abgehalten und machten den Ort überregional bekannt. Seit den achtziger Jahren wird die romantische Burganlage im Sommer für Theateraufführungen und Konzerte genutzt. Infos unter https://burgschauspiele.de oder kontakt@burgschauspiele.de

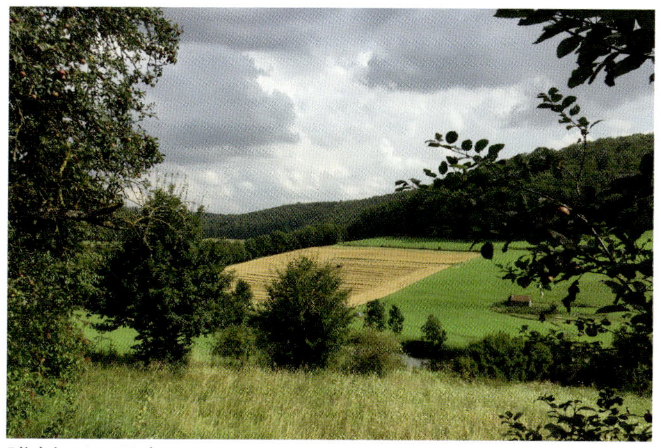

Blick ins Jagsttal.

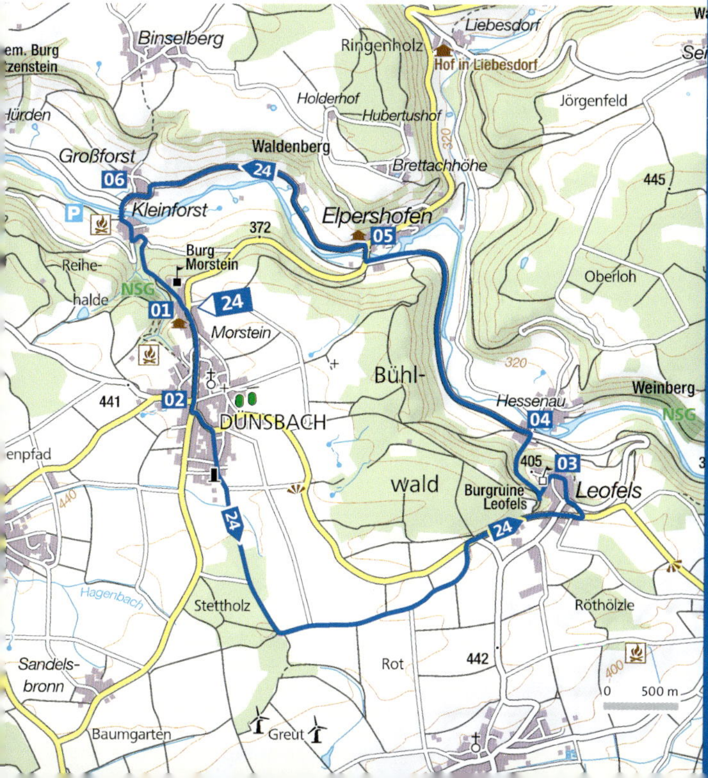

RUND UM KIRCHBERG AN DER JAGST

Über verwunschene Pfade durch die Jagstauen

 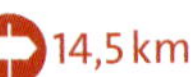 14,5 km  4:25 h  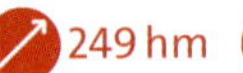 249 hm  249 hm 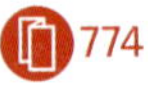 774

START | Wanderparkplatz bei Kirchberg. Von der Hohenloher Straße biegen wir Richtung Feuerwehr Kirchberg ab. Dem Sträßchen ca. 800 Meter folgen bis zum Wanderparkplatz. Geokoordinaten: [GPS: UTM Zone 32 x: 572283.206 y: 5450398.976].
CHARAKTER | An der Jagst entlang schmale Pfade an Hanglage. Zwischen Bölgental und Mistlau breite Feldwege, auch Teerwege. Sehr gut beschildert, nur kurz vor Anhausen ein wenig Orientierung nötig, da unmarkiert. Gutes Schuhwerk ist hier wichtig, an der Jagst kann es schlammig und rutschig werden.

Kirchberg an der Jagst ist ein wahres Schatzkästchen und hat an Sehenswürdigkeiten wirklich sehr viel zu bieten. Die Geschichte der Stadt reicht bis ins späte 14. Jahrhundert zurück. Erbaut von Graf Krafft IV. zu Hohenlohe, wandelte sich die Burgsiedlung im Laufe der Jahrhunderte zu einer gräflichen Stadt, später zu einer Reichsstadt und schließlich zu einem Residenzort mit barockem Gewand. Zur älteren Geschichte der Stadt gehören an Sehenswürdigkeiten das Schloss, das seine Karriere um 1240 als Burg der Ritter von Kirchberg begann. Mehr als 150 Jahre später gesellte sich dann der Stadtturm dazu, als Teil der Stadtbefestigung. Fast ein Jahrhundert später wurde dann das Kornhaus für die Ratsherren der drei Reichsstädte erbaut. Sehenswert ist auch die evangelische Stadtkirche sowie

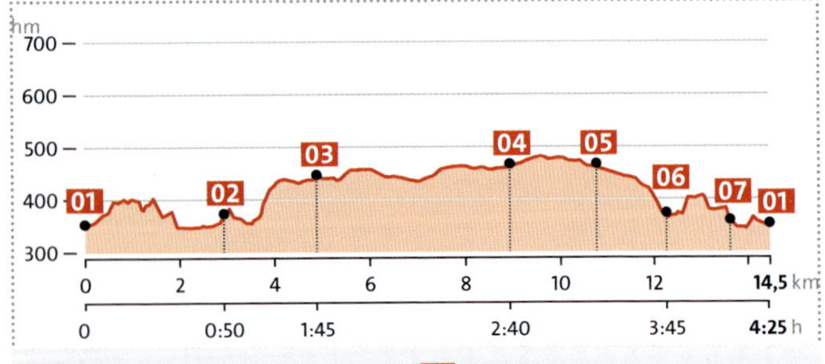

01 Wanderparkplatz Kirchberg 359 m; 02 Brücke 354 m; 03 Bölgental 451 m; 04 Klosterruine Anhausen 463 m; 05 Im Morgen 460 m; 06 Mistlau 354 m; 07 Ockenauer Steg 347 m

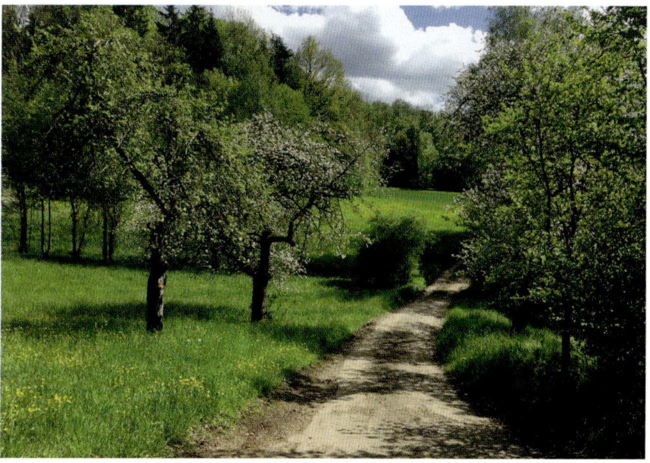

An Streuobstwiesen entlang.

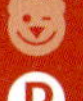
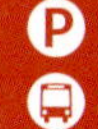
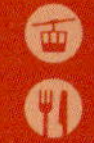
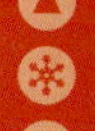
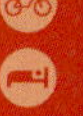
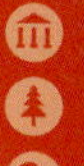

der Sophienberg und das ehemalige Lateinschulgebäude. Der märchenhafte Wald an den Jagstauen rund um Kirchberg gibt uns dann wieder ganz andere Eindrücke: Besonders im Mai, wenn der Bärlauch blüht, verwandeln sich die Hänge in ein Meer aus weißen Blüten mit einem zarten „Duft" von Knoblauch.

▶ Wir beginnen unsere schöne Runde am **Wanderparkplatz Kirchberg** 01 (359 m). Der Wanderweg führt uns nun vorerst auf einem breiten Waldweg leicht ansteigend auf dem Rundwanderweg Nr. 1 Richtung Lobenhausen. Der Weg, zunächst recht breit, verschmälert sich allmählich, bis wir auf einem etwas breiteren Pfad dahinwandern. Oberhalb der Jagst geht es nun durch den Wald, im Frühjahr durch ein Meer von Bärlauch hindurch. So wandern wir fast zwanzig Minuten auf dem Waldpfad dahin, bis wir an eine Gabelung kommen: Wir folgen geradeaus dem Rundweg Nr. 1 Richtung Mistlau. Er führt uns hinunter zur Jagst, dann folgen wir dem breiten Waldweg nach rechts. Er geleitet uns aus dem Wald hinaus und nach zehn Minuten an eine **Brücke** 02 (354 m). Wir überqueren sie und wenden uns dann nach rechts, nun auf dem roten Punkt ein Stück noch auf dem Teerweg, dann weiter über Wald-, Feld- und Wiesenwege. Nach einer halben Stunde erreichen wir den Ortsrand von **Bölgental** 03 (451 m): Wir biegen am ersten Hof rechts ab und folgen dem Weg einmal außen am Ortsrand um Bölgental herum. An der Kreuzung am östlichen Ortsrand schickt uns ein Wegweiser Richtung Anhausen geradeaus. Wir folgen der Straße, doch schon nach ca. 250 Metern schickt uns das Wanderschild DVV auf einen Feldweg nach rechts. Das kommende Sträßlein überqueren wir geradeaus, dann weiter über die Felder, nach fünf Minuten rechts abbiegend. Wir tangieren nach ein paar Minuten kurz die Straße, laufen jedoch nach links auf dem Feldweg weiter. An der T-Kreuzung

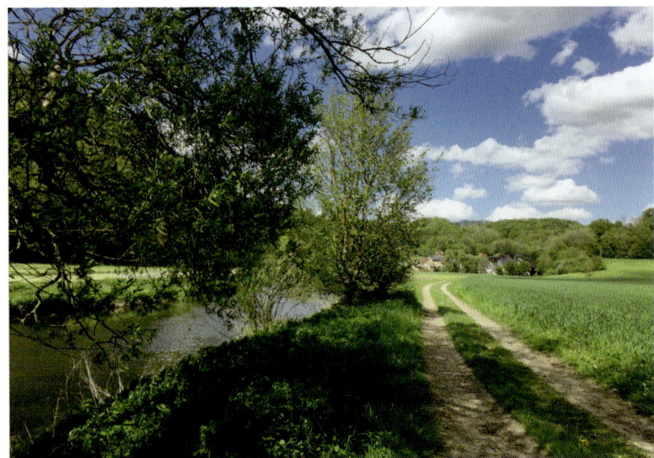

Auf dem Weg nach Bölgental.

biegen wir wieder links ab, hinauf nun bis zu einem asphaltierten Weg. Hier nun unmarkiert nach links, laufen wir ca. 300 Meter und wenden uns dann wieder unmarkiert nach rechts auf einen Feldweg. Wir folgen ihm nun fast eine viertel Stunde, die Anhäuser Mauer schon im Blick. Sie ist die nördliche Seitenwand des hochgotischen Chores des Klosters Anhausen das im Jahr 1403 im Bereich einer schon damals vorhandenen Kapelle gegründet wurde. 1557 verließ der letzte Mönch das Kloster, dann wurde es als Bauernhof genutzt. Anfang des 19. Jahrhunderts stand noch ein großer Teil des ehrwürdigen Bauwerks, dann wurde es jedoch von der ganzen Umgebung als „Steinbruch" genutzt. Auf Höhe der Mauer angelangt, biegen wir dann nach links ab und stehen wenige Minuten später vor der eindrucksvollen Mauer der **Klosterruine Anhausen** 04 (463 m). Wir laufen weiter geradewegs an der Mauer vorbei bis zur Straße. Diese überqueren wir schräg nach links und folgen nun HW4 in den lichten Wald hinein. Keine hundert Meter nach Waldeintritt schickt uns der Weg nach rechts, auf einen unbefestigten Waldwiesenweg. Nochmals ca. 150 Meter später biegen wir links ab und laufen nun auf einem Waldpfad ein paar Minuten bis zu einem breiten Waldweg. Ihm folgen wir nun geradeaus, nach wenigen Minuten um eine Linkskurve bis an ein geteertes Sträßlein. Wir folgen ihr nach rechts, auf dem roten Punkt Richtung Mistlau, kurz am Waldrand entlang und an den Häusern von **„Im Morgen"** 05 (460 m) vorbei, bis sie nach einer viertel Stunde nach rechts abbiegt. Wir wenden uns hier jedoch nach links. Der Schotterweg führt uns nach einem kurzen Stück rechts herum, an den ersten Häusern von **Mistlau** 06 (354 m) vorbei bis zur Straße. Ein kleiner Abstecher nach links zur Kirche lohnt sich! Dann gehen wir zurück zum Ortsrand und laufen die K2510 ca. 50 Meter hinauf. Dann zweigt links ein Pfad zusammen mit dem roten Kreuz ab. Er führt uns durch den Wald, nun auf der anderen Seite der Jagst entlang. Nach zwanzig Minuten gelangen wir an einen breiten Wanderweg. Wir biegen rechts ein. Nach 500 Metern sehen wir linker Hand eine Brücke. Wir überqueren nun nach links den **Ockenauer Steg** 07 (347 m). Auf der anderen Seite folgen wir ihm leicht rechts haltend aufwärts. Schließlich gelangen wir wieder auf unseren Anfangsweg und wandern auf ihm nach rechts, in wenigen Minuten zurück zum **Wanderparkplatz Kirchberg** 01 (359 m).

Hinweis:

Die Nikolauskirche in Mistlau ist ein wahres Kleinod und sollte nicht verpasst werden: Neben Bächlingen besitzt sie den einzigen, voll ausgemalten, noch dazu vollständig erhaltenen Chor in der Region. 1895 wurden die übertünchten Freskenmalereien entdeckt und durch den Stuttgarter Kunstmaler Wennagel wieder freigelegt. Die Malereien wurden auf die Zeit um 1430 datiert.

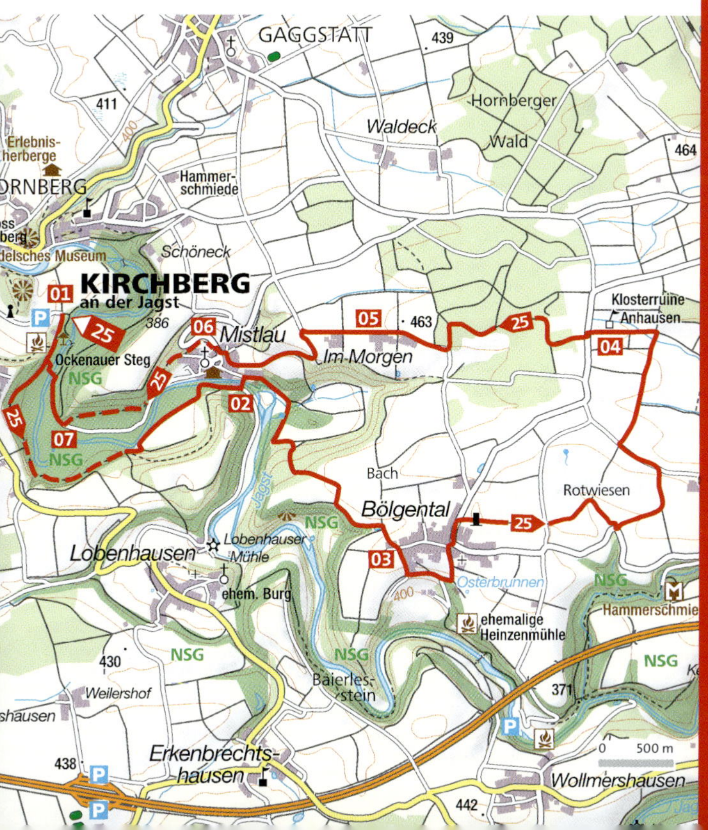

ÜBER BURLESWAGEN NACH GRÖNINGEN

Eine historische Hammerschmiede im verborgenen Jagsttal

 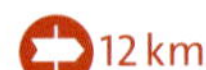 12 km  3:35 h 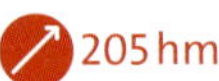 205 hm  205 hm 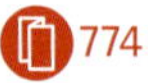 774

START | Parkplatz der Hammerschmiede kurz nach Gröningen Richtung Bölgental.
Geokoordinaten: [GPS: UTM Zone 32 x: 576817.280 y: 5448863.522].
CHARAKTER | Zwischen Hammerschmiede und Heinzenmühle schmale, wurzelige und steinige Pfade direkt am Gewässer. Bei Starkregen und Hochwasser nicht zu begehen. Ein Stück nach Wollmershausen ist der Weg nicht markiert. Orientierung wichtig. Und unbedingt Schuhwerk mit gutem Profil, da einige Abschnitte sehr rutschig werden können.

Wildromantisch beginnt diese Wanderung an der Hammerschmiede von 1804. Die dreiköpfige Schwanzhammeranlage ist das Highlight der gesamten Anlage. Sie wird von einem Wasserrad angetrieben. Zudem gibt es eine voll funktionsfähige Ölmühle zu besichtigen. Zunächst führt der Weg idyllisch direkt an der Gronach entlang, bis wir schließlich das letzte Stück an der Jagst entlang die Überreste der Heinzenmühle erreichen. Der Heinzenmühlensteg ist hierbei besonders sehenswert: 34 Meter lang ist das Werk, das im August `98 in ehrenamtlicher Ge-

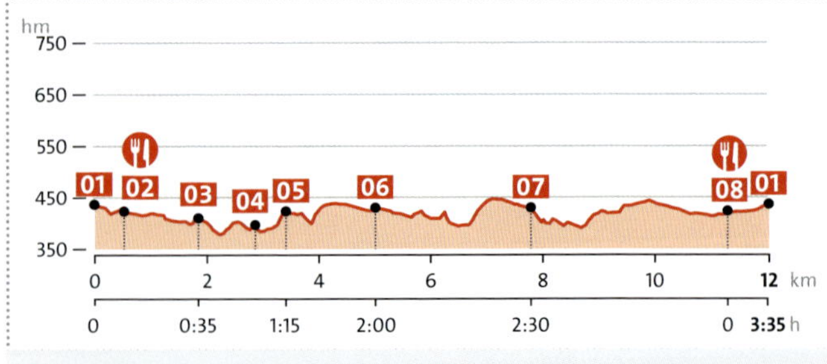

01 Parkplatz Hammerschmiede 430 m; 02 Hammerschmiede 405 m; 03 Holzfiguren 409 m; 04 Heinzenmühle 410 m; 05 Wanderparkplatz Wollmershausen 425 m; 06 Holzsteg 422 m; 07 Schloss Burleswagen 429 m; 08 Gröningen 414 m

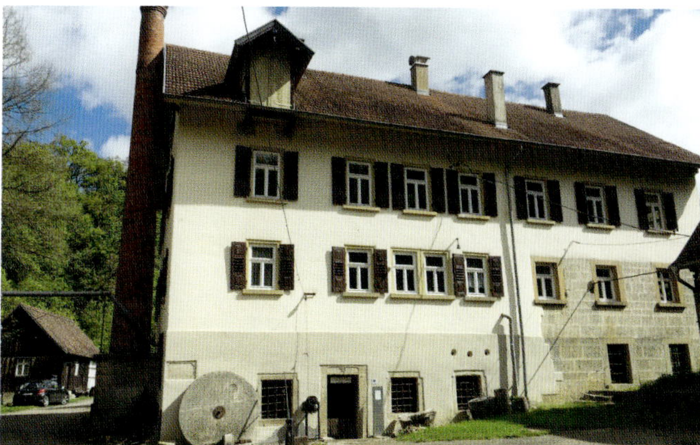

Die Hammerschmiede.

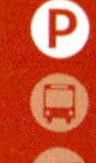
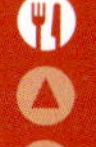

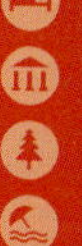

meinschaftsarbeit der umliegenden Dörfer gebaut wurde. In Burleswagen und Gröningen erwarten uns zwei herrschaftliche Schlösser. Da beide bewohnt sind, können wir uns jedoch an ihrem Anblick von außen erfreuen. Mit dem Brauhaus Wacker erwartet uns in Gröningen eine urige und traditionelle Einkehr.

▶ Wir starten unsere Wanderung am **Parkplatz der Hammerschmiede** 01 (430 m). Der Weg führt zunächst kurz an der Straße entlang Richtung Bölgental, dann links hinab auf einem Teerweglein zur **Hammerschmiede** 02 (405 m). Ab hier folgen wir dem roten Punkt und dem DVV. Erst über eine Holzbrücke, dann führt ein schmaler, wurzeliger Pfad direkt am Bächlein entlang (Achtung rutschig!). Wir queren ein paarmal den Bach über ein paar Steine, dann über eine Holzbrücke. Danach verbreitert sich der Weg, der DVV verlässt uns scharf nach links. Wir laufen geradeaus weiter auf dem roten Punkt, wieder über Steinblöcke hinüber. Zu unserer Rechten können wir ein paar kunstvoll geschnitzte **Holzfiguren** 03 (409 m) bewundern. Direkt nach den Holzarbeiten führt links ein Pfad weiter, direkt an der Gronach entlang, und kurz darauf unter der Autobahn hindurch. Über Steinblöcke geht es dann auf der anderen Bachseite weiter. Nach ca. zehn Minuten erreichen wir wieder eine Brücke. Hier treffen sich mehrere Wanderwege (E8, Jacobsweg), die uns über die Brücke begleiten. Der Weg führt weiter zur Jagst. Wir folgen den Markierungen an der nächsten Gabelung nach rechts hinauf. Nach ca. 50 Metern treffen wir auf einen breiten Schotterweg, der uns kurvenreich wieder hinabführt. Nach guten zehn Minuten laufen wir nochmals unter der Autobahn hindurch und erreichen schließlich die ehemalige **Heinzenmühle** 04 (410 m). Auf der schönen Brücke überqueren wir den Fluss und folgen nun markierungslos dem Weg nach links. Er führt uns nach einigen hundert Metern an einen Schotterweg. Über ihn hinauf, dann nochmals die Autobahn unterquert, erreichen wir schließlich den **Wanderparkplatz Wollmershausen** 05 (425 m). Ab hier führt uns das rote Kreuz nach links auf einen

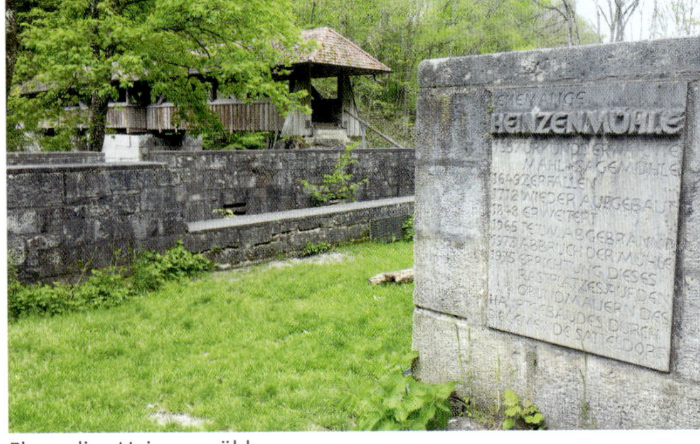

Ehemalige Heinzenmühle.

Feldweg. Er wird zum Pfad, der uns in den Wald bringt. Am Spiel- und Rastplatz vorbei hinauf bis an eine Wiese. Wir wenden uns nach links und laufen am Waldrand entlang, bald über einen Wiesenweg an den Ortsrand. Eine Teerstraße führt bei den ersten Häusern nach links bis zur Hauptstraße in Wollmershausen. Hier geht es nach rechts, dann gleich wieder links Richtung Tiefenbach. Ca. 200 Meter nach Ortsausgang halten wir uns links auf den Teerweg, noch immer mit dem roten Kreuz. An den ersten Bäumen nur wenige Minuten später biegen wir rechts ab und folgen einem Wiesenweg. Immer geradeaus, erst an Bäumen entlang, dann zwischen Wiese und Feld hindurch bis zu einem Schotterweg. Hier biegen wir links ab. Gute 500 Meter später zweigt recht unscheinbar nach links ein sehr zugewachsener Weg hinab – auf der linken Seite befindet sich noch ganz versteckt

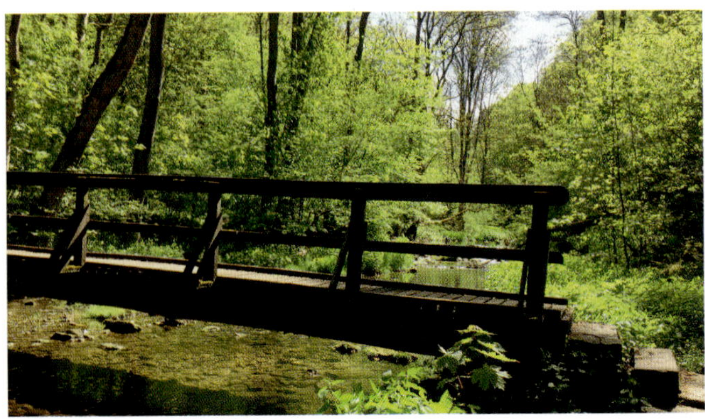

Steg über die Gronach.

ein Holzschild mit einem Rad. Schon nach wenigen Minuten gelangen wir an eine Pfadkreuzung. Wir laufen weiter geradeaus, der Pfad wird steil und schlammig. Unten überqueren wir einen Holzsteg **06** (422 m). Auf der anderen Seite wenden wir uns nach links. Unmarkiert weiter erst auf einem Pfad aus dem Wald heraus, dann über einen Schotterweg weiter. Der Weg endet an einer Teer-straße. Hier links über die Jagst. Aufwärts führt die Straße weiter an den „Barenhalden“ einer Erddeponie vorbei. An der nächsten Gabelung folgen wir dann E8 und HW4 nach links, an der kurz darauffolgenden Gabelung nach rechts. Das Sträßlein lenkt uns schließlich übers „Hagen-gässle“, dann links in die „Hofgasse“ und schließlich nach rechts am **Schloss Burleswagen** **07** (429 m) vorbei. Ca. 50 Meter nach dem Schloss führt scharf links ein Pfad hinab. An der Hauptstraße hinüber, dann die „Alte Steige“ hinauf, zwischen den Häusern hindurch und auf der anderen Seite an der Hauptstraße, der L1012, nach rechts, führen uns unsere Wanderschilder. Noch bevor wir die Jagst überqueren, folgen wir einem Schotterweg nach rechts Richtung Kernmühle. An der Kernmühle lenkt uns der Weg um eine Rechtskehre. Auf einem Teerweg oben an der Gabelung geht es über einen Schotterweg scharf nach links. An der darauffolgenden T-Kreuzung biegen wir rechts ab, ohne Wegmarkierung. Wir folgen dem Weg über die Autobahn. Ein Teerstäßlein führt uns dann nach rechts nach **Gröningen** **08** (414 m). An der Hauptstraße links über die Brücke, kurz darauf wieder links Richtung Hammerschmiede, am Alten Brauhaus Wacker vorbei. Fünf Minuten später erreichen wir den **Parkplatz Hammerschmiede** **01** (430 m).

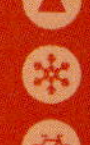

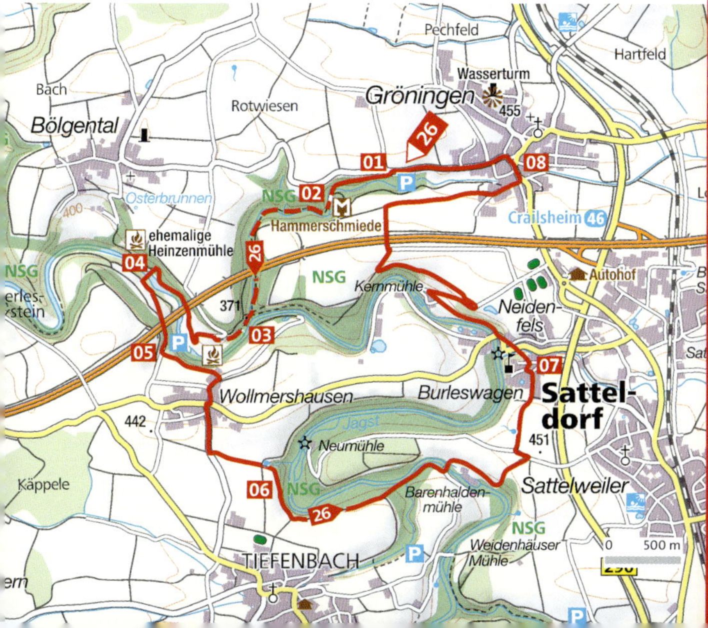

27

VON NEUENSTEIN NACH WALDENBURG

Von Schloss zu Schloss

 18 km 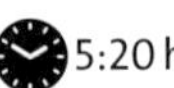 5:20 h 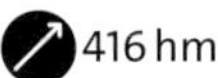 416 hm 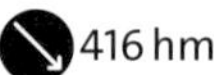 416 hm  774

START | Parkplätze gibt es direkt bei Schloss Neuenstein in der Schlossstraße.
Geokoordinaten: [GPS: UTM Zone 32 x: 542186.689 y: 5450351.340].
CHARAKTER | Die Wanderung besticht durch ihre Länge und erfordert daher ein hohes Maß an Kondition. Zudem bewegt sie sich oft auf sehr steilen und rutschigen Pfaden. Diese sind zudem häufig verwuchert mit Dornengestrüpp und Brennnesseln. Lange Kleidung und profilstarke Schuhe sind hier heute wichtig!

Das Schloss Neuenstein hat seinen Ursprung im frühen 13. Jahrhundert. Ehemals prächtige Wasserburg der Staufer, wechselte es im Laufe der Jahrhunderte ein paarmal seinen Besitzer. Im 16. Jahrhundert wurde das Schloss im Renaissancestil umgebaut. Ende des 17. Jahrhunderts wurde es dann komplett verlassen und verfiel nach und nach. Erst zwei Jahrhunderte später brachte man das imposante Bauwerk mit Renovierungsarbeiten wieder auf Vordermann. Heute beherbergt das Schloss ein Museum und das Hausarchiv des Hauses Hohenlohe. Das prächtige Schloss Waldenburg weist eine ähnlich frühe Entstehungsgeschichte auf: nämlich zwischen dem 12. Und 13. Jahrhundert. Anfangs eine Burg, wurde es im 16. Jahrhundert zu einem Schloss umgebaut. Ende des 18. Jahrhunderts wurde die Schlosskirche St.

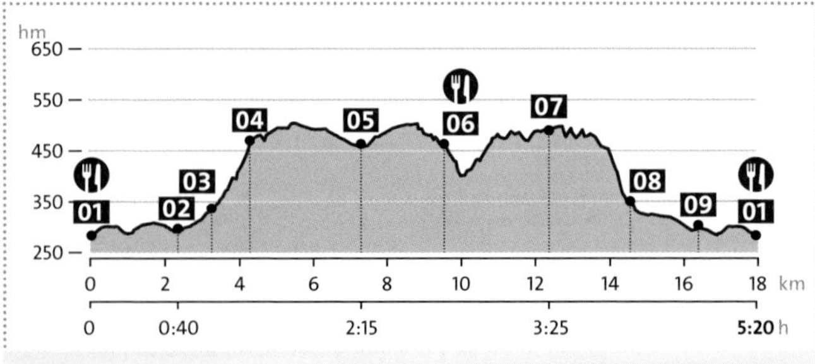

01 Schloss Neuenstein 277 m; 02 Eschelbach 297 m; 03 Weinhänge 346 m; 04 Wanderweg HW8 485 m; 05 Ziegelhütte 469 m; 06 Schloss Waldenburg 503 m; 07 Flower-Power-Bank 493 m; 08 Weinhänge 357 m; 09 Untereppach 297 m

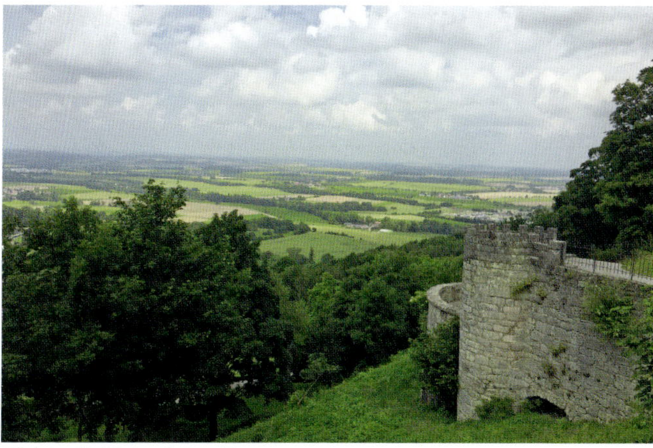

Blick in die Hohenloher Ebene.

Michael dazu errichtet. Heute ist das Schloss Sitz der Familie Hohenlohe-Waldenburg. Im Marstallgebäude wird ein Teil der Sammlung von Urkundensiegeln von Friedrich Karl Fürst zu Hohenlohe-Waldenburg ausgestellt.

▶ Wir beginnen die Wanderung beim **Schloss Neuenstein** **01** (277 m). Die roten Trauben führen uns nach rechts, die Schlossstraße hinauf und durch den Ort bis in die Bahnhofstrasse, der wir an deren Ende nach rechts folgen. Sie bringt uns unter der Unterführung unter der L1036 hindurch bis kurz vor Ortsausgang. Dort wenden wir uns nach rechts Richtung Eschelbach auf einen Teerweg, nun auch mit HW8. Der Weg steigt zunächst an, an der nächsten Gabelung halten wir uns rechts. Kurz darauf lässt er uns links abbiegen und mündet schließlich in einen Schotterweg, der bald darauf auf einem Wiesenweg weiterführt. An seinem Ende wenden wir uns nach rechts, doch schon nach wenigen Metern zweigt nach links ein verwachsener Pfad hinab ab. Er bringt uns in zehn Minuten nach **Eschelbach** **02** (297 m). An der Straße biegen wir links ein, nun auf dem blauen Punkt. Sie mündet an der Stolzenfeldstraße, der wir nach rechts folgen. Noch an der Kirche vorbei, dann leitet uns die Markierung nach links, die Herdegasse hinauf. Geradeaus folgen wir ihr aus dem Ort hinaus, nach einigen Minuten an der Gabelung links folgen wir ihr um die Rechtskurve. An der nächsten Kreuzung noch geradeaus bis zu den **Weinhängen** **03** (346 m). Hier weist uns das Teerweglein nach links. Es biegt ca. 100 Meter darauf, direkt vorm Wald, um eine Rechtskurve. Der Teerweg endet gleich darauf, und wir wandern geradeaus durch ein Viehgitter hindurch. An einem kleinen Stall vorbei und über die Weide gemütlich hinauf bis zum nächsten Viehzaun. Durch ein Türchen hindurch laufen wir nun einen schmalen, ziemlich zugewachsenen Pfad weiter durch die Wälder an der Krebsklinge. Vor allem dornenreiche Himbeerbüsche und Brennnesseln erschweren uns den Weg.

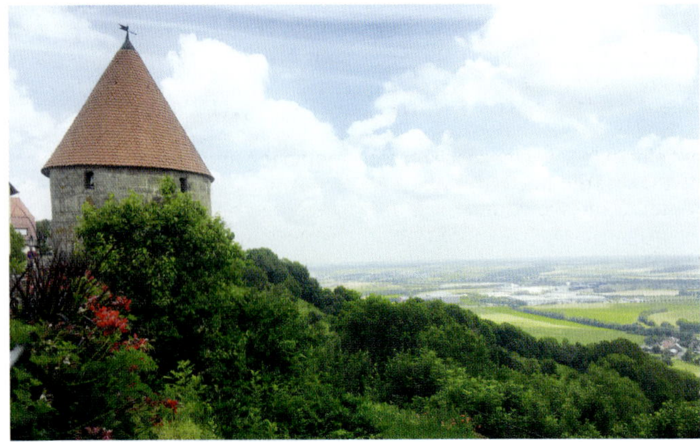

Nachtwächterturm in Waldenburg.

Nach ca. 8 Minuten gelangen wir an einen breiten Schotterweg. Geradeaus hinüber folgen wir dem blauen Punkt auf einem steinigen Pfad weiter hinauf. Er bringt uns schließlich wieder zum **Wanderweg HW8** **04** (485 m). Ihm folgen wir erst noch auf einem breiteren Pfad nach links. Doch schon bald verbreitert sich der Waldweg und geleitet uns aus dem Wald hinaus. Am Albert-Schweitzer-Kinderdorf laufen wir geradeaus weiter bis zur nächsten Querstraße; hier biegen wir rechts ab, nach wenigen Schritten wenden wir uns dann nach links in den „Streithof", um bald darauf an der Hauptstraße weiter zu wandern. Bei der Mitte des Friedhofes, auf Höhe des Eisentores, biegen wir rechts ab und folgen den Rundwanderwegen Waldenburg Nr. 4,5,6. Der Teerweg führt uns hinab, nach einer viertel Stunde folgen wir dem Weg an einer Kreuzung am Wäldchen weiter geradeaus. Der Weg führt je in einer kleinen Links-, dann Rechtskurve wieder hinauf nach **Ziegelhütte** **05** (469 m). Vor bis zur Straße, der wir nach links zusammen mit dem blauen Punkt folgen. Nun wandern wir eine gute viertel Stunde bald an der Hallerstraße entlang und nun auf dem blauen Kreuz, bis wir schließlich **Waldenburg** **06** (503 m) erreichen. Noch bevor wir den Nachtwächterturm passieren, wenden wir uns auf den Rundweg den Westhang hinab. Unterhalb der Mauern entlang mit schönen Blicken laufen wir bis zur Aussichtskanzel. Noch ein Stück weiter, dann bringt uns zurück an der Hauptstraße ein schmaler Teerweg hinab. Kurz vor der L1046 biegen wir scharf nach links ein und wandern nun weit unterhalb des Schlosses zurück, bald auf einem Schotterweg, und unmarkiert. Nach ca. zehn Minuten wird der Weg zum Teerweg. An der darauffolgenden Gabelung treffen wir wieder den blauen Punkt. Wir folgen ihm stets geradeaus, noch immer unterhalb von Waldenburg. Am ersten Haus des Städtchens lässt uns der „Höhenrandweg" nach rechts abzweigen. Von schönen Blicken begleitet, erreichen wir nach einer viertel Stunde die bunte **„Flower-Power-Bank"** **07** (493 m) mit einem schönen Aussichtspunkt. Weiter geht es auf dem Höhenrandweg, an Waldspielplatz und nochmals einem Aussichtspunkt vorbei. Nach zwanzig Minuten tangieren wir auf einem Teerweglein nach rechts den Ortsrand, doch nur ein paar Meter. Dann weist uns HW8 auf einen Pfad nach rechts in den Wald. Der Pfad endet bald darauf an einem Schotterweg. Wir wenden uns hier nach rechts. Nun gute 500 Meter geradeaus, dann führt ein schmaler, zugewachsener Pfad mit HW8 nach rechts leicht abwärts – Achtung, der Pfad ist leicht zu übersehen! Er wird immer steiler und stellenweise auch etwas eingewachsen. Doch nach ein paar Minuten treten wir aus dem Wald heraus an einen Schotterweg. Links vor bis zum Teerweg, hier nach rechts durch die **Weinhänge am Eichelberg** **08** (357 m) hindurch. Ab jetzt folgen wir dem roten W. Nach ein paar Minuten halten wir uns gegenüber des Wegweisers „Eichelberg" rechts, weiter auf einem Teerweg. An der folgenden T-Kreuzung biegen wir links ein bis zur K2355. Wir überqueren sie und wandern noch eine viertel Stunde weiter bis zur Talstraße am Ortsrand von **Untereppach** **09** (297 m). Hier biegen wir links ab und erreichen bald Neuenstein. Die letzten zehn Minuten wandern wir auf dem Anfangsweg zurück zum Parkplatz bei **Schloss Neuenstein** **01** (277 m).

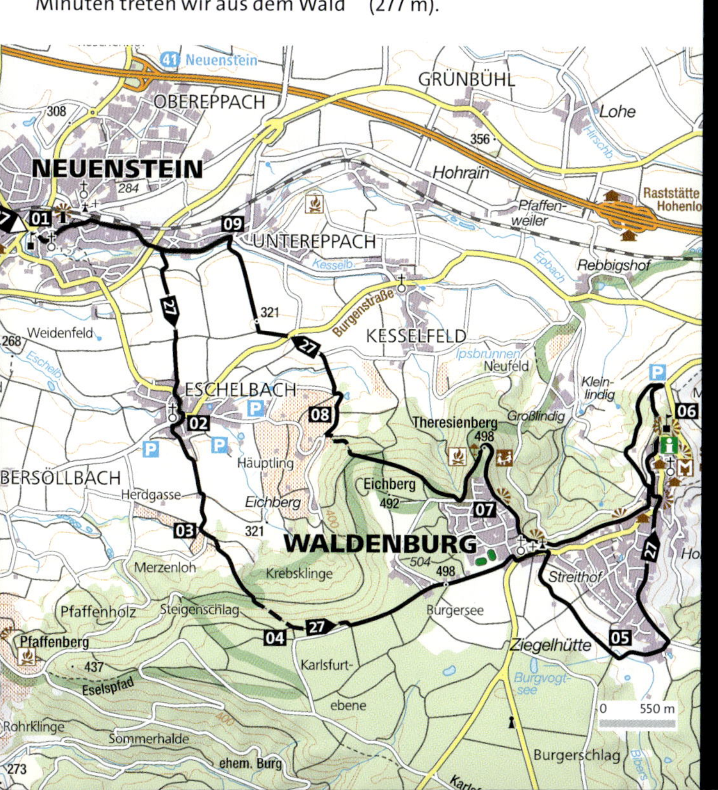

28

VON ÖHRINGEN NACH PFEDELBACH

Obstanbau erleben auf dem Kelterweg

  12,2 km  3:30 h  155 hm  155 hm 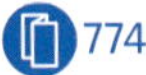 774

START | Marktplatz in Öhringen. Geokoordinaten: [GPS: UTM Zone 32 x: 536582.110 y: 5449866.161].
CHARAKTER | Die Wanderung führt uns vornehmlich auf Teer- und Flurwegen und ruhige Straßen im Wohngebiet. Dabei durchstreifen wir Weinhänge und Obstplantagen von Öhringen und Pfedelbach.

Im Herbst ist diese Wanderung eine Augenweide – wenn die Früchte in voller Reife kurz vor der Ernte stehen und mit ihren bunten Farben in Blau, Grün, Rot und Gelb schon von Weitem leuchten. Doch auch die beiden Städtchen Öhringen und Pfedelbach haben eine Menge zu bieten: Sofort ins Auge stechen wohl die beiden Schlösser – Schloss Öhringen und Schloss Pfedelbach. Der älteste Teil des Schlosses Öhringen wurde 1611 erbaut. Es enthält die Prunkräume Blauer Saal – eine Mischung aus italienischer Renaissance und frühem Barock, Speisesaal und Weißer Saal. Das ehemalige Wasserschloss Pfedelbach wurde 1572 aufgrund des milden Klimas von Graf Eberhard von Hohenlohe-Waldenburg als Winterresidenz zu Schloss Waldenburg erbaut. Heute gehört es der Gemeinde Pfedelbach. In seinem Schlosshof und der herrlichen Kapelle finden seit über 30 Jahren im Zuge des Hohenloher Kultursommers Konzerte statt.

▶ Wir beginnen unsere Wanderung

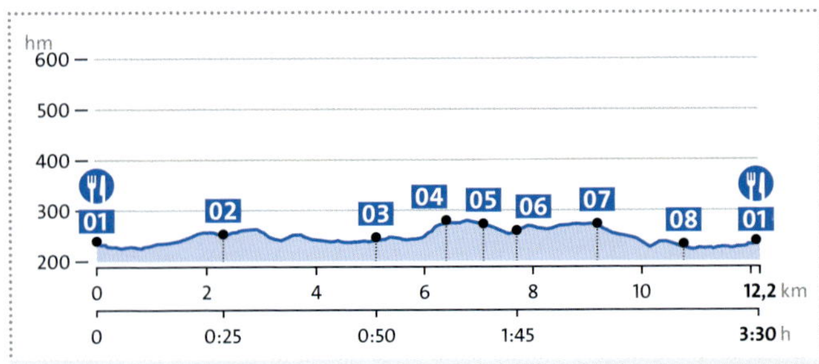

01 Marktplatz Öhringen 286 m; 02 Kletterturm 234 m; 03 Wasserturm 276 m; 04 Friedhof 265 m; 05 Bienenstöcke 275 m; 06 Nonneberg 256 m; 07 Peter- und Paulskirche 246 m; 08 Weinbergmauer 253 m

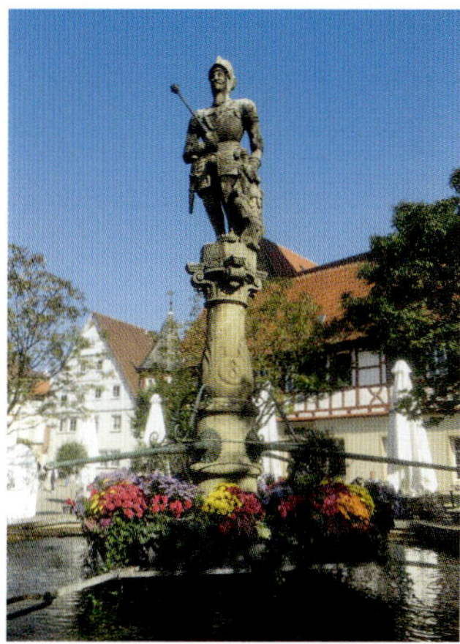

Brunnen am Marktplatz Öhringen.

am **Marktplatz in Öhringen** 01 (286 m). Ohne Markierung laufen wir zum Schloss, durchqueren den Torbogen und steigen die Treppen zum Hofgarten hinab. Wir überqueren ihn geradewegs bis zur Ohrn. Hier wenden wir uns nach links, am Bach entlang bis zur Hauptstraße. Rechts geht es weiter, über den Bach hinüber und an der Ampel überqueren wir schließlich die Straße. Dann laufen wir auf einem schmalen Schotterweg an der Kirche vorbei an der Ohrn entlang Richtung Kletterturm. Schnell finden wir uns auf einem asphaltierten Weg wieder, der uns nun stetig geradeaus führt, die „Kelternrunde“ weist uns den Weg. Nach gut zehn Minuten erreichen wir den **Kletterturm** 02 (234 m). Wenige Minuten später stehen wir an einer Kreuzung: schräg links sehen wir den großen Spielplatz in der Cappelaue. Unser Weg richtet sich nach rechts, an einem kleinen Weinhang vorbei, leicht ansteigend. Der rote Punkt gesellt sich hier zu uns, und wir folgen beiden Wegzeichen jetzt gute eineinhalb Kilometer geradeaus, bis wir den Ortsrand von Pfedelbach erreichen. Bei ungefähr der Hälfte des Weges passieren wir den **Wasserturm** 03 (276 m). Am Ortsrand von Pfedelbach folgen wir der Kelternrunde nach links Richtung Oberhöfen. Ein paar Minuten später überqueren wir eine Straße und laufen auf dem Limeswanderweg über ein Teerweglein geradeaus hinauf, an Obstbäumen und einem **Friedhof** 04 (265 m) vorbei. An der darauffolgenden Kreuzung folgen wir dem Destillatweg Nr. 2 nach rechts, nun aufwärts. Der Teerweg macht eine Linksbiegung und bringt uns weiter

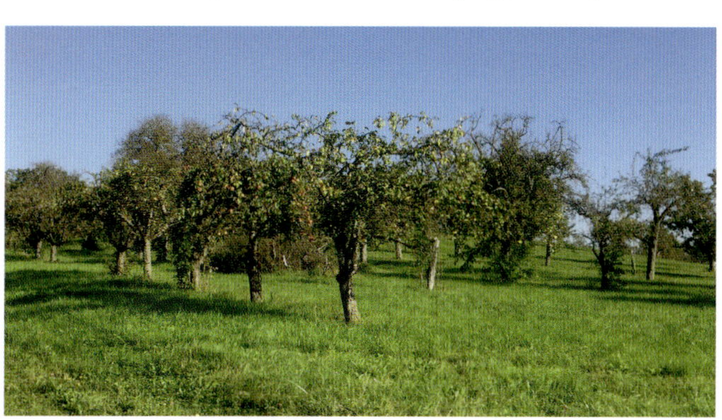

Streuobstwiese bei Pfedelbach.

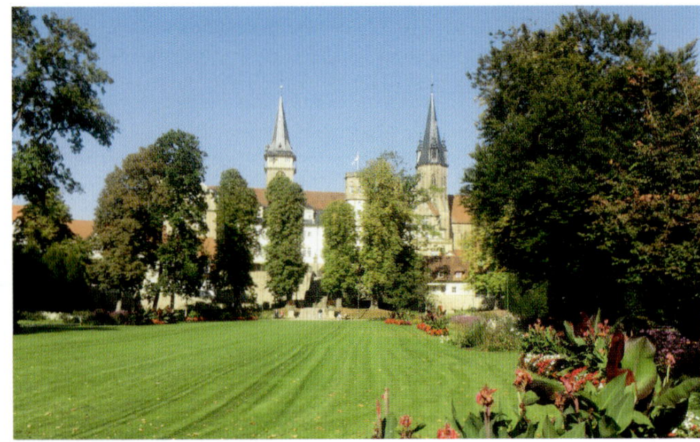

Schloss und Schlosspark Öhringen.

hinauf bis an eine Kreuzung mit einer Apfelplantage und einem großen Bienenhaus mit mehreren **Bienenstöcken** 05 (275 m). Wir wenden uns nach rechts, leicht ansteigend weiter auf unserer Markierung über einen Flurweg, bald am Obsthof Mozer vorbei bis zur T-Kreuzung, an der wir rechts einbiegen. Fünf Minuten später laufen wir nach links, an den Weinreben vorbei auf der Straße Richtung Bretzfeld, noch immer auf dem Destillatweg. Er bringt uns hinab, bald gesellt sich auch die Keltern-runde wieder zu uns. Kurz vor den ersten Häusern halten wir uns am Schotterweg rechts, am Fuße des Weinberges **Nonneberg** 06 (256 m) entlang bis zu einem asphaltierten Weg. Er bringt uns nach links, nach wenigen Metern dann geradeaus über die Querstraße in den Nonnen-bergweg. Wir laufen bis zur Baier-bacher Straße. Hier

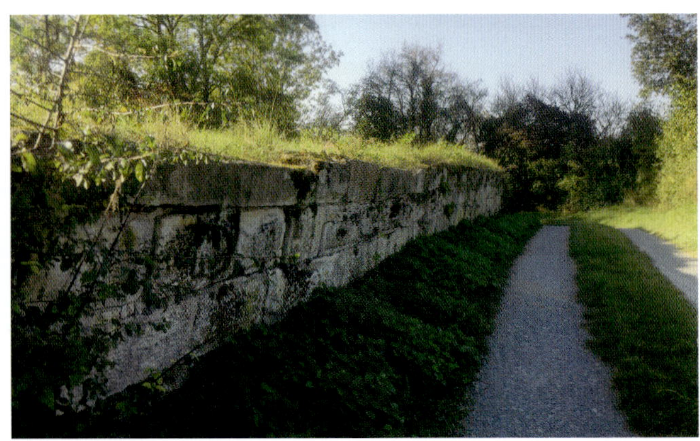

Alte Weinbergmauer.

rechts, an der Kirchgasse wieder rechts – am Weinbaumuseum vorbei und oberhalb des Schlosses Pfedelbach entlang. Auch an der **Peter- und Pauls-kirche** **07** (246 m) laufen wir noch geradeaus die Straße hinab, dann rechts in die Kelterstraße. Sie führt uns in einem Linksbogen in die Otto-Rettenmaier-Straße. An der Richard-Wagener-Straße schließlich rechts hinauf und kurz darauf wieder links in die Silcherstraße. Wenig später führt uns ein Fußgängerweg nochmals nach links durch das Wohngebiet hindurch, dann rechts über einen Feldweg. Nach ein paar Minuten wandern wir dann auf einem Wiesenweg weiter, bis ein Schotterweg quert. Ihm folgen wir nach links, gute 15 Minuten an Streuobstwiesen vorbei. Schließlich erreichen wir eine Gabelung, an der wir dem Teerweg nach links folgen. Nach ein paar Minuten führ er uns an eine weitere Gabel: Hier machen wir einen kleinen Abstecher geradeaus zur alten **Weinbergmauer** **08** (253 m). Zurück am Abzweig wenden wir uns dann nach links und folgen dem gut beschilderten Teerweg bis zu einer Unterführung. Hier hindurch, dann die Albert-Schweitzer-Straße geradeaus. An der Münzstraße biegen wir links ein, an der Hungerfeldstraße wieder rechts. Am Nussbaumweg halten wir uns links. Dann laufen wir die Hunnenstraße wieder hinunter und durch den Hofgarten zurück zum **Marktplatz in Öhringen** **01** (286 m) .

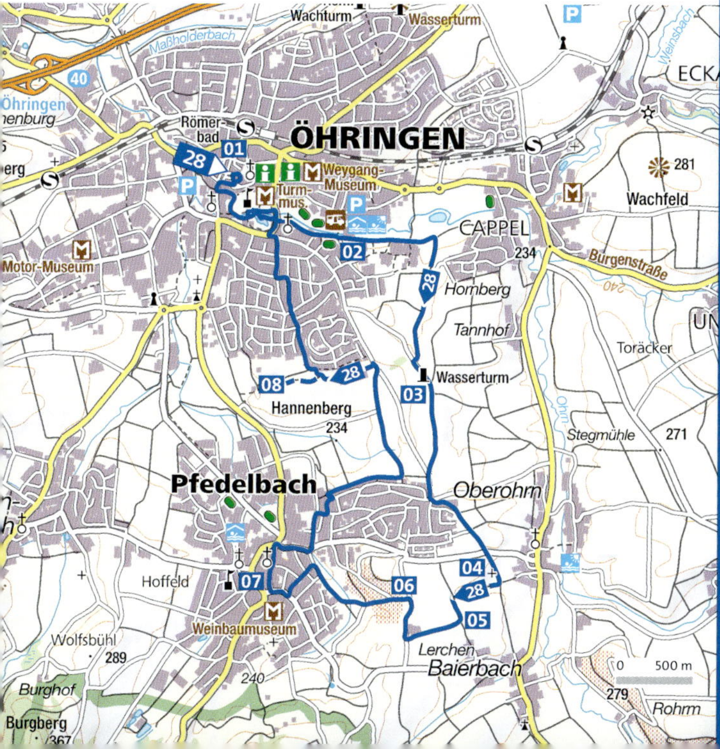

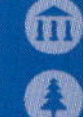

29

VOM NEUMÜHLSEE ZUM KREUZSTEIN

Entspannte Waldwanderung mit abschließendem Badespass

  7,5 km  2:00 h  134 hm 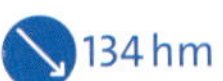 134 hm 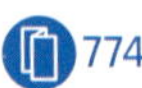 774

START | Parkplatz Neumühle: Von der L1046 von Waldenburg nach Obersteinbach biegen wir ca. 1 km nach Waldenburg links auf die K2362 ab und fahren hinab zum Neumühlsee. Am Camperstüble rechts vorbei zum Parkplatz.
Geokoordinaten: [GPS: UTM Zone 32 x: 546962.630 y: 5445554.809].
CHARAKTER | Die Wanderung führt uns fast ausschließlich auf breiten Waldwegen und Teerwegen. Die Anstiege sind gemäßigt, nur kurz nach dem Kreuzstein gibt es einen steilen Pfadabschnitt. Die erste Hälfte des Weges ist nicht markiert, aber problemlos zu finden.

Der Rundweg führt uns vom Neumühlsee durch die schönen Laubwälder von Waldenburg. Idyllisch eingerahmt liegt der kleine Stausee zwischen Wiesen und Wäldern. Ab Winterrain begleitet uns das Altenhaubächle fast bis zum Kreuzstein. Hier findet sich auch ein Gedenkstein, der anlässlich der Einweihung des neuen Fahrradweges zwischen Waldenburg und Gailendorf vom Schwäbischen Albverein gestiftet wurde. Weiter geht es ab hier auf besagtem Radweg am Goldbachsee vorbei und dann entlang des plätschernden Goldbaches zurück zum Neumühlsee.

▶ Unsere Wanderung beginnt am **Parkplatz Neumühle** 01 (444 m). Am Ende des Parkplatzes folgen wir einem schönen, breiten Wald-

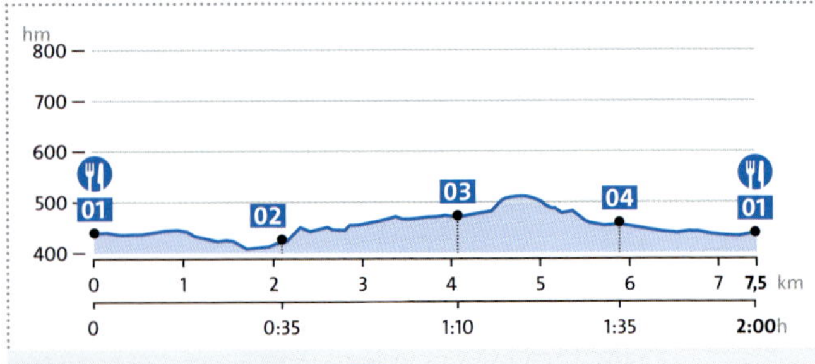

01 Parkplatz Neumühle 444 m; 02 Winterrain 411 m;
03 Kreuzstein 485 m; 04 Goldbachsee 473 m

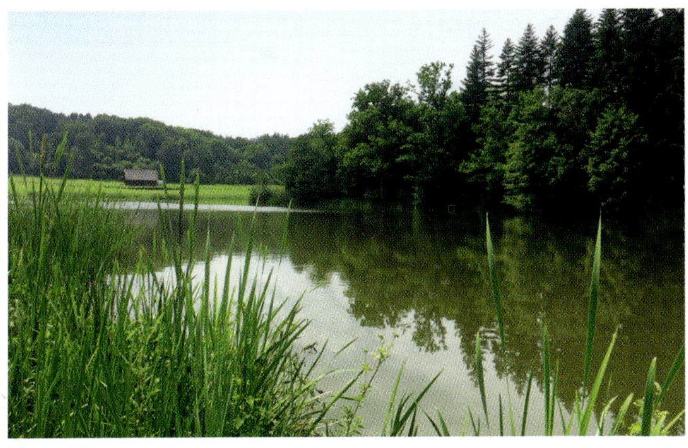
Neumühlsee.

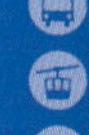

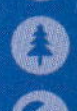

weg geradeaus in den Wald hinein, ohne Markierung. Er führt fast eine halbe Stunde stetig geradeaus, bis wir kurz nach Waldaustritt an eine Teerstraße gelangen. Wir folgen ihr für gute 400 Meter nach links; direkt gegenüber und mit **Blick auf Winterrain** 02 (411 m) biegen wir dann wieder links auf einen Schotterweg ab. Er führt nun am Altenhaubächle entlang wieder in den Wald hinein. Auch ihm folgen wir eine halbe Stunde, stets geradeaus, bis wir eine kleine Rasthütte erreichen. Rechts davon steht der **Kreuzstein** 03 (485 m), eventuell schon zugewachsen, links von ihr finden wir den Gedenkstein anlässlich des „neuen" Fahrradweges von 2001. Eben diesem Radweg folgen wir nun nach links. Jetzt begleitet uns auch der blaue Punkt. Nach

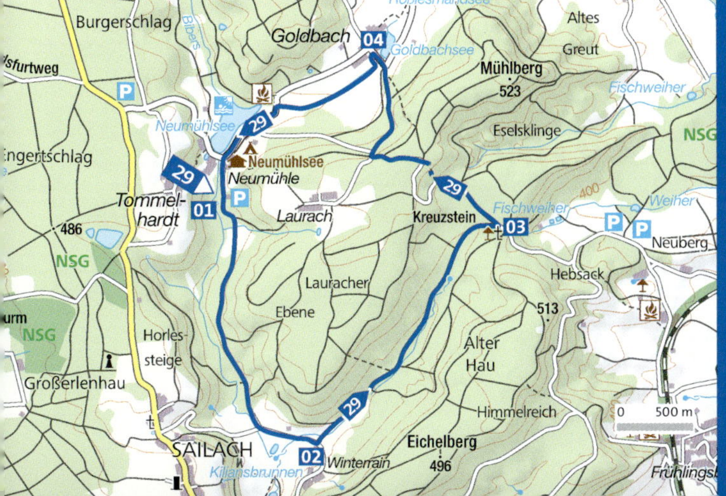

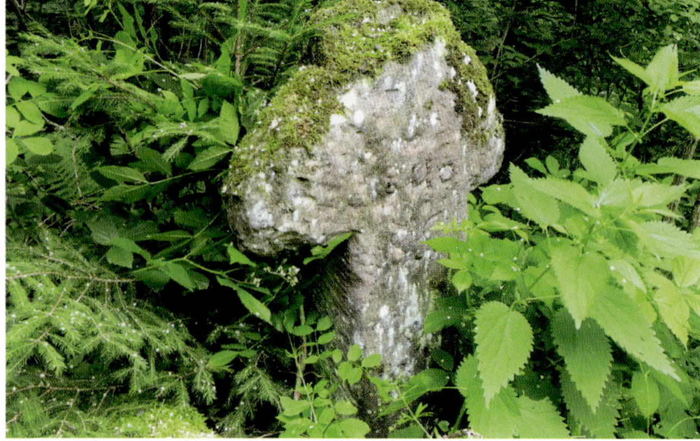

Kreuzstein.

guten 500 Metern führt uns der blaue Punkt nach rechts auf einen schmalen, steilen Pfad – Achtung, rutschig bei Nässe! Ein paar Minuten geht es nun hinauf durch den Wald, dann erreichen wir wieder den Radweg. (Anmerkung des Autors: Der ursprüngliche Weg mit dem blauen Punkt auf einem Waldpfad wurde hier auf den Radweg umgeleitet, da er nicht mehr begehbar ist.) Wir folgen also dem Radweg geradeaus bis zur T-Kreuzung, und hier nach rechts hinab. Am **Goldbachsee** 04 (473 m) wenden wir uns nach rechts, ein paar Meter nur bis kurz vor Goldbach, dann biegen wir links auf den Rundwanderweg Nr. 2 ab. Der asphaltierte Weg bringt uns am Goldbach entlang zu einer Straße, der wir nach rechts zum Neumühlsee folgen. Am See entlang und in wenigen Minuten zurück zum **Parkplatz Neumühle** 01 (444 m).

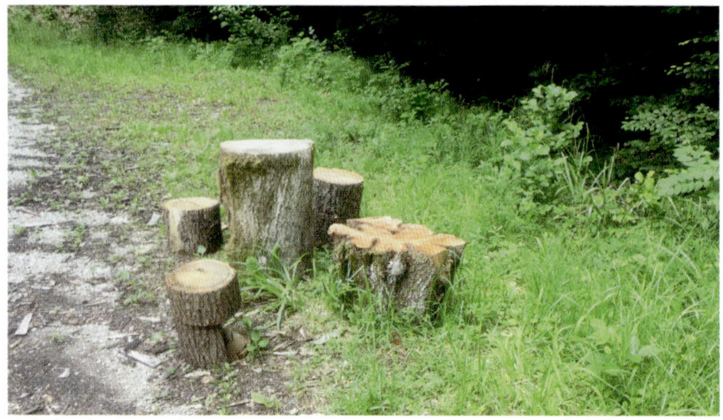

Origineller Rastplatz.

ZUR RUINE GEYERSBURG

Von der Schwäbisch Haller Altstadt zu einer verfallenen Raubritterburg

  9,7 km 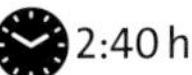 2:40 h  125 hm  125 hm 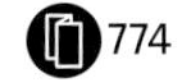 774

START | Schwäbisch Hall. Parkplatz in der Spitalmühlenstraße. Geokoordinaten: [GPS: UTM Zone 32 x: 553607.258 y: 5441352.794].
CHARAKTER | Die Wanderung ist zwar nicht lang, aber auf Grund nicht durchgehender Markierungen braucht man einiges an Orientierungsvermögen. Der Pfadabschnitt kurz vor der Ruine ist wunderschön, hinter der Ruine ist der Pfad allerdings schwer zu erkennen und wird zum Ende hin immer steiler. Kurz bevor wir ins Städtle zurückkehren, sind die Markierungen spärlich; eine Karte, besser noch den Track zur Orientierung dabei zu haben, erleichtert dieses Mal enorm! Zudem sollte die Tour nicht umgekehrt gemacht werden, da man den Pfadeinstieg von dieser Seite zur Ruine sicherlich nur sehr schwer finden wird.

Wir beginnen unsere Wanderung in der Spitalmühlenstraße in **Schwäbisch Hall** 01 (280 m). Zunächst folgen wir dem Kocher nach links Richtung Innenstadt entlang des Fußgängerweges. Nach zehn Minuten unterqueren wir eine Brücke, dann über die Salinenstraße passieren wir den Busbahnhof. Hier können wir noch weiter am Kocher entlangschlendern, oder links schräg den Fußgängerweg hinauf nehmen. Er führt uns erst in den Badtorweg, dann in die Gelbinger Gasse. Die Treppen rechts hinab bringen uns zum Froschgraben und wieder in die Salinenstraße. Wem ein Stadtbummel lieber ist, der kann auch in

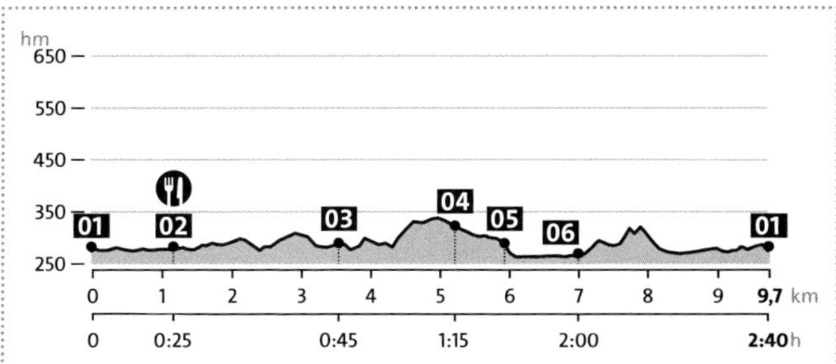

01 Schwäbisch Hall 280 m; 02 Altstadt 288 m; 03 Feuerwehrmuseum 294 m; 04 Ruine Geyersburg 332 m; 05 Kochersteg 217 m; 06 Rastbank 287 m

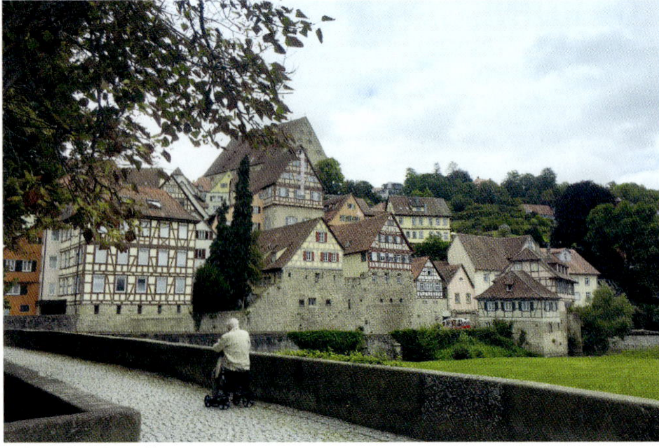

Schwäbisch Hall.

jede x-beliebige Straße nach links einbiegen und durch die **Altstadt 02** (288 m) flanieren, bis zur Hallstraße bzw. dem Hallplatz. Hier laufen wir geradeaus weiter, am Rande des Hallplatzes entlang über den Sulfersteg. In der Parkanlage halten wir uns rechts, nochmals über eine Brücke. Wir schlendern über den Platz, vorbei am Stadttheater und über den Roten Steg. Dann wenden wir uns nach rechts in die Maurer Straße. Ihr folgen wir nun wieder am Kocher entlang, an der Kunsthalle Würth vorbei, bis wir nach links „Im Weiler" hinauf abbiegen. Die Straße führt uns durch das Weiler Tor. Dann geht es rechts die Johanniterstraße hinab, bis die Neumäuerstraße uns nach links führt. Wir laufen nun wieder eine viertel Stunde am Kocher entlang. Dann biegen wir links ein und folgen einem Hinweisschild **„Feuerwehrmuseum" 03** (294 m). Wenige Minuten später laufen wir geradeaus in den Wald hinein. Ca. 500 Meter später treffen wir auf einen Radweg, dem wir nach links folgen. Ein paar Minuten später gelangen wir an den Waldrand und an eine große Wiese. Schräg nach links bringt uns nun ein Pfad mit der Markierung 3 hinauf. Er führt nach zehn Minuten aus dem Wald hinaus und an eine Schottergabel – hier biegen wir rechts ab, auf einem Wiesenweg am Waldrand entlang; der Weg wird schmäler, führt kurz durch den Wald, und dann als Pfad wieder am Waldrand entlang. So wandern wir ca. zehn Minuten auf dem romantischen Pfad dahin, bis zur **Ruine Geyersburg 04** (280 m). Hinter deren Rückseite geht unser Weg weiter. Der schmale Pfad läuft geradeaus durch den Wald, er ist manchmal von Buschwerk leicht eingewachsen. Nach und nach wird er steiler. Achtung, bei Nässe ist es hier äußerst rutschig! Zudem sind die Markierungen nicht mehr vorhanden, also sollte man ein gutes Auge auf den Weg haben, der manchmal nicht ganz so leicht zu erkennen ist. Eine knappe viertel Stunde später, nachdem wir die Ruine verlassen haben, treten wir aus dem Wald heraus. Wir stehen an einer Wiese, die wir nach rechts gewandt hinunter zum Teerweg laufen. Diesem folgen wir nach links, rechts über den überdachten **Kochersteg** **05** (217 m) nun mit der Markierung Nummer 6. Sie führt uns an der kurz darauffolgenden Gabelung geradeaus weiter durch die Kocherauen, bis der Weg schließlich nach einer viertel Stunde endet. Achtung jetzt, hier gibt es keine Markierung mehr: Der Weg gabelt sich, wir halten uns links leicht hinauf (nach rechts führen die Teerplatten noch etwas weiter, enden jedoch dann abrupt). Nach ca. 20 Metern machen wir eine Linkskurve und wandern am Feld entlang leicht hinauf. Am Ende des Feldes biegen wir rechts ab und laufen daran entlang. Ca. 150 Meter später kommen wir linker Hand zu einem Baum mit einer **Rastbank** **06** (280 m). Hier finden wir auch wieder die Markierung Nummer 6. Kurz

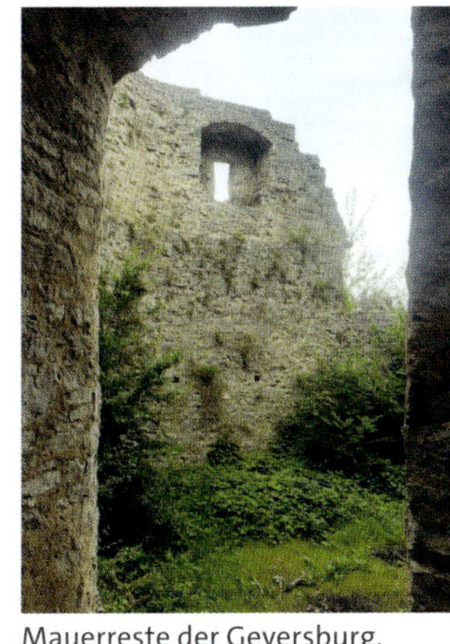

Mauerreste der Geyersburg.

nach der Bank halten wir uns leicht schräg links, die Wiese entlang. Keine hundert Meter später, vor

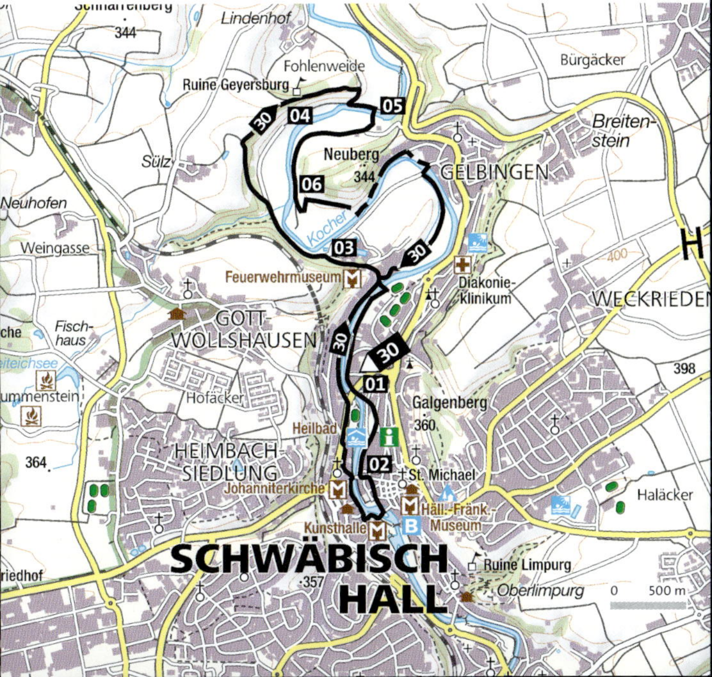

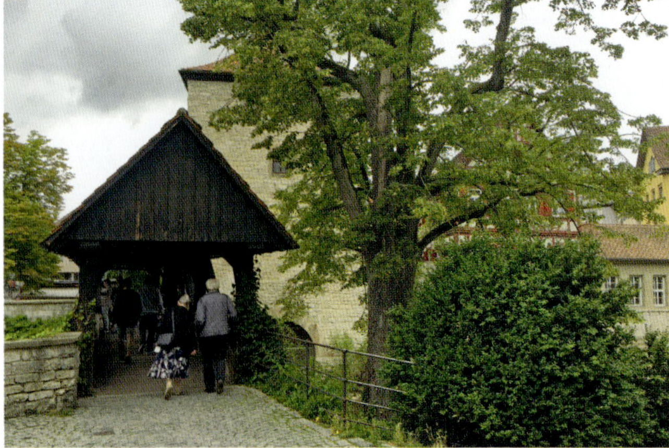

Sulfersteg.

dem Gebüsch, führt ein schmaler, steiniger Pfad rechts hinab. 50 Meter später biegen wir links auf einen schmalen, erdigen Pfad ein – Achtung, er ist zwar wieder markiert, aber leicht zu übersehen! Ihm folgen wir nun am Kocher entlang. Er mündet direkt in den Hammerschmiedsweg. Wir folgen ihm kurz, bis uns der Schotterweg nach rechts entführt – am Stollenkanal entlang, bis wir wieder zum Teer gelangen. Hier rechts über die Brücke, dann wandern wir nach links an Fluss und Wiesen entlang. Nach einer viertel Stunde überqueren wir nochmals nach links den Kocher. Der Fußweg nach rechts bringt uns in wenigen Minuten zurück nach **Schwäbisch Hall** **01** (280 m) und zum Parkplatz.

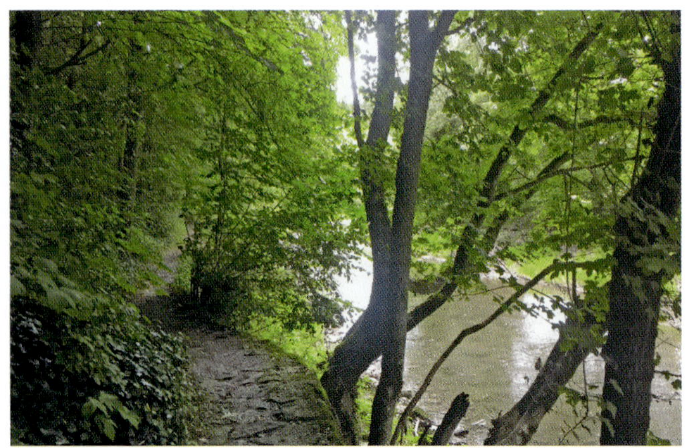

Rückweg am Kocher entlang.

KLOSTER GNADENTAL

Aussichtsreiche Wanderung zu einer Klosterkirche

 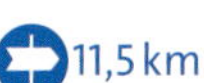 11,5 km 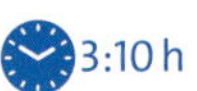 3:10 h 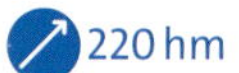 220 hm  220 hm 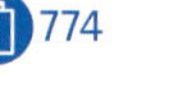 774

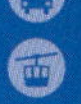

START | Parkplatz Vorderziegelhalden in Gnadental: In Gnadental an der 90°-Linkskurve geradeaus weiterfahren. Der Parkplatz befindet sich nach 150 Metern rechts.
Geokoordinaten: [GPS: UTM Zone 32 x: 547553.233 y: 5442095.309].
CHARAKTER | Die schöne und abwechslungsreiche Runde bringt uns über die Höhen und Wälder bei Michelfeld und Gnadental. Nicht immer ganz eindeutig markiert. Am Naturfreundehaus Lemberghaus erwartet uns eine schöne Einkehr.

Ritter Konrad von Krautheim stiftete 1245 Kloster Gnadental als Zisterzienser-Nonnenkloster, hauptsächlich für Töchter aus Adelsgeschlechtern. Es wurde als frühgotischer Quaderbau und einschiffige Saalkirche mit einfachem, gewölbte Chorquadrat errichtet. Von der ursprünglichen Klosteranlage sind heute noch die Kirche mit der angebauten Wohnung der Äbtissin und das Westgebäude erhalten. Klosterführungen können bei der Ev. Gesamtkirchengemeinde unter 0791 7475 oder 0791 6839 gebucht werden.

▶ Zunächst folgen wir vom **Parkplatz Vorderziegelhalden** 01 (393 m) der Teerstraße aus dem Ort hinaus. Wir halten uns an der nächsten Gabel rechts, kurz darauf über den Bach und nach wenigen Minuten an einer weiteren Gabel nochmals rechts, nun auf dem blauen Balken. Der Teerweg führt

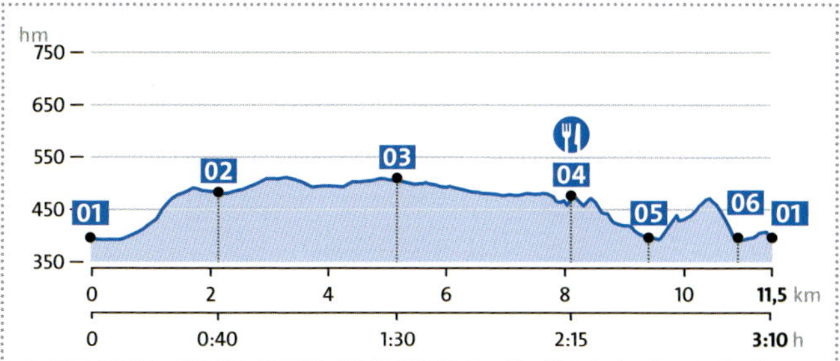

01 Parkplatz Vorderziegelhalden 393 m; 02 Rinnen 480 m; 03 Grillplatz 504 m; 04 Lemberghaus 456 m; 05 Wagrain 399 m; 06 Klosterkirche Gnadental 389 m

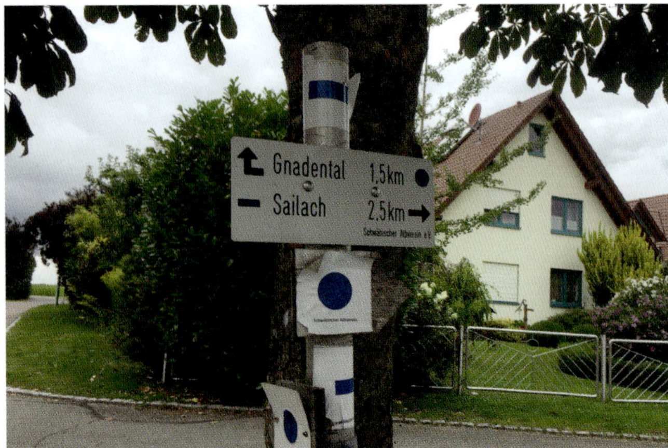

Wegschilder in Rinnen.

uns zehn Minuten leicht ansteigend hinauf, dann zweigt linker Hand in einem Waldstück unscheinbar ein Pfad ab. Unsere Markierung bringt uns hinauf nach **Rinnen** **02** (480 m). Wir laufen erst die Lerchenstraße, dann die Schönblickstraße geradeaus durch den Ort hindurch. Kurz vor Ortsausgang wenden wir uns nach links. Ab jetzt führt uns das Zeichen V der Idyllischen Straße gut ausgeschildert – an der nächsten Kreuzung halten wir uns rechts, nach knappen zehn Minuten wieder rechts. Über schmale Pfade führt uns das V der Idyllischen Straße durch den Wald, nach ca. einer viertel Stunde in einem Rechtsbogen, bis wir einen **Grillplatz** **03** (504 m) erreichen. Weiter bis zur Straße, die wir schräg nach rechts überqueren, und auf

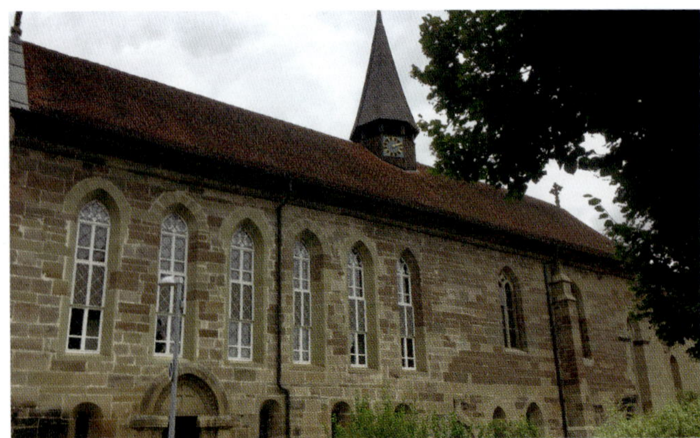
Klosterkirche Gnadental.

dem Höhenrandweg nun stetig auf dem Hauptweg bis zum **Lemberghaus** **04** (456 m). Hier haben wir die Möglichkeit einer gemütlichen Einkehr. Weiter geht es zum Wanderparkplatz und hier auf einem schmalen Weg rechts haltend. Nach 500 Metern zweigt links ein Pfad ab – Achtung, leicht zu übersehen! Die Markierungen des Marienwanderweges sind leider auch schon sehr verblichen... Er bringt uns recht schnell an den Waldrand: Hier nun rechts, ca. 150 Meter am Waldrand entlang, dann nochmals gut 100 Meter geradeaus über die Wiese. Nach links führt ein breiterer Weg zum Weiler **Wagrain** **05** (399 m). Weiter bis zum Teersträßlein, dann nach rechts hinauf. Doch nur wenige hundert Meter, dann führt der Weg bei Waldbeginn nach links Richtung Großeichholz. Im Weiler halten wir uns rechts, auf einem Wirtschaftsweg kurz durch den Wald. Kurz vor dem Sträßlein biegen wir scharf links ein und wandern nun durch Wald und über Wiese nach Gnadental. Wir folgen der Dorfstraße nach links übers Brücklein über die Bibers und sehen kurz darauf schon die **Kloster-kirche Gnadental** **06** (389 m). Nach einer kurzen Besichtigung laufen wir in wenigen Minuten über die Öhringer Straße zurück zum **Parkplatz Vorderziegelhalden** **01** (393 m).

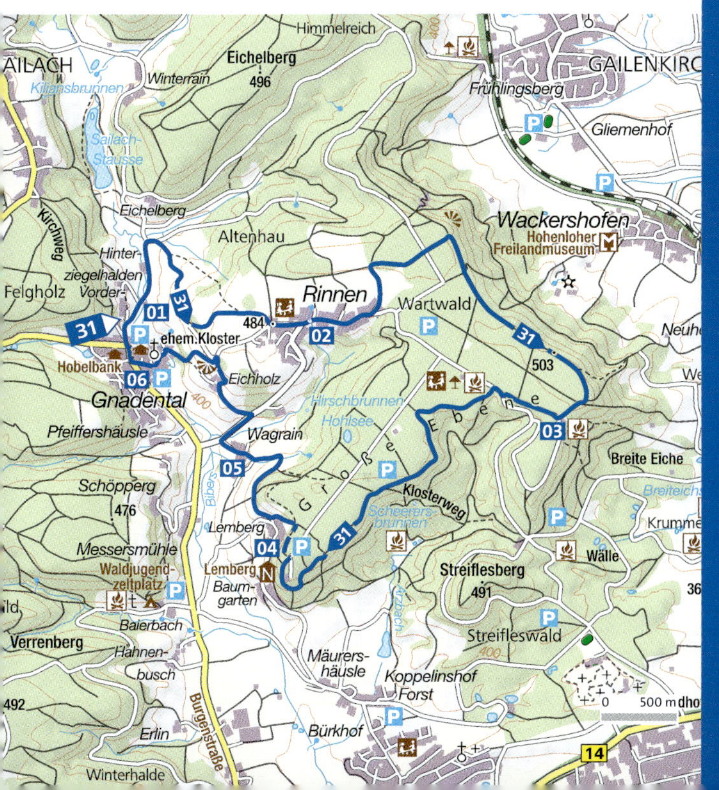

32 ZUM GLEICHNER SEE

Kleine Waldrunde mit Limesgeschichte

  9,3 km  2:30 h 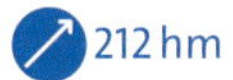 212 hm  212 hm  774

START | Von Gleichen auf der L1050 Richtung Heuberg. In Untergleichen rechts die Römerstraße hinunter fahren. Am Ende der Straße gibt es ausreichend Parkplätze.
Geokoordinaten: [GPS: UTM Zone 32 x: 538356.098 y: 5443123.887].
CHARAKTER | Die Rundwanderung führt uns auf breiten Waldwegen und schmalen Teerstraßen, vor Untersteinbach und kurz vor Ende der Wanderung auch mal auf schönen Pfaden, meist durch den Wald.

▶ Wir beginnen unsere Waldwanderung in **Untergleichen** 01 (413 m) am Wanderparkplatz am Ende der Römerstraße. Zunächst folgen wir dem roten Kreuz Richtung Südosten auf einem Teerweg. Nach ein paar Minuten kommen wir am Jägerhof und einem kleinen Wildgehege vorbei. Weiter geht's auf einem breiten Wald- und Schotterweg in den Wald hinein. Dem Hauptweg stets geradeaus folgend, gelangen wir nach guten zwanzig Minuten an den **Gleichner See** 02 (439 m). Der hübsche, kleine Natursee lädt ein Weilchen zum Verweilen ein, dann wandern wir auf dem Hauptweg weiter. Nur 300 Meter später zweigt linker Hand ein schmälerer Waldweg ab. Wir folgen ihm Richtung Bühl und Untersteinbach nun auf dem roten Punkt. Wir steigen hinab, bleiben immer geradeaus, zu unserer Rechten begleitet uns das Hesseltbächle. Der Weg verschmälert sich, wird dann aber wieder breiter, bis er schließlich in einen befestigten Weg

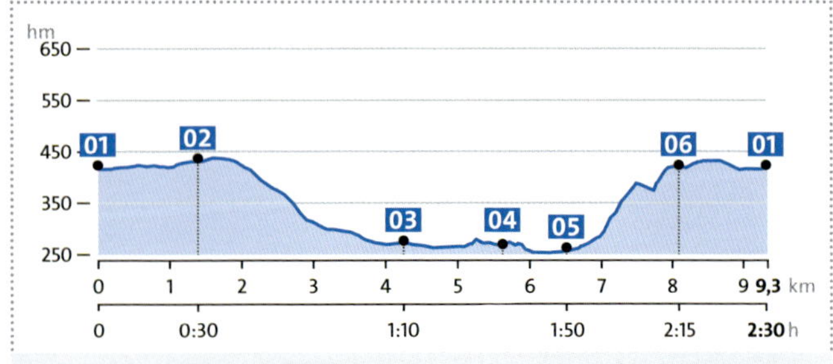

01 Untergleichen 413 m; 02 Gleichner See 439 m; 03 Bühl 275 m; 04 Weinberge 273 m; 05 Renzen 256 m; 06 Gleichner Sechseckturm 421 m

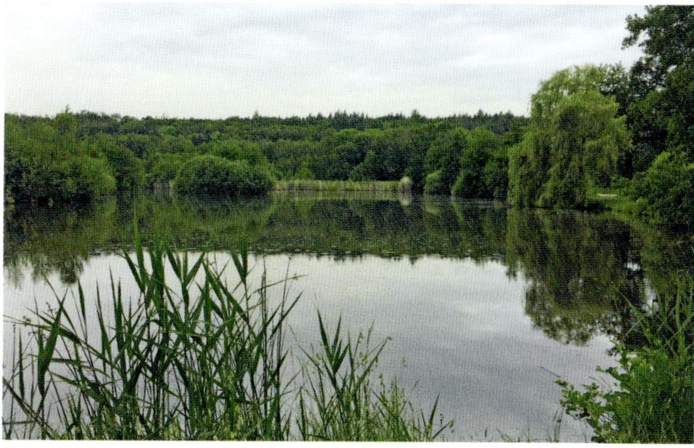

Gleichner See.

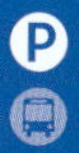
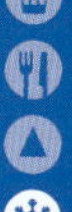
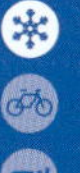
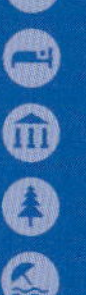

übergeht. Er bringt uns aus dem Wald heraus und geradewegs nach **Bühl** 03 (275 m). Am Parkplatz vorbei folgen wir im Örtchen der Mainhardter Straße nach links. An der Kirche von Untersteinbach vorbei geht sie in die Heuholzer Straße über. An Rathaus und Dorfkelter vorbei führt uns der rote Punkt bis zum Ortsende, dann zweigt der Simonsbergweg nach links in die **Weinberge** 04 (273 m) ab. Nur 100 Meter später werden wir auf den Renzener Weg nach links gelenkt. Bei Ferienhof Keil in Altrenzen wenden wir uns nach links, vor bis zur Heuholzer Straße. Wir überqueren sie und halten uns weiter auf dem roten Punkt geradeaus. Eine Brücke bringt uns über die Ohrn, da folgen wir der Harsberger Straße nach rechts. In **Renzen** 05 (256 m) bringt uns der Volkersbachweg links aus dem Ort hinaus. Hinter den letzten

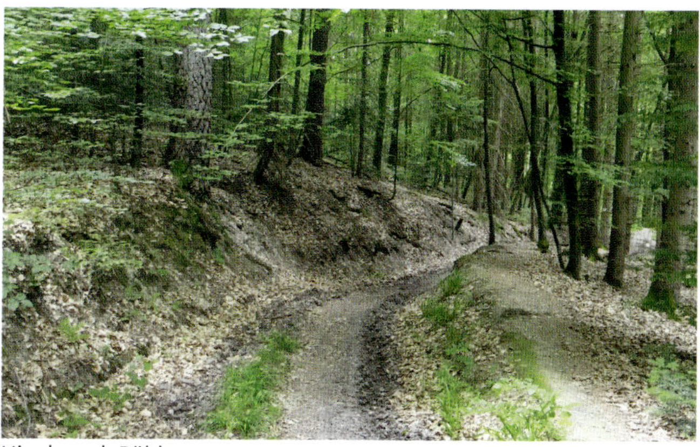

Hinab nach Bühl.

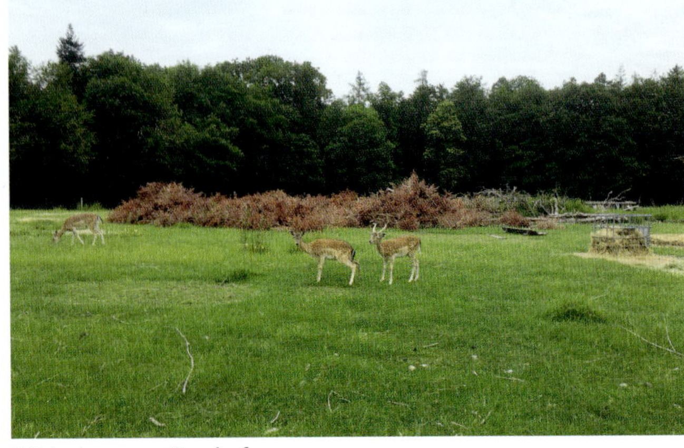

Wildgehege am Jägerhof.

Häusern wenden wir uns nach rechts, im Weinberg dann scharf links auf einen geteerten Weg. Mit ihm wandern wir hinauf in den Wald. Auf der Höhe wenden wir uns rechts über einen Grasweg am Waldrand entlang. Am darauffolgenden Schotterweg biegen wir rechts ein, nur etwa 200 Meter später halten wir uns vor der Linkskurve auf einen links abzweigenden Pfad. Er bringt uns mit ein paar Holztreppen den Wald hinauf. Der Limeswanderweg hat sich zu uns gesellt und bringt uns an den **Sechseckturm von Gleichen** **06** (421 m). Weiter geht es am Feuchtbiotop vorbei zu einer großen Lichtung mit einer Römerturmhütte. Grillplatz und Schutzhäuschen laden zu einer Rast kurz vor der Rückkehr ein. Dann bringt uns der rote Punkt in einer guten viertel Stunde zurück nach **Untergleichen** **01** (413 m).

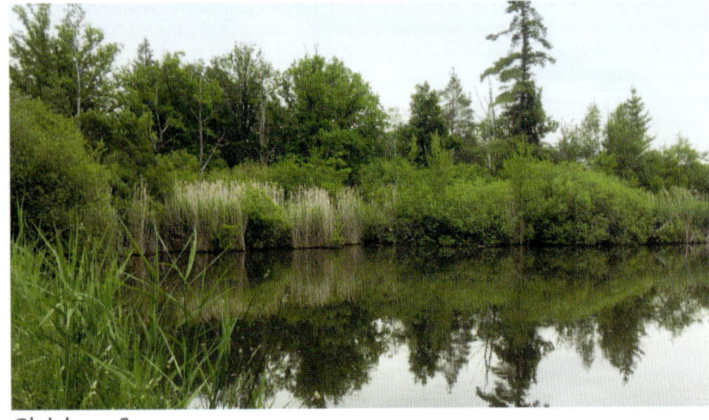

Gleichner See.

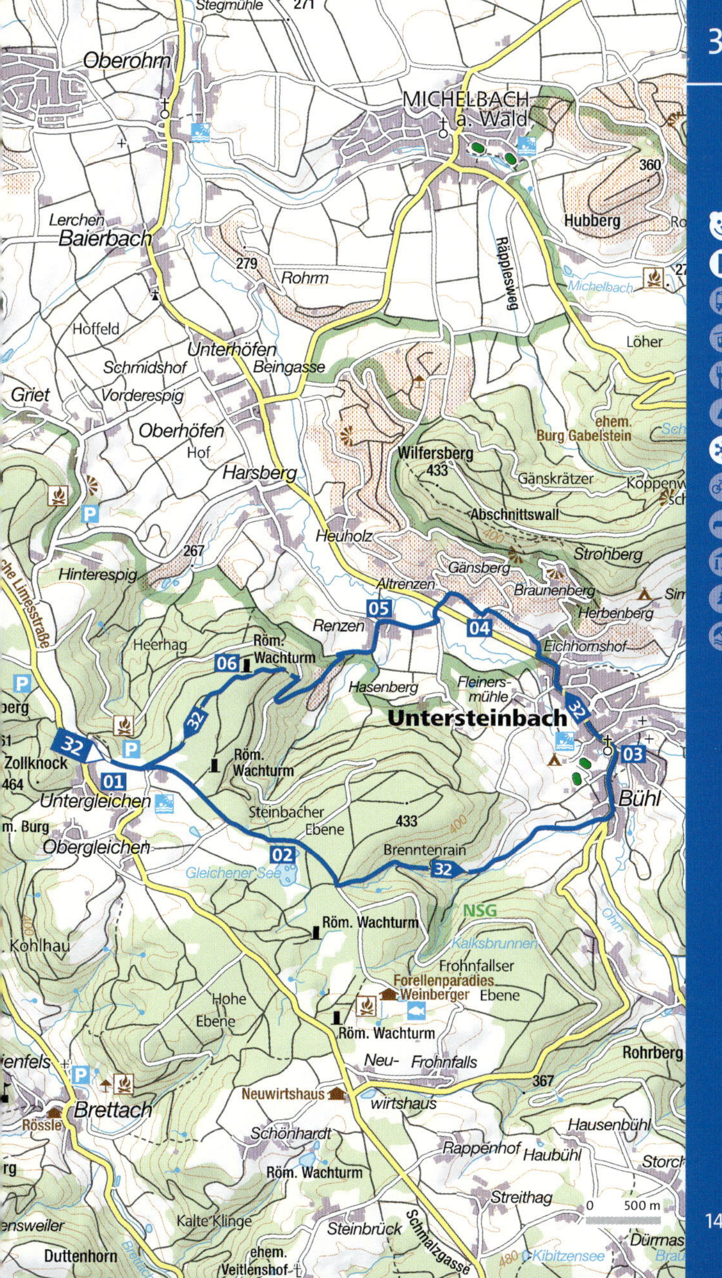
Oberohrn
MICHELBACH a. Wald
Stegmühle
Egelsee
Lerchen
Baierbach
Rohrm
Räppleweg
Hubberg
Michelbach
Hoffeld
Unterhöfen
Beingasse
Schmidshof
Griet
Vorderespig
Oberhöfen
Hof
Harsberg
Wilfersberg
433
Löher
ehem. Burg Gabelstein
Gänskrätzer
Abschnittswall
Heuholz
Strohberg
Gänsberg
Braunenberg
Herbenberg
Hinterespig
Altrenzen
Renzen
Eichhornshof
Heerhag
Röm. Wachturm
Hasenberg
Fleiners-mühle
Untersteinbach
Zollknock
Untergleichen
Bühl
Obergleichen
Steinbacher Ebene
Brenntenrain
Gleichener See
NSG
Kalksbrunnen
Kohlhau
Frohnfallser Ebene
Forellenparadies Weinberger
Hohe Ebene
Neu- Frohnfalls
Rohrberg
Neuwirtshaus
Brettach
Rössle
Schönhardt
Hausenbühl
Rappenhof
Haubühl
Streithag
Kalte Klinge
Steinbrück
Schmalzgasse
Duttenhorn
ehem. Veitlenshof
Kibitzensee
0 500 m

VON SCHUPPACH AUF DEN LIMESWANDERWEG

Auf den Spuren der Römer

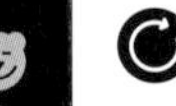 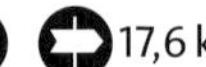 17,6 km  4:50 h  360 hm 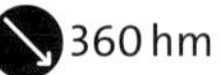 360 hm  774

START | Wanderparkplatz Schuppach, kurz hinter Schuppach an der K2360 Richtung Neunkirchen auf der rechten Seite. Geokoordinaten: [GPS: UTM Zone 32 x: 544232.261 y: 5440024.249].
CHARAKTER | Der lange Weg erfordert Ausdauer, führt aber meist auf gut zu gehenden Wegen. Er ist hervorragend markiert, auch an der Routenänderung des ursprünglichen Limes Wanderweges. Dort kann es aber schon mal steiler und auch matschig werden. Zwischen Schuppach und Hegenhäule wird es mal ziemlich steil.

Bei dieser Wanderung erkunden wir ein wenig die Wälder zwischen Schuppach und Mainhardt. Einen Teil des Weges wandern wir auch auf dem Limeswanderweg des Schwäbischen Albvereins: Im Rems-Murr-Kreis verläuft er auf gut 32 Kilometern. Dabei werden antike Sehenswürdigkeiten miteinander verbunden, wie z.B. Reste oder Nachbildungen von Kastellen und Meilensteinen, rekonstruierten Wachtürmen oder freigelegten Mauerresten. Infotafeln am Weg bieten dabei allerlei Wissenswertes über den Limes und die damalige Zeit.

▶ Wir beginnen unsere Wanderung am **Wanderparkplatz von Schuppach 01** (330 m). Auf dem roten

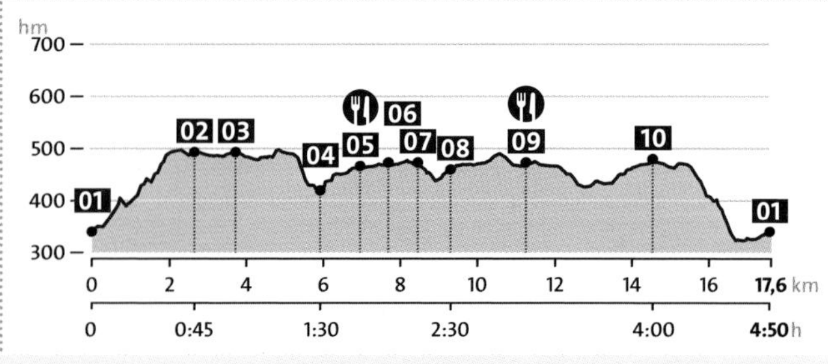

01 Wanderparkplatz Schuppach 330 m; **02** Hegenhäule 486 m; **03** Lachweiler 491 m; **04** Vordermühle 441 m; **05** Gailsbach 465 m; **06** Limesturm 475 m; **07** Umleitung Limeswanderweg 468 m; **08** Klingenhöfle 467 m; **09** Neuenwirtshaus 467 m; **10** Storchsnest 470 m

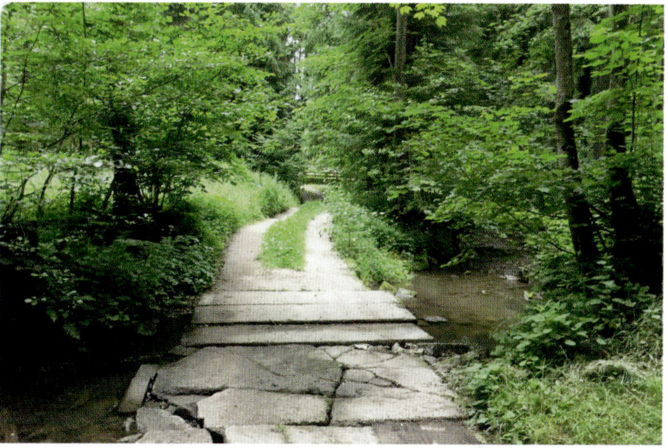

Über die Brettach.

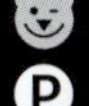
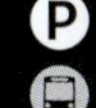
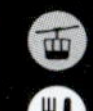
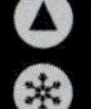

Kreuz wandern wir den Teerweg entlang bald über den Ohrnbach bis zur Gabelung: Es geht rechts in den Wald hinauf auf der Schuppach Runde Nr. 6. Der Waldweg bringt uns an eine T-Kreuzung, der wir nach rechts folgen. Nach einem halben Kilometer gesellt sich das blaue Kreuz zu uns. Es bringt uns vom Waldweg ab, einen steilen Pfad nach links hinauf. Einmal kreuzen wir den Schotterweg, das zweite Mal folgen wir ihm dann nach rechts, aus dem Wald hinaus. An der Teergabelung wenden wir uns nach links, an den verstreuten Häuschen von **Hegenhäule** **02** (486 m) vorbei. Wir wandern auf dem asphaltierten Sträßchen bis **Lachweiler** **03** (491 m). Durch den Ort geradeaus hindurch bis zur Langäckerstraße, der wir nach rechts folgen. An der Geißel-

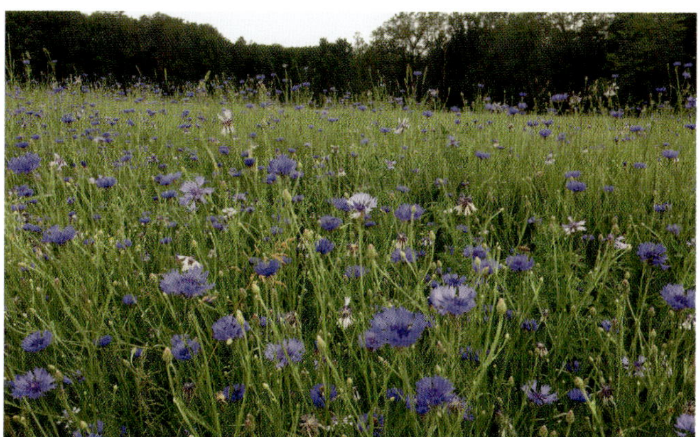

Kornblumenfeld.

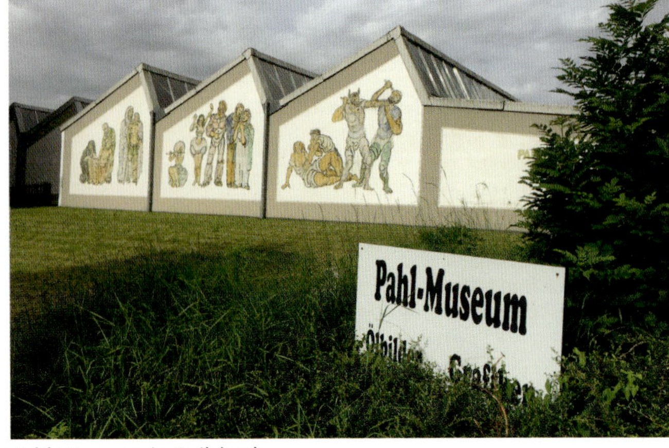

Pahl-Museum in Gailsbach.

hardter Straße biegen wir links ab, am Ortsende dann, kurz vor dem Ortsausgangsschild, führt uns das blaue Kreuz nach rechts. Ein asphaltiertes Weglein geleitet uns an Wiesen und Feldern vorbei zum Wald. Hier folgen wir einem Waldweg schräg nach rechts. Auf ihm geht es bald teils recht steil hinab. Schließlich mündet er in einen Wiesenpfad und bringt uns aus dem Wald heraus, an einem Weiher vorbei. Wir wandern rechts über das Brücklein und queren noch zweimal den Bach. Kurz nach der letzten Querung direkt vor dem Austritt aus dem Wald – wir sehen schon den ersten Hof von **Vordermühle** **04** (441 m) – machen wir einen scharfen Rechtsknick. Ein Pfad führt uns nun nach wenigen Metern links auf den Limeswanderweg HW8 Richtung Gailsbach. Steil wandern wir den Wald hinauf und gelangen an einen breiten Waldweg mit Rastbank. Nach links gewandt, führt er uns nach **Gailsbach** **05** (465 m) hinein. An der Dorfschenke folgen wir der Hauptstraße nach links, doch nur ein kurzes Stück, am Pahl-Museum dann wieder rechts. Bei „Seehäuser" kurz vor Ortsausgang halten wir uns links und wandern bald einen Schotterweg entlang bis zum **Limesturm** **06** (475 m). Ein Teerweg führt uns weiter geradeaus Richtung Untersteinbach. Kurz darauf laufen wir im Wald bergab und gelangen an eine Absperrung: Eine **Umleitung des Limeswanderweges** **07** (468 m) weist uns den Weg geradeaus hinab auf einen schnell steiler werdenden Pfad. Hier kann es bei Nässe sehr schlammig und rutschig werden. Wir erreichen eine T-Kreuzung: Ein von einem Traktor aufgewühlter Weg geleitet uns nach rechts, schnell wieder aufwärts. Aus dem Wald heraus, am Weiler **Klingenhöfle** **08** (467 m) vorbei, dann einen Teerweg hinauf erreichen wir eine viertel Stunde später, nach dem Sühnenkreuz von Steinbrück, einen Reiterhof mit umliegenden Pferdekoppeln. Wenige Minuten später folgen wir wieder der ursprünglichen Route des Limeswanderweges nach links in den Wald hinein. Ein Pfad bringt uns durch den Wald, dann über eine Wiese bis zur Straße. Wir biegen links ab und wandern die Straße ein paar Minuten entlang. HW8 weist uns dann nach rechts nach **Neuwirtshaus** **09** (467 m). Gleich darauf führt ein asphaltierter Weg links haltend nach Frohnfalls. Wir durchwandern den Ort, bald hinab (im Frühjahr von einer Armee von duftenden Holunderbüschen begleitet) und gelangen an eine Straße. Wir wenden uns nach links und erreichen nach fünf Minuten einen Schotterweg, der uns rechter Hand am Waldrand entlang weiterführt. Nach einer viertel Stunde laufen wir durch einen Weiler, und kurz danach biegen wir links ab. Das Sträßlein führt uns nach **Storchsnest** **10** (470 m), das wir ebenfalls durchwandern. Hinter dem Ort laufen wir in den Wald, bald auf einem Schotterweg hinab. Am Ende der Steigung zweigt ein Pfad nach rechts ab, auf HW8 weiter abwärts. Ein holpriger, aber gut markierter Weg lenkt uns nun in mehreren Kurven zu einem befestigten Weg.

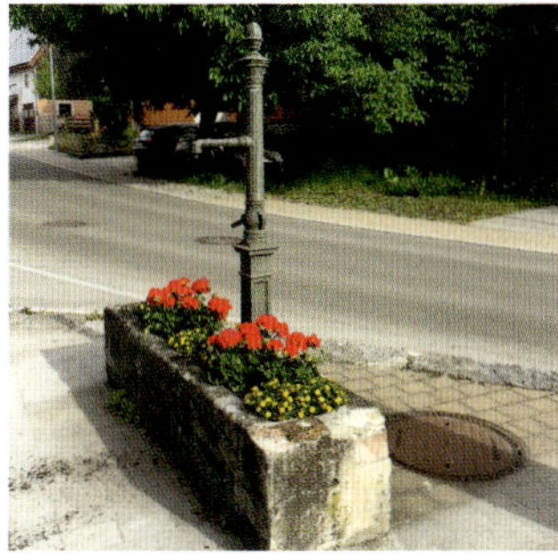

Brunnen in Gailsbach.

Hier halten wir uns links, kurz darauf in der Rechtskurve verlassen wir ihn jedoch schon wieder auf einem Pfad nach links hinab. Schmäler werdend bringt er uns durch den Wald. Nach dem Waldaustritt mündet er in einen Schotterweg, der uns nach Schuppach zurückbringt. An der Straße biegen wir rechts ab und folgen ihr aus dem Ort hinaus zum **Wanderparkplatz von Schuppach** **01** (330 m).

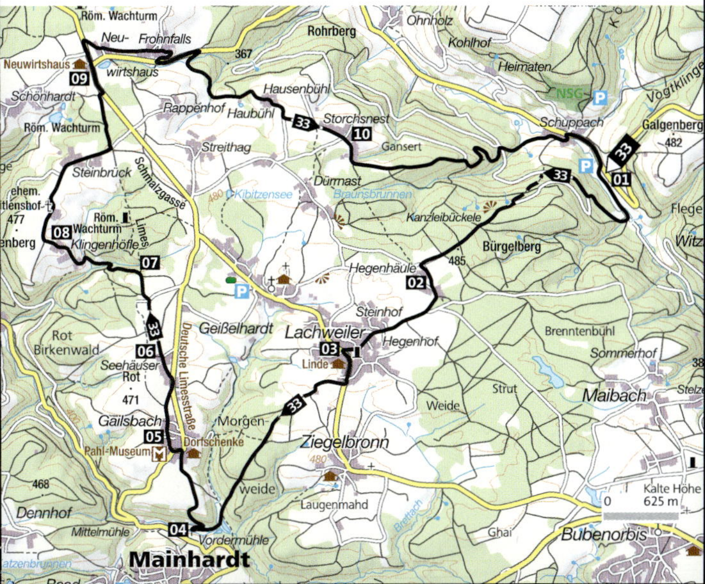

VON NEUHÜTTEN ZUM FINSTERROTER SEE

Burg und Badespass

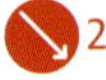
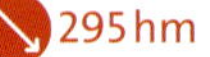

START | Neuhütten, Parkplatz hinter der Wohnanlage Waldesruh am Ende der Straße „Waldesruh".
Geokoordinaten: [GPS: UTM Zone 32 x: 535357.349 y: 5439933.490].
CHARAKTER | Die lange Runde führt uns meist auf Waldwegen, Straße und asphaltierten Wegen. Der Abstieg von Maienfels ist extrem steil und rutschig, besonders auf den Treppen. Zwischen Brettach und Ammertsweiler ist der Weg nicht markiert, doch gut zu finden.

Diese Wanderung hält viel bereit und gestaltet sich im Laufe des Weges als sehr abwechslungsreich: Zu Beginnn erwartet uns die schöne und gut erhaltene Burg Maienfels. Die Ganerbenburg, die hoch auf einem Felssporn thront, entstand Mitte des 13. Jahrhunderts. Die umliegenden Wohnhäuser schmiegen sich eng an die Burg und sind entzückend anzuschauen – besonders die, deren Mauern von Rosen umrankt werden. Von Brettach führt dann der Weg lange Zeit an der Straße entlang – das mag zuerst abschrecken, doch die kaum befahrene Straße wirkt wie ein modifizierter Spazierweg. Eindrücklich wird man bis Klingenhof vom Rauschen des Baches und dem Zwitschern der Vögel begleitet. Der Weiterweg nach Ammertsweiler ist zwar auch unmarkiert, doch der Weg auf dem asphaltierten Sträß-

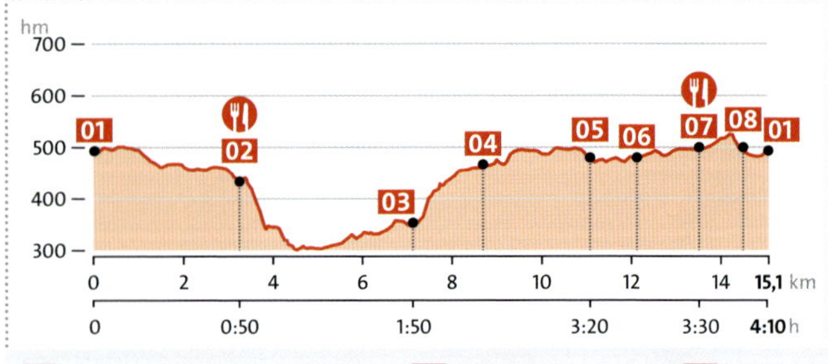

01 Waldparkplatz Neuhütten 506 m; 02 Burg Maienfels 461 m; 03 Laukenmühle 350 m; 04 Ammertsweiler 459 m; 05 Finsterroter See 470 m; 06 Lauxensee 481 m; 07 Neuhütten 492 m; 08 Steinknickle 527 m

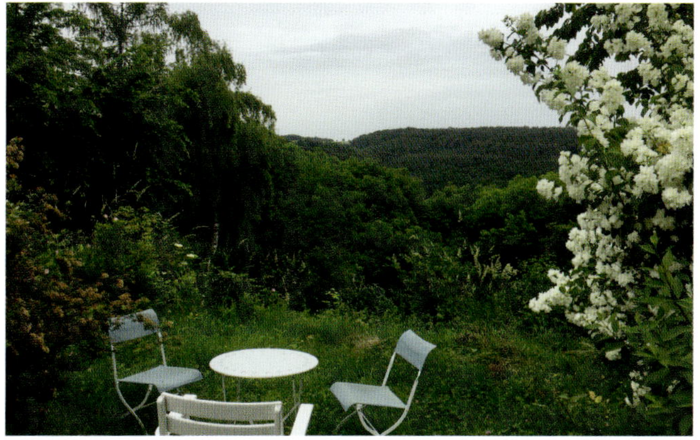

Entzückendes Gärtchen bei Maienfels.

lein entführt in ein einsames Tal, in dem sich Fuchs und Haas Gute Nacht sagen. Schließlich bietet sich im letzten Abschnitt der Wanderung die Möglichkeit, im Finsterroter See ein erfrischendes Bad zu nehmen, bevor wir nach Neuhütten zurückkehren. Natürlich nicht ohne einen Besuch beim Steinknickle, einem 30 Meter hohen Aussichtsturm, erbaut vom Schwäbischen Albverein. Zudem sollte man unterwegs am Wiesen- und Waldesrand die Augen offen halten: Auf keiner an-

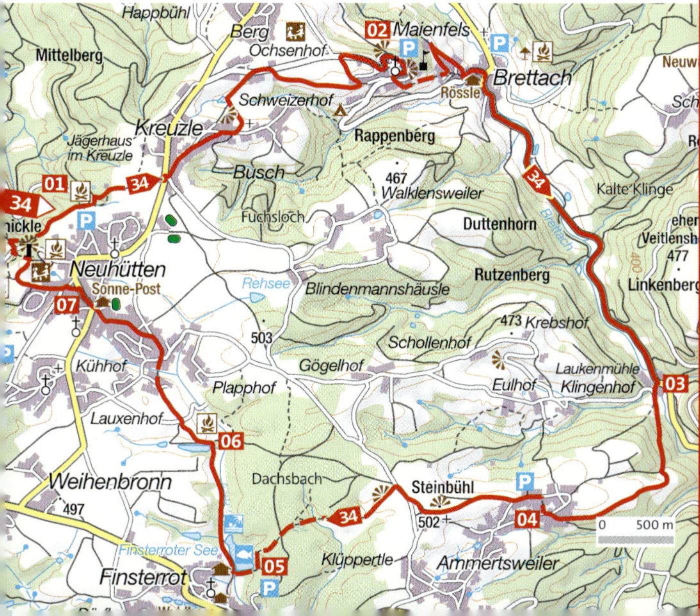

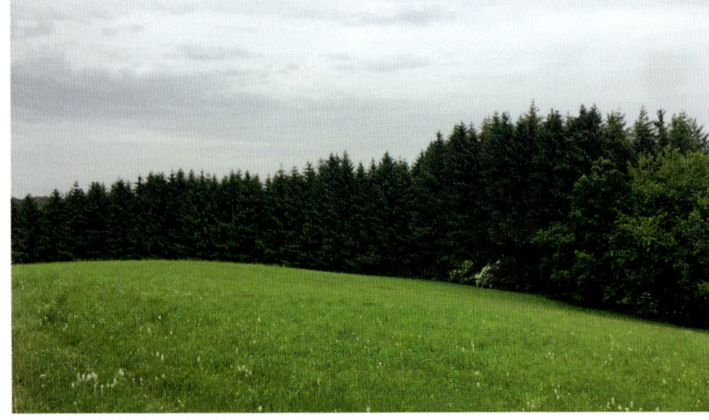

Einsame Lichtung bei Ammertsweiler.

deren Tour gab es so viele, bunte und auch seltene Blumen zu entdecken!

▶ Wir starten unsere Wanderung am **Waldparkplatz Neuhütten** 01 (506 m) am Ende der Wohnanlage Waldesruh. Zunächst folgen wir den Markierungen HW8 und GFW Richtung Maienfels. Der Schotterweg führt in den Wald hinab, kurz darauf halten wir uns rechts. Der Weg steigt an und wir laufen bald mit dem scharfen Knick nach rechts. Er führt uns aus dem Wald heraus. Geradeaus weiter auf HW8 wandern wir bis zur Straße. Wir überqueren sie, biegen dann aber sofort links ab in die Hirschbergstraße. Ihr folgen wir nun stetig durch das Wohngebiet hinab. Am Wegweiser zum Friedhof biegen auch wir links ab und erreichen nach wenigen hundert Metern eine Straße. Wir folgen ihr nach rechts, nach ca. 25 Metern biegen wir dann nochmals rechts ab und laufen erst auf einem Teer-, dann auf einem Feldweg bis zu einem asphaltierten Sträßchen: Es führt uns links hinauf, an der breiten Straße richten wir uns dann nach rechts und gelangen in wenigen Minuten an die **Burg Maienfels** 02 (461 m). Nach einem Blick durch das vergitterte Tor laufen wir die Straße weiter entlang. Sie führt um eine Rechtskurve hinab. Beim „Burggraben" mit der Hausnummer 1 folgen wir dem Junkersrain hinab. Kurz darauf führt ein schmaler Weg rechts weiter abwärts, dabei wechseln sich Pfad und Treppen ab – Vorsicht, hier ist es extrem steil und kann sehr rutschig werden! An den bald erscheinenden Häusern laufen wir vorbei, dann auf einem schmalen Teerweg weiter. Noch einmal müssen wir eine Treppe bewältigen, dann erreichen wir eine Straße, der wir nach links folgen. HW8 führt uns zur Mainhardter Straße. Wir wandern mit ihr nach rechts aus dem Ort hinaus. Ohne Markierung laufen wir an der wenig befahrenen Straße auf dem Grasstreifen entlang. Nach etwa 40 Minuten gelangen wir nach **Laukenmühle** 03 (350 m). Hier folgen wir der Straße nach rechts, sie teilt sich nach wenigen Metern wieder und weist uns den Weg diesmal nach links Richtung Ammertsweiler. Nun beginnt ein langer Anstieg, der aber mit einem wunderschönen, einsamen Tal be-

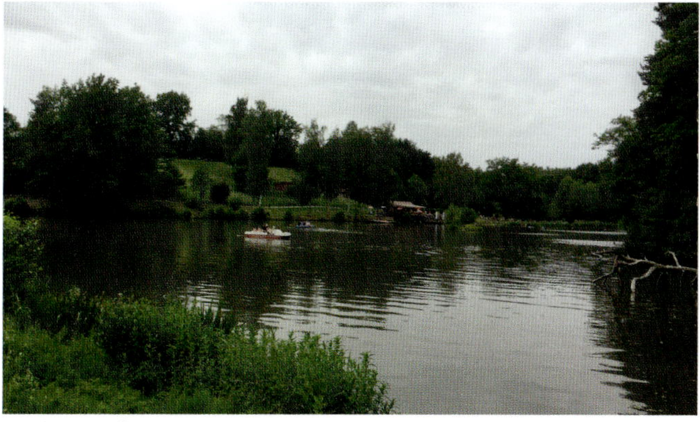

Lustiges Treiben am Finsterroter See.

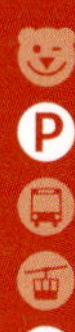

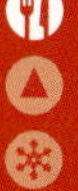

lohnt wird. In **Ammertsweiler** 04 (459 m) gesellt sich dann endlich wieder eine Markierung zu uns, nämlich der blaue Balken. Nach ihm richten wir uns nun bis fast zum Ende dieser Wanderung. Nach wenigen Minuten führt uns der blaue Balken nach rechts, über eine Wiese hinauf und zwischen den Häusern hindurch bis zur Straße. Wir biegen hier links ein und wandern mit ihr aus Ammertsweiler hinaus, bald einem Teersträßlein folgend. Nach einem halben Kilometer halten wir uns rechts, unser Weglein mündet in eine Straße. Wir müssen sie jedoch nur gut 50 Meter entlanglaufen, dann weist uns die Markierung nach links auf einen Schotterweg. Er führt uns zum Wald, ab hier geht es auf einem breiten Waldpfad weiter. Wir kreuzen nun einmal den Waldweg, dann beginnt der Weg allmählich abzusteigen. Schließlich erreichen wir links haltend den **Finsterroter See** 05 (470 m). Wir halten uns am Schotterweg rechts, weiter am See entlang. Am westlichen Ende des Sees wenden wir uns nach rechts, nochmals am See entlang, dann über ein Bächlein auf einen Pfad. Er bringt uns am Waldrand entlang und geht allmählich in einen breiteren Weg über. Im Schatten der Bäume macht er einen Linksknick am kleinen **Lauxensee** 06 (481 m) vorbei, dann führt er weiter über Asphalt hinauf. Die folgende Straße

Hinweis:

Der Aussichtsturm Steinknickle wurde 1916 erbaut. Nach Kriegsschäden sehr in Mitleidenschaft gezogen, wurde er auf Initiative des damaligen Albvereinsvorsitzenden Georg Fahrbach mit rund 30m um 5m höher als der alte Turm wieder erstellt. Den Schlüssel erhält man Samstag, Sonntag und Feiertag in der Zeit von 10.00 Uhr bis 16.00 Uhr im Naturfreundehaus, Naturfreundeweg, Wüstenrot-Neuhütten (07945/341). Weitere Möglichkeiten an Werktagen den Schlüssel zu erhalten, unter https://www.gemeinde-wuestenrot.de/de/freizeit-kultur/sehenswertes-ausflugsziele/aussichtsturm-steinknickle/

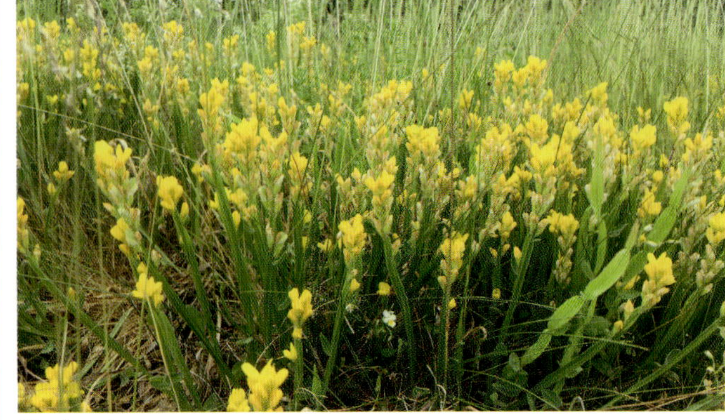

Ginsterwiese.

überqueren wir leicht schräg nach rechts. In Laxenhof zweigt der blaue Balken nach rechts über einen Wiesenpfad ab. Hinab, dann über ein Brücklein und durchs Wohngebiet von **Neuhütten** 07 (492 m) wieder aufwärts folgen wir bald der Rathausstraße. An der Öhringer Straße halten wir uns rechts, nach ca. 100 Metern führt uns ein Schild „Zum Steinknickle" nach links. Gut 400 Meter, dann biegen wir rechts ab und sehen schon den Turm vor uns. Kurz darauf stehen wir vorm **Steinknickle** 08 (527 m). Links hinter dem Turm führt ein schmaler Pfad hinab. Nach wenigen Minuten macht er eine scharfe Rechtskehre und mündet schließlich in einen Schotterweg. Wir wenden uns nach rechts, aber nur ein kurzes Stück, dann biegen wir scharf links ein, gleich danach geht es nach rechts um die Kurve herum, nun auf HW8 und GFW. Kurz darauf führt uns ein schattiger Waldpfad, mal breiter, mal schmäler, an Waldesruh vorbei und zum **Waldparkplatz** 01 (506 m) zurück.

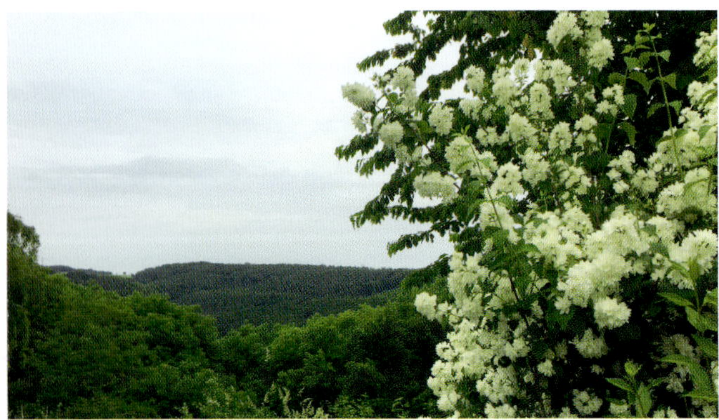

Herrlicher Jasmin bei Maienfels.

VON ESCHENAU ZUM BREITENAUER SEE

Wald, Wein und Wasser

 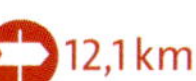 12,1 km  3:30 h  225 hm  225 hm 774

START | Eschenau: Von der Schlossstraße geradeaus in den Köberleweg. Am Ende der Straße noch 200 Meter in den Wald hinauf, Parkplatz auf der rechten Seite.
Geokoordinaten: [GPS: UTM Zone 32 x: 530210.751 y: 5442779.523].
CHARAKTER | Die Runde ist etwas länger, dafür sehr einfach und verläuft ein gutes Stück durch städtisches Gebiet. Zu Beginn schnuppern wir ein bisschen Waldluft, dann bestaunen wir die kleinen, aber feinen Weinberge. Badespass auf dem Rückweg am Breitenauer See.

Die Wanderung beginnt mit einem kühlen Waldspaziergang. Am Fuße eines Weinberges oberhalb von Eschenau und dann am Michelbach entlang wandern wir auf dem Köberleweg bis zum schönen Rastplatz am Zigeunerfohrle. Mit tollen Blicken auf Weiler und Obersulm geht es dann hinab zum Breitenauer See. Idyllisch eingerahmt von Weinbergen und Wäldern bietet er mit einer Fläche von 40 ha Badegenuss pur. Das Besondere an diesem See: Er ist ein Rückhaltebecken, das alle 10 bis 20 Jahre untersucht und saniert – und daher auch abgelassen werden muss. Dieses besondere Ereignis war zu Recherchezeiten der Fall – so gibt es in den Jahren 2021/2022 das seltene Bild einer grünen Wiese anstelle eines tiefblauen Sees.

▶ Wir starten unsere Wanderung in **Eschenau** 01 (243 m) auf einem kleinen Parkplatz im Wald oberhalb der Schlossstraße. Der Teerweg, der

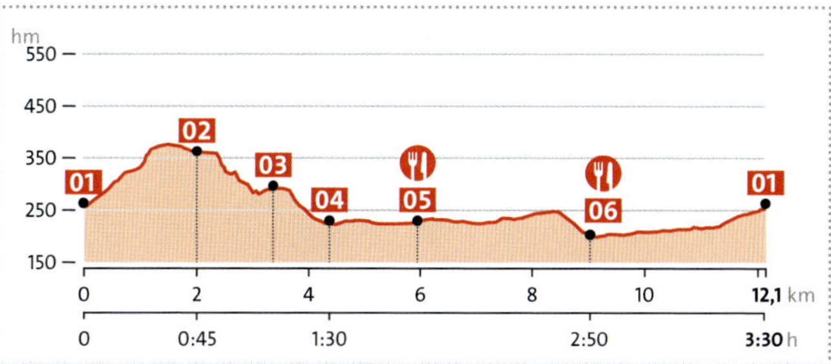

01 Eschenau 243 m; 02 Zigeunerfohrle 358 m; 03 Eichelberg 295 m; 04 Schulmuseum Weiler 229 m; 05 Breitenauer See 229 m; 06 Affaltrach 209 m

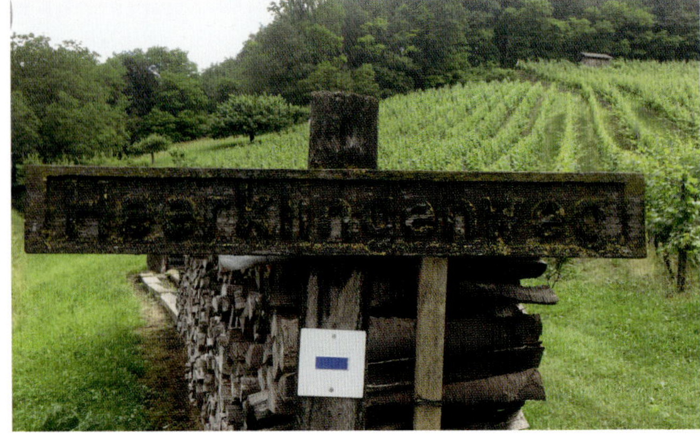

Los geht's am Heerklingenweg.

uns heraufgebracht hat, führt uns nach links auch wieder hinab zum ersten Bauernhaus. Der blaue Balken weist uns nach links, am Fuße der Weinberge entlang Richtung Zigeunerfohrle. Immer geradeaus nun durch den lichten Wald folgen wir dem breiten Waldweg. Er führt uns nach ein paar hundert Metern vor der Rechtskurve weiter geradeaus hinauf durch den Wald. Einige Minuten später treffen wir wieder den breiten Waldweg, dem wir geradeaus folgen. Nach guten zehn Minuten laufen wir noch am Wanderparkplatz vorbei, dann sehen wir schon den hübschen Rastplatz mit dem **Zigeunerfohrle** 02 (358 m). Nach einem kurzen oder auch längeren Besuch dort wandern wir am Waldrand und auf einem Waldweg entlang nun auf dem blauen Punkt Richtung Breitenauer See. Nach ca. 300 Metern, an einer Gabelung, geht der Weg in einen Wiesenweg über. Geradeaus über die Wiesen hinab, doch schon nach wenigen Metern führt rechter Hand ein schottriger Pfad weiter abwärts. Von tollen Blicken begleitet, wandern wir hinunter bis zum Teersträßlein. Wir folgen ihm nach links Richtung Eichelberg weiter hinab. Nach einer viertel Stunde führt uns der Weg nach rechts zur Vorfahrtsstraße nach **Eichelberg** 03 (295 m) hinein, hier wieder rechts. An der Kelterstraße biegen wir nochmals rechts ab und laufen bis zur Gabelung: Hier halten wir uns links, nach einem kleinen Stück biegen wir wieder links zu den Weinbergen ab. Nun geht es durch die Weinberge hinab, unmarkiert, doch relativ parallel zur Straße, bis zur Heilbronner Straße. Wir richten uns nun nach der Markierung WT2 und folgen so der Straße nach links, nach Weiler hinein, bald am auffälligen, blauen **Schulmuseum Weiler** 04 (229 m) vorbei. Weiter geht es durch den Ort hindurch, der Vorfahrtsstraße noch nach rechts folgend, doch schon kurz darauf biegen wir links in die Kellerstraße ein. An der Seestraße wenden wir uns nach links. Sie führt uns nun geradeaus zum **Breitenauer See** 05 (229 m) hinab. Wir spazieren nun eine knappe dreiviertel Stunde am See entlang um den See herum. Dann führt uns WT2 nach links, unter der Unterführung durch und an die Zufahrtsstraße des Seeparkplatzes. Hier biegen wir scharf rechts ab, bald leicht hinauf Richtung Affaltrach. An der T-Kreuzung biegen wir links ab, kurz darauf an der Kreuzung folgen wir der Markierung nach rechts. So gelangen wir nach **Affaltrach** **06** (209 m). Den Kreisel überqueren wir geradeaus, die Weiler Straße hinauf und an der Kirche vorbei. Noch am Schloss Affaltrach vorbei, dann biegen wir in die Silbergrubenstraße ab. Wir laufen die Straße vor bis zum Freibad Obersulm, dann rechts einen Fußweg hinauf. An der Danziger Straße wenden wir uns nach links, bis zur Schlesierstraße. Hier biegen wir nochmals links ein und gelangen an die Treutlingerstraße. Wir folgen ihr nach links. Sie geht in die Schlossstraße in **Eschenau** **01** (243 m) über, der wir nun geradewegs hinauf folgen bis zum Köberlegweg. Er bringt uns zurück zum Parkplatz.

Tipp:

In Obersulm-Weiler finden wir das größte Schul- und Spielzeugmuseum von ganz Baden-Württemberg. Das Lernen und Spielen wird hier aus den letzten sechs Jahrhunderten gezeigt. Sowohl Schulstube als auch Schulmeisterwohnung können in fünf Gebäuden der Heilbronner Straße entlang besichtigt werden. Infos unter Gemeinde@Obersulm.de

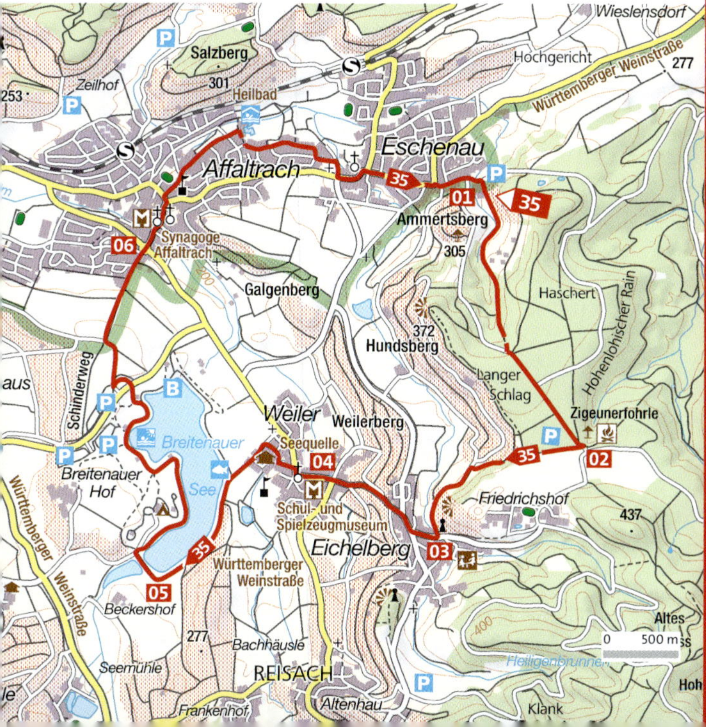

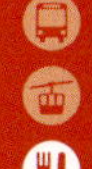

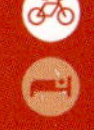
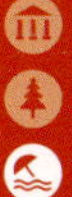

36

RUND UM LÖWENSTEIN

Im Herzen der Löwensteiner Berge

 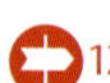 12,8 km  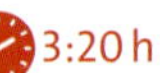 3:20 h  299 hm  299 hm 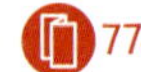 774

START | Parkplatz Enzwiese: Von Löwenstein auf der B19 Richtung Finsterrot. Ca. 300 Meter nach der Abzweigung Richtung Lichtenstern auf der linken Seite.
Geokoordinaten: [GPS: UTM Zone 32 x: 530210.751 y: 5442779.523].
CHARAKTER | Leider ist die Beschilderung nicht besonders gut gepflegt, was die Tour an einigen Stellen wirklich erschwert. Am Parkplatz Enzwiesen war zu Recherchezeiten eine Baustelle. Sie sollte aber bis 2022 abgeschlossen sein. Die Tour verläuft größtenteils über breite, gut begehbare Wege.

Unsere Runde beginnt am **Parkplatz Enzwiesen** 01 (503 m). Vom Parkplatz halten wir uns auf dem linken Wanderweg in den Wald hinein. Nach ca. 300 Metern biegen wir an einer Gabelung links ab und folgen dem Waldweg nochmals gute 150 Meter. Dann zweigt rechts ein Erdweg ab. An der nächsten Gabelung gleich darauf nochmals rechts zum **Hohlen Stein** 02 (494 m). Man kann diese natürliche Felsbrücke auch überqueren. Nachdem wir das Naturdenkmal bestaunt haben, setzen wir unseren Weg fort: Dafür kehren wir zum Waldweg zurück und wenden uns nach rechts. Versteckt entdecken wir hin und wieder das blaue Kreuz, das uns kurvenreich, immer auf dem Hauptweg (Eichelbergweg) durch den Wald führt. An den folgenden beiden Gabelungen des breiten Weges halten wir uns rechts, dann macht der Weg eine Linkskurve. Wir wandern ca. zehn Minuten geradeaus,

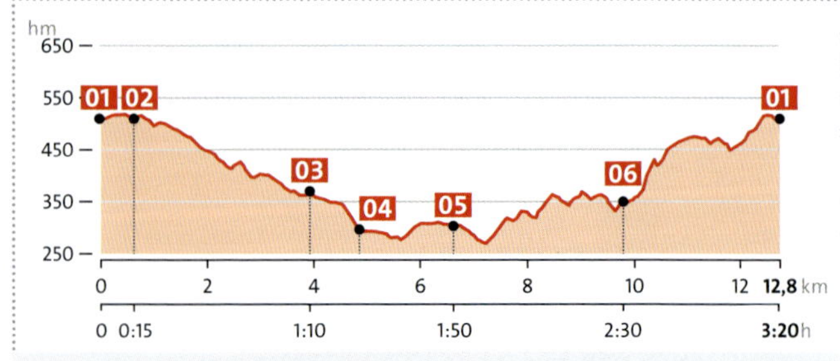

01 Parkplatz Enzwiesen 503 m; 02 Hohler Stein 494 m; 03 Wildgehege 352 m; 04 Eichelberg 294 m; 05 Reisach 313 m; 06 Lichtenstern 349 m

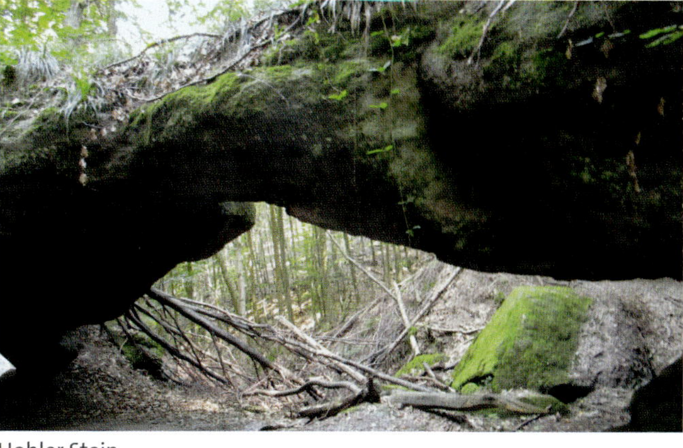

Hohler Stein.

dann macht der Weg eine Rechtskehre. Im Folgenden macht der Weg wieder erst eine Rechts-, dann eine Linkskurve, und kurz darauf nochmal: Rechtskurve – Linkskurve. Dann führt er uns geradewegs aus dem Wald heraus, am **Wildgehege** 03 (352 m) vorbei an den Ortsrand von Friedrichshof. Wir laufen schräg nach rechts gegenüber in den Sommerrainweg und folgen ihm 150 Meter, dann links auf einen Pfad, der uns zum Fuß der Weinberge bringt. Weiter geht es noch ein Stück parallel zur Landstraße, dann zweigen wir zu ihr nach links ab. Wir folgen nun in **Eichelberg** 04 (294 m) der Hofsteige nach rechts, und gemeinsam mit dem blauen Punkt geht es kurz darauf nach links in die Kelterstraße. Nur einhundert Meter später wechseln wir nach rechts in die Straße Eret. An der nächsten Gabelung folgen wir einem Asphaltweg nach links hinauf. Von hier aus bieten sich tolle Blicke

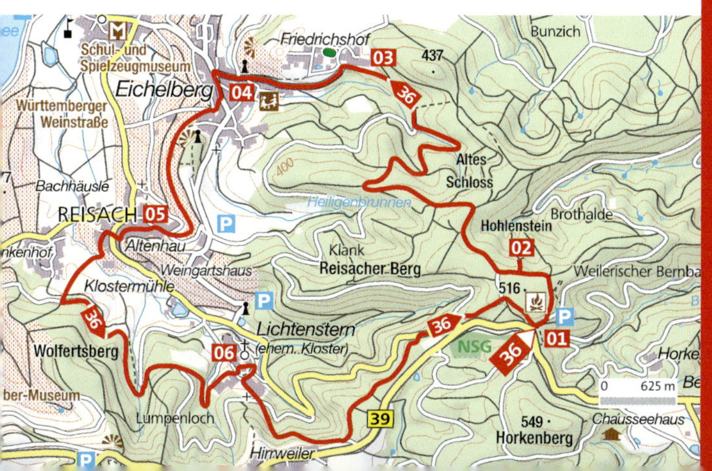

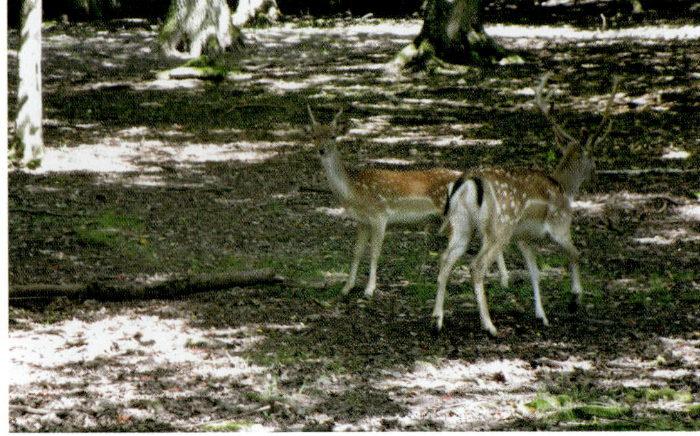

Am Wildgehege.

über den Breitenauer See und die Löwensteiner Berge. Begleitet von Weinreben erreichen wir **Reisach 05** (313 m). Hier halten wir uns links auf dem Panoramaweg. Durch den Ort hindurch, weiter auf dem blauen Punkt, dann die Hauptstraße überqueren. Dann biegen wir nach rechts in den Hasensprung ein und laufen hinab. Nach guten zehn Minuten biegen wir links auf einen Wiesenweg ein. Der blaue Punkt führt uns an einen Weidezaun. Wir öffnen und schließen logischerweise das elektrische Gatter wieder und überqueren die Wiese links hinauf zum Waldrand. Durch ein Holzgatter hindurch und zum Hauptweg: Wir biegen links ab und folgen nun immer dem Hauptweg eine gute halbe Stunde, bis wir **Lichtenstern 06** (349 m)erreichen. Kurz vor dem Ort überqueren wir den Klosterbach, dann statten wir der Klosterkirche Lichtenstern einen Besuch ab. Am Parkplatz folgen wir nun nach rechts dem blauen Kreuz bergauf. Am Waldrand führt uns die Klostersteige weiter aufwärts, die Beschilderung zum Hohlen Stein weist uns den Weg. Ihr folgen wir nun bis ca. 50 Meter vor die B39, dann gabelt sich der Weg: Weiter geht es nach links, über den Eselsweg bis zur K2107. Wir folgen ihr nach rechts, gut zweihundert Meter, dann zweigt linker Hand eine Forststraße ab, der wir sogleich nach rechts folgen. Nach wenigen Minuten treffen wir wieder auf den Anfangsweg und laufen zurück zum **Parkplatz Enzwiese 01** (503 m).

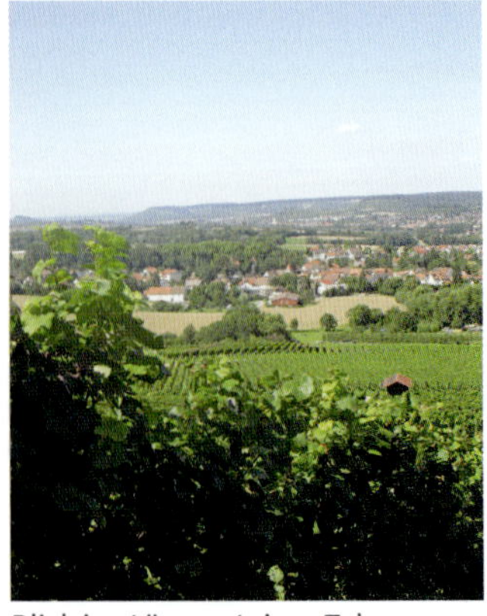

Blick ins Löwensteiner Tal.

HOHENBEILSTEIN UND BURG WILDECK

Von Raubrittern und Weingärten

 13,5 km 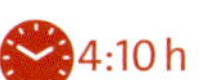4:10 h 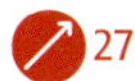275 hm 275 hm 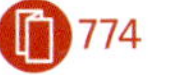774

START | Hohenbeilstein. Parkmöglichkeiten in der Weinsteige direkt an der Burg Hohenbeilstein.
Geokoordinaten: [GPS: UTM Zone 32 x: 523447.547 y: 5432062.261].
CHARAKTER | Die Runde bewegt sich auf durchgehend guten Wegen: Teerwege, breitere und schmälere Waldwege und -pfade. Es gibt ein stetiges Auf und Ab, doch in angenehmen Steigungen. Der Weg ist gut markiert.

Diese Wanderung führt uns durch diverse Weinhänge kleiner Ortschaften rund um Beilstein. Die Beilsteiner Weinbautradition ist sehr alt. Erste, urkundliche Erwähnungen gibt es aus dem Jahre 1338. Die Rebflächen rund um Beilstein messen ca. 200 ha. Dabei sind die dominierenden Rebsorten beim Rotwein Trollinger, Lemberger und Spätburgunder, beim Weißwein Riesling sowie Grau- und Weißburgunder. Die tonigen Keuperböden enthalten einen hohen Mineralstoffgehalt. Die Weinhänge in höheren Lagen und im Schmidbachtal wachsen auf verwittertem Sandstein. Nach den ersten Weinhängen erwartet uns am Schmidbach ein toll gestalteter Barfusspfad. Hinter dem idyllischen Örtchen Gagernberg lädt der schattige Wald zu einer entspannten Waldwanderung zum Annasee. Kurz darauf erreichen wir Burg Wildeck und ihre Weinhänge. Dann statten wir noch der aus der Stauferzeit stammenden Ruine Helfenberg einen Besuch ab, bevor wir wieder durch Wald und Wein-

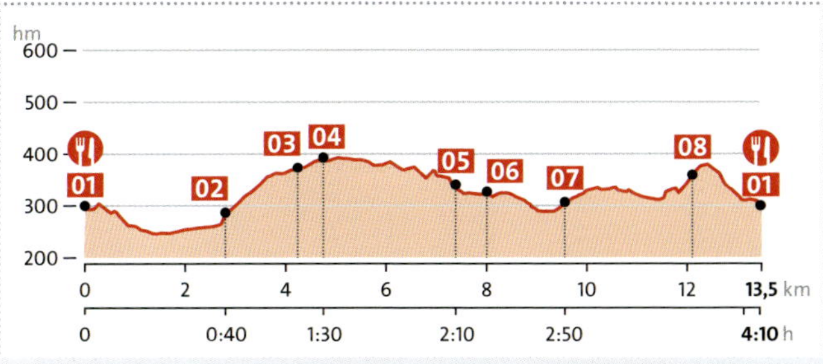

01 Burg Hohenbeilstein 288 m; 02 Konzertscheune 270 m; 03 Gagernberg 374 m; 04 Annasee 391 m; 05 Burg Wildeck 369 m; 06 Ruine Helfenberg 338 m; 07 Weiher 309 m; 08 Aussichtspunkt Fohlenberg 357 m

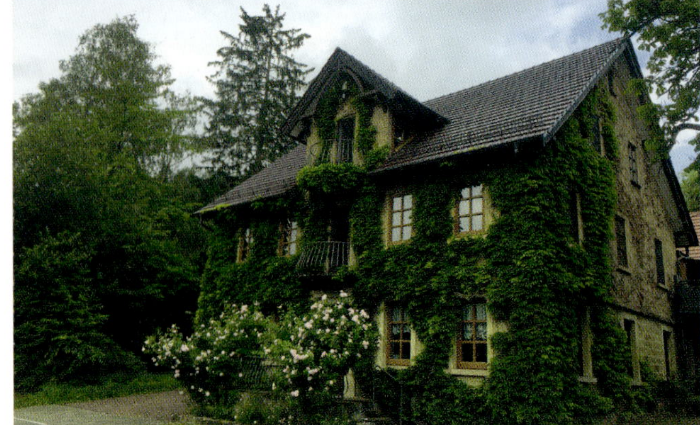

Konzertscheune.

berge zur Burg Hohenbeilstein zurückwandern.

▶ Wir beginnen unsere Wanderung an der **Burg Hohenbeilstein** 01 (288 m) am Parkplatz in der Weinsteige. Zunächst wandern wir die Straße weiter hinauf, doch nur bis zur nächsten Gabelung. Hier biegen wir scharf rechts ab und folgen dem roten Kreuz und dem Wanderweg 11 (Burgen, Falken, Wälder) Richtung Dorfkelter Jettenbach. Ein Teerweg führt uns unterhalb der Weinberge entlang, immer geradeaus, bis er allmählich absteigt. An der Löwensteiner Straße biegen wir rechts ein, doch knappe 150 Meter später folgen wir dem Weg nach links „Zum Schützenhaus". An der darauffolgenden Kreuzung folgen wir dem Schmidbach nach links. Nach wenigen Minuten erreichen wir den Barfußpfad, der uns mit stattlichen 18 unterschiedlichen Feldern erwartet. Ein Treppchen zum Schmidbach erleichtert das Kneippen danach. Noch über den Jettenbach hinüber, dann sind

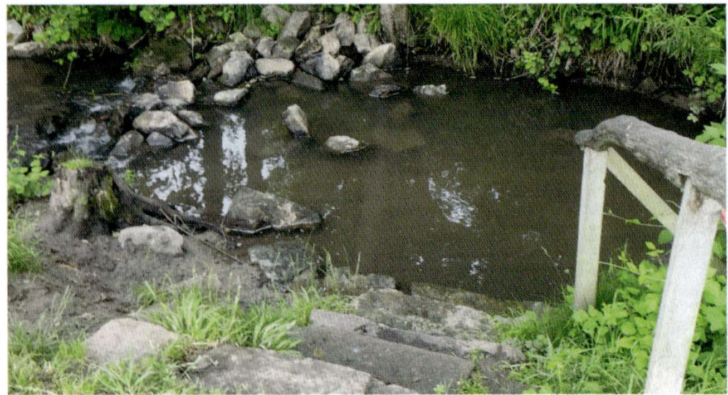

Kneippen am Schmidbach.

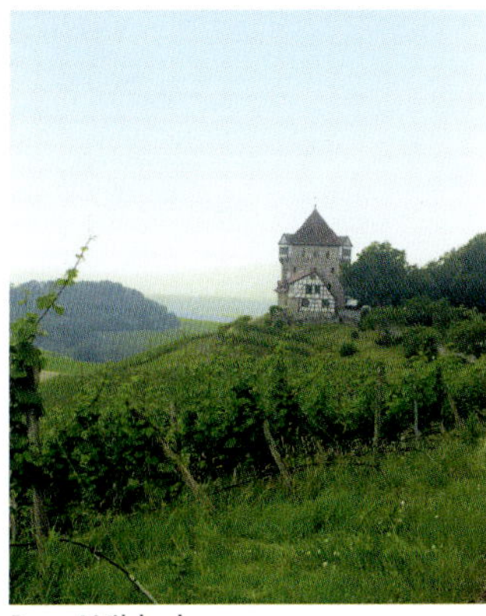

Burg Wildeck.

wir an der Kingener Straße. Wir biegen links ab und überqueren die L1116 schräg nach rechts in den Gagernberger Weg. Vorbei an der **Konzertscheune** **02** (270 m) steigt der Weg nun langsam an, in den Wald hinein. Am Fuße des Weinhanges wenden wir uns nach rechts und wandern am Weinhang entlang weiter hinauf Richtung Annasee und dem blauen Kreuz. Durch **Gagernberg** **03** (374 m) hindurch gelangen wir an den Waldrand und an eine Kreuzung: Unser Weg führt weiter geradeaus, nun auf dem blauen Punkt Richtung Burg Wildeck. Ein gut markierter, breiter Weg führt

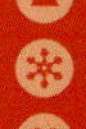

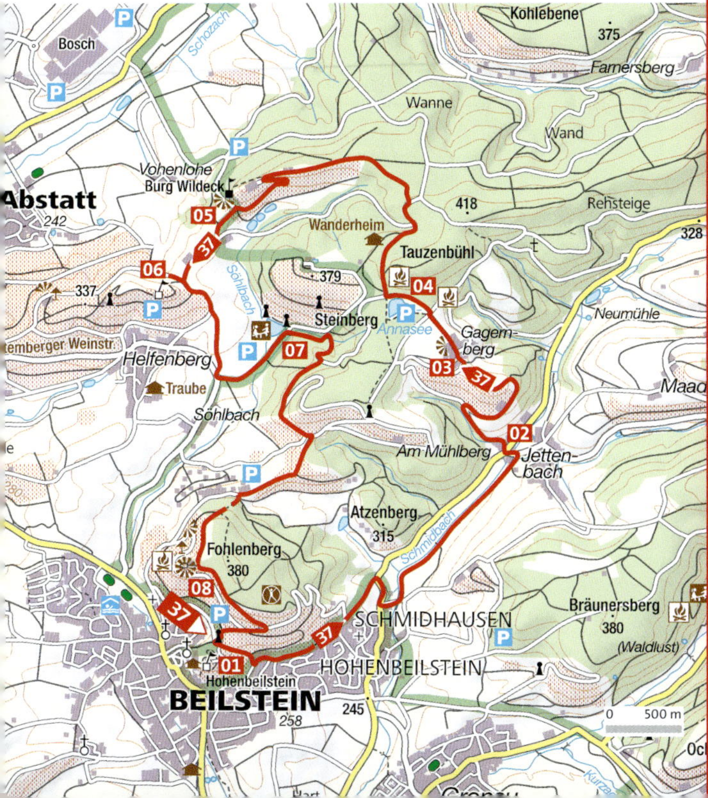

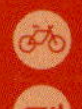

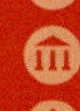

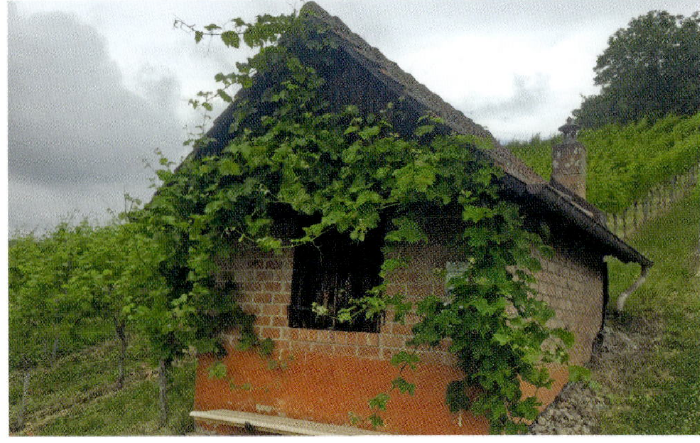

Winzerhäuschen.

uns durch den schönen Laubwald. Fünf Minuten später erreichen wir den **Annasee** **04** (391 m), an dem wir nach rechts weiterlaufen. Wir folgen dem Weg nun fast eine viertel Stunde, dann zweigt ein schmälerer Weg nach links Richtung Wildeck ab. Nun führt uns das blaue Kreuz. Wir erreichen bald darauf das Ende des Waldes. Durch ein Gittertor hindurch, dann oberhalb der Weinberge entlang wandern wir nun zur **Burg Wildeck** **05** (369 m). Hier folgen wir dem Teerweg durch den Weinberg hindurch abwärts. An der Gabelung direkt unterhalb von Wildeck biegen wir links ab Richtung Ruine Helfenberg. Es geht weiter abwärts auf dem Teerweglein. Nach guten zehn Minuten machen wir nach rechts einen Abstecher zur **Ruine Helfenberg** **06** (338 m). Zurück auf unserem Weg, wandern wir noch gute 200 Meter weiter, dann lässt uns ein Schotterweg nach links zusammen mit dem blauen Punkt und der Weinrebe abbiegen. An der Straße geht es nach links auf einem Teerweg weiter bis zum Amalienhof und einem **Weiher** **07** (309 m). Ein Waldweg führt uns nach rechts hinauf, nach ca. 500 Metern biegen wir schon wieder nach rechts auf einen schmäleren Waldweg ab, weiter auf dem blauen Punkt Richtung Hohenbeilstein. Dem Teerweg folgen wir nach rechts, wieder durch Weinberge hindurch. An der Gabelung wenige Minuten später halten wir uns rechts. Achtung, das Wanderschild steht versteckt hinter einem Baum auf dem bewachsenen Dreieck! Zu unserer Linken der Wald, zu unserer Rechten ein Zaun, laufen wir den Teerweg entlang bis zur T-Kreuzung mit einer roten Winzerhütte: Hier halten wir uns rechts, nach wenigen Minuten biegen wir auf dem blauen Punkt dann links und gleich wieder rechts ab, hinauf in den Wald. Dem Teerweg folgen wir geradeaus und gelangen an eine T-Kreuzung: Wir machen einen kurzen Abstecher nach rechts zum **Aussichtspunkt Fohlenberg** **08** (357 m), dann wandern wir kurz zurück und am Waldspielplatz vorbei. Der Teerweg führt uns nun allmählich hinab, am oberen Parkplatz der Burg vorbei und schließlich zu unserem Parkplatz an der **Burg Hohenbeilstein** **01** (288 m) in der Weinsteige.

ÜBER OBERSTENFELD ZUR BURGRUINE LICHTENBERG

Wald- und Weinbergwanderung

 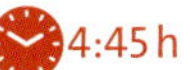 16,1 km 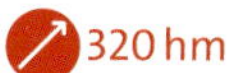 4:45 h 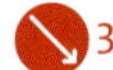 320 hm 320 hm 774

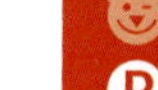

START | Parkplatz Krugeiche: in Oberstenfeld fahren wir von der Lichtenberger Straße über die Kreuzstraße und biegen dann rechts in „Am Schafhaus“ ein. Nun stetig geradeaus hinauf bis zum Parkplatz im Wald.
Geokoordinaten: [GPS: UTM Zone 32 x: 525764.886 y: 5430316.312].
CHARAKTER | Die lange Runde zur Ruine Lichtenberg führt uns fast ausschließlich über breite Waldwege, einige Straßen durch Oberstenfeld und gleich zu Beginn einen schmalen Waldpfad. Unterwegs gibt es nur in Oberstenfeld Einkehrmöglichkeit. Der Weg ist anfangs unmarkiert, jedoch gut zu finden.

Abwechslungsreich und viel zu entdecken gibt es auf der schönen Wanderung rund um die Weinbaugemeinde Oberstenfeld. Der Ort selbst lockt mit verwinkelten Fachwerkgassen, der Stiftskirche oder der Peterskirche. Inmitten der Löwensteiner Berge bieten sich einige tolle Ausblicke ins Bottwartal. Lichtenberg ist eine der ältesten, vollständig erhaltenen staufischen Burganlagen nördlich der Alpen. 1196 erstmalig erwähnt, thront sie auf einem Ausläufer der Löwensteiner Berge. Ein Kleinod ist die Kapelle neben dem Burgtor. Sie entstand um 1230. In ihrem Inneren kann man reich bemalte Wände

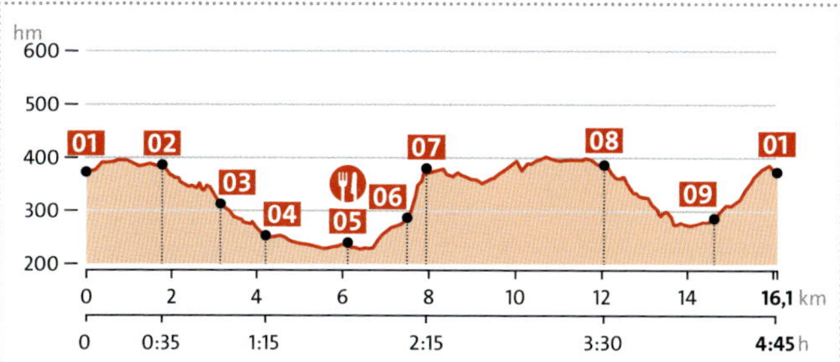

01 Parkplatz Krugeiche 376 m; 02 Holzbank 391 m; 03 Eichenhalde 303 m; 04 Hochwasserrückhaltebecken 250 m; 05 Schneckenbrücke 230 m; 06 Birnbaumallee 279 m; 07 Burg Lichtenberg 371 m; 08 Neuer Kirschklingenweg 389 m; 09 Knorrige Eiche 286 m

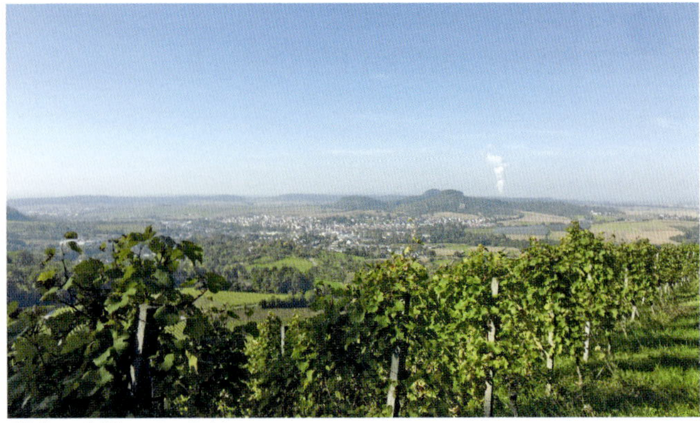

Blick auf Oberstenfeld.

bewundern, teilweise in drei Schichten übereinander. Auch der Bildstock und die spätgotische Empore sind sehr sehenswert. Von April bis Oktober kann die Burg immer sonntags besichtigt werden.

▶ Wir beginnen unsere lange, aber sehr schöne Runde am **Wanderparkplatz Krugeiche** 01 (376 m) bei Oberstenfeld. Vom Teersträßlein kommend, parken wir auf dem rechten Parkplatz. Zunächst laufen wir zur Gabelung und halten uns hier rechts auf den breiten Waldweg. Doch schon kurz darauf führt uns ein schmaler, wurzeliger Pfad nochmals nach rechts durch lichtes Laubbuschwerk und den Laubwald. Wir wandern nun eine gute viertel Stunde durch den schönen Wald. Allmählich wird er lichter, führt uns knapp an den Waldrand heran und endet schließlich an einem breiten Waldweg. Wir biegen rechts ein und folgen nun dem Grenzweg nochmals eine gute viertel Stunde bis kurz vor Waldaustritt. An einem **Eckholz-**

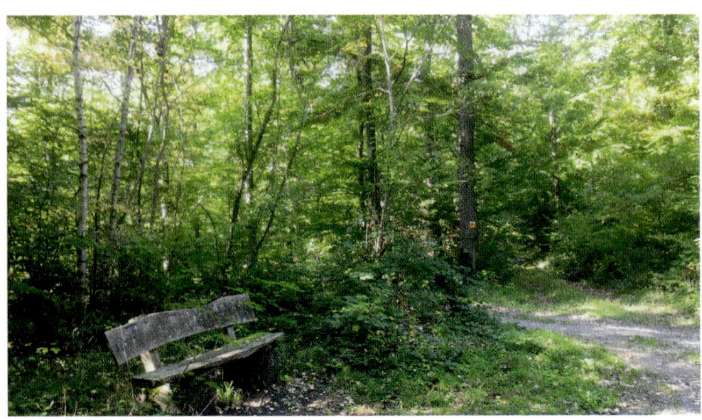

Einladung zur Rast.

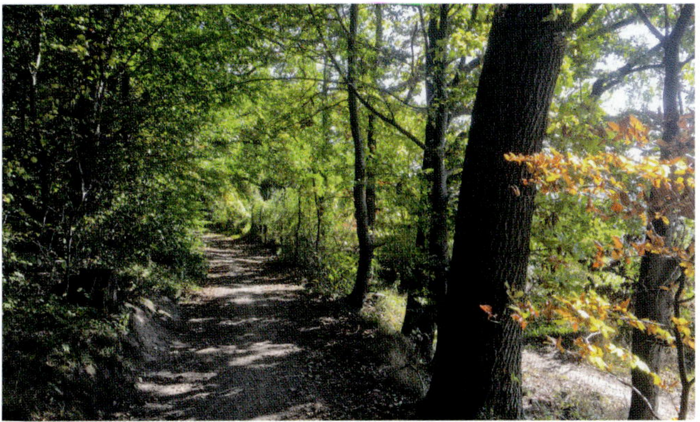
Pfade durch romantische Wälder.

bänkchen 02 (391 m) biegt der „Weiße Weg“ scharf rechts ab. Unmarkiert folgen wir ihm hinunter bis an eine T-Kreuzung, an der wir rechts einbiegen. Kurz darauf erreichen wir einen Teerweg, der uns nach links weiter hinab begleitet. Wir wandern durch schöne Weinhänge der **Eichenhalde** 03 (303 m) hindurch. Gleich an der ersten Gabelung geht es rechts wieder leicht hinauf. Dann stets geradeaus, bis uns der Weg selbst nach einem guten Kilometer um eine Linkskurve hinabführt. Wir verlassen die Weinberge und halten uns am **Hochwasserrückhaltebecken** 04 (250 m) rechts in die Eichhaldenstraße. Wir erreichen Oberstenfeld und wandern zuerst geradewegs ins Wohngebiet hinein. Nach wenigen Minuten führt uns ein Teerweg nach links hinab, dann wenden wir uns wieder nach rechts und laufen in die „Schafwiesen“. Nun geradeaus, an der Neuapostolischen Kirche vorbei bis zur Hauptstraße, der wir nach rechts zur Ortsmitte folgen. Die Lichten-

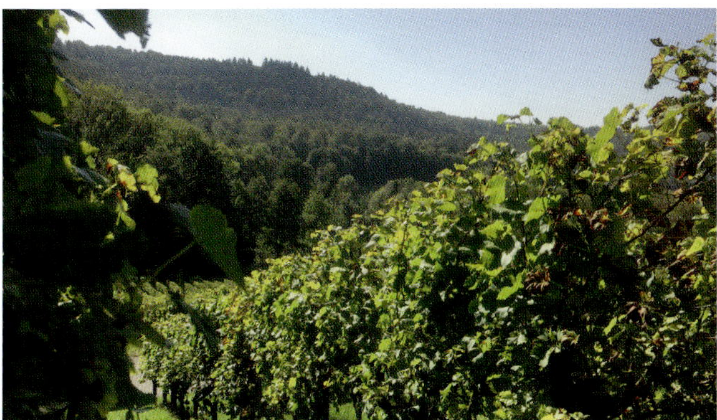
Weinreben an der Eichhalde.

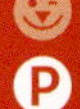

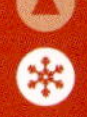

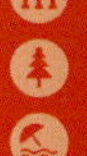

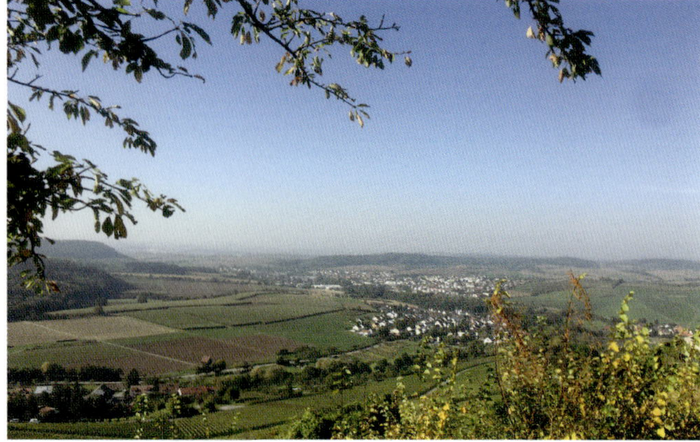
Ausblick von Lichtenberg.

berger Straße bringt uns geradeaus über die große Kreuzung, an der Großbottwarer Straße wenden wir uns nach links. Jetzt gesellen sich auch gleich diverse Wegzeichen zu uns. Wir schlendern nun durch die Ortsmitte von Oberstenfeld und können den beiden Kirchen St. Johannes oder der Dorfkirche einen Besuch abstatten, bevor wir nach links in die Bädergasse einbiegen. Das blaue Kreuz begleitet uns direkt zur **Schneckenbrücke** 05 (230 m). Wir überqueren sie und folgen dem blauen Kreuz nach rechts. Der Parkweg führt am Bach entlang und am Bürgerhaus und Sportplatz und -halle vorbei. Die Dürrenstraße bringt uns nach links hinauf, am Schlossberg scharf links, dann gleich rechts ein paar Treppen hinauf. An der Burgstraße laufen wir ein paar Meter nach rechts, dann biegen wir links in einen Teerweg ein. Er geht in einen Schotterweg über. An der nächsten T-Kreuzung folgen wir nochmals links kurz dem asphaltierten Weg, dann schlagen wir uns nach rechts hinauf – ein Wiesenpfad begleitet uns am Naturdenkmal **Birnbaumallee** 06 (279 m) entlang. Schließlich tauchen wir in den Wald ein, der Weg wird immer steiler. Nach guten zehn Minuten erreichen wir die **Burg Lichtenberg** 07 (371 m). An gut erhaltenen Mauerresten entlang wandern wir durch den Torbogen und auf der Zufahrtsstraße nach links. Schöne Blicke über das Tal begleiten uns jetzt vor zur Hauptstraße. An der L1118 biegen wir links ab, nach zweihundert Metern folgen wir scharf nach rechts

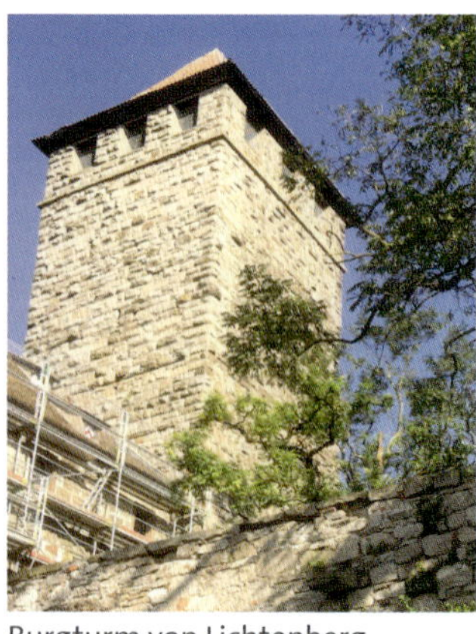
Burgturm von Lichtenberg.

dem Kutscherweg in den Wald hinein. Ab hier richten wir uns nach dem roten Kreuz. Auf und ab geht es nun eine gute halbe Stunde bald am Waldrand entlang Richtung Krugeiche. Wir ignorieren zwei Gabelungen und den Parkplatz Starenbühl und wandern weiter geradeaus in den Wald hinein auf der Völkleshoferstraße. Fast eine viertel Stunde geht es eben und geradeaus durch den Starenbühl (an der Gabelung nach fünf Minuten links halten). An einer großen Kreuzung wenden wir uns dann nach links hinab auf den **Neuen Kirschklingenweg** **08** (286 m). Er bringt uns nun stetig – teils steil – an der Kirschklinge hinab ins Bachtal. Unten wenden wir uns nach links und folgen dem schönen Waldweg – erst dem Stiftswaldweg, dann dem Buchtraufweg, immer an der Kurzach entlang. Nach zwanzig Minuten, noch vor Gronau, biegt an einer **Knorrigen Eiche** **09** (288 m) – einem Naturdenkmal – ein erdiger Waldweg scharf nach links ab und bringt uns unmarkiert teils steil hinauf. Eineinhalb Kilometer wandern wir nun nochmals auf diesem Weg hinauf und erreichen so den **Parkplatz Krugeiche** **01** (376 m).

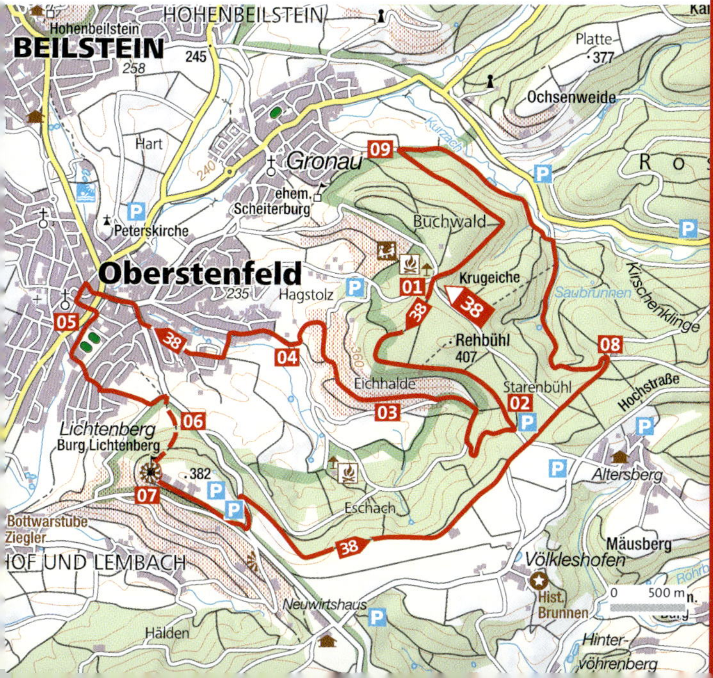

Tipp:

Auf dem Zufahrtsweg zur Krugeiche befindet sich auf halbem Weg, kurz nach Waldeintritt, beim ersten Parkplatz linker Hand ein Kneippbecken. An heißen Sommertagen finden wir hier eine wohltuende Erfrischung für die müden Wanderbeine.

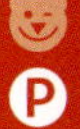
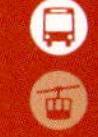
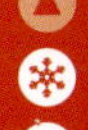

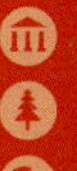

VON SPIEGELBERG IN DIE BODENBACHSCHLUCHT

Genussvolle Wald- und Schluchtenwanderung

 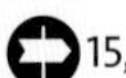 15,7 km  4:45 h 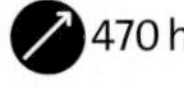 470 hm 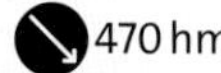 470 hm  774

START | Sulzbacher Straße, Ecke Herrschaftswiesen in Spiegelberg. Geokoordinaten: [GPS: UTM Zone 32 x: 532644.908 y: 5431581.729].
CHARAKTER | Es gibt sehr viele, teilweise extrem steile An- und Abstiege. Die schmalen Pfade in den Schluchten sind zudem sehr verwurzelt und matschig, es besteht also leicht die Gefahr auszurutschen oder zu stolpern. Der Weg ist fast durchgehend sehr gut markiert.

Auf dieser Wanderung begegnen uns gleich zwei Highlights, was die Schönheiten des Naturparks Schwäbisch-Fränkischer Wald angeht: Die Bodenbachschlucht und die Tobelschlucht, zwischen Vorderbüchelberg und Großhöchberg, folgen direkt aufeinander. Die Bodenbachschlucht ist eine der urtümlichsten und wildesten Schluchten im Schwäbischen Wald. An steilen Felswänden und groben Felsabbrüchen entlang erleben wir hier jede Menge atemberaubender Eindrücke. Ein Forstweg führt uns gleich danach zur Tobelschlucht. Sie ist eine Bachklinge des Dentelbaches. In ihrem Grund finden wir den „Hohlen Stein", eine grottenartig unterspülte Felsbank. Im Städtchen Spiegelberg können wir unser kulturgeschichtliches Wissen erweitern. Der Ort hatte eine

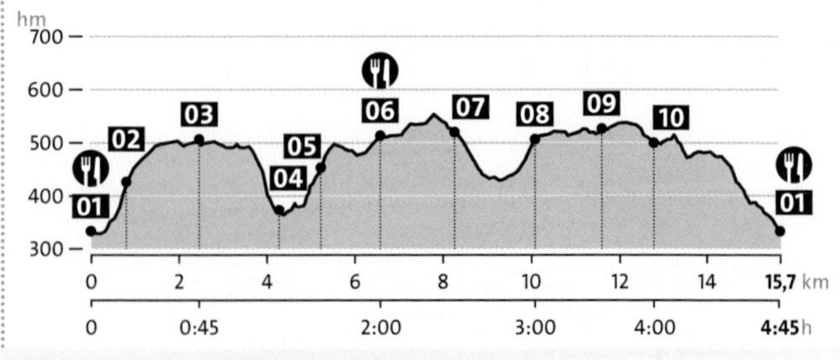

01 Spiegelberg 336 m; **02** Obere Roßstaig 465 m; **03** Kreuzbuche 510 m; **04** Neulautern 390 m; **05** Verlobungswegele 419 m; **06** Vorderbüchelberg 513 m; **07** Bodenbachschlucht 534 m; **08** Hohler Stein 450 m; **09** Großhöchberg 526 m; **10** Abzweigung Glaswanderweg 534 m

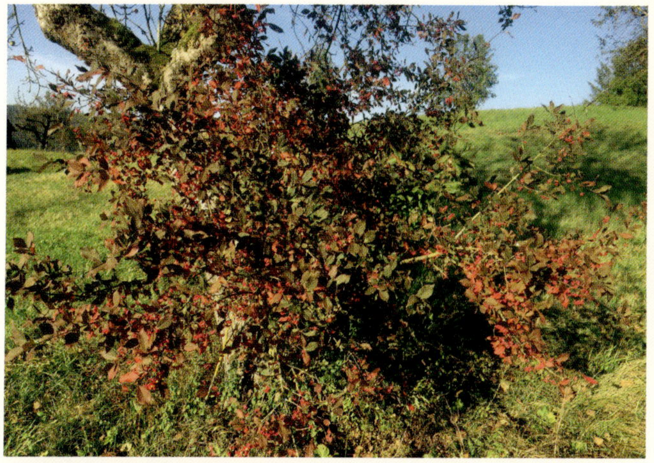

Herbstliches Pfaffenhütle am Wegrand.

besondere Rolle als ehemalige Glashütte inne, die im Museum Spiegelberg veranschaulicht wird. Zudem führt das letzte Stück unseres Weges auf dem „Spiegelberger Glashüttenweg“, der mit einigen Schautafeln interessante Informationen aus dieser Zeit weitergibt.

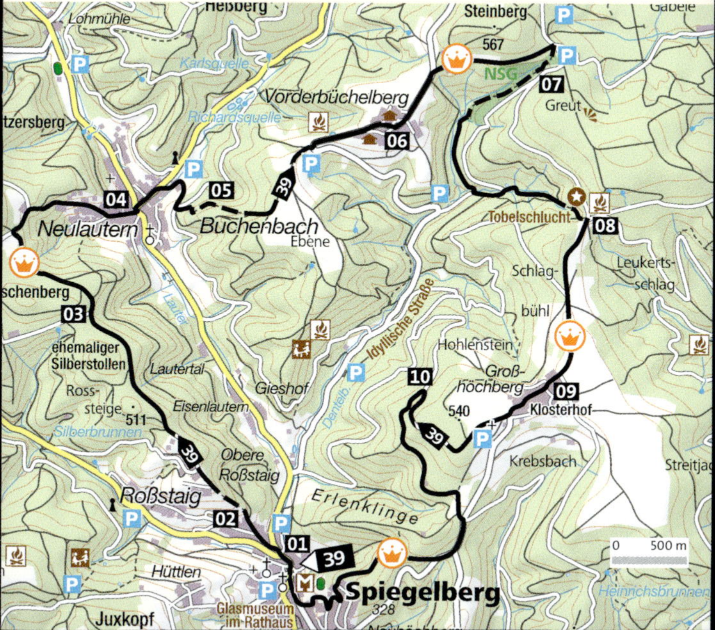

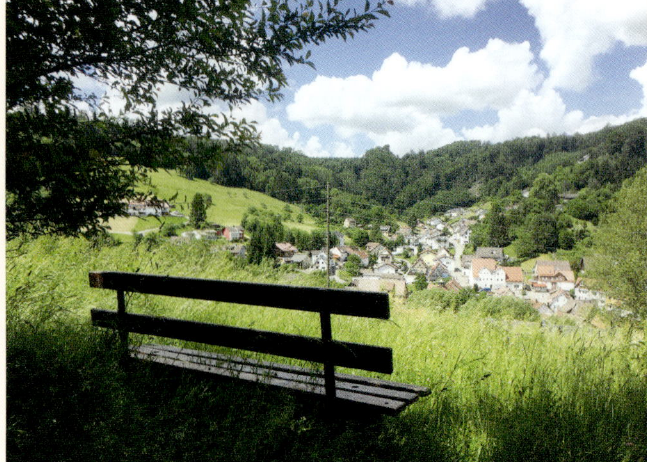

Rast mit Blick auf Neulautern.

Wir beginnen unsere schöne Wanderung in **Spiegelberg** 01 (336 m), an der Sulzbacher Straße. Zunächst folgen wir ihr in den Ort hinein bis zur Bergstraße, der wir nach links steil hinauf auf dem blauen Punkt folgen. An der darauffolgenden Gabelung halten wir uns rechts, am letzten Haus wandern wir geradeaus in den Wald hinein. Der Weg wird immer steiler und nur langsam geht es nun voran. Nach anstrengenden zehn Minuten gelangen wir an ein Teersträßlein, dem wir geradeaus folgen. An Gärten vorbei erreichen wir schließlich die **Obere Roßstaig** 02 (465 m). Hier weist ein Holzschild nach links zum Jux. Wir wandern jedoch weiter, nun stetig geradeaus auf dem Räuberweg, bald einen wunderschönen Waldweg entlang. Nach ca. einer viertel Stunde erreichen wir die **„Kreuzbuche“** 03 (510 m). Wer möchte, kann hier einen Abstecher von rund 5 Minuten nach links zum Silberstollen machen. Unser Weg jedoch geht weiter geradeaus auf dem blauen Punkt Richtung Neulautern. Nach einer weiteren viertel Stunde erreichen wir eine Gabelung, an der wir rechts weiterlaufen. Der Weg führt geradeaus hinab, teils recht steil, nun auf dem roten Kreuz. Am Ortsrand von **Neulautern** 04 (390 m) wandern wir das „Lange Eck“ extrem steil hinunter bis zur Vorfahrtsstraße. Wir überqueren sie schräg nach rechts in die Wüstenroter Straße. Sie führt uns nur wenige Minuten aufwärts. Am Spannungshäuschen lenkt uns das rote Kreuz nach rechts Richtung Vorderbüchelberg. Auf einem Schotterweg um einen Rechtsbogen erreichen wir den Wald und schlendern am Waldrand entlang auf die Anhöhe bis zu einer Kreuzung mit einem Sitzbänkchen, wunderschöner Aussicht auf Neulautern und der hübschen Robert Hufnagel Linde. Scharf nach links bringt der Weg uns in wenigen Metern zum **Verlobungswegele** 05 (419 m). Ein paar Stufen hinauf, dann weiter auf einem Pfad, manchmal steil, doch

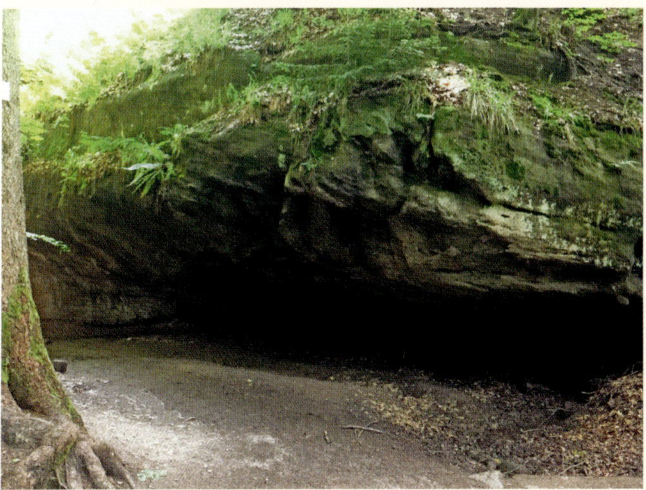

Am Hohlen Stein.

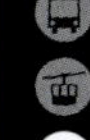

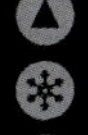

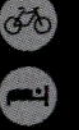

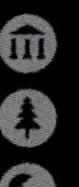

stetig wurzelig und bei Nässe auch rutschig. Gute zehn Minuten später treffen wir auf einen Waldweg. Links nun, doch nur wenige Schritte, dann biegen wir rechts auf einen sehr steilen Pfad hinauf ab – Achtung, unmarkiert! Oben am Waldrand wenden wir uns nach links, jetzt begleitet uns wieder das rote Kreuz. Der Pfad mündet in einen Teerweg, dem wir geradeaus folgen bis zur Straße. Sie bringt uns nun geradewegs in wenigen Minuten nach **Vorderbüchelberg 06** (513 m). Gleich am Ortsanfang halten wir uns rechts, am Gästehaus Stiller vorbei und durchs Örtchen hindurch. An der Wüstenroter Straße wenden wir uns nach rechts und laufen aus dem Ort heraus, an der Straße entlang, bis wir nach ca. 250 Metern auf eine Abzweigung treffen. Nach rechts nun, auf dem Sträßlein am Friedhof vorbei. Beim Wanderparkplatz nach guten zehn Minuten folgen wir der Straße noch um die Rechtskurve. Am Ende des Wanderparkplatzes Seewiese weist uns ein Holzschild nach rechts in die **Bodenbachschlucht 07** (534 m). Der zu Anfang breite Pfad verschmälert sich nach und nach. Auf und ab geht es über Wurzeln, Steine und kleine Rinnsale. Zehn Minuten später erreichen wir einen Schotterweg. Wir wandern auf ihm nach rechts ein paar Meter hinab, dann geht es wieder in die Schlucht hinein. Nach zwanzig Minuten erst hinab, dann wieder hinauf und schließlich einen etwas breiteren Pfad geradeaus entlang gelangen wir an einen Waldweg, dem wir nach links folgen. Er bringt uns nur 150 Meter später an den Eingang der Tobelschlucht. Hinein in die Schlucht erwartet uns nach ein paar Schritten der **Hohle Stein 08** (450 m). Der Weg führt weiter, über glitschige Steine, teilweise sehr steil durch Felsblöcke hindurch. Nach einer viertel Stunde wird unser Pfad breiter und endet an einem Schotterpfad. Wir folgen ihm links vor bis zur Straße, nun auf dem roten Punkt. An der Straße rechts Richtung **Großhöchberg 09**

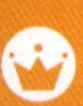

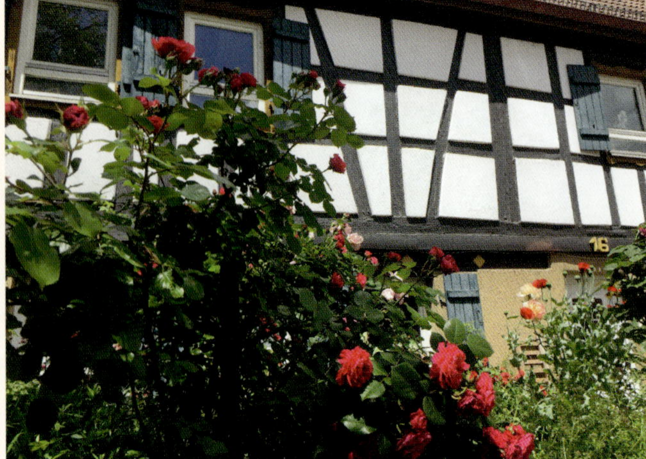

In Großhöchberg.

(526 m). Wir laufen durch das Örtchen hindurch. Kurz nach Ortsende wenden wir uns nach rechts, am Wanderparkplatz, dann am Friedhof vorbei und weiter bis zum Wald. Wir folgen dem Waldweg geradeaus. Nach ca. 500 Metern lässt uns ein schmaler Pfad – Achtung, unmarkiert! – nach links hinab abbiegen: Es ist die **Abzweigung zum Glaswanderweg** **10** (534 m). Wir wandern ihn in angenehmem Gefälle hinunter; nach wenigen Minuten erreichen wir eine Infotafel, die uns nun offiziell zeigt, dass wir uns auf dem Glaswanderweg Spiegelberg befinden. Ihm folgen wir weiter hinab bis zu einem breiten Waldweg. Nach zehn Minuten gelangen wir an die Straße nach Spiegelberg. Hier rechts, 50 Meter später wieder rechts erst auf einen Wald-, dann auf einen Schotterweg. Wenige Minuten später zweigt nach rechts ein Pfad ab. Wir folgen ihm und erreichen die Falkenstraße. Sie bringt uns rechts hinab, nach wenigen Metern zweigt wieder rechts ein Pfad zum Sportverein Spiegelberg ab. Nun links vor bis zum Kreisel, dann rechts die schmale Finkenstraße hinunter und weiter auf dem Fußgängerweg bis zur Großhöchberger Straße. Hier geht es rechts weiter abwärts, der Sulzbacher Straße folgen wir dann nach links zurück zum Parkplatz in **Spiegelberg** **01** (336 m).

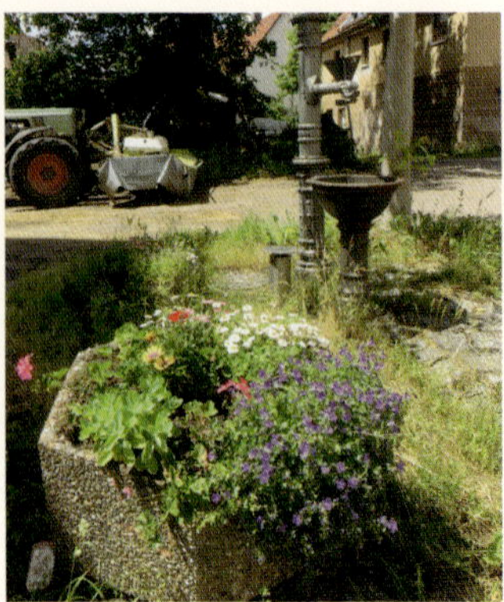

In Buchenbach.

VON GROSSERLACH AUF DEN HOHEN BRACH

Zur höchsten Erhebung der Schwäbisch-Fränkischen Waldberge

  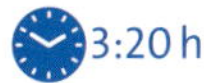 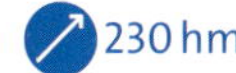 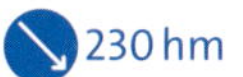 

START | Großerlach – Gartenstraße beim Tennisheim. Geokoordinaten: [GPS: UTM Zone 32 x: 537797.841 y: 5433414.198].
CHARAKTER | Anfangs ist der Weg breit und gut begehbar, aber manchmal nicht durchgehend markiert. Es gibt einige, teils knackige An- und Abstiege, die bei Nässe herausfordernd werden können. Ab Erlach ist der Weg gut markiert.

Die Wanderung führt uns durch die Wälder rund um Erlach und Großerlach. Dabei erleben wir über naturnahe Pfade und breite Teerwege alles; am Silberstollen beginnt die schöne Runde. Er wurde 1773 eröffnet und hatte seine Hochzeit während des Großerlacher Silberrausches. Der Stollen ist stiller Zeuge der Bergwerkstechnik vor 1800. Heute sind noch deutliche Abbauspuren von den Schlägen der Bergleute zu sehen. 1926 begann man, den Stollen wieder freizulegen. Nach dem Zweiten Weltkrieg geriet er jedoch in Vergessenheit. Der Heimatverein Großerlach legte ihn 1993 erneut frei und machte ihn viele Jahre später wieder öffentlich zugänglich. Der Hohe Brach, unser anspruchsvolles Ziel, ist der höchste Berg nicht nur im Schwäbisch-Fränkischen Wald, sondern auch im gesamten Rems-Murr-Kreis. Auf

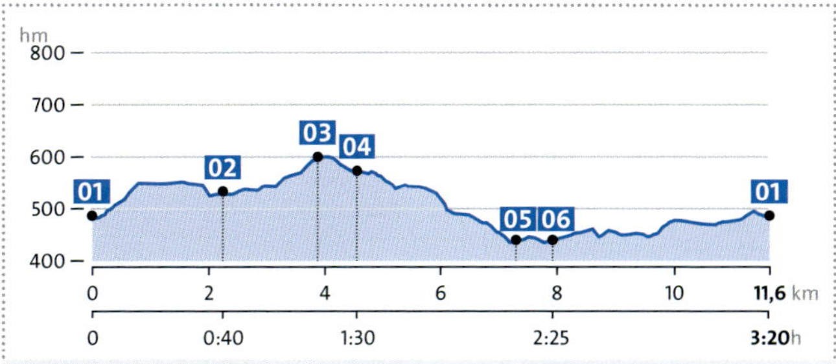

01 Großerlach Tennisheim 480 m; 02 Erlach 526 m; 03 Fernmeldeturm 586 m; 04 Hohenbrach 571 m; 05 Hammerschmiede 430 m; 06 Liemersbach 480 m

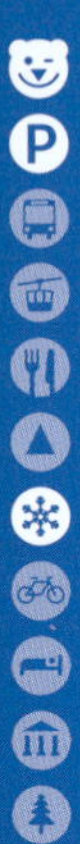

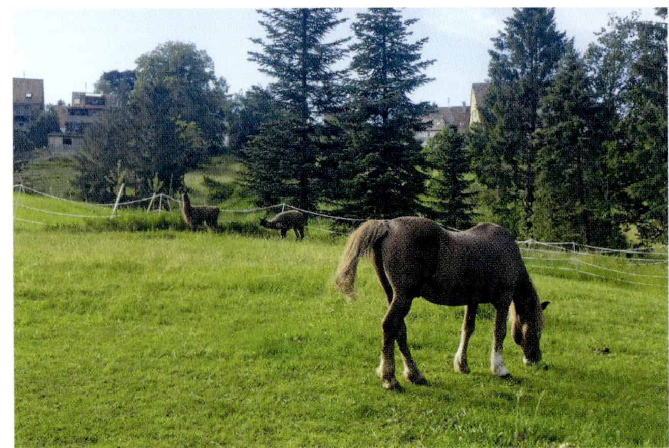

Abendstimmung auf der Weide.

ihm thront der weithin sichtbare, und gut der Orientierung dienende, 133 Meter hohe Funkturm.

▶ Wir starten unsere Wanderung in **Großerlach am Tennisheim** 01 (480 m). Unsere Markierung ist zunächst der Rundwanderweg Nr. 2 der Gemeinde Großerlach. Er führt uns am Tennisplatz vorbei, an der Ecke rechts hinauf und sogleich in einem Linksbogen über die Wiese weiter bergan. Die Markierung ist spärlich, wir wandern einfach beherzt über die Wiese leicht links gewandt zum Teerweg. Ihm folgen wir dann noch gute 200 Meter hinauf, an der Skipiste entlang, dann wenden wir uns an einem Schotterweg nach rechts. Er bringt uns wieder an einen Teerweg, auf dem wir nach links nochmal ansteigen, immer den Funkmast im Blick. An der Gabelung vor dem Mast wenden

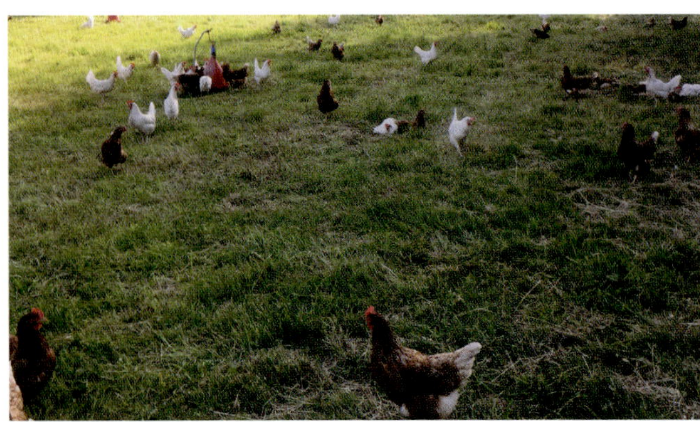

Glückliche Hühner im Rottal.

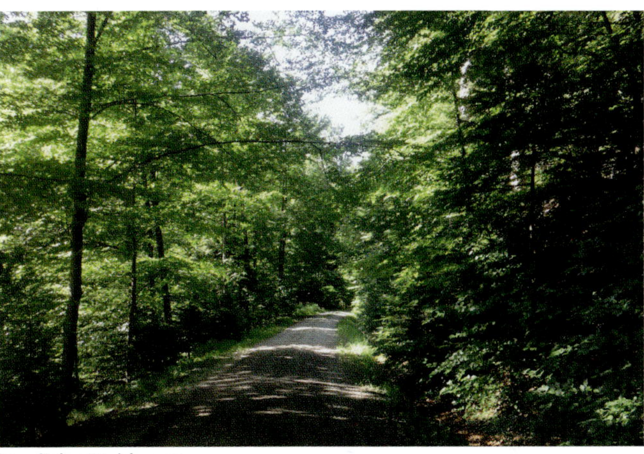

Herrliche Waldwege.

wir uns nach links und wandern nun den Teerweg gute zwanzig Minuten entlang, bis er in eine Straße mündet. Wir folgen ihr noch ein paar Schritte, dann sind wir in **Erlach** 02 (526 m) angelangt. Die Hauptstraße führt uns wieder aus dem Ort heraus und recht schnell nach links auf einen Pfad in den Wald hinein, jetzt dem roten Kreuz hinterher. Relativ parallel zur Straße verläuft der erdige Waldpfad. Nach fünf Minuten geht es nach rechts aus dem Wald heraus, über eine Wiese und bis zur Straße. Wir folgen ihr nach links. Wenige Minuten später biegen wir nach rechts auf einen schönen, breiten Waldweg ab. Nun folgen wir neben dem roten Kreuz auch dem Schwäbischen Waldweg für ca. zehn Minuten durch den herrlichen, lichten Wald. Dann aufgepasst, unscheinbar lenkt uns das rote Kreuz nach links. Ein schma-

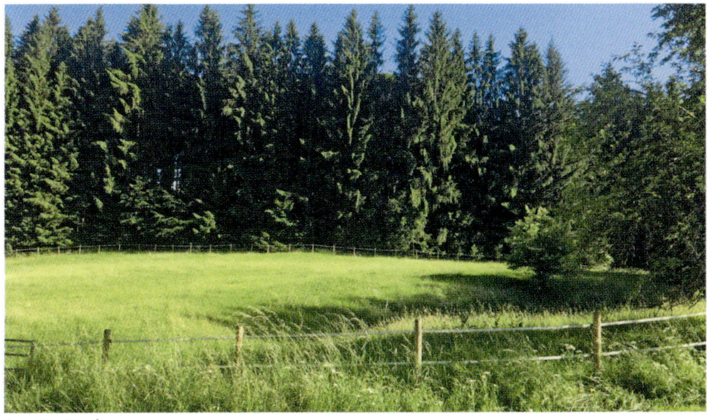

Im Rottal.

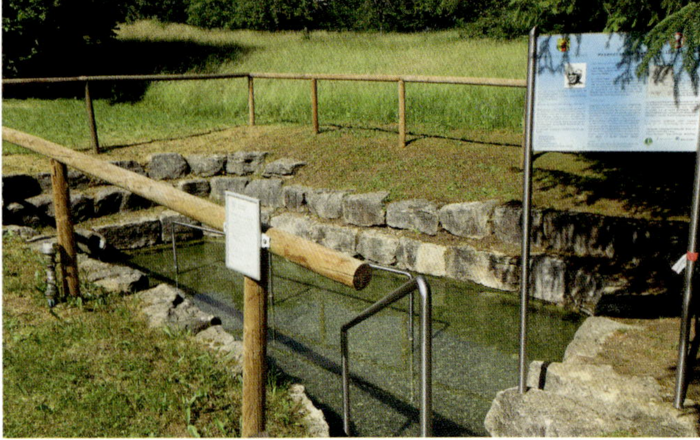

Kneippbecken am Silberstollen.

ler Waldpfad steigt steil und wurzelübersät bergan. Nach dem Anstieg wandern wir noch fünf Minuten durch den Wald, dann erreichen wir den Hohen Brach mit seinem **Fernmeldeturm** 03 (586 m). Ab hier geht es bequem über einen schönen, breiten Waldweg bis zur nächsten Kreuzung kurz hinter dem Turm: Das rote Kreuz und der Großerlacher Rundweg Nr. 3 weisen uns den Weg nach rechts Richtung Hohenbrach. Kurz nach Waldaustritt bieten sich schöne Blicke in das kleine Tal, dann haben wir auch schon **Hohenbrach** 04 (571 m) erreicht. Im Ort laufen wir die Straße nach links weiter Richtung Hammerschmiede, jetzt führt uns der blaue Balken. An der darauf folgenden Vorfahrtsstraße wenden wir uns nach rechts, nach wenigen Metern schickt uns jedoch der blaue Balken schon wieder nach rechts auf einen schmalen Pfad in den Wald hinein. Nun geht es teils steil abwärts. Wir kreuzen einen Waldweg, und weiter geht es auf einem recht schlammigen Pfad hinab. Beim zweiten breiten Waldweg wenden wir uns nach links, doch schon nach wenigen Minuten biegen wir wieder rechts ab. Nach einigen Minuten wenden wir uns nach rechts auf einen breiteren Wiesenwaldweg, der allmählich in einen Pfad übergeht. Der Weg wird nun immer steiler, bis er zum Schluss fast senkrecht hinabführt. Unten wandern wir noch ein bisschen geradeaus, dann gelangen wir an eine Schotterstraße, den „Löwensteinweg“. Er bringt uns nach rechts schnell an eine Kreuzung, an der wir geradeaus weiterwandern, auf der „Hammerschmiedstraße“. Der schöne Waldweg bringt uns dann in einer guten viertel Stunde zur **Hammerschmiede** 05 (430 m). Nun wandern wir nach links gewandt auf dem Rundweg Nr.2 und dem Schwäbischen-Wald-Weg an der Rot entlang bis **Liemersbach** 06 (432 m). Kurz hinter Liemersbach halten wir uns am Bus-Häuschen rechts auf einen Schotterweg. Eineinhalb Kilometer laufen wir nun nochmal durchs schöne Tal der Rot; kurz vor der B14 – wir können sie bereits hören – lässt uns der Wanderweg scharf nach links abbiegen. Ein Pfad führt aufwärts und

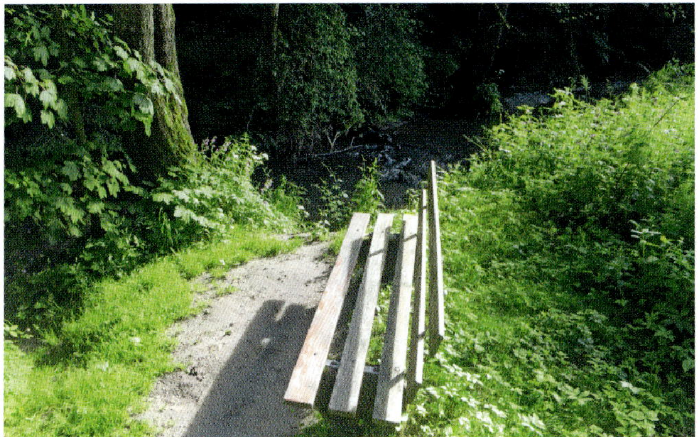

Päuschen an der Rot.

mündet in einen Schotterweg. Wir schlendern geradeaus bis zu den ersten Häusern von Gollenhof. Der „Mainhardter Weg“ bringt uns zur K1812. Schräg nach links hinüber geht es auf einem Sträßchen hinab, am Sportplatz der Schule Großerlach vorbei und wieder hinauf. Dann erreichen wir wieder die Gartenstraße, die wir abwärts zum Auto und zum **Tennisheim Großerlach** **01** (480 m) schlendern.

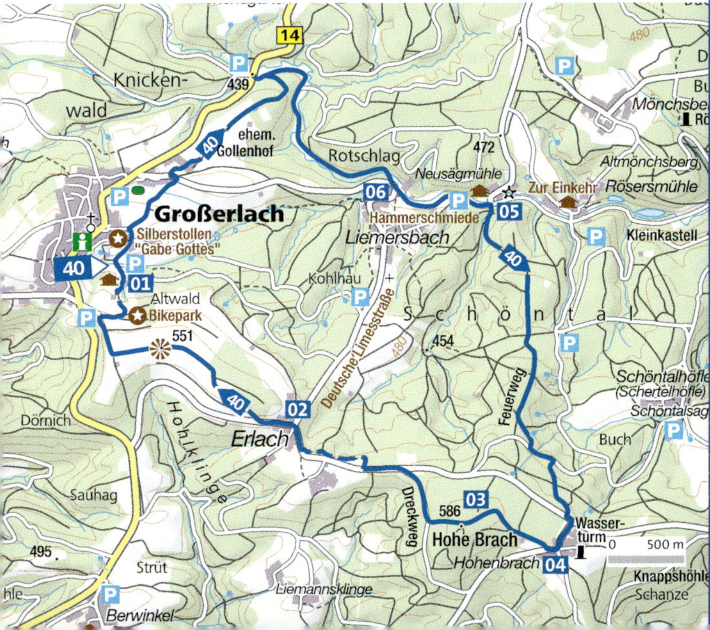

VON WIELANDSWEILER DURCHS ROTTAL

Idyllische Wald- und Bachwanderung zum alten Limesturm

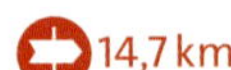

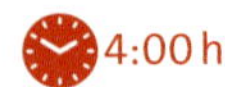

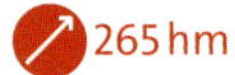

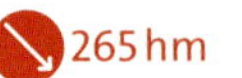

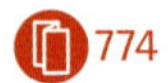

START | Wielandsweiler: „Zu den Mühlen“, dann links, nach 100 Metern Parkplatz auf der rechten Seite.
Geokoordinaten: [GPS: UTM Zone 32 x: 545347.807 y: 5433552.097].
CHARAKTER | Die Wanderung verläuft größtenteils auf angenehmen, schmalen und breiten Wald- und Teerwegen. Im Säugraben ist der Weg extrem schmal und steil und kann auch bei trockenen Verhältnissen sehr rutschig sein.

▶ Vom **Wanderparkplatz Wielandsweiler** 01 (391 m) laufen wir am Waldrand entlang Richtung Hammerschmiede. Zu unserer linken begleitet uns die Rot. Unser Wegzeichen ist der Rundwanderweg Nummer 2 der Gemeinde Oberrot. Nach etwa einer halben Stunde gelangen wir an die **Hammerschmiede** 02 (380 m). Hier führt uns der Weg nach rechts über die Brücke und auf einem Teerweg an Wiesen und Weiden vorbei zum Weiler Badhaus. Die Wiesengrundstraße bringt uns nach rechts zur **Marhördter Sägmühle** 03 (380 m). Vorbei am Mühlenmuseum halten wir uns kurz darauf links und folgen der Straße hinauf Richtung Marbächle. Doch nur wenige Minuten, dann

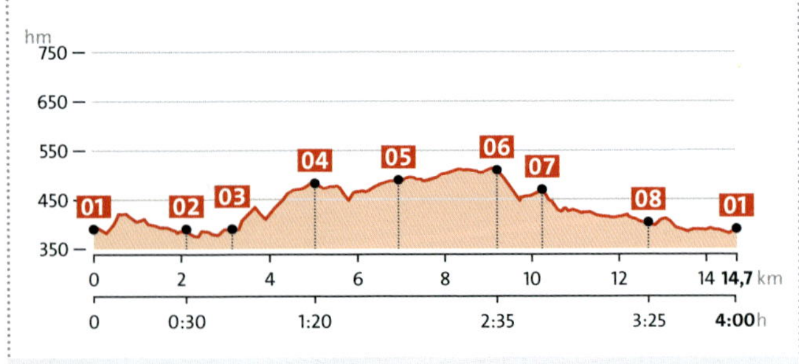

01 Wanderparkplatz Wielandsweiler 391 m; 02 Hammerschmiede 380 m; 03 Marhördter Sägmühle 380 m; 04 Marbächle 486 m; 05 Morbach 493 m; 06 Säugraben 478 m; 07 Limesturm 458 m; 08 Traubenmühle 410 m

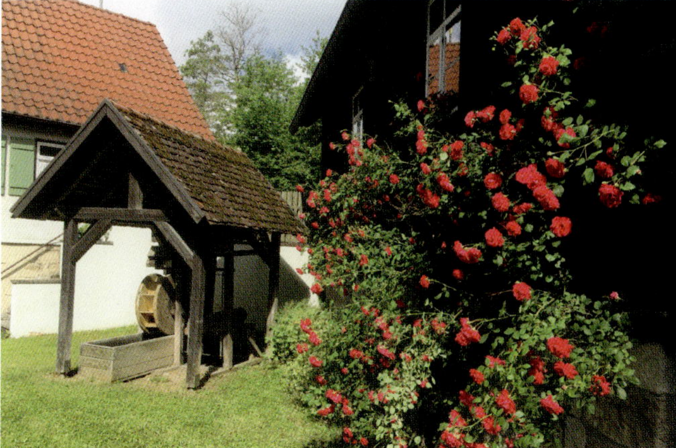

An der Marhördter Sägmühle.

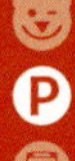

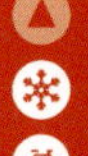

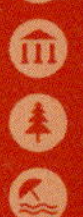

lenkt uns die Markierung nach rechts, einen breiten Waldweg hinauf. Wir folgen ihm ca. zwanzig Minuten durch den schönen Wald, dann biegen wir an der Kreuzung nach rechts ab. Wir richten uns nach dem roten Kreuz. Über den Bach bringt uns ein asphaltiertes Weglein steil hinauf nach **Marbächle** 04 (486 m). Hier überqueren wir die Straße schräg nach links und laufen geradeaus, bald auf einem Schotterweg in den Wald hinab. Im Wald geht es weiter geradeaus, nach einem halben Kilometer weist uns das rote Kreuz scharf nach links auf einen Pfad hinab, über ein Bächlein und langsam wieder aufwärts aus dem Wald heraus. Wir laufen nun geradeaus, kurz weglos über Wiese, dann wieder in den Wald hinein. Hier wird nach wenigen Schritten wieder ein Weg erkennbar. So wandern wir bald über einen Schotter- und Wiesenweg, der uns an einen Teerweg bringt. Wir biegen links ein und erreichen kurz darauf **Morbach** 05 (493 m). Durchs Örtchen hindurch, an der Hauptstraße rechts, dann gleich wieder rechts, die Schulstraße hinauf. Auf einem Schotterweg wandern wir durchs Ultraleichtfluggelände hindurch. Der Weg mündet in einem Wiesenweg: Leicht links haltend laufen wir hinab, überqueren das Bächlein und biegen dann gleich links ab, nun am Bach entlang die Wiese hinauf, weglos und unmarkiert. Am

Tipp:

1856 erbaut, wurde die Marhördter Sägmühle 1981-83 von ihrem neuen Besitzer Oberrot, dem Naturpark, der Firma Klenk Holz AG und vielen privaten Spendern zum Museum umgebaut. Es gibt Schätze und Werkzeuge aus früheren Zeiten zu besichtigen. Da die Mühle ein Kleinmuseum ist, kann sie nur nach Anmeldung in Gruppen oder am „deutschen Mühlentag“ (Pfingstsonntag) besichtigt werden. Infos unter 07977 740 bei der Gemeinde Oberrot.

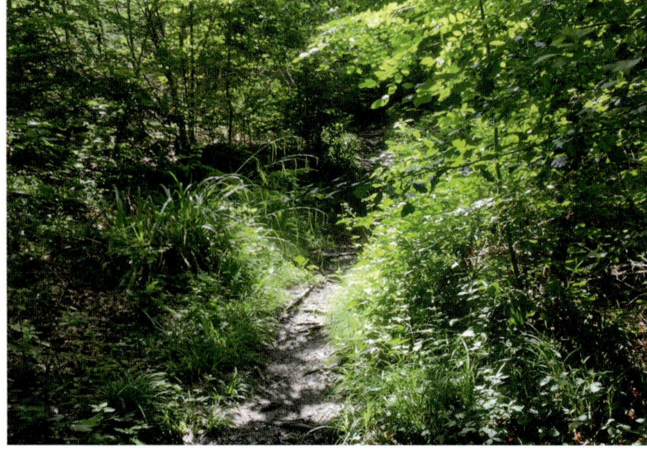

Durch den Säugraben.

Ende des Wäldchens zu unserer Linken laufen wir leicht schräg nach links über die Wiese vor bis zum Teerweg. Sollte die Wiese zu hoch gewachsen sein, können wir auch am Fußballplatz links abbiegen, bis zum Teerweg und dann rechts. An diesem Teerweglein wenden wir uns nach links, vor bis zur Sulzbacher Straße. Wir folgen ihr nach links, rechts um die Kirche herum. Hinter der Kirche, direkt an der Ecke, geht es nach rechts Richtung Hankertsmühle, am Limesweg dann links vor bis zur Seestraße. Unser Zeichen ist nun HW6, der Limeswanderweg. An der Seestraße geht es nach rechts, dann weiter die Waldstraße hinab. Sie mündet in einen Teerweg, dem wir noch gute 150 Meter folgen. Dann zweigt links ein Waldweg ab. Nach einem kurzen Stück folgen wir einem Pfad nach links. Hinab bis zu einem breiten Waldweg, den wir überqueren. Ein etwas breiterer Waldpfad bringt uns bald extrem steil hinab in den **Säugraben** 06 (478 m). Am breiten Waldweg geht es nach links am Bach entlang, nur wenige Meter vor bis zur Kreuzung. Hier folgen wir dem zweiten Weg nach rechts Richtung Hankertsmühle. Nach ca. 75 Metern führt nach links ein Pfad hinauf, schlammig und sehr steil. Nach einem Weilchen erreichen wir einen breiten Waldweg. Ein Abstecher auf der anderen Seite führt uns zu den antiken Überresten eines ehemaligen **Limesturmes** 07 (376 m).

Dann folgen wir dem Schotterweg hinab bis zur Kreuzung: Hier nehmen wir den zweiten, rechten Weg, das „Hankertsmühlensträßchen“ hinab. An der ehemaligen Hankertsmühle geht es rechts, nun an der Rot weiter Richtung Traubenmühle. Idyllisch wandern wir an der Rot entlang, bis nach einer halben Stunde die **Traubenmühle** 08 (376 m) erreicht ist. Weiter dem Weg folgend gelangen wir schließlich – noch an der Scherbenmühle vorbei – zurück an den Rand von Wielandsweiler und rechts zum **Wanderparkplatz** 01 (391 m).

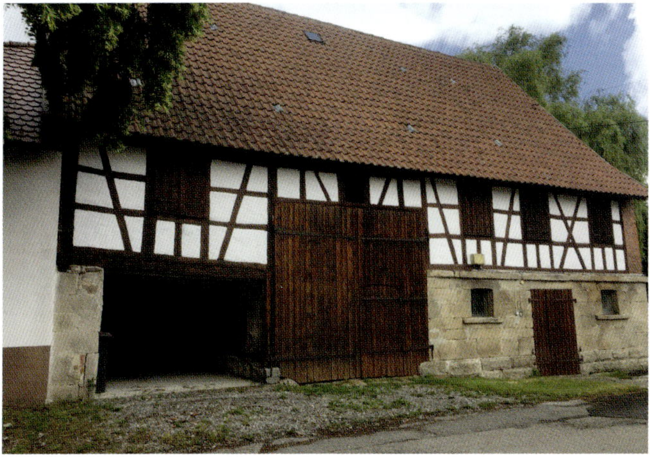

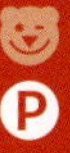
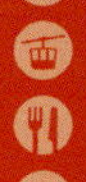

Schöne Fachwerkscheune.

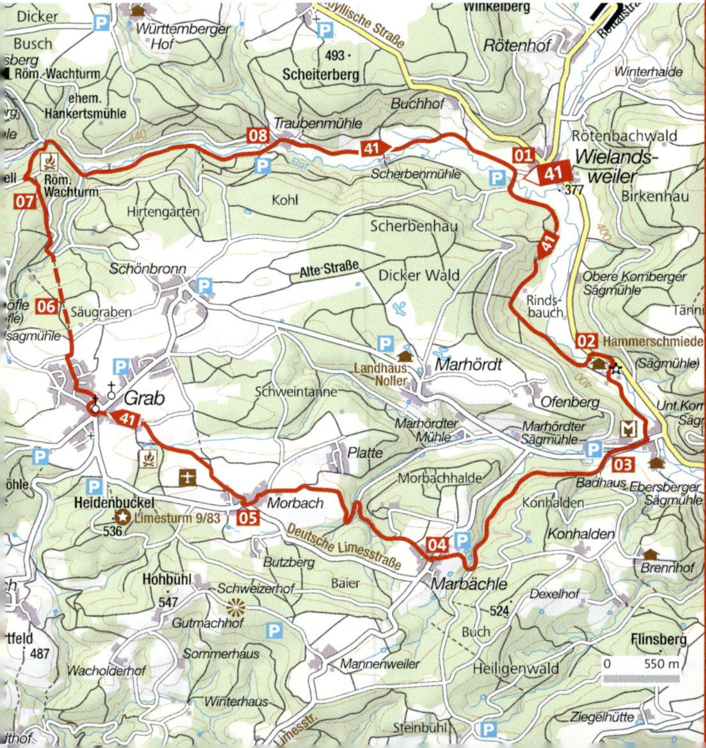

ZUM TEUFELSTEIN BEI SULZBACH AN DER MURR

Zu einem Naturdenkmal und einer kleinen, unbekannten Schlucht

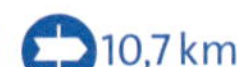

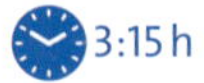

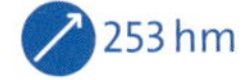

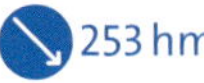

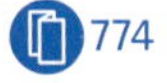

START | Freizeitanlage Seitenbachtal. Kurz nach Sulzbach an der Murr auf der B14 Richtung Berwinkel geht es gegenüber vom Fischbachhof rechts auf ein Teersträßchen. Der Parkplatz befindet sich nach ca. 300 Metern bereits im Wald rechts. Geokoordinaten: [GPS: UTM Zone 32 x: 537194.093 y: 5429106.044].
CHARAKTER | Nicht besonders lang führt uns die Runde über schöne Waldwege. Um den Teufelstein herum wird es mal matschig, ebenso in der kleinen Schlucht über den Gronbach: Der Weg ist hier steil und sehr rutschig!

▶ Vom **Parkplatz bei der Freizeitanlage Seitenbachtal** 01 (302 m) wandern wir zunächst mit dem blauen Punkt auf der Teerstraße geradeaus. Am Freizeitgelände entlang passieren wir bald eine Schranke. Ab hier beginnt der schöne Waldweg, der uns nun langsam in den Wald hinaufführt. Nach einer viertel Stunde gelangen wir an eine T-Kreuzung, an der wir links abbiegen Richtung Berwinkel. Der ansteigende Weg führt uns hier über den **Ochsenberg** 02 (441 m). Nach weiteren zehn Minuten bleiben wir auf dem Hauptweg geradeaus (der blaue Punkt verlässt uns hier nach rechts). Ab jetzt folgen wir der

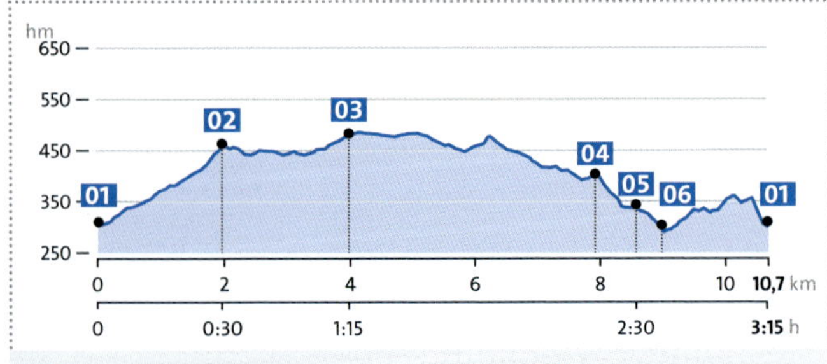

01 Parkplatz Freizeitanlage Seitenbachtal 302 m; 02 Ochsenberg 441 m; 03 Berwinkel 487 m; 04 Teufelstein 389 m; 05 Gronbach 335 m; 06 Arboretum 316 m

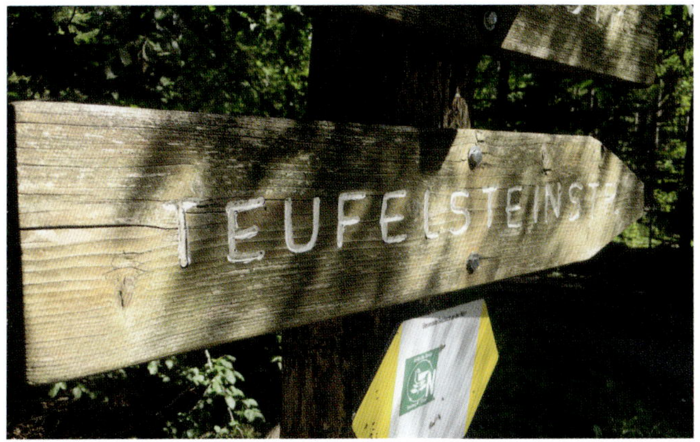

Der Teufelstein wartet.

Markierung N des Rundweges der Idyllischen Straße. Schließlich erreichen wir **Berwinkel** **03** (487 m). Zu Beginn des Weilers laufen wir noch geradeaus, dann biegen wir am Wanderschild scharf rechts ein. Wir folgen der Straße durch das idyllische Berwinkel hindurch. An seinem

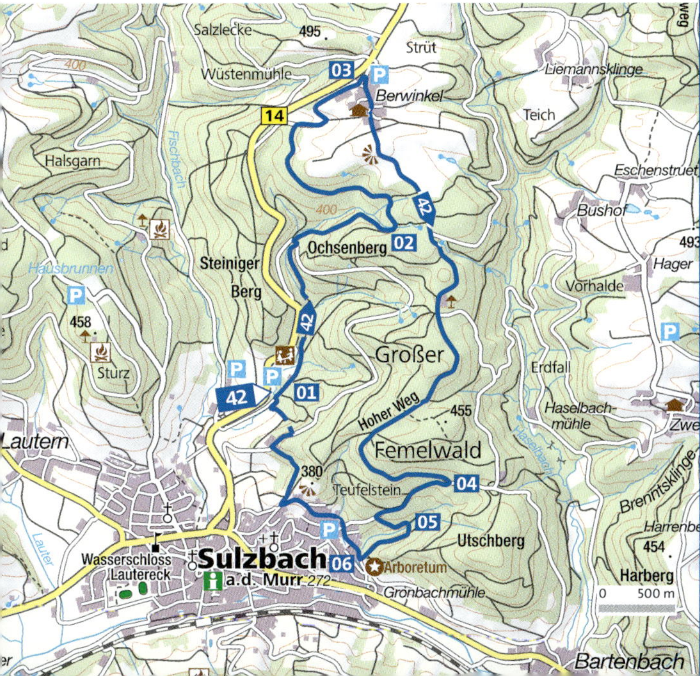

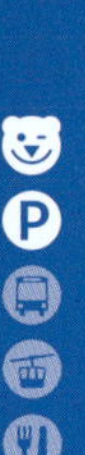

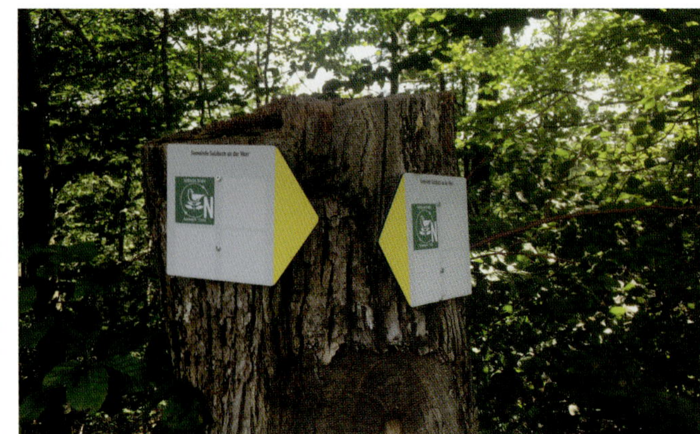

Eindeutige Wegbezeichnung.

Ende weist uns ein Schild geradeaus weiter auf dem Teerweg, an Feldern und Wiesen vorbei, Richtung Arboretum. Bei Einritt des Waldes mündet der Teerweg in einen Waldweg. Er führt uns nun stetig geradeaus, alle Abzweigungen links und rechts lassen wir liegen, eine Kreuzung nach einer halben Stunde überqueren wir geradeaus in die Teufelsteinstraße. Wir folgen immer diesem Weg – bald zeigt uns ein Schild an, dass er zum Naturdenkmal Teufelstein führt. Nach einer weiten Rechtskurve an einer waldlosen, abgeholzten Fläche fällt der Weg ab. Von hier aus wandern wir nochmals ca. eineinhalb Kilometer auf besagtem Waldweg, dann weist uns ein Holzschild den Weg scharf nach rechts zum **Teufelstein** **04** (389 m), den wir kurz darauf erreichen. Am Naturdenkmal biegen wir links ab auf einen erdigen, matschigen Pfad, der uns schnell hinab zu einem Teerweg bringt. Diesem folgen wir nach rechts, nun bald steil hinab, wieder auf unserm Rundweg N. Gute 500 Meter später biegen wir scharf links auf einen verwachsenen Wiesenweg ab Richtung Arboretum. Achtung jetzt, ca. 150 Meter später zweigt rechter Hand ein unscheinbarer Pfad, der aber markiert ist, ab! Er bringt uns hinab in eine wildromantische, einsame Schlucht, über den kleinen **Gronbach** **05** (335 m) hinüber und auf der anderen Seite sehr steil und rutschig, auf teils mit Holzscheiten gesicherten Stufen wieder hinauf. Oben treffen wir auf einen Wiesenweg, den wir nach rechts einbiegen. Ein paar Minuten laufen wir noch hinab, dann halten wir uns am Schotterweg links und sehen schon die Schilder des **Arboretums** **06**

Tipp:

Am Arboretum im letzten Drittel der Wanderung können wir uns an 25 Schautafeln über Wissenswertes über die hier gepflanzten Baumarten informieren. Dabei werden 20 fremdländische Baumarten aus Asien und Nordamerika sowie einige einheimische Bäume beschrieben.

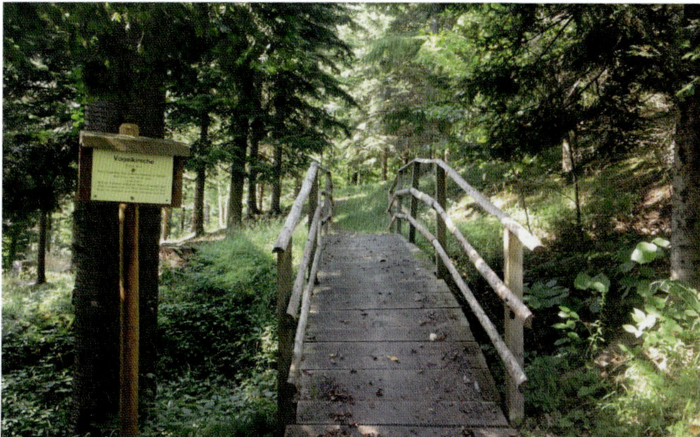

Im Arboretum Sulzbach.

(480 m). Nach dessen Besuch laufen wir hinab zur Straße. Wir biegen links in die Eichendorffstraße ab und folgen ihr für zehn Minuten. An der Ecke Hoher Weg biegen wir rechts ein. Kurz noch über Teer hinauf mit der Markierung Nummer 3; knapp nach Waldeintritt halten wir uns links auf einem schmalen, geschotterten Waldweg und der Markierung N leicht hinab. An einem kleinen Parkplatz biegen wir rechts ab, kurz hinauf, dann führt linker Hand ein Pfad mit der Markierung 3 links hinab Richtung Freizeitanlage Seitenbachtal. Unten überqueren wir den Seitenbach und erreichen gleich darauf die Straße, die uns nach rechts zum **Parkplatz an der Freizeitanlage Seitenbachtal** **01** (299 m) zurückbringt.

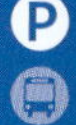

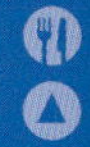
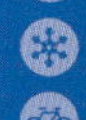
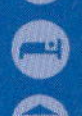

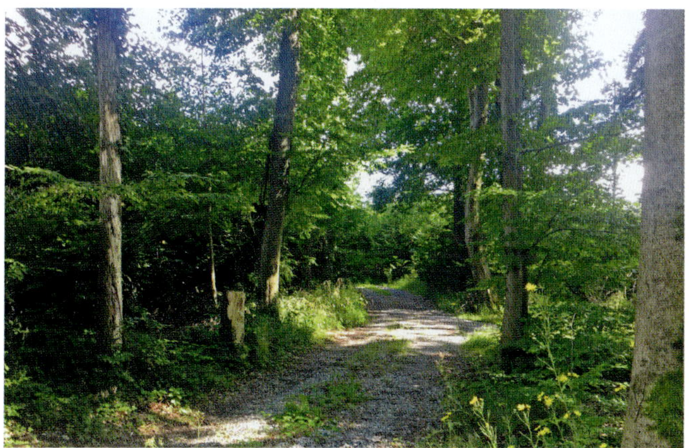

Auf dem Rückweg nach Sulzbach.

SULZBACH AN DER MURR UND OPPENWEILER

Zwischen zwei Schlösschen an der Murr entlang

 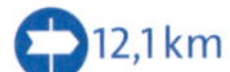 12,1 km  3:15 h 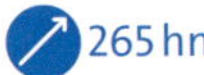 265 hm 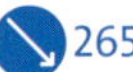 265 hm  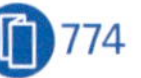 774

START | Wanderparkplatz Eschelhof. Von Oppenweiler/Aichelbach nehmen wir die Eschelhofstraße. Nach guten fünf Minuten, kurz vor Eschelhof, befinden sich in der Linkskurve zwei große Parkplätze.
Geokoordinaten: [GPS: UTM Zone 32 x: 537012.923 y: 5425215.568].
CHARAKTER | Die Wanderung führt uns über steile Waldpfade und schmale Teerwege oder Straßen. Auf dem schmalen Pfad zwischen Ittenberg und Sulzbach benötigen wir Trittsicherheit, er ist teils sehr steil. Hinter dem Reutenhof bei Oppenweiler ist gutes Orientierungsvermögen von Vorteil.

Diese einfach Wanderung gewährt uns in Sulzbach an der Murr und Oppenweiler einen kleinen – wenn man Zeit mitbringt auch einen größeren – Blick auf die beiden Schlösser: Das Schloss Oppenweiler ist ein achteckiges Wasserschloss und dient heute als Rathaus. Das ehemalige Wasserschloss Lautereck wurde im 16. Jahrhundert von den Grafen von Löwenstein mitten in den Löwensteiner Bergen errichtet. Das wunderschöne, neu renovierte Schlösschen ist einen kurzen Besuch wert. Es besitzt einen beliebten und gut besuchten Trausaal. Trotz der vielen Teerstraßen auf dieser Tour ist der Weg sehr schön – gerade das

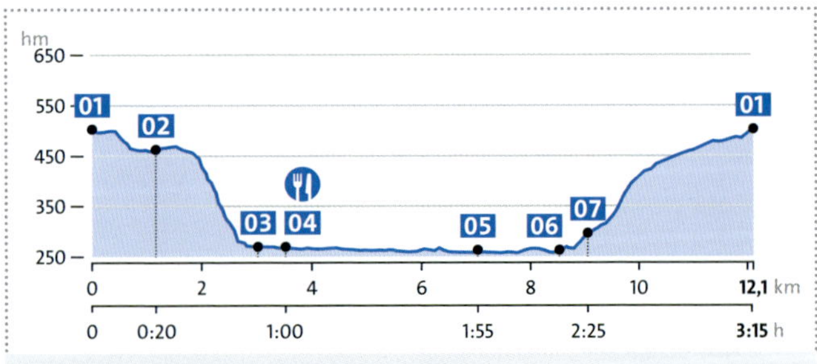

01 Wanderparkplatz Eschelhof 495 m; 02 Ittenberg 468 m; 03 Sägewerk 271 m; 04 Sulzbach an der Murr 270 m; 05 Reichenbach 273 m; 06 Bahnhof 273 m; 07 Hochspanungsmast 309 m

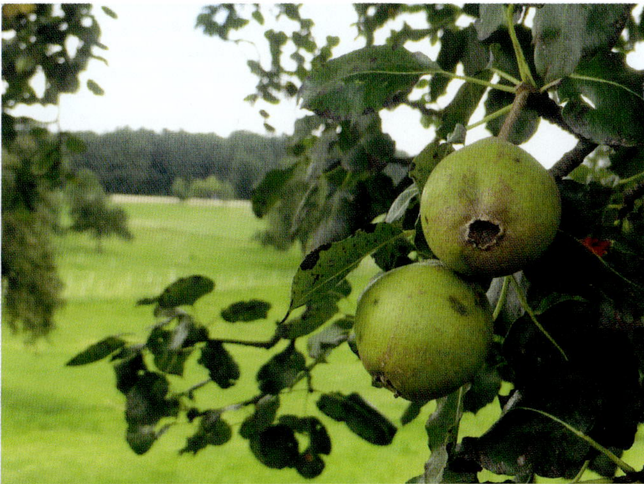

Birnbaum bei Ittenberg.

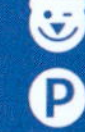

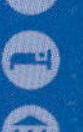

erste Stück an der Murr entlang, und auch die Eschelhofstraße, die uns über die Höhe bringt, birgt viele unerwartete und schöne Ausblicke.

▶ Wir beginnen die Wanderung am **Wanderparkplatz Eschelhof** 01 (495 m). Zunächst folgen wir dem Teerweg Richtung Eschelhof. Etwa 250 Meter später zweigt links ein Waldweg Richtung Sulzbach an der Murr ab. Ab hier begleitet uns der GFW. Ein paar Minuten später halten wir uns an einer Gabelung links auf einen Pfad. Er bringt uns schön hinab durch den Wald. Einige Minuten später treten wir aus dem Wald heraus. Der Teerweg führt uns an einem Grillplatz vorbei und nach **Ittenberg** 02 (468 m) hinein. Wir folgen der Straße an den Häuschen vorbei und schnell in den Wald hinein. Ca. 100 Meter nach Waldeintritt führt linker Hand ein breiter Waldpfad zusammen mit dem GFW hinab. Im Laufe des Abstieges kreuzen wir fünfmal die Straße. Dann führt der Pfad aus dem Wald heraus und eröffnet uns den Blick auf Sulzbach an der Murr. Über eine Wiese geht es hinab, dann nochmal über die Straße und weiter über eine Streuobstwiese hinunter. Schließlich folgen wir der Straße nach rechts in den Ort hinein. Wir überqueren die Gleise und halten uns gleich darauf links, am **Sägewerk** 03 (271 m) vorbei und der Fabrikstraße folgend, bis wir an ihrem Ende auf einen kleinen Kreisel treffen. Wir sind in **Sulzbach an der Murr** 04 (270 m) angekommen. Der GFW schickt uns hier nach rechts in die Bahnhofstraße, an der Gartenstraße weist er den Weg nach links. Hier können wir geradeaus einen kleinen Abstecher ins Städtle machen. Andernfalls folgen wir der Markierung an der nächsten Möglichkeit nach rechts, dann wieder links Richtung Sport- und Schulzentrum. Am Ende der Straße folgen wir einem Fußgängerweg geradeaus in die Fuchsgasse, vor den Sportplätzen biegen wir jetzt mit dem Schwäbischen-Wald-Weg nach links, dann gleich nochmals links ab.

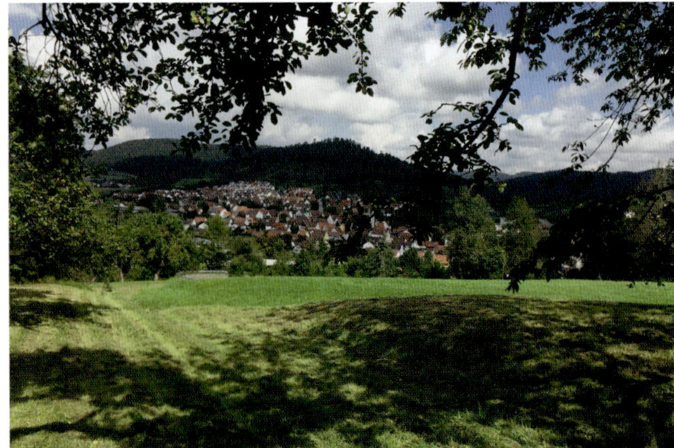

Sulzbach an der Murr.

Die Straße führt um eine Rechtskurve wieder in die Gartenstraße hinein, der wir nun Richtung Oppenweiler folgen. Der Weg führt uns nach links über eine Brücke und dann an der Murr und ihren saftigen Wiesen entlang. Zu unserer Linken begleiten uns die Bahngleise. An der Wolf GmbH nach einer halben Stunde halten wir uns links, vor **Reichenbach** 05 (259 m) geht es rechts gewandt in die Talstraße. Ihr folgen wir noch eine viertel Stunde, dann erreichen wir an der Ecke Bahnhofstraße eine Brücke. Nach rechts machen wir einen kleinen Abstecher zur Jakobuskirche und zum Schloss Oppenweiler. Dann folgen wir der Bahnhofstraße zurück, geradewegs zum **Bahnhof** 06 (273 m), den wir

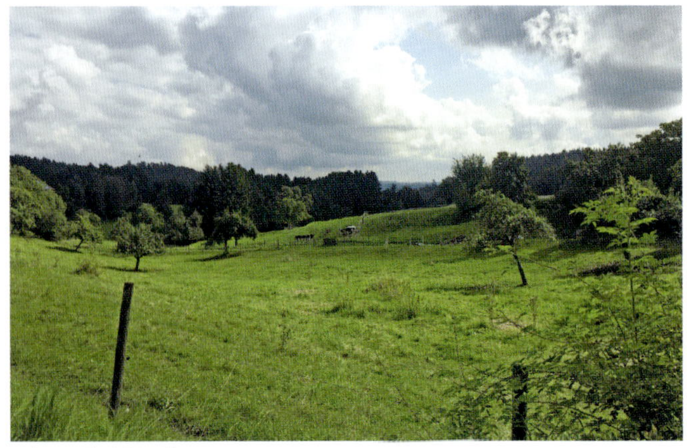

Wiesen bei Ittenberg.

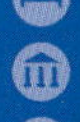

mittels der Treppen überqueren. Dann wenden wir uns mit dem Jakobsweg nach links mit der Reutenhofstraße, dann weiter zum Reutenhof. Es geht rechts um die Kurve ansteigend bis zu ihrem Ende und geradewegs auf einen Feldweg hinauf. Kurz darauf weist uns das Wegschild nach rechts auf einen Wiesen- und Feldweg an Bäumen entlang. Gleich darauf, am Ende des Buschwerks zu unserer Linken, stehen wir vor einer Wiese. Achtung, der Weg ist nicht ganz so leicht zu finden: Wir laufen geradaus, bis wir auf der Höhe des **Hochspannungsmasten** **07** (309 m) (links) sind. Dann wenden wir uns nach links, um direkt auf ihn zuzulaufen. Haben wir ihn erreicht, wenden wir uns nach rechts und laufen die Wiese hinauf, bis wir den Wald und das Buschwerk erreichen. Ein schwer erkennbarer Trampelpfad führt uns nun an den Laubbüschen ein paar Meter entlang, dann halten wir uns links in den Wald. Nun führen uns wieder Schilder, der Pfad ist jetzt auch deutlich erkennbar. Gut beschildert bringt er uns in fünf Minuten durch den

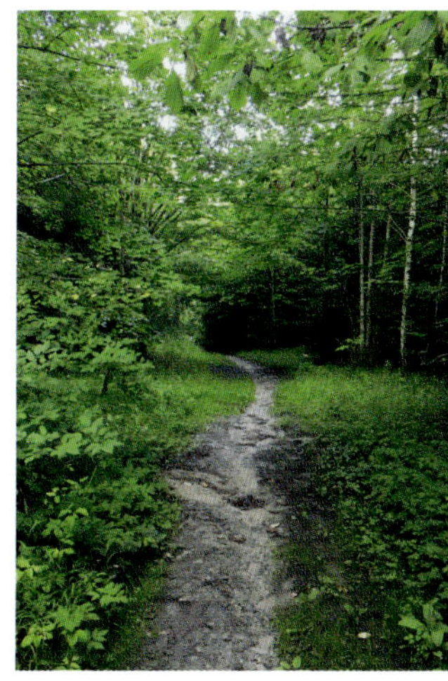

Schmaler Waldpfad nach Sulzbach.

Wald. In der Mitte an einer Gabelung müssen wir uns einmal rechts halten. Dann erreichen wir einen Teerweg. Die Eschelhof-straße bringt uns in leichtem Anstieg und guten vierzig Minuten zurück zum **Wanderparkplatz Eschelhof** **01** (273 m).

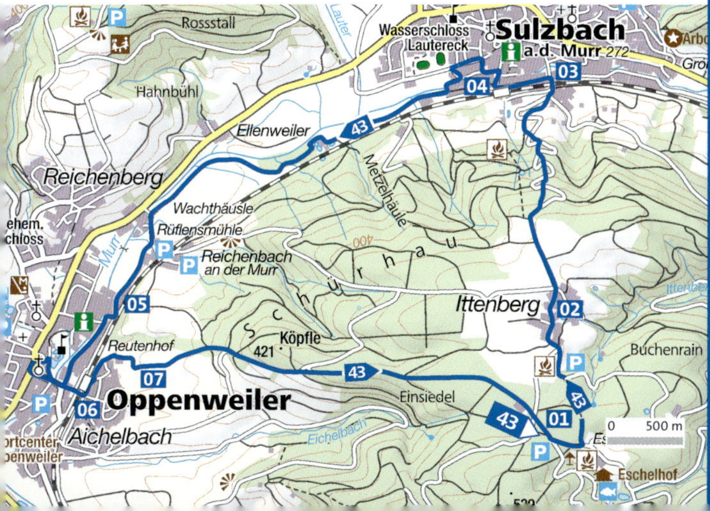

44

DURCHS TRAUZENBACHTAL

Durch ein einsames Bachtal und über sonnige Höhen

 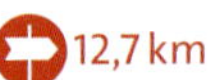

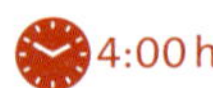

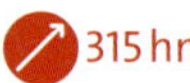

START | Murrhardt. Großer Parkplatz am Trauzenbachweg, direkt gegenüber vom Heinrich von Zügel Gymnasium.
Geokoordinaten: [GPS: UTM Zone 32 x: 542658.344 y: 5426480.695].
CHARAKTER | Die Rundtour führt durch die Wälder bei Siegelsberg; meist wandern wir auf breiten Waldwegen oder ruhigen Teersträßchen. Am Trauzenbach selbst windet sich ein schmaler Pfad, an dem es bei Nässe recht rutschig werden kann. Vorsicht auf dem Steg über den Trauzenbach, hier ist schon so mancher ausgerutscht.

Siegelsberg ist ein Teilort von Murrhardt. Das idyllische Dörfchen befindet sich eingebettet im Murrtal und wurde bereits mehrfach als eines der schönsten Dörfer in ganz Baden-Württemberg ausgezeichnet. Malerisch und ruhig liegt es im Tal des Siegelsbaches. Auf dem Weg nach Siegelsberg erleben wir den hübschen Trauzenbach, der sich an wenigen Stellen tief sein Bachbett gegraben hat. Zudem wandern wir ein Stück am Limeswanderweg entlang; er führt uns durch die Wälder um Trauzenbach herum und an zwei ehemaligen Limeswachtürmen vorbei. TIP: Der zweite Limesturm befindet sich im Wald, ca. 15 Minuten, nachdem wir hinter Fritzhof in den Wald eingetreten sind. Der Weg dorthin ist ausgeschildert.

▶ Unsere Wanderung beginnt am Parkplatz im Trauzenbachtal ge-

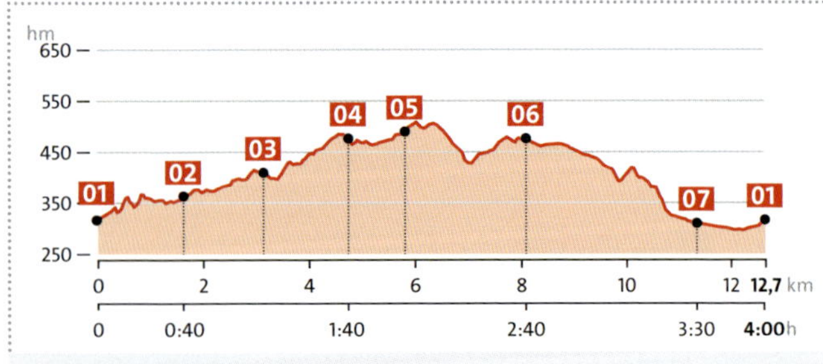

01 Murrhardt/Siegelsberg 316 m; 02 Trauzenbachsteg 392 m; 03 Hördter Mühle 415 m; 04 Trauzenbach 487 m; 05 Hochstand 478 m; 06 Steinberg 478 m; 07 Siegelsberg 328 m

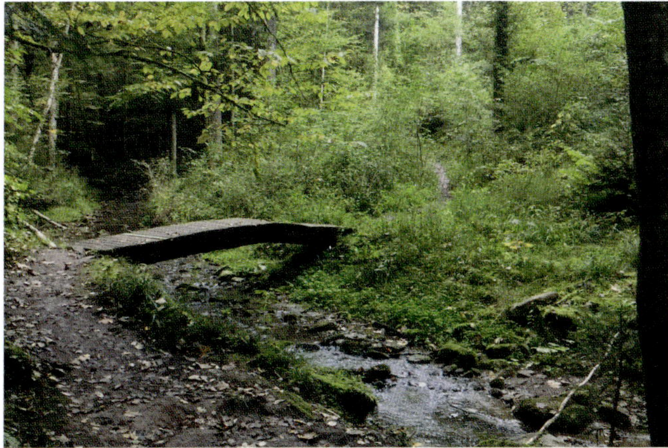

Brücke über den Trauzenbach.

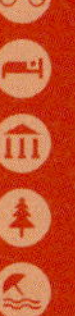

genüber des Heinrich von Zügel Gymnasiums in **Murrhardt/Siegelsberg** 01 (316 m). Zunächst wenden wir uns auf den „Trimmpfad Trauzenbachtal", erst über einen Teerweg, dann kurz darauf links haltend auf einen Waldweg mit dem blauen Kreuz in den Wald hinein. Nach ein paar Minuten überqueren wir einen asphaltierten Weg geradeaus und halten uns gleich darauf an der Gabel rechts. Nach etwa einer viertel Stunde wenden wir uns an einer Kreuzung nach links, weiter am Bach entlang. Die Markierung führt uns schließlich nach rechts auf einem Pfad leicht hinab: Der Pfad schmiegt sich oberhalb des Trauzenbaches an den erdigen Hang, bis wir an den **Trauzenbachsteg** 02 (392 m) gelangen. Danach geht es nochmals einen Pfad entlang bis

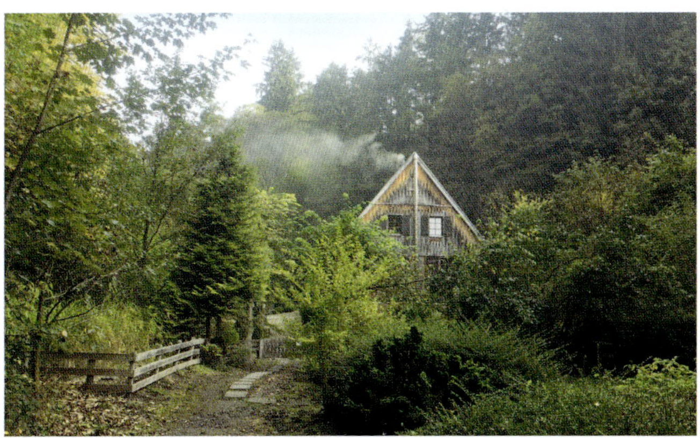

Hördter Mühle.

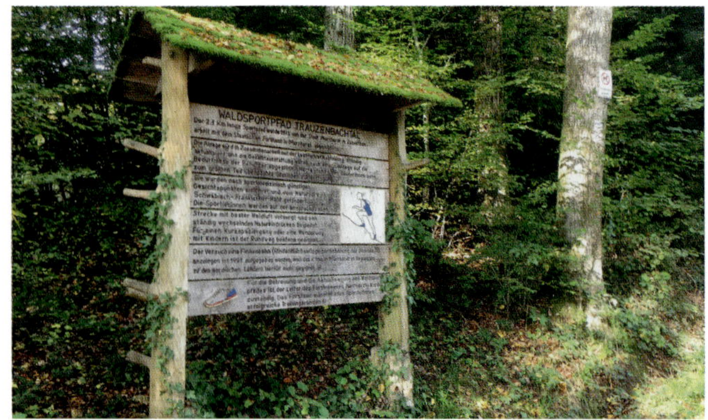

Infoschild Waldsportpfad.

zum Schotterweg. Wir folgen ihm nach links hinauf. Wenige Minuten darauf führt uns links ein Pfad am Bach entlang. Nur kurze Zeit später bringt er uns abermals an den Schotterweg zurück. Nun wandern wir geradeaus weiter, immer am Bach entlang, bis der Weg allmählich in einen Pfad mündet und uns schließlich an die ehemalige **Hördter Mühle** 03 (415 m) bringt. Linker Hand überqueren wir das Brücklein und folgen dann dem Flurweg hinauf. Oben, an der Kreuzung im Wald, halten wir uns schräg links, weiter auf dem blauen Kreuz. Doch schon nach wenigen Metern geht es wieder rechts hinab. Nun wandern wir auf einem schlammigen und steinigen Weg, überqueren den noch jungen Trauzenbach. Dann steigt der Weg sehr steil an und bringt uns – bald auf einem wurzeligen Pfad – aus dem Wald heraus, am Waldrand entlang und schließlich nach **Trauzenbach** 04 (487 m) hinein. Wir laufen durch das Örtchen bis zum Wegschild: Hier biegen wir rechts ab, zusammen mit dem blauen Kreuz und dem Rundweg Nr. 3 Richtung Wacholderhof. Ein Wiesenweg führt uns hinab, an Weiden und Obstbäumen vorbei bis zu einem Teerweg, an dem wir rechts einbiegen. Nun richten wir uns nach dem blauen Punkt und weiterhin dem Rundweg Nr. 3. An der darauffolgenden Gabelung geht es rechts leicht hinab Richtung Wacholderhof und Steinberg. Über schönen, weichen Waldboden wandern wir hinauf bis an den Waldrand mit einer schönen Lichtung und einem **Hochstand** 05 (478 m). Der Limeswanderweg weist uns nun die Richtung nach links. An der Straße richten wir uns abermals nach links Richtung Steinberg, hinauf bis zur Gabelung und dann nach rechts. Wir folgen dem kaum befahrenen Sträßchen auf und ab, passieren ein Infoschild und den Standort eines ehemaligen Limesturmes, bis wir in **Steinberg** 06 (478 m) nach rechts auf die Hauptstraße einbiegen. Kurz darauf folgen wir dem Geigersbergweg nach links. Wir laufen ein paar Minuten und kurz vor dem Ortsausgang biegen wir links in „Fritzhof" ein und folgen dem fein geschotterten Weg in den Wald. Bald wandern wir auf einem schmalen Waldweg, der immer breiter wird und uns geradewegs hinabführt. Eine gute halbe Stunde nach Waldeintritt führt uns nach einer Linkskurve rechter Hand ein wurzeliger und steiler Pfad hinauf. Am Schotterweg geht es dann wieder links hinab. Schließlich bringt uns ein Waldweg hinab nach **Siegelsberg** 07 (328 m). Im Ort halten wir uns rechts und folgen dem Limesturm durch den Ort hindurch. Die Siegelsberger Straße bringt uns in fünf Minuten zur Hauptstraße, an der wir rechts in die Steinberger Straße einbiegen. Wenige Minuten später haben wir den Parkplatz am **Trauzenbachweg Murrhardt** 01 (316 m) erreicht.

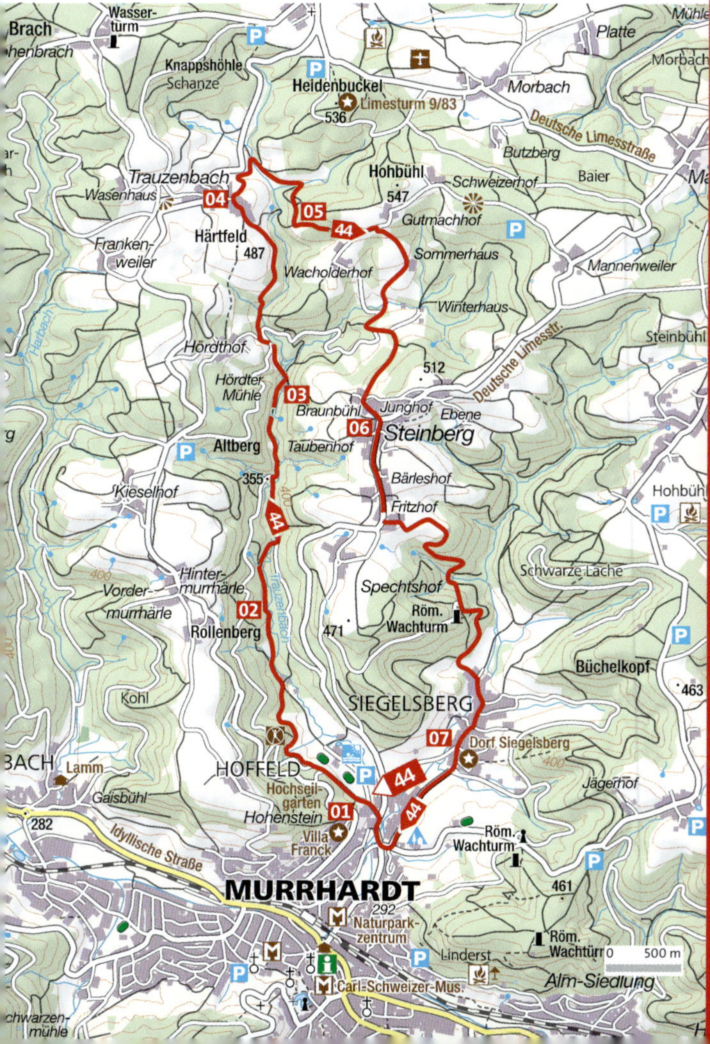

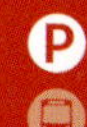
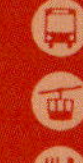

VON MURRHARDT IN DIE HÖRSCHBACHSCHLUCHT

Idyllische Waldwanderung zu zwei herrlichen Wasserfällen

  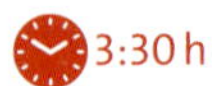 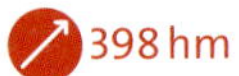 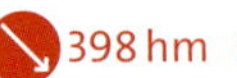 

START | Wir folgen der K1807 bzw. Waltersbergerstraße aus Murrhardt hinaus. Parkplatz am Ende der zweiten Linkskurve, nach dem Feuersee auf der rechten Seite gegenüber vom Friedhof. Geokoordinaten: [GPS: UTM Zone 32 x: 541886.326 y: 5425124.765].
CHARAKTER | Diese Runde ist zwar nicht besonders lang, hat es aber dennoch in sich: Sowohl nach dem ersten als auch nach dem zweiten Wasserfall geht es wurzelige, rutschige Pfade hinauf, die ein wenig Trittsicherheit verlangen. Im Wald nach der Hörschhöfer Sägmühle brauchen wir ein wenig Orientierung.

Wir beginnen unsere Wanderung am Parkplatz an der Waltersberger Straße, gegenüber des Friedhofes von **Murrhardt** 01 (333 m). Zunächst folgen wir einem Pfad kurz parallel zur Straße hinauf. Den folgenden breiten Waldweg überqueren wir geradeaus und weiter relativ steil aufwärts. An einem asphaltierten Weg stoßen wir auf ein Infoschild vom Waldklingenweg über **„Wellingtonien“** 02 (469 m) – hier kann man ein paar Riesenmammutbäume bestaunen. Weiter geht es nach rechts Richtung Hörschbachwasserfälle. Doch nur wenige Meter, dann halten wir uns links auf einen Schotterweg. Nach ca. 5 Minuten

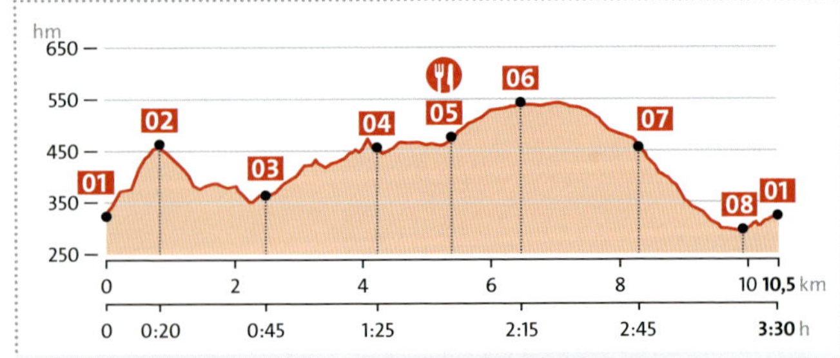

01 Murrhardt 333 m; 02 Wellingtonien 469 m; 03 Vorderer Wasserfall 362 m; 04 Hinterer Wasserfall 477 m; 05 Hörschöfer Sägmühle 465 m; 06 Grenzsteinweg 544 m; 07 Franzenklinge 485 m; 08 Feuersee 301 m

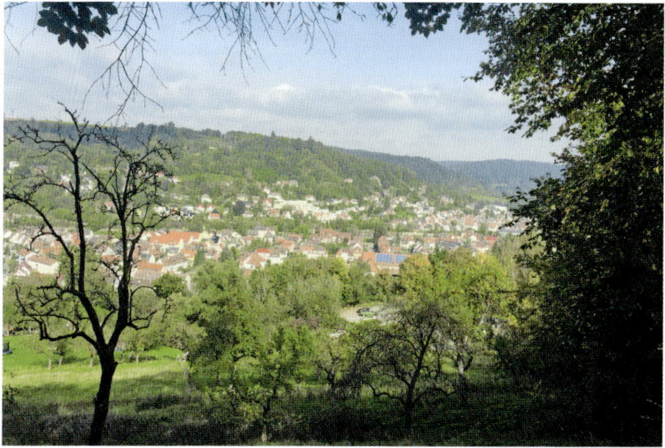

Blick auf Murrhardt.

links über einen Pfad steil hinab. Unten treffen wir wieder auf einen Schotterweg, dem wir nochmals nach links folgen. An der Gabel nach guten zehn Minuten machen wir einen scharfen Rechtsknick und laufen hinab ins Naturschutzgebiet Hörschbachschlucht. Schon bald darauf hören wir den Wasserfall rauschen und stehen kurz darauf am **Vorderen Wasserfall** 03 (362 m). Kurz dahinter bringt uns ein Steg über den Hörschbach. Am Forstweg halten wir uns links, kurz darauf weist uns unsere Markierung nach rechts, einen wurzeligen Pfad hinauf. Er endet an einem breiten Waldweg, dem wir nach links folgen. Nach ein paar Minuten sehen wir linker Hand einen Pfad abzweigen, daneben weist uns ein Schild daraufhin, dass der Bachweg durch die Schlucht

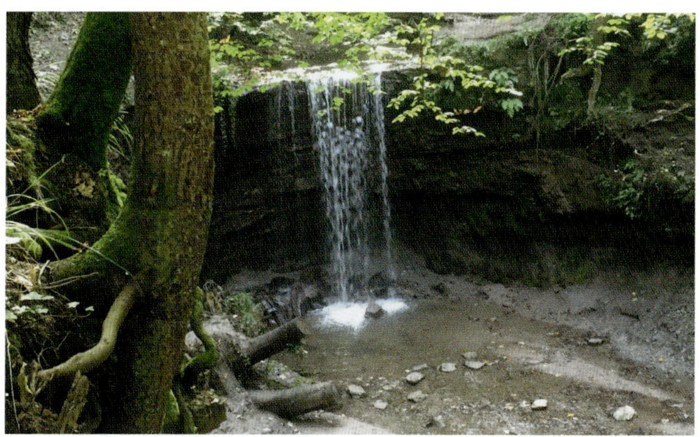

Vorderer Hörschbachwasserfall.

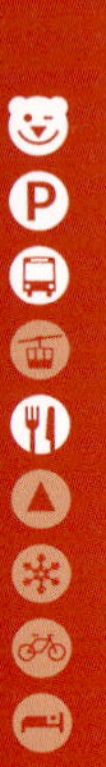

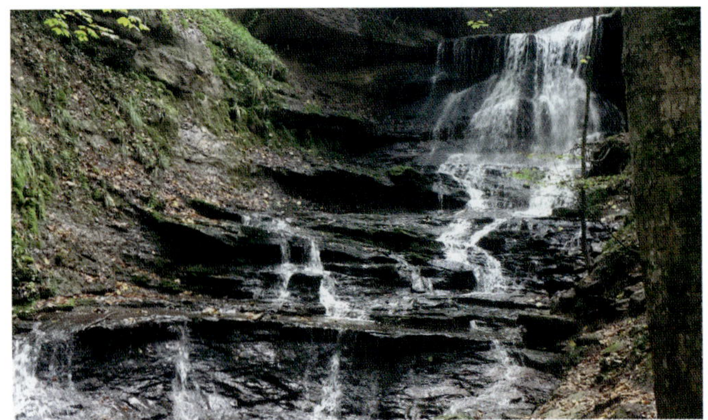

Hinterer Hörschbachwasserfall.

gesperrt ist auf Grund von Überflutungen und Wegabbrüchen. Hier sei dem Wanderer sehr ans Herz gelegt, sich an die Umleitung zu halten, nicht umsonst wurde der Weg abgesperrt. So setzen wir unseren Weg geradeaus fort, weiter über den Waldweg leicht ansteigend. Nach ca. einer viertel Stunde erreichen wir eine Gabel, an der wir links hinabsteigen zu einem Platz mit einer großen Infotafel: Wir sind am **Hinteren Wasserfall** 04 (477 m) angelangt. Ein schmaler Steig führt hinab in die Schlucht, nahe an den Wasserfall heran, falls man ihn aus der Nähe betrachten möchte. Nachdem wir uns an der Schautafel über die Hörschbachschlucht informieren konnten, laufen wir geradeaus weiter, auf einem Pfad Richtung Hörschhöfer Sägmühle. 5 Minuten wandern wir am idyllischen Bächlein entlang, dann geleiten uns einige Holztreppen linker Hand recht steil hinauf. Am Waldaustritt schließlich setzen wir unseren Weg nach links fort. Das Teerweglein bringt uns in wenigen Minuten zur **Hörschöfer Sägmühle** 05 (465 m). Der Waldklingenweg lässt uns scharf links abbiegen und dem Teerweg bis zur nächsten Linkskurve folgen. Hier halten wir uns geradeaus, wieder steil in den Wald hinauf. Fünf Minuten später biegen wir rechts auf einen schmäleren Weg ein und laufen durch abgeholztes Gebiet, dann über einen Wurzelweg in den Wald hinein. Nach ca. 500 Metern biegen wir rechts auf einen etwas schmäleren Weg ein: den **Grenzsteinweg** 06 (544 m). Er bringt uns hinab, nun an mehreren Grenzsteinen vorbei, stetig geradeaus. Nach ein paar Minuten erreichen wir eine

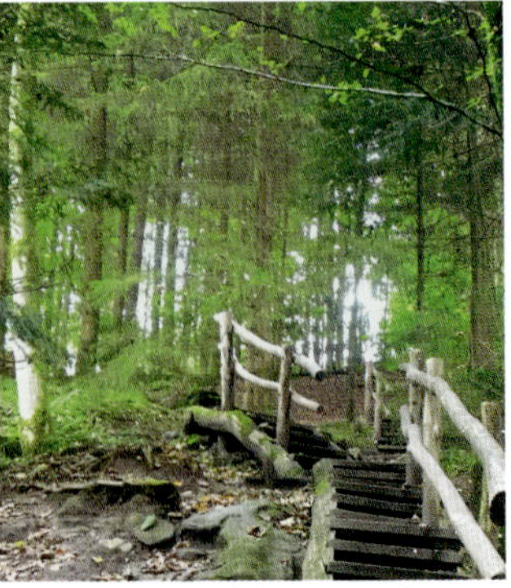

Letzte Treppen führen aus der Schlucht.

Gabelung, an der wir schräg geradeaus weiterwandern, weiter auf dem Grenzsteinweg. Unterwegs streifen wir eine Infotafel, an der die Bedeutung der Grenzsteine anschaulich erklärt wird. An der Pfadgabelung danach biegen wir links ab, an der darauffolgenden Gabel wandern wir rechts weiter bis zum breiten Forstweg. Wir folgen ihm nach rechts, vorbei an der Rastbank und dem Tisch bis zur nächsten Kreuzung, an der wir rechts einbiegen. Kurz darauf wählen wir am breiten Forstweg den zweiten, schmäleren Weg von links, der uns durch den Wald leicht hinab führt. Kurz darauf stossen wir rechter Hand auf einen Pfad Richtung Murrhardt. An der Straße kurz rechts, dann wieder links, weiter auf einem Pfad durch die **Franzenklinge** **07** (485 m)steil hinab, am Infoschild vorbei. Nun laufen wir eine gute Zeit am Bach entlang, bis wir einen Waldweg erreichen. An der Gabelung biegen wir rechts ab und folgen dem Schotterweg hinauf. Dann wandern wir stetig geradeaus, bis der Weg uns abwärts leitet. Nach gut 300 Metern erreichen wir die ersten Häuser von Murrhardt. Noch vor der Brücke biegen wir links auf einen Wiesenpfad ab, danach wieder über Trepplein auf die Straße und nach rechts gewandt über die Brücke zur Gartenstraße. Wir folgen ihr nach rechts, nach wenigen Metern dann biegen wir auf einen Schotterpfad zwischen den Häusern ein. Er bringt uns hinab zum **Feuersee** **08** (477 m) im Murrhardter Stadtpark, um den wir rechts herum laufen. Dann links halten, am Friedhof entlang und die Treppen hinauf zur Waltersbergerstraße und zurück nach **Murrhardt** **01** (316 m).

Tipp:

Bei der Hörschhöfer Sägmühle wird es ab Frühsommer 2022 ein Café geben; das gegenüberliegende Gebäude wurde zu Recherchezeiten von Cora und ihrem Mann renoviert. So findet sich hier bald das Café Heimerlein, in dem Kaffee, Kuchen und kleine Snacks angeboten werden.

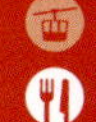
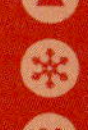

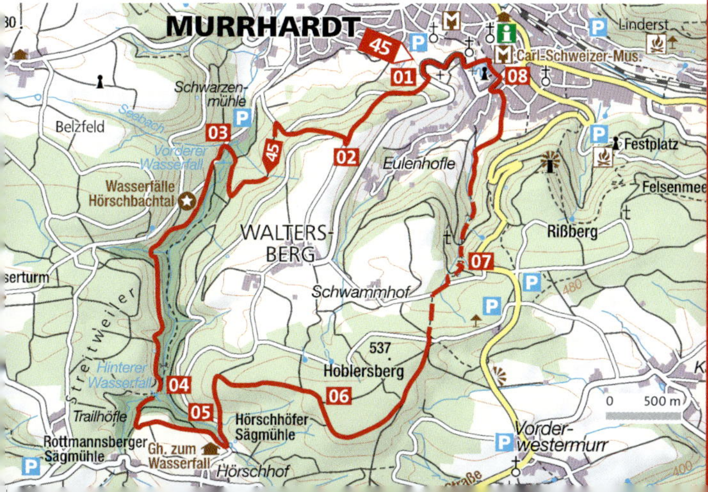

RUND UM FORNSBACH

Einsame Waldrunde zu einem belebten Waldsee

 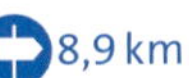 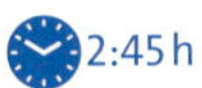 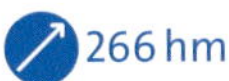 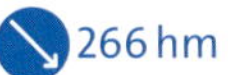 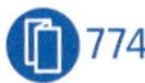

START | Fornsbach, Parkplatz in der Emil-Kasper-Straße. Geokoordinaten: [GPS: UTM Zone 32 x: 547637.890 y: 5425116.398].
CHARAKTER | Auf dieser Wanderung umrunden wir den Murrhardter Ortsteil Fornsbach auf Forstwegen. Dabei geht es überwiegend durch den Wald, bei Hornberg und nahe Fornsbach streifen wir auch den Waldtrauf und Wiesen.

Das Örtchen Fornsbach liegt idyllisch eingebettet zwischen den waldreichen Hügeln des Fornsbaches. Es bildet die östliche Verlängerung des Murrtales mit herrlichen Ausblicken von den umgebenden Höhen herab. Der Hornberg bietet ganz besonders schöne Aussichten. Die Wanderung ist an heißen Sommertagen ein Genuss, denn dann können wir in den kühlen Wald eintauchen und uns gleich zu Beginn oder am Ende der Tour nochmal im hübsch gelegenen Waldsee erfrischen. Hier gibt es auch eine Minigolfanlage, an der man sich kurzweilig die Zeit vertreiben kann.

Wir beginnen die Wanderung in der Emil-Kasper-Straße in **Fornsbach** 01 (326 m). Die Schilder F1 und F2 führen uns nach rechts vor zur Hauptstraße. Wir queren und folgen ihr nach links Richtung **Waldsee** 02 (349 m). Am See selbst geht es dann rechts herum. Halb umrundet zweigt an seinem Ende erst ein Pfad, dann ein schmaler Weg durch den Laubwald hinauf ab. Nach wenigen Minuten erreichen wir eine Gabelung, die uns links hinabführt in einen kleinen Graben. Auf der anderen Seite treffen wir auf einen Waldweg: Die Schilder weisen uns nach rechts,

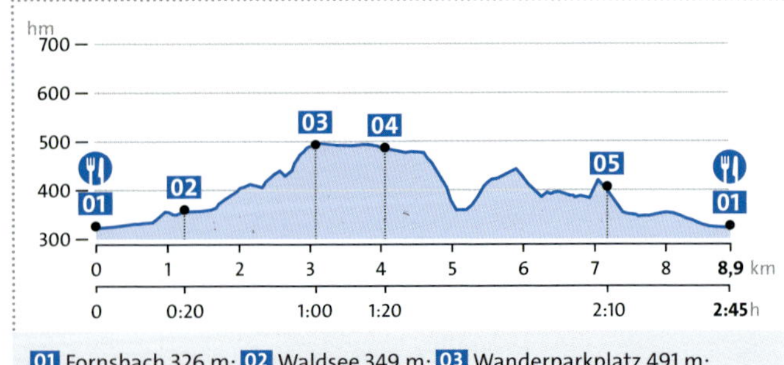

01 Fornsbach 326 m; 02 Waldsee 349 m; 03 Wanderparkplatz 491 m; 04 Hornberg 482 m; 05 Schilderbaum 425 m

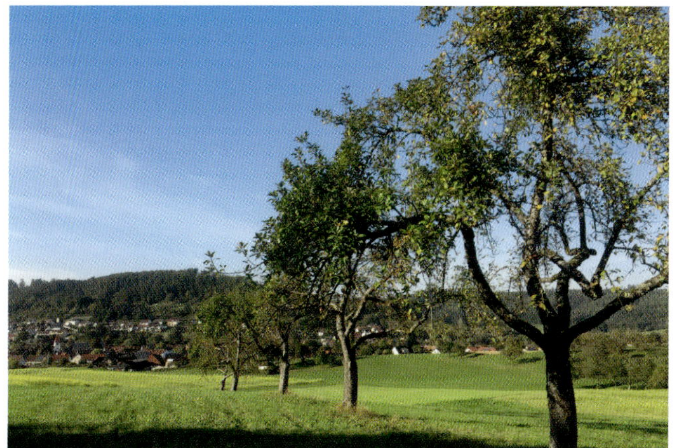

Blick auf Fornsbach.

hinauf bis an eine Gabelung. Hier zweigt nach links ein breiterer Waldweg ab. Nach ein paar Minuten gelangen wir nochmal an eine Gabel, an der uns eine Bank erwartet. Wir wenden uns nach rechts, der Weg führt immer steiler hinauf, bald über einen schmalen, wurzeligen und sehr idyllischen Steig. Zehn Minuten später erreichen wir einen Schotterweg, der uns nach rechts führt. An der darauffolgenden Straße biegen wir wiederum rechts ein, passieren einen **Wanderparkplatz** **03** (491 m) und halten uns kurz danach rechts, halb schräg auf einem schmalen Pfad (links neben dem breiten Waldweg), nun auf F1. Nach fünf Minuten queren wir einmal einen Waldweg, unser Zeichen führt uns

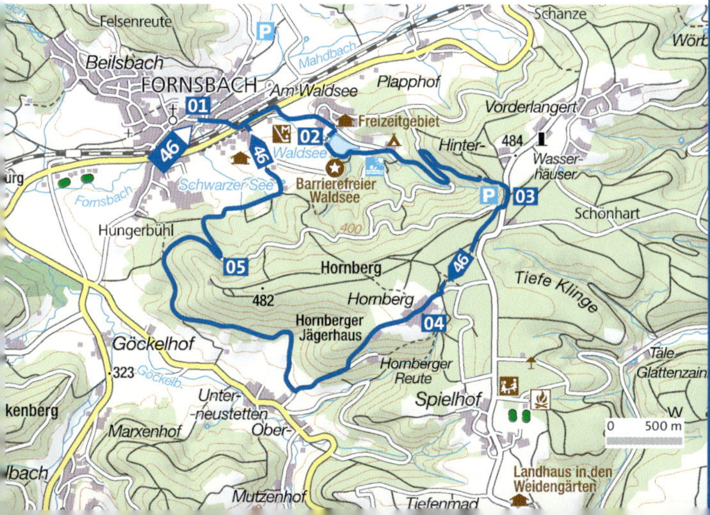

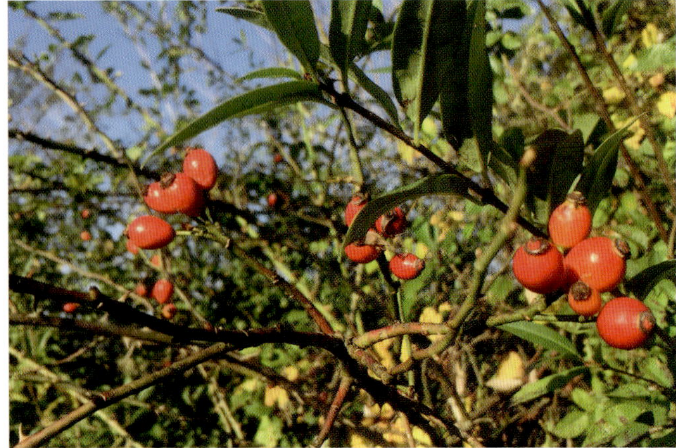

Hagebutten im Murrtal.

weiter geradeaus, bis wir wieder auf einen Teerweg treffen: Wir biegen rechts ab und schlendern durch **Hornberg** 04 (482 m) hindurch. Dann folgen wir dem Weg steil hinab. Kurz nach Waldaustritt halten wir uns weiter auf F1 nach rechts auf einen breiten Schotterweg. Mit ihm wandern wir nun eine gute halbe Stunde mal am Waldrand entlang, mal durch den Wald, bis wir an eine Gabelung mit einem **Schilderbaum** 05 (425 m) gelangen. F1 und F2 weisen uns den Weg scharf nach links, hinab Richtung Fornsbach. Unten an der T-Kreuzung halten wir uns rechts und wandern nun gemütlich in guten zwanzig Minuten zurück nach **Fornsbach** 01 (326 m).

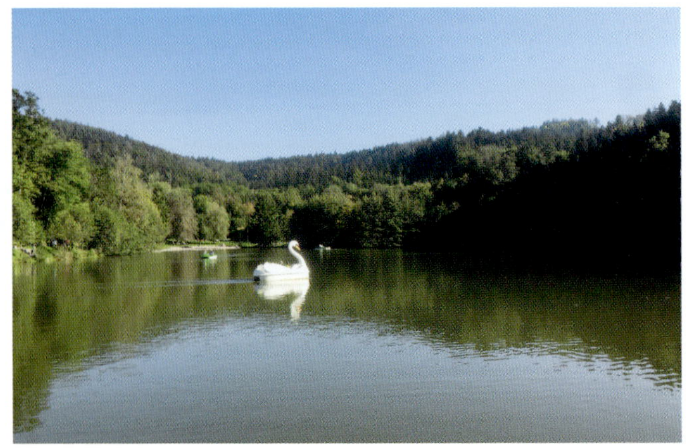

Mit dem Schwanenboot unterwegs.

VON ALTHÜTTE INS STRÜMPFELBACHTAL

Ein kleines und ein großes Bachtal

 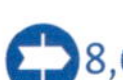 8,6 km 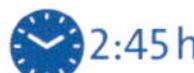 2:45 h 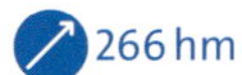 266 hm  266 hm 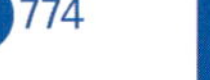 774

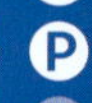
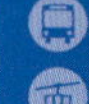

START | Von Althütte auf der L1119 Richtung Klaffenbach. Ca. 500 Meter nach Althütte befindet sich der Parkplatz auf der rechten Seite (beim Klärwerk).
Geokoordinaten: [GPS: UTM Zone 32 x: 541908.185 y: 5417369.399].
CHARAKTER | Die Runde führt uns durch das einsame und wenig bekannte, kleine Igelsbachtal auf schmalen, wurzeligen und etwas steilen Pfaden. Nach dem Örtchen Klaffenbach wandern wir auf schmalen, rutschigen Pfaden durch das Strümpfelbachtal. Kurz vor Althütte benötigen wir über die Wiesen etwas Orientierungsvermögen.

Unsere Wanderung beginnt am **Parkplatz an der L1119** 01 (467 m) am Klärwerk. Der breite Waldweg führt uns zusammen mit dem blauen Punkt zunächst hinab. Nach ca. 450 Metern zweigt ein unscheinbarer, wurzeliger Pfad recht steil nach links hinab ab. Er führt uns in das kleine, sehr idyllische und sehr einsame Igelsbachtal. Nach zehn Minuten führt es aus dem Wald heraus, über ein Brücklein und die Straße unter der Bahnlinie hindurch und hinab nach **Klaffenbach** 02 (337 m). Über den Tannen- und den Eschenweg erreichen wir die L1080. Wir folgen ihr kurz nach links, gleich darauf wieder links die Althütter Straße hinauf. Kurz nach der Rechtskurve bringt uns ein steiler, schmaler Teerweg hinauf, über die Gleise hinüber und der Althütter Straße nach links folgend. Zweihundert Meter später biegen wir rechts auf

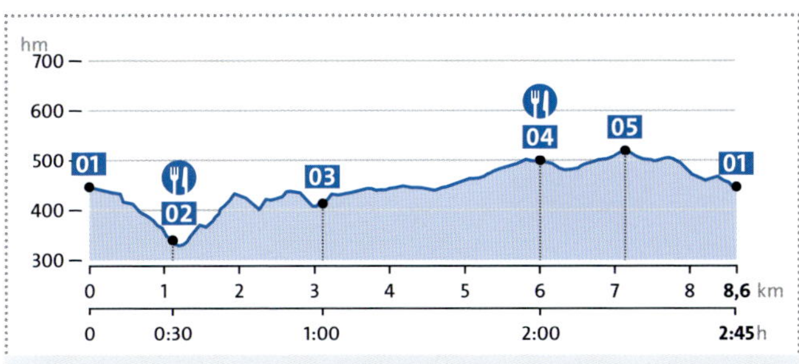

01 Parkplatz an der L1119 467 m; 02 Klaffenbach 337 m; 03 Strümpfelbachtal 409 m; 04 Althütte 494 m; 05 Haube 529 m;

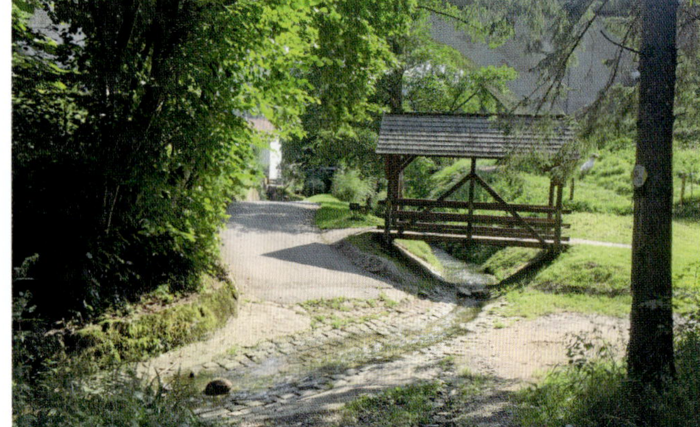

Am Ortsrand von Klaffenbach.

den Wanderparkplatz ein. Wir passieren ihn und folgen dem Waldweg geradeaus hinauf auf dem blauen Punkt Richtung Strümpfelbachtal. Dabei halten wir uns stets auf dem Hauptweg; er bringt uns in guten zwanzig Minuten zum Beginn des **Strümpfelbachtales** 03 (409 m). Nun geht es hinein, auf schmalen Wegen und über einige Holzbrücken und Stege immer in unmittelbarer Nähe des Baches. Achtung: Hier ist es immer feucht und extrem matschig! Auf den glitschigen Steinen kann man leicht ausrutschen. Schuhe mit gutem Profil, die auch dreckig werden dürfen, sind hier vorteilhaft. Nach guten vierzig Minuten führt der Weg allmählich wieder auf festerem Boden aus dem Tal heraus. Wir durchqueren den Weiler Nonnenhütte und folgen

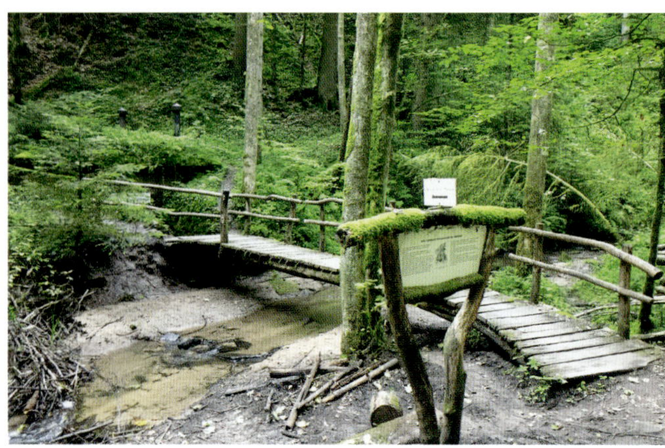

Infos über das Strümpfelbachtal.

jetzt dem roten Kreuz Richtung Althütte. Es lässt uns ca. 100 Meter nach Nonnenhütte nach links auf einen Pfad abbiegen, der uns am Bach entlang nach 400 Metern aus dem Wald herausführt. Vor uns liegt eine große Wiese. Hier halten wir uns links, auf einem schwer erkennbaren Wiesenweg den Hang hinauf und dann stetig geradeaus, bis wir einen Teerweg erreichen. Er bringt uns an den Ortsrand. Weiter geradeaus, am Friedhof vorbei, laufen wir bis zur Hauptstraße in **Althütte** **04** (494 m). Hier folgen wir dem roten Kreuz nach links Richtung Haube. Kurz darauf biegen wir rechts in die Theodor-Heuss-Straße ein. Nach ca. 300 Metern biegt gleich nach dem Lattenzaun ein Teerweg rechts hinab ab. Wir folgen ihm geradeaus in den Wald hinab, immer Richtung Haube. An der Teer-T-Kreuzung laufen wir geradeaus und erreichen in fünf Minuten den Aussichtsgipfel **Haube** **05** (529 m). Nach einem schönen Rund-umblick wandern wir zur Gabelung zurück und folgen nun dem Weg geradeaus auf einem Feldweg und dem blauen Punkt Richtung Klaffenbach. Zehn Minuten später geht es leicht rechts haltend über die Wiese auf einem schwer erkennbaren Pfad am Sendemast vorbei in den Wald hinein. Der Weg wird wieder etwas breiter und bringt uns hinab an einen Teerweg, dem wir nach rechts folgen, dann gleich wieder mit dem blauen Punkt rechts abbiegen. Zweihundert Meter später geht es nach links auf einen schmalen, schlammigen Weg. Er führt uns oberhalb des Klärwerkes vorbei und hinab zum **Parkplatz an der L1119** **01** (326 m).

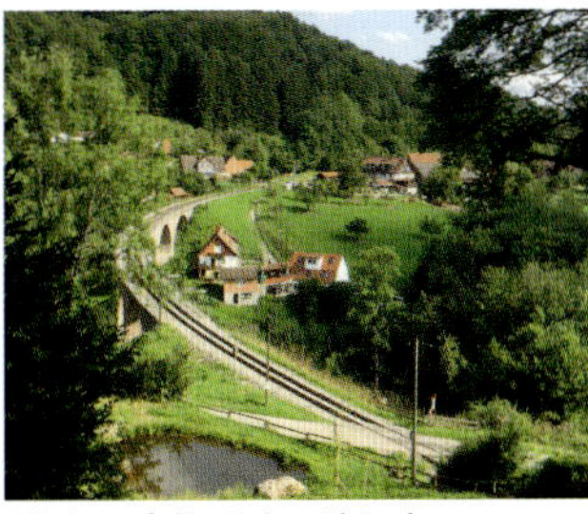

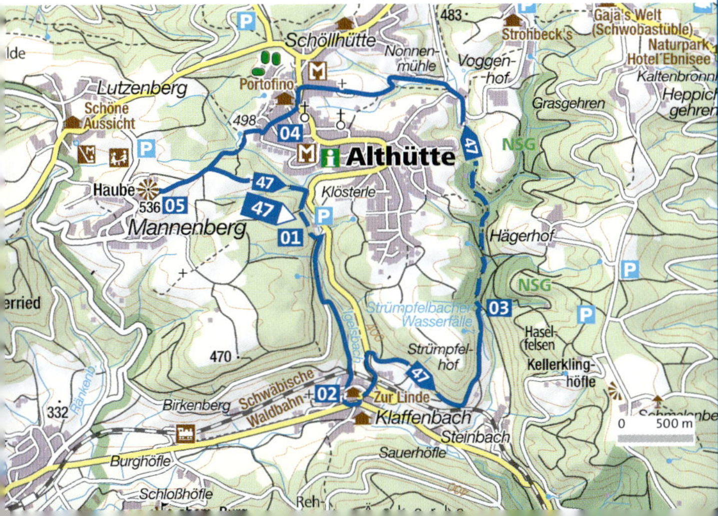

Blick auf die Schwäbische Waldbahn.

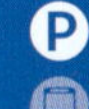

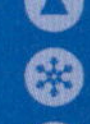

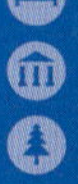

VON DER HEINLESMÜHLE NACH CRONHÜTTE

Unterwegs an Schwarzer und Finsterer Rot

 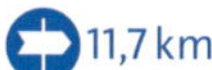   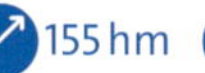 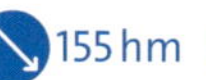 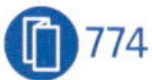

11,7 km | 3:30 h | 155 hm | 155 hm | 774

START | Wanderparkplatz Heinlesmühle. Wir fahren von Gschwend auf der L1080 Richtung Weilzheim. Der Parkplatz befindet sich zwischen Hundsberg und Neuwirtshaus auf der rechten oder linken Seite (es gibt zwei Parkplätze).
Geokoordinaten: [GPS: UTM Zone 32 x: 551610.530 y: 5417610.038].
CHARAKTER | Die Wanderung bewegt sich auf einfachen, breiten Teer- und Waldwegen, ab und zu mischt sich auch mal ein schmaler Pfad darunter. Sie ist hervorragend ausgeschildert und erfreut uns mit zwei kleinen, wunderschönen Naturschutzgebieten und romantischen Mühlen.

Wir beginnen die Wanderung am **Parkplatz bei der Heinlesmühle** 01 (456 m). Der Wanderweg Idyllische Straße Tour A führt uns über die L1080; an der Heinlesmühle folgen wir dem Teerweg nach rechts, über das Brücklein hinüber und dann rechts auf einen schmalen Pfad hinab zur Schwarzen Rot. Er bringt uns in wenigen Minuten an die Hummelgautsche. Hier wandern wir nach rechts gewandt an unserem Bach weiter entlang, bis wir den **Hüttenbühlsee** 02 (470 m) erreichen. Der Teerweg bringt uns geradeaus weiter hinab nach Hüttenbühl. Kurz vor der Hellershofer Straße folgen wir dem Weg nach

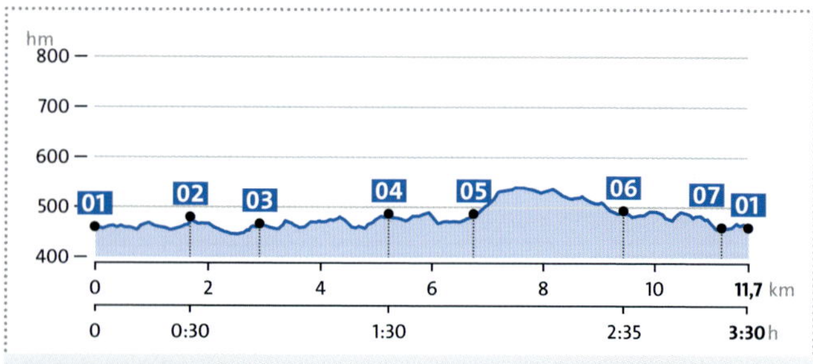

01 Parkplatz bei der Heinlesmühle 456 m; 02 Hüttenbühlsee 470 m; 03 Hagerwaldsee 450 m; 04 Strohhof 490 m; 05 Ebersbergmühle 478 m; 06 Cronhütte 494 m; 07 Hundsberger Sägmühle 478 m

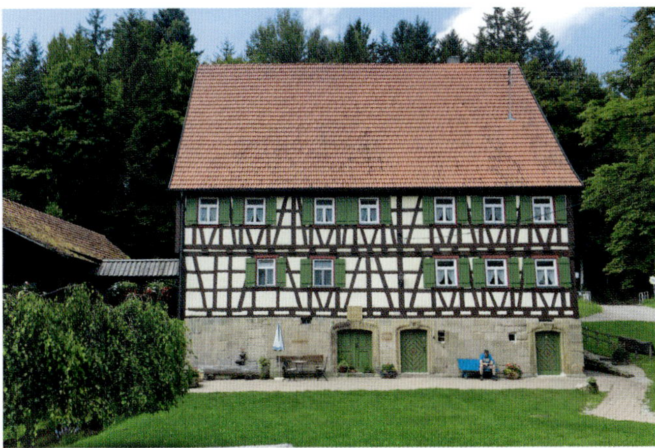
An der Heinlesmühle.

rechts, dann überqueren wir die Straße und laufen am Parkplatz rechts bis an einen Campingplatz. Wir wandern bis zu seinem Ende, die Treppen am Wiesenhang hinauf und gelangen zum **Hagerwaldsee** 03 (450 m). Auf der rechten Seite des Hochwasserrückhaltebeckens führt uns ein Teerweg hinab. An seinem Ende überqueren wir nach links die Finstere Rot und halten uns dann rechts entlang des Baches auf dem Rottalweg bis Schadberg. Hier überqueren wir die Straße und folgen dem schmäleren Sträßlein hinauf nach **Strohhof** 04 (490 m). Nachdem wir den Ort durchquert haben, halten wir uns links und wandern auf dem Sträßlein in wenigen Minuten bis zur K1892. Wir überqueren sie und laufen auf dem Fußweg nach links, am Parkplatz vorbei und ein paar hundert Meter nun auf dem Mühlenwanderweg Nummer 1

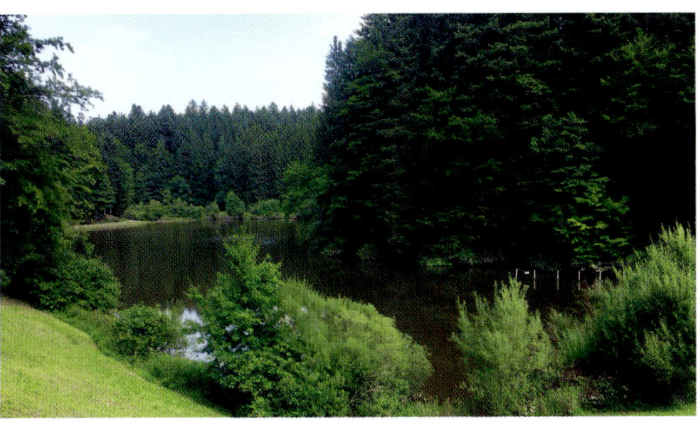
Hüttenbühlsee.

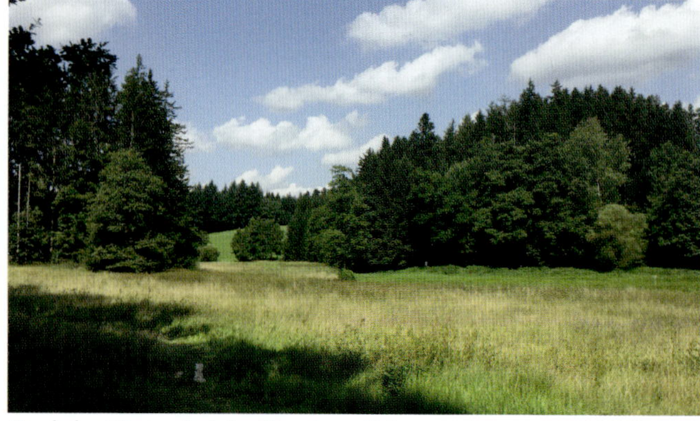

Herrliche Wiesen bei der Menzlesmühle.

(blau) noch bis Rotbachhöfle. Das Sträßlein nach links führt zur **Ebersbergmühle** 05 (478 m). Nochmals über die K1892 erreichen wir das Naturschutzgebiet Hägeles- und Brunnenklinge. Schließlich folgen wir an der Kreuzung dem Rundwanderweg Nummer 4 nach **Cronhütte** 06 (494 m). Kurz nach Beginn des Ortes halten wir uns links auf dem Kronweg Richtung Menzlesmühle. Nach ca. zehn Minuten zweigt kurz vor der Mühle ein Schotterweg nach rechts in den Wald hinauf ab. Wir folgen nun wieder dem Rundweg A der Idyllischen Straße Richtung Heinlesmühle. Nach guten zehn Minuten zweigt ein erdiger Pfad nach links hinab ab. Am Waldaustritt laufen wir geradeaus, über einen Wiesenpfad zur **Hundsberger Sägmühle** 07 (465 m). Ab hier geht es über einen Holzplattensteg gute zehn Minuten bis zu einem schmalen Weg, dem wir nach links folgen, am Weiher vorbei und zurück zum **Parkplatz bei der Heinlesmühle** 01 (456 m).

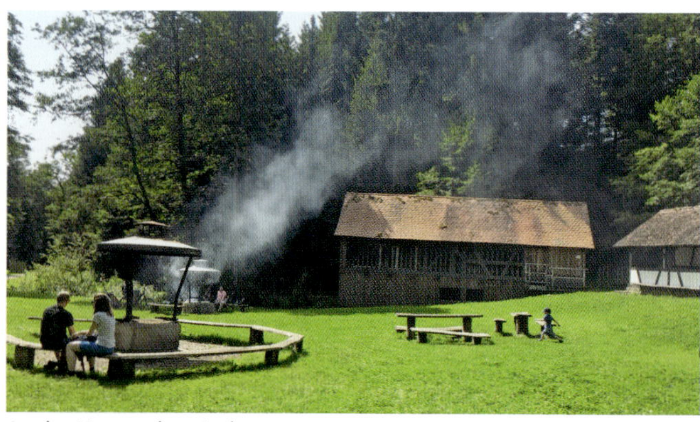

An der Hummelgautsche.

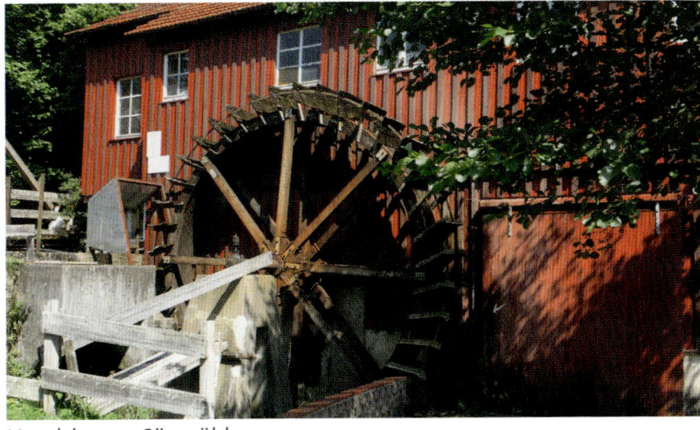

Hundsberger Sägmühle.

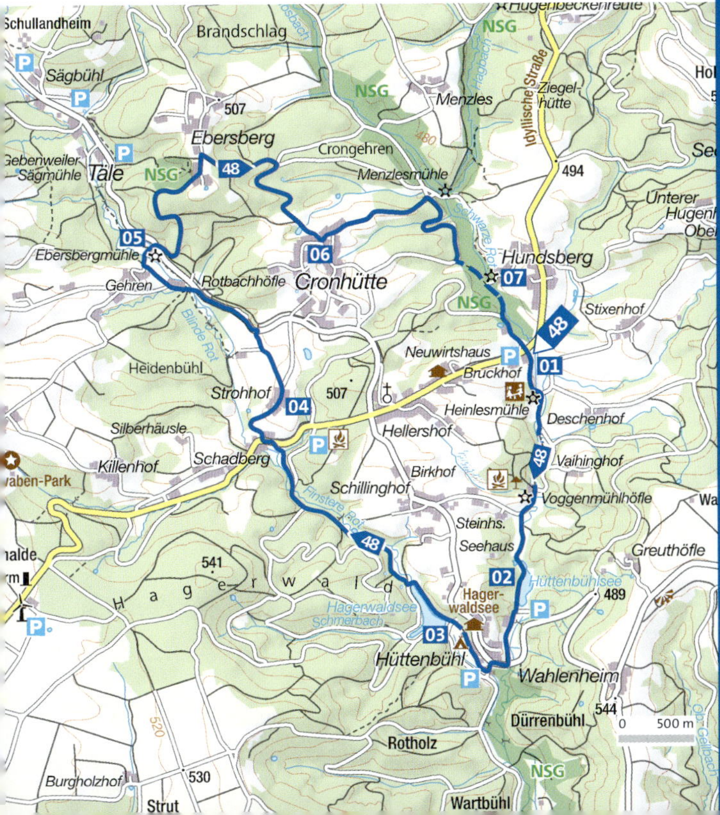

49

ZUM HAGBERGTURM

Mühlenkunde und ein toller Aussichtsturm

  8,4 km  2:20 h 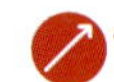 172 hm 172 hm 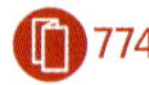 774

START | Wanderparkplatz Brandhof: Von Gschwend auf der L1080 Richtung Welzheim. Ca. 1,5 km nach Ortsende rechts auf die K3252. Nach 500 Metern befindet sich der Parkplatz in der Rechtskurve auf der linken Seite.
Geokoordinaten: [GPS: UTM Zone 32 x: 551418.428 y: 5420271.277].
CHARAKTER | Auf der kleinen Runde erwarten uns schmale, geteerte Wege, Forst- und Feldwege und auch schmale Pfade. Um Haghöfle herum sind die Wege ein wenig schwer zu finden. Tolle Aussicht vom Hagbergturm.

▶ Wir beginnen unsere Rundwanderung am **Wanderparkplatz Brandhof** 01 (490 m). Zunächst orientieren wir uns am HW3 und folgen dem Schild Richtung Menzlesmühle erst auf einem Teerweg, der bald aber in einen Schotterweg übergeht. Schon nach ca. 150 Metern sehen wir auf der linken Seite einen schönen Weiher und die Öl- und Sägmühle vom Brandhof. An der nächsten Gabelung halten wir uns links. Wir gelangen nach Menzles. Im Ort halten wir uns links und folgen dem Sträßlein weiter auf unserem Wegzeichen. An der Gabelung mit dem Lindenbaum biegen wir links ab und laufen auf den Wald zu. An der nächsten Wegkreuzung nach rechts und weiter am grasumsäumten Waldweg entlang eines schmalen Bächleins. Dann sehen wir schon die **Menzlesmühle** 02 (479 m) mit ihrem oberschlächtigen Wasserrad.

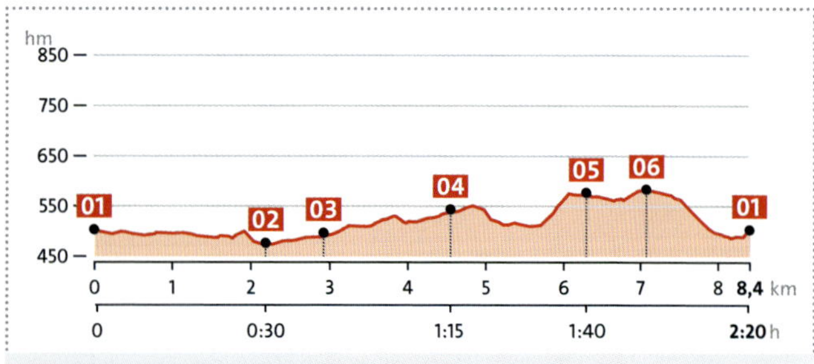

01 Wanderparkplatz Brandhof 490 m; 02 Menzlesmühle 479 m; 03 Idyllische Straße 490 m; 04 Großer Eulenwaldweg 539 m; 05 Haghof 571 m; 06 Hagbergturm 586 m

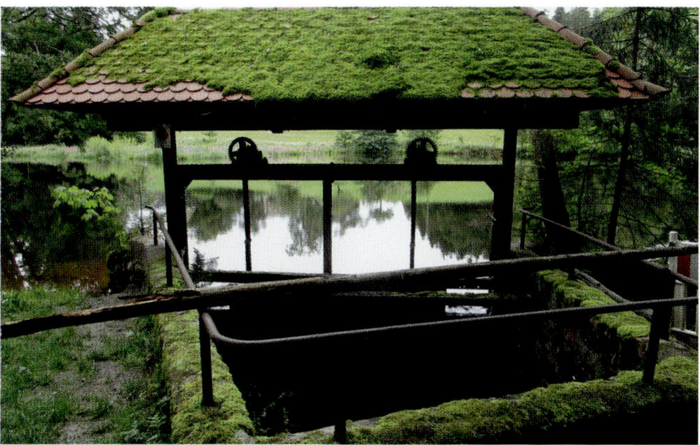

Brandhofer Mühlenweiher.

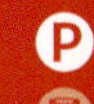
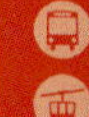

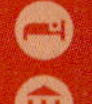

An der folgenden Kreuzung biegen wir nach links Richtung Gschwend ab und folgen einer asphaltierten Straße nun mit dem roten Punkt. Nach einer leichten Rechtskurve biegen wir sofort links in den Wald ab und wandern auf dem leicht ansteigenden Waldweg dahin. Nach der Anhöhe halten wir uns links, dann am Waldrand entlang auf einem Wiesenweg. Am Teerweg halten wir uns links. Schließlich erreichen wir die **Idyllische Straße** 03 (490 m). Wir überqueren sie nach links und folgen ihr nach 50 Metern in den Wald, schnell auf leicht geschottertem Weg. Nach ca. 350 Metern, der Weg verläuft leicht abschüssig, biegen wir rechts ein und wandern über einen idyllischen, schmalen Waldpfad bergab. Wir queren eine kleine Holzbrücke und

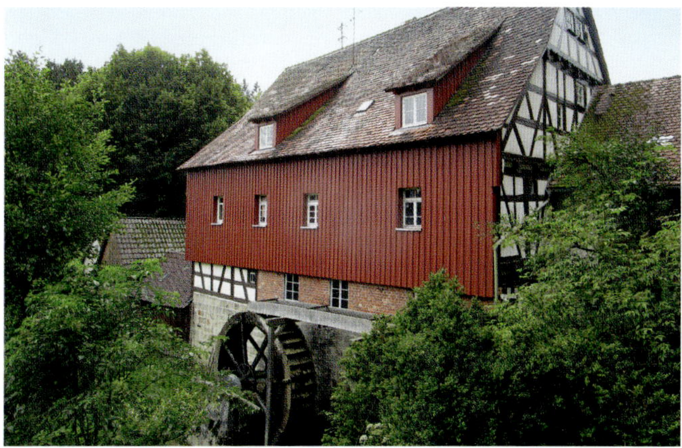

Menzlesmühle.

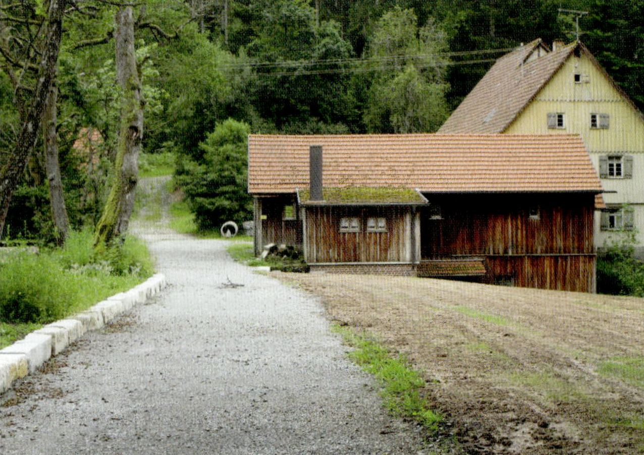

Öl- und Sägmühle Brandhof.

folgen dem Wurzelweg bis zum nächsten Wegweiser. Hier biegen wir links auf einen Schotterwaldweg ein. Bei der nächsten Kreuzung rechts und sofort links abbiegen Richtung Gschwend, dem roten Punkt weiter folgen. An der nächsten Weggabelung halten wir uns links und kurz danach rechts über einen Wald- und Wiesenweg leicht bergab. Nach einigen Minuten gelangen wir an eine Kreuzung mit einem Teerweg und dem **„Großen Eulenwaldweg“** **04** (539 m). Hier biegen wir links ein, folgen dem Weg bis zur T-Kreuzung und biegen hier rechts ein. Nach ca. 400 Metern erreichen wir die Welzheimer Straße. Ab und an leuchtet uns mal der blaue Balken als neue Wegmarkierung entgegen. Wir überqueren die Landesstraße und folgen dem Weg um die Linkskurve herum. An Haghöfle noch vorbei, biegen wir nach ca. 400 Metern rechts auf einen schlecht erkennbaren Pfad ein. Wir folgen ihm nun in einem knackigen Anstieg hinauf durch den Wald. Nur wenige Minuten später gelangen wir erneut an eine asphaltierte Straße. Nach links erreichen wir sogleich **Haghof** **05** (571 m). Durch den Weiler dem Teersträßlein folgen, an der nächsten Gelegenheit links nach Wasserhof. Bergan nun, am Ortsausgang, nach dem letzten Haus auf der linken Seite, biegen wir gleich links und laufen auf den **Hagbergturm** **06** (586 m) zu, den wir in Kürze erreichen. Nach einer kurzen Rast und schönen Aussicht wenden wir uns nach rechts, an der Straße dann wieder links Richtung Brandhofer Mühle. Am ersten weißen Haus biegen wir rechts ein und wandern auf einem Wiesenweg hinab. Hinter einem Zaun führt uns dann ein schmaler Pfad, dann ein Asphaltweg nun wieder mit dem HW3 hinab. An der nächsten Abzweigung geht es nach rechts. An der Linde mit Holzbank und Tisch wenden wir uns nach links, am Stall vorbei und über einen Trampelpfad hinab. Dann wenden wir uns rechts zur Straße und haben in wenigen

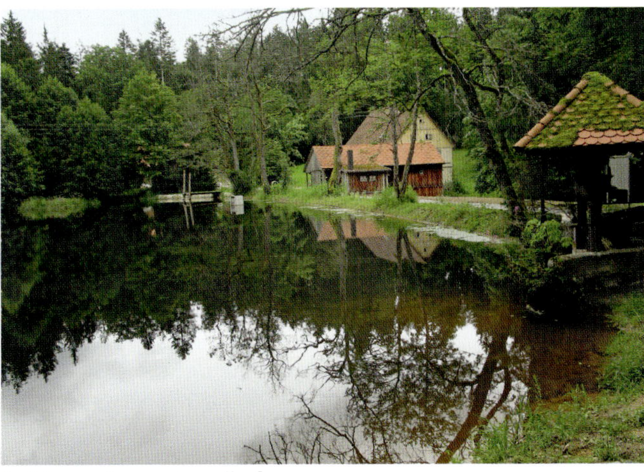

Mühlenweiher am Brandhof.

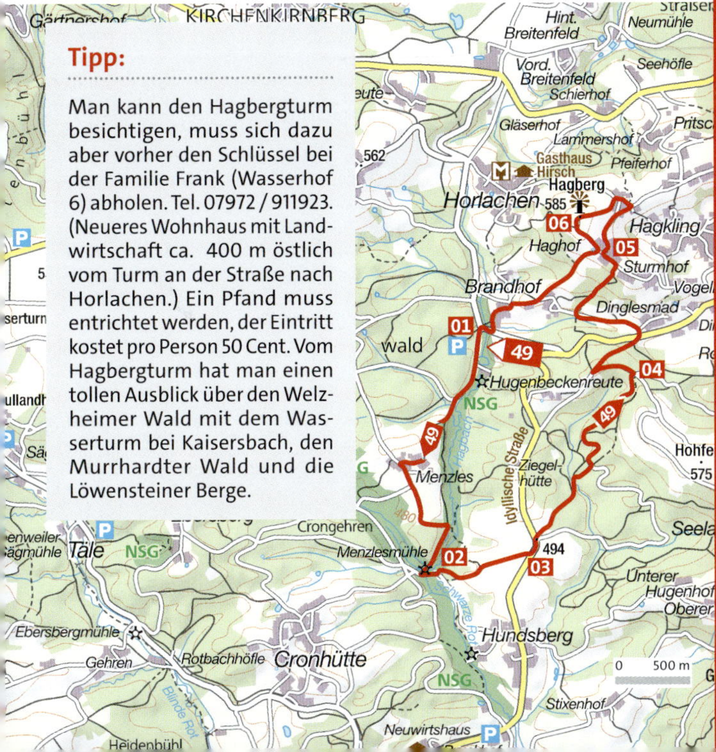

Tipp:

Man kann den Hagbergturm besichtigen, muss sich dazu aber vorher den Schlüssel bei der Familie Frank (Wasserhof 6) abholen. Tel. 07972 / 911923. (Neueres Wohnhaus mit Landwirtschaft ca. 400 m östlich vom Turm an der Straße nach Horlachen.) Ein Pfand muss entrichtet werden, der Eintritt kostet pro Person 50 Cent. Vom Hagbergturm hat man einen tollen Ausblick über den Welzheimer Wald mit dem Wasserturm bei Kaisersbach, den Murrhardter Wald und die Löwensteiner Berge.

VON MITTELROT NACH FICHTENBERG

Zu einem Aussichtsturm und einem Burgturm

  15 km  4:15 h  350 hm 350 hm 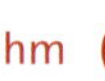  774

START | Parkplatz Mittelrot. Von Mittelrot nach Michelbächle biegen wir nach ca. 600 Meter links auf einen schmalen Teerweg ab. Kurz darauf sind wir am Wanderparkplatz. Geokoordinaten: [GPS: UTM Zone 32 x: 554078.109 y: 5426777.583].
CHARAKTER | Die abwechslungsreiche Runde bewegt sich größtenteils auf breiten, teils geschotterten Waldwegen. Kurz vor dem Kernerturm und auch vor dem Röterturm wird es auf schmalen, wurzeligen Waldpfaden ein bisschen steiler.

▶ Vom **Wanderparkplatz Mittelrot** 01 (380 m) folgen wir zunächst dem Rundweg S der Idyllischen Straße auf einer wenig befahrenen Teerstraße nach links Richtung Michelbach. Am Ortseingang biegen wir rechts auf einen schmäleren, asphaltierten Weg Richtung Kernerturm ein. Er führt uns in 15 Minuten hinauf an eine Kreuzung: Hier halten wir uns rechts auf einen Schotterweg und folgen nun der Markierung 4 Gaildorfer Runde. An einer Rasthütte vorbei geht es nach wenigen Minuten links einen Pfad hinauf. Er bringt uns zum **Kernerturm** 02 (455 m), von dem aus wir eine schöne Aussicht auf Gaildorf genießen. Dann wandern wir weiter geradeaus, den schmalen Waldweg hinab durch einen schönen, lichten Wald auf der Nr. 4 der Gaildorfer Runde weiter Richtung Mittelrot. Bald geht es weiter über einen Schotterweg, an Infotafeln des Kulturweges Gaildorf

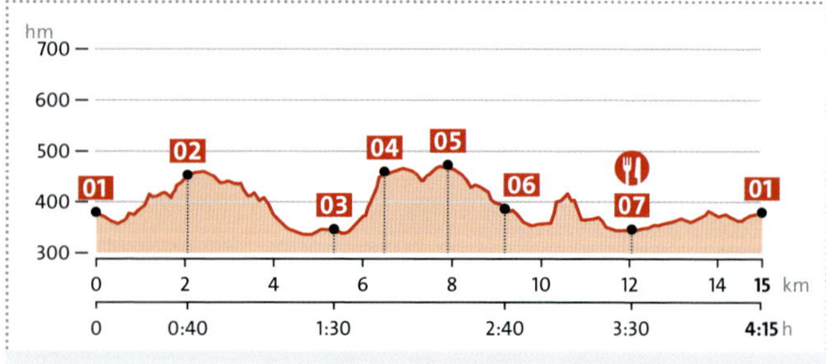

01 Wanderparkplatz Mittelrot 380 m; 02 Kernerturm 455 m; 03 Mittelrot 351 m; 04 Röterturm 459 m; 05 blauer Balken 482 m; 06 Rauhenzainbrünnlein 404 m; 07 Fichtenberg 345 m

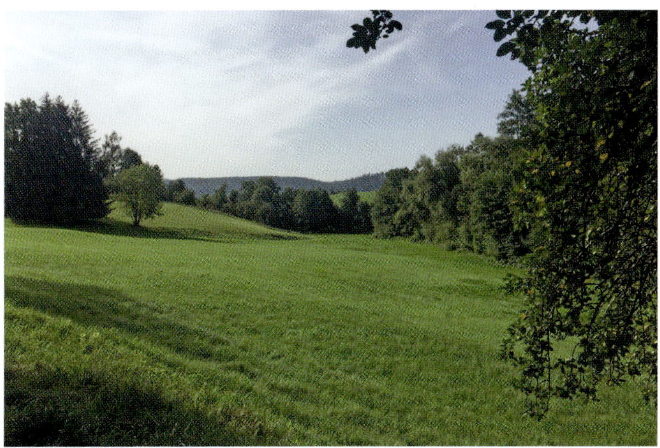
Wiesen bei Mittelrot.

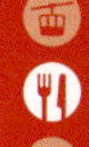
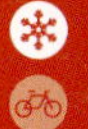
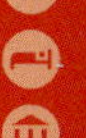

vorbei. Am Steinhäuschen mit dem Sendemast erwartet uns eine Teergabelung, der wir nach rechts folgen. Bevor der Weg wieder in einen Schotterweg übergeht, biegen wir scharf rechts ab Richtung Röterturm. Wenige Minuten später führt uns Rundweg 4 nach links aus dem Wald hinaus, über einen Schotterweg, dann einen Teerweg nun stetig hinab bis zur L1066. Ihr folgen wir nach rechts nach **Mittelrot** 03 (351 m). Im Ort wenden wir uns am Talweg nach links, jetzt auf dem blauen Balken. Dann biegen wir rechts in den Turmweg ein. Er bringt uns über ein Brücklein aus dem Ort hinaus, nach einer Minute halten wir uns links und gleich darauf rechts, dem blauen Balken aufwärts folgend. An der darauffolgenden T-Kreuzung biegen wir links ab, weiter hinauf. Kurz nach Waldeintritt geht es scharf links auf einen schmalen, wurzeligen und steilen Pfad hinauf. Er mündet nach einigen Minuten in einen breiten Schotterweg. Kurz nach der Holzschranke nach links, wieder steil aufwärts zum **Röterturm** 04 (459 m). Wir laufen um ihn herum, folgen dem Pfad auf der anderen Seite bergab und erreichen wieder den breiten Waldweg. Ihm folgen wir nun nach links. Gute zwanzig Minuten laufen wir auf schottrigem Weg stetig bergab, bis wir an eine T-Kreuzung gelangen: Hier zweigt der **blaue Balken** 05 (482 m) nach links ab und

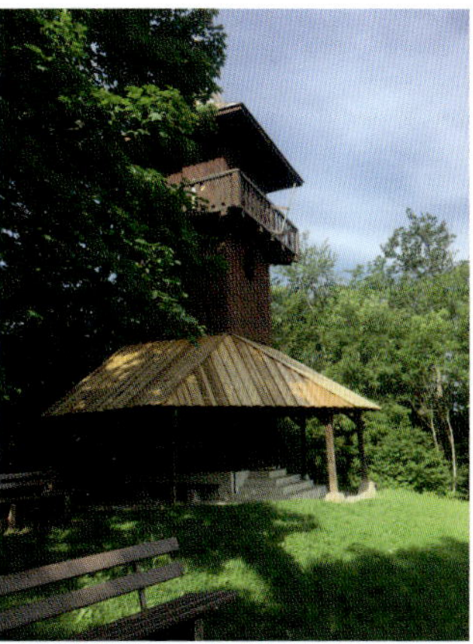
Kernerturm.

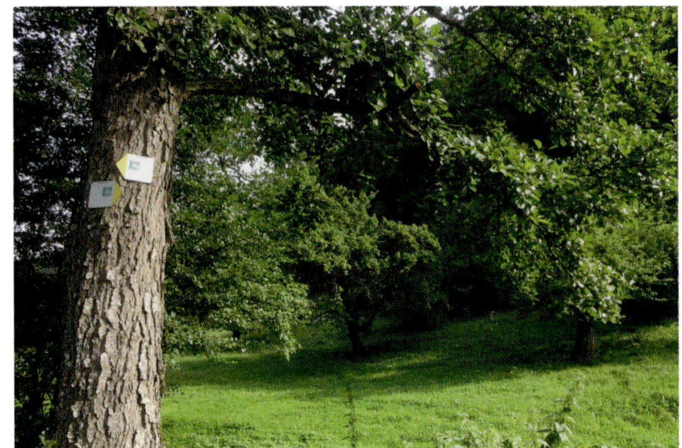

Wälder bei Mittelrot.

verlässt uns damit. Wir wenden uns unmarkiert nach rechts, und laufen nun den schönen Waldweg entlang hinab. Ca. 400 Meter nach der Linkskurve mit der Waldhütte gabelt sich der Weg: Wir biegen scharf rechts ab, weiter hinab. Ein paar Minuten darauf kommen wir am **Rauhenzainbrünnlein** **06** (404 m) vorbei, an dem wir uns erfrischen können. Schließlich mündet der Weg in eine T-Kreuzung; hier halten wir uns links, nun dem Rundwanderweg Nr. 3 folgend. An der Straße biegen wir links ein und folgen der Idyllischen Straße T Richtung Fichtenberg. Kurz darauf biegt der Weg um die Rechtskurve herum und wir erreichen 15 Minuten später die Tälesstraße, der wir am Sportplatz

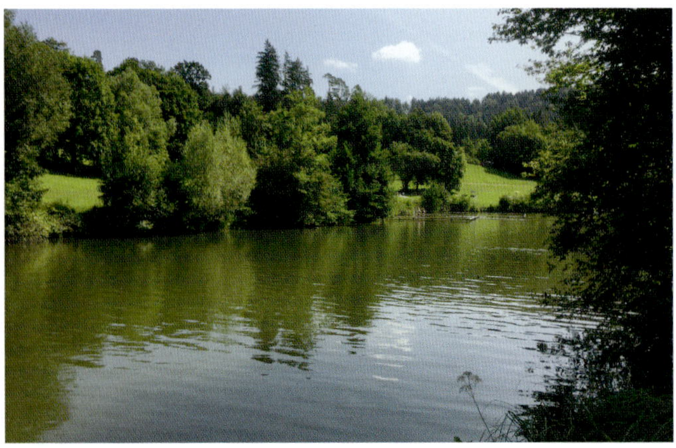

Diebachsee.

vorbei folgen bis zur L1066 in **Fichtenberg** **07** (345 m). Geradeaus über die Hauptstraße hinüber, dann in die Erlenhofer Straße und unter der Bahn hindurch. Dann biegen wir rechts in die Schulstraße ab. Sie bringt uns am Friedhof vorbei bis zum Teerweg, auf dem wir nun den Gleisen entlang folgen bis zur K2615. Sie führt uns nach links wieder zum **Parkplatz Mittelrot** **01** (380 m) zurück.

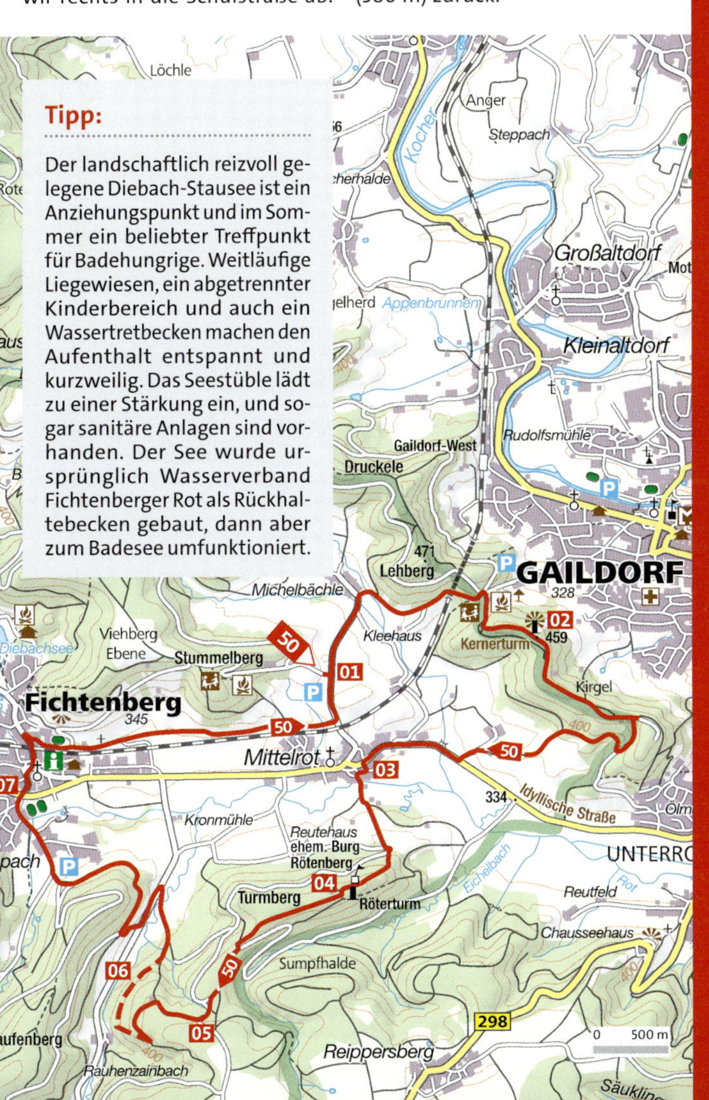

Tipp:

Der landschaftlich reizvoll gelegene Diebach-Stausee ist ein Anziehungspunkt und im Sommer ein beliebter Treffpunkt für Badehungrige. Weitläufige Liegewiesen, ein abgetrennter Kinderbereich und auch ein Wassertretbecken machen den Aufenthalt entspannt und kurzweilig. Das Seestüble lädt zu einer Stärkung ein, und sogar sanitäre Anlagen sind vorhanden. Der See wurde ursprünglich Wasserverband Fichtenberger Rot als Rückhaltebecken gebaut, dann aber zum Badesee umfunktioniert.

51

UM VELLBERG HERUM

Durchs Naturschutzgebiet Unteres Bühlertal

  7,8 km  2:25 h 135 hm  135 hm  774

START | Vellberg. Von Großaltdorf nach Vellberg, unterhalb des Städtchens auf der Straße „Am Zwinger“ kurz vor der 90°-Linkskurve links zum Parkplatz.
Geokoordinaten: [GPS: UTM Zone 32 x: 564302.380 y: 5437507.709].
CHARAKTER | Der Rundweg bewegt sich vornehmlich auf befestigten Waldwegen und Sträßchen. Die Höhenunterschiede sind gemütlich. Teilweise fehlen die Markierungen. Orientierung hilfreich.

Die Bühler ist der größte Nebenfluss des Kocher. Ab Vellberg ist sie tief in den Muschelkalk des Tales eingeschnitten. Sie durchfließt zum Teil das Naturschutzgebiet Unteres Bühlertal, das eines der schönsten Täler Baden-Württembergs ist mit einer reichen Artenvielfalt. Im versteckten Weiler Anhausen treffen wir dann auf die Kirchenruine von St. Bartholomäus. Auf einem Felsvorsprung über der Bühler stand einst die Urkirche St. Bartholomäus. Erste Erwähnung fand der Ort um 976. Unter dem Kirchenfelsen gibt es mehrere Grotten, in einer Nische steht sogar eine Marienstatue.

▶ Wir beginnen unsere Wanderung in **Vellberg** 01 (369 m). Vom Parkplatz unterhalb des Pulverturms steigen wir die Treppen hinauf. „Im Städtle“ laufen wir am Stadtcafé vorbei, durch das Pompelestor hindurch hinab zur L1040. Hier rechts, nach ca. 50 Metern wenden wir uns nach links, überqueren die Bühler und folgen dann der Talstraße nach links. Geradeaus

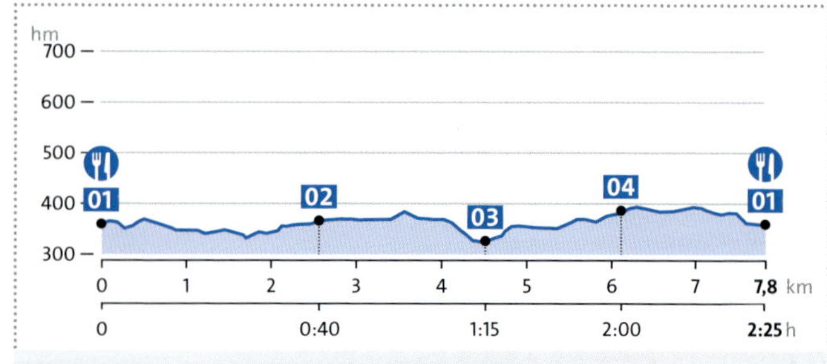

01 Vellberg 369 m; 02 Talheim 360 m; 03 Anhausen 328 m; 04 Buch 386 m

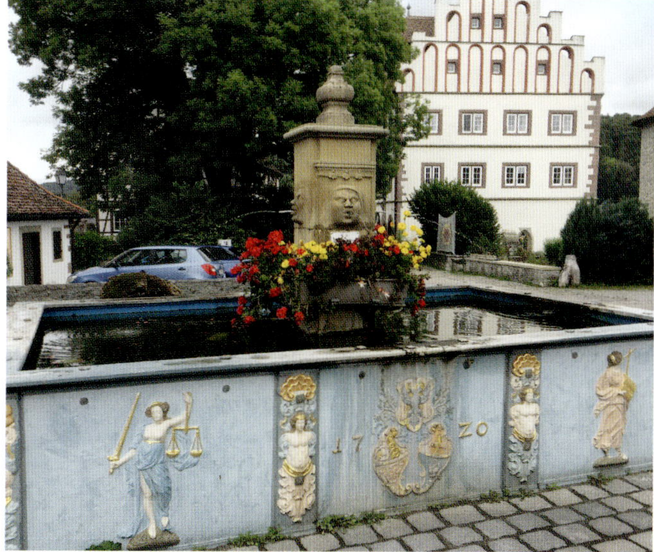

Vellberger Stadtbrunnen.

führt uns bald ein Wiesenweg weiter, ohne Markierung. Der Pfad führt nach wenigen Minuten um eine Rechtskurve, erst am Waldrand entlang, dann in den Wald hinein. Nach wenigen hundert Metern macht er eine Rechtskurve, dann führt er am Alenbach entlang und endet schließlich etwas später an einer Brücke. Hinüber und nach links bis zur Kläranlage, dann rechts oberhalb der Bühler weiter. Auf

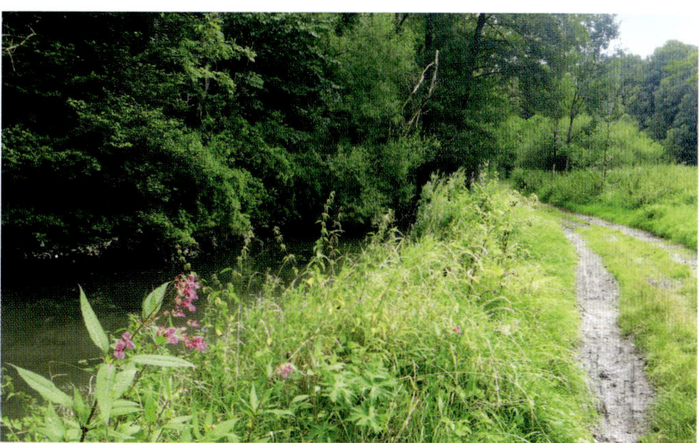
An der Bühler entlang.

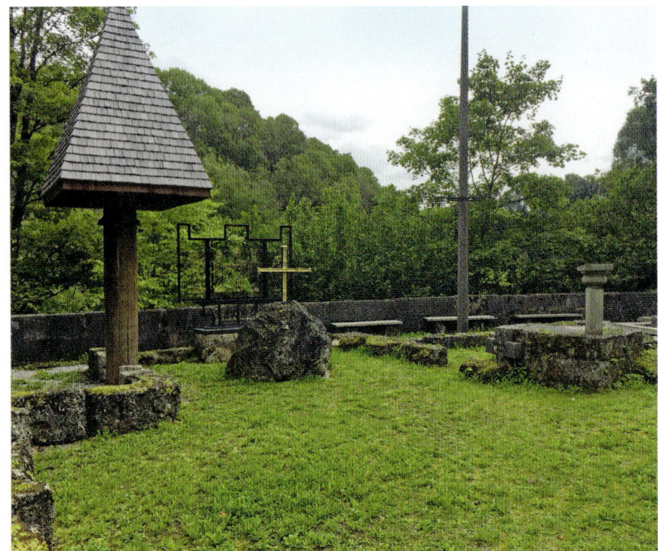

Anhäusener Kirchruine.

und ab jetzt mit dem Wegzeichen WK erreichen wir eine Grillhütte. Nur wenige hundert Meter später passieren wir die Sportanlagen von **Talheim** 02 (360 m). Wir folgen dem Teerweg, tangieren die L1040 und wenden uns hier links, weiter auf einem Teerweg unter den Gleisen hindurch, jetzt zusammen mit dem Schmetterling. An der Gabelung nach 500 Metern wandern wir geradeaus auf dem roten Punkt;

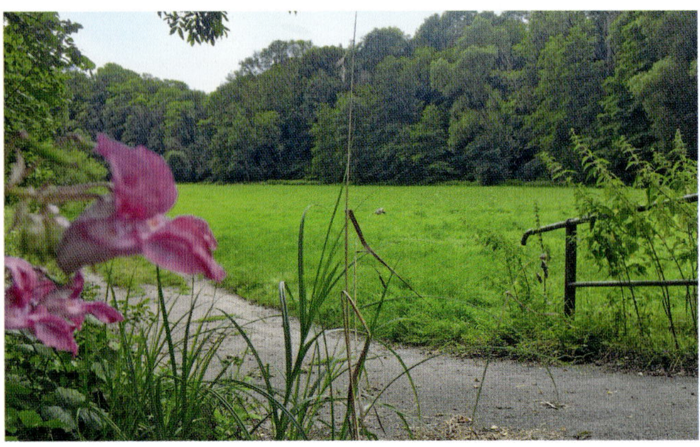

Auf dem Weg nach Anhausen.

dann halten wir uns wenige Minuten später links und in einem Linksbogen über Wiesen. Kurz darauf führt uns ein Rechtsbogen nochmals an Wald und Wiese entlang bald über eine Brücke nach **Anhausen** 03 (328 m). Wir halten uns im Weiler links und wandern kurz darauf über ein paar Treppchen links hinauf zur Ruine der ehemaligen St.-Bartholomäus-Kirche. Ein Weg bringt uns hinauf in den Wald. Nach Waldaustritt biegen wir links ab. Ein unmarkierter Wiesenweg bringt uns an Feldern entlang bis zu einer Wegkreuzung: Hier nochmals links, auf einem Schotterweg an einer Hütte vorbei. Über Felder hinab, verlassen wir den Weg mit dem roten Punkt nach rechts, dann sofort links am Waldrand entlang. Links in den Wald bis zu einem Grillplatz, dann über den Bühlertalweg bis zur Landstraße. Sie bringt uns links gewandt nach **Buch** 04 (386 m) hinein. Bequem folgen wir nun der Bucher Straße zurück. Bei den ersten Häusern vom Städtle biegen wir links ein, wenden uns nach ca. 200 Metern nach rechts am Waldhang entlang und biegen schließlich nach Waldaustritt links ab. Der Weg bringt uns direkt zurück nach **Vellberg** 01 (369 m).

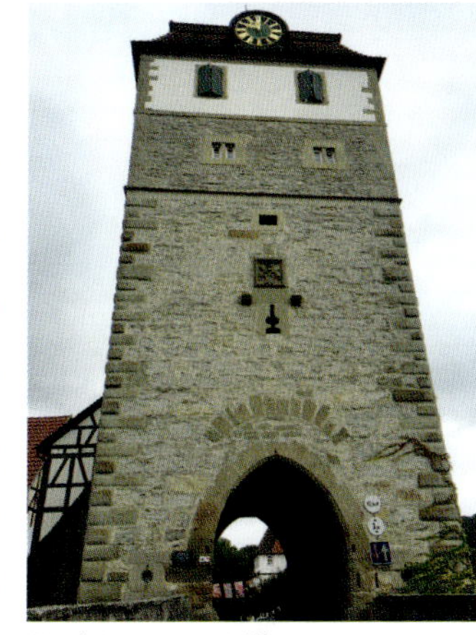

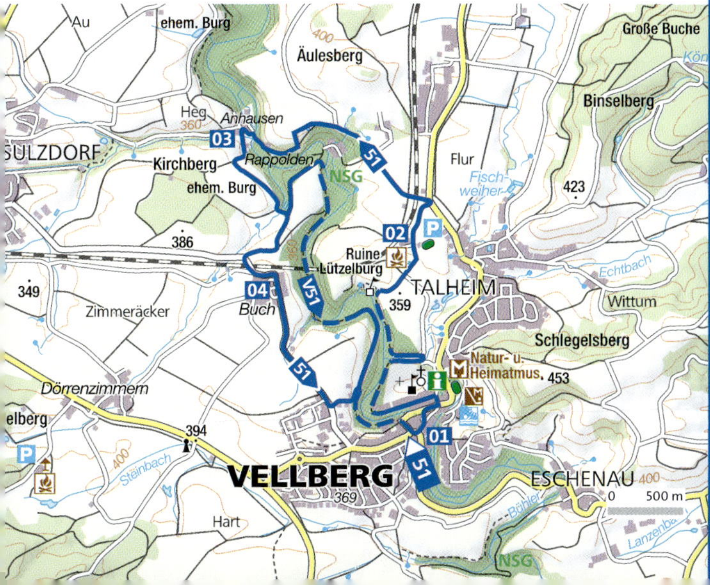

Stadttorturm Vellberg.

52

VON BÜHLERTANN ZUR TANNENBURG

Sonnige Runde durchs obere Bühlertal

  11,2 km  3:15 h  179 hm 179 hm  774

START | Parkplatz im Lohmühlenweg in Bühlertann. Geokoordinaten: [GPS: UTM Zone 32 x: 566573.048 y: 5432420.469].
CHARAKTER | Diese schöne Rundwanderung führt uns auf Teer- und Forstwegen durch das Bühlertal. Kurz hinter dem Galgenberg geht es mutig querfeldein über Wiesen an Feldern vorbei. Hier auf die Schilder achten!

Bühlertann hat wahrlich viel zu bieten: Neben der Kirche St. Georg – gestiftet von Heinrich von Stetten im 13. Jahrhundert – oder der Gangolfskapelle, die von allen mittelalterlichen Bauwerken noch am besten erhaltene (um nur zwei von vielen zu nennen), sticht natürlich die Tannenburg hervor, die sich imposant über dem Ort erhebt. Die Burganlage aus dem 13. Jahrhundert gehört zu den besterhaltendsten Schildmauerburgen Württembergs. Sie thront auf einer vorspringenden Bergzunge der Ellwanger Berge. Heute im Privatbesitz, wurde sie renoviert und eine Gästepension mit Biobauernhof eingerichtet. Die Kapelle der heiligen Magdalena innerhalb der Burgmauern ist ein Kleinod: Die Kapelle selbst – eine Mischung aus Renaissance und Gotik – stammt aus dem Jahre 1632. Die Glocke aus dem Jahr 1649. Ihre Grundmauern sind noch älter – die Entstehungszeit wird im 13. Jahrhundert angesiedelt.

▶ Unsere Wanderung beginnt am Parkplatz im Lohmühlenweg in **Bühlertann** 01 (377 m). Wir queren das Brücklein über die Bühler und

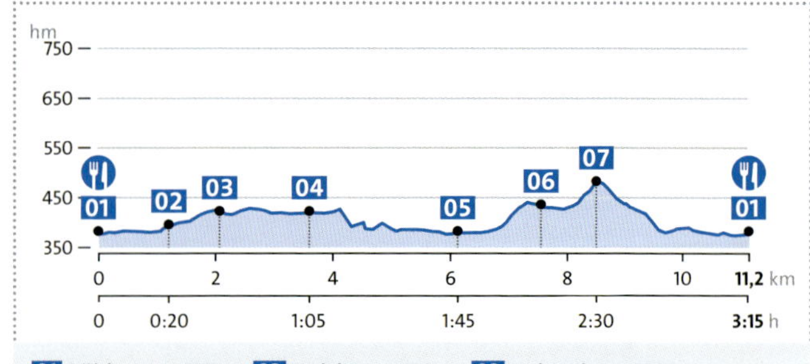

01 Bühlertann 377 m; 02 Holzkreuz 390 m; 03 Galgenberg 429 m; 04 Infotafel; 05 Kottspiel 379 m; 06 Heuhof 437 m; 07 Tannenburg 473 m

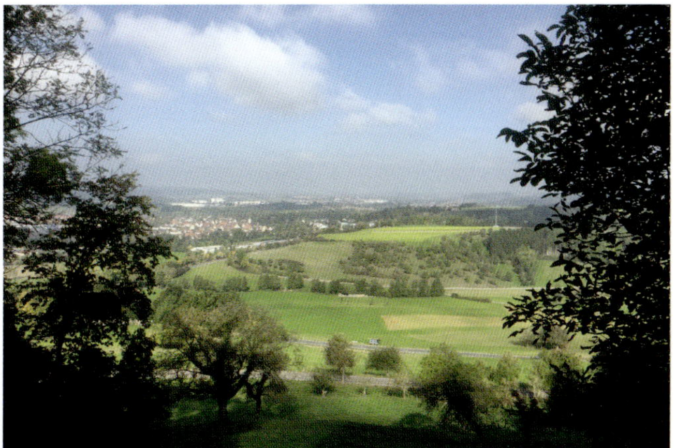

Blick ins Bühlertal.

laufen geradeaus, an Kirche und Gasthof zum Bären vorbei, die Hauptstraße entlang Richtung Kottspiel. Zunächst folgen wird der Beschilderung des Bühlersteiges und W6. Kurz vor Ortsausgang wenden wir uns nach links auf den Galgenbergweg. Der Teerweg führt uns aus dem Ort heraus. An der ersten Gabelung mit dem **Holzkreuz** 02 (390 m) halten wir uns links, weiter auf dem Teerweg. Kurz darauf folgen wir dem Weg an der nächsten Gabel geradeaus, nun auf einem Schotterweg. Auf dem Bühlersteig geht es hinauf in den Wald auf den **Galgenberg** 03 (429 m), immer geradeaus. Nach ca. 20 Minuten auf dem Hauptweg stoßen wir am Waldrand auf einen Wiesenweg, der schnell eine Linksbiegung macht. Wenige Meter

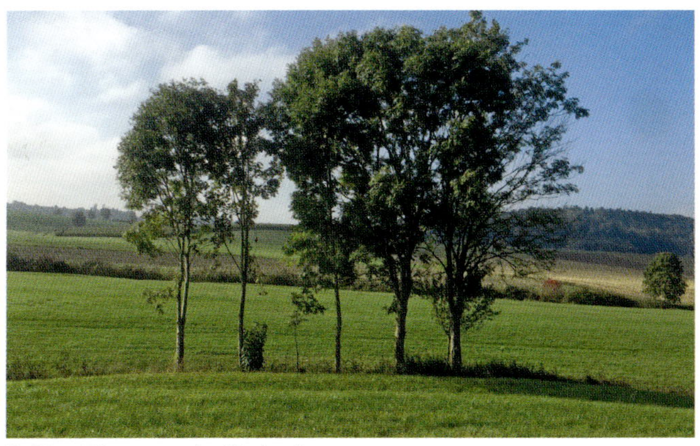

Saftige Wiesen an der Fischach.

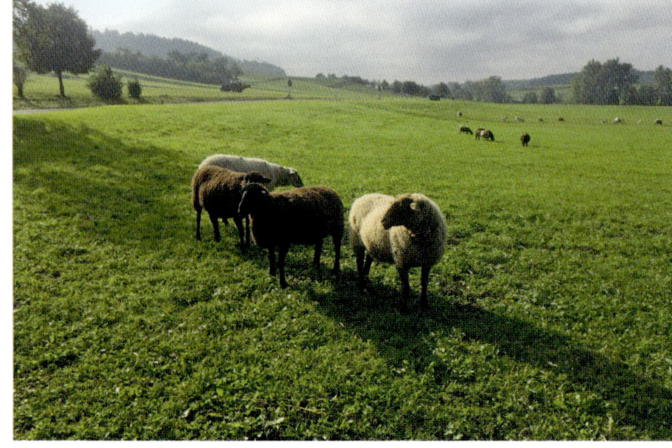

Weideidyll bei Kottspiel.

später, an der Gabelung am Waldrand, folgen wir dem Schotterweg nach rechts, ein paar Minuten am Waldrand entlang. Dann wandern wir links am Wald entlang über die Wiese. Nach ca. 100 Metern, am Ende des Waldes, laufen wir geradeaus weiter auf einem Wiesenweg am Feld entlang. Nur wenige Minuten bis zur Straße, die wir überqueren. Dann geht es weiter geradeaus auf der Wiese, an Feldern vorbei, gute zehn Minuten bis zu Wald- und Buschwerk. Hier rechts, am Waldrand entlang. Schließlich erreichen wir einen Teerweg, dem wir nach links folgen. An der Kreuzung mit dem **Infoschild 2 „Ackerbau im Wandel"** 04 wandern wir geradeaus. Zehn Minuten später geht der Weg wieder in einen Wiesenweg über. Kurz vorher halten

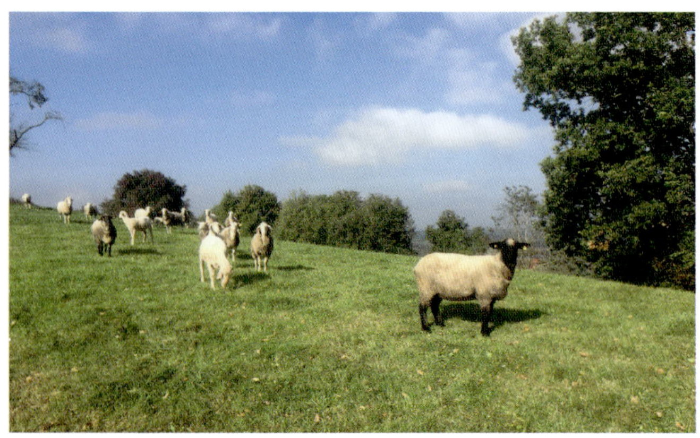

Glückliche Schafe bei Neuhof.

wir uns rechts, auf einem Pfad durch einen Hain den Hang hinab. Unten am Feld wenden wir uns nach links. Auf und ab geht es jetzt gute zwanzig Minuten auf einem Feldweg bis nach **Kottspiel** 05 (379 m). Wir durchqueren den Ort bis kurz vor Ortsausgang. Dann folgen wir dem Bühlertalwanderweg (BTW) nach links in das „Brunnenfeld" Richtung Tannenburg. An der nächsten Gabelung halten wir uns rechts – der Teerweg mündet in einen Schotterweg, der uns nach wenigen Minuten um eine Linkskurve führt. Dann laufen wir hinauf, schnell auf einem Wiesenweg, ca. 50 Meter bis zum Feld. Wir wenden uns nach rechts und laufen am Feld entlang bis zu einem Schotterweg. Ihm folgen wir nach links, weiter hinauf, dann hinab nach **Heuhof** 06 (437 m). Im Ort biegen wir rechts ab und wandern den Teerweg entlang, nun mit schönem Blick auf die Tannenburg, geradeaus, bis wir auf eine Straße treffen. Ihr folgen wir nach links hinauf. In Halden wenden wir uns nach dem alten Dorfbrunnen nach rechts, erst die Straße, dann links gewandt bald

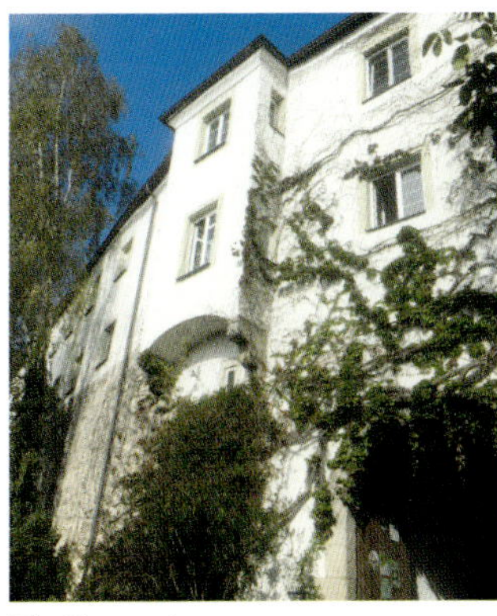
Die Tannenburg.

ein paar Treppen hinauf zur **Tannenburg** 07 (473 m). Nachdem wir einen kurzen Blick hinter die Burgmauern geworfen haben, laufen wir am Parkplatz vorbei, dann links, durch den Wald hinab zur Straße. Wir überqueren sie und folgen nun unmarkiert dem Rad- und Fußweg weiter hinab, bis wir ein zweites Mal die Straße treffen. Nun biegen wir links ein und wandern gute zehn Minuten nach **Bühlertann** 01 (377 m) hinein und zurück zum Auto.

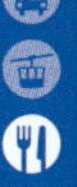

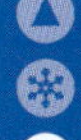

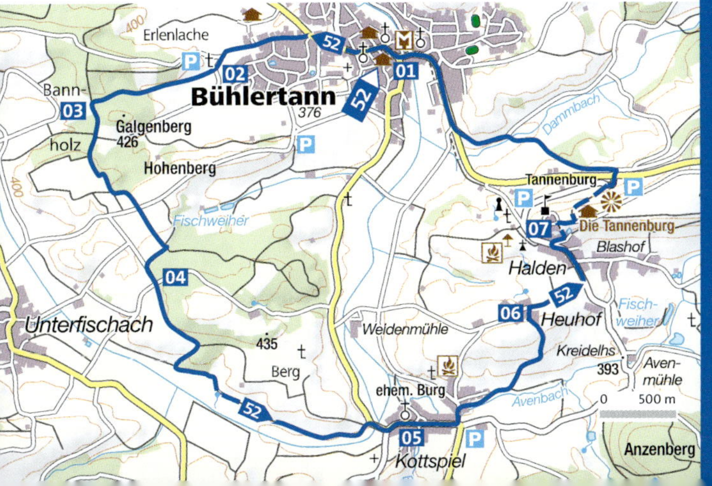

53

VON BÜHLERZELL ZUM ALTENBERGTURM

Romantische Mühlen und weite Wälder

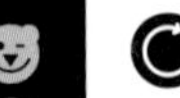 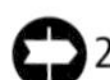 22,1 km  6:00 h 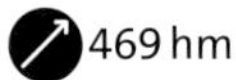 469 hm  469 hm  774

START | Wir beginnen unsere Wanderung in der Wolfsgrabenstraße. An der Rudolf-Mühleck Halle gibt es Parkmöglichkeiten.
Geokoordinaten: [GPS: UTM Zone 32 x: 567336.264 y: 5428089.439].
CHARAKTER | Diese Wanderung stellt zwar technisch keinerlei Ansprüche dar, da sie fast toujours auf breiten Teerwegen und schmalen, kaum befahrenen Straßen verläuft sowie auf schönen Waldwegen. Der Anstieg zum Altenbergturm ist ein wenig steil. Dafür ist die Wanderung sehr lang. Brotzeit und Getränke dürfen im Gepäck nicht fehlen, es gibt unterwegs keine Einkehrmöglichkeit. Kurz nach dem Altenbergturm brauchen wir ein wenig Orientierung, denn hier geht es ein paar Kilometer unmarkiert weiter.

Der Weg ist zwar einfach und führt uns bei dieser Wanderung häufiger auf einem geteerten Weg oder einer Straße, steht jedoch anderen Touren in diesem Büchlein um nichts nach. Die Wege sind relativ einsam und warten mit teilweise herrlichen Weitblicken und schönen, einsamen

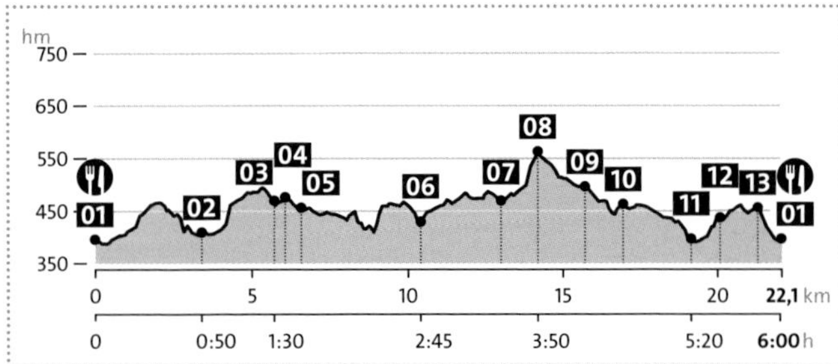

01 Bühlerzell 393 m; 02 Geifertshofen 280 m; 03 Teuerzer Sägmühle 280 m; 04 Heiligenbrunnen 469 m; 05 Schärtlensweiher 457 m; 06 Hambacher Mühle 432 m; 07 Uhlbach 477 m; 08 Altenbergturm 565 m; 09 Weiher an der Kohlenstraße 499 m; 10 Gerabronn 467 m; 11 Heilberg 397 m; 12 Wildgehege 435 m; 13 Lourdes-Grotte 456 m

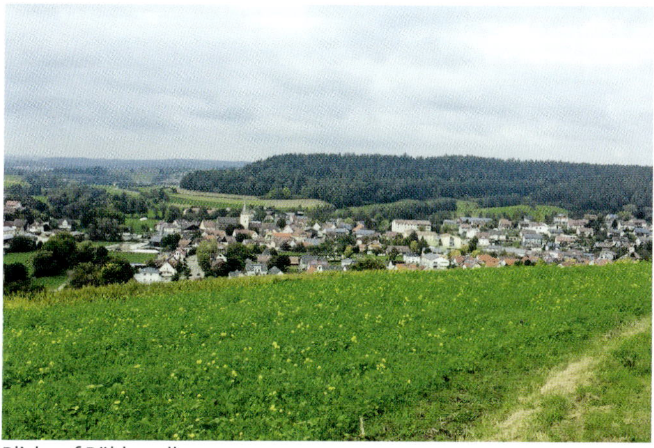

Blick auf Bühlerzell.

Wäldern auf. Schöne, renovierte Fachwerkhäuschen verschönern uns die Route, wie bei der Teuerzer Sägmühle oder in Geifertshofen die Käserei. Hier gibt es auch einen Hofladen, in dem man den Käse direkt vom Erzeuge erwerben kann. Ein besonderes Schmuckstück ist die Lourdes-Grotte mit Madonnenfigur auf dem Roßberg bei Bühlerzell zum Ende der Wanderung; sie wurde 1901 vom damaligen Pfarrer Anton Köhle gebaut.

▶ Wir starten an der Wolfsgrabenstraße in **Bühlerzell 01** (393 m) und wenden uns zuerst mit dem Bühlertalwanderweg nach links. An der Schwanengasse biegen wir rechts ab, kurz darauf führt unser Weg links hinab, am Katholischen Pfarramt vorbei zur Hauptstraße, in die wir rechts einbiegen. Nur wenige Meter später folgen wir der Straße nach links Richtung Geifertshofen auf der Markierung Bühlersteig und WL (Wanderweg Landwirtschaft gestern und heute). Wir überqueren die Bühler und folgen der Straße weiter geradeaus, bis uns die Wegzeichen nach links auf den Imbergweg schicken, nun auch mit dem roten Kreuz. Ein geteertes Weglein bringt uns auf die Höhe, an Wiesen und Weiden vorbei. Oben gelangen wir an eine T-Kreuzung; wir folgen dem Weg nach rechts, er begleitet uns bald um eine Linkskurve hinab nach **Geifertshofen 02** (280 m). Im Ort halten wir uns rechts auf die Sulzbacher Straße, die uns bald geradeaus weiter in die Bühlerzeller Straße bringt. An der Käserei biegen wir dann links in die Bachstraße ein, nun nur noch mit dem roten Kreuz. Wir laufen aus dem Ort hinaus, bald bergauf und folgen dem gut ausgeschilderten Weg; kurz nach dem Ort noch auf einem Teerweg, der jedoch bald in einen Waldweg mündet. An der ersten Gabel im Wald halten wir uns links. An der Gabel nach 500 Metern halten wir uns abermals links. Dieser Weg führt uns nach ein paar Minuten aus dem Wald heraus, hinab zur **Teuerzer Sägmühle 03** (280 m). Wir folgen dem Schotterweg an Weiher und ehemaliger Mühle vorbei. Kurz danach verlässt uns das rote Kreuz nach rechts in den Wald. Wir folgen

Tipp:

Diese schöne Runde eignet sich auch hervorragend als Radrunde mit Trekking- oder Mountainbike. Sie führt zumeist über asphaltierte oder Wald- und Forstwege. Lediglich der Anstieg zum Altenbergturm ist etwas knackig mit dem Rad. Kurz vor und nach der Lourdes-Grotte geht es über einen wurzeligen Pfad, hier ist mit dem Bike Vorsicht angesagt.

ab nun dem roten Punkt, weiter auf dem gemütlichen Weg. Nach wenigen Minuten passieren wir den hübschen **Heiligenbrunnen 04** (469 m), der zu einer kleinen Rast einlädt. Dann wandern wir weiter geradeaus bis zum schmalen Teesträßlein, das uns nach links weiterführt. Kurz darauf, nach dem Parkplatz, biegen wir rechts auf einen Feldweg ein und passieren den **Schärtlensweiher 05** (457 m). Auch hier bietet sich eine Rast an der Grillhütte an. Wir folgen nun dem roten Punkt stetig geradeaus am Klingenbach entlang. Eine viertel Stunde nach Verlassen des Weihers halten wir uns an der Gabelung links. Der Weg geht allmählich in einen fein geschotterten Weg über, der uns schließlich rechts gewandt aus dem Wald heraus führt, an Wiesen und Schafweiden vorbei. Kurz darauf, an der ersten geteerten Abzweigung laufen wir noch weiter geradeaus, um dann bei der zweiten Abzweigung, nach rechts einzubiegen Richtung Hohenberg. Schnell mündet der Weg wieder in einen Waldweg. Wir steigen bergan, nach ca. 15 Minuten wenden wir uns an der Straße nach rechts. 300 Meter später biegen wir links ab Richtung Hambacher Mühle. Ein geflickter Teerweg führt uns hinab; im Weiler der **Hambacher Mühle 06** (432 m) halten wir uns rechts und verschwinden schnell wieder auf einem Waldweg im Wald. Nach wenigen Minuten biegen wir an der Kreuzung rechts ab. Eine gute halbe Stunde folgen wir dem gut ausgeschilderten Hauptweg durch den Wald, bis er uns an eine Straße bringt: wir folgen ihr nach links Richtung Altenberg. Bald wandern wir an **Uhlbach 07** (477 m) vorbei. Die wenig befahrene Straße führt um eine Rechtskurve, an Weiden vorbei bis zur Kohlenstraße. Wir überqueren sie, am Parkplatz vorbei und beginnen den steilen Anstieg zum **Altenbergturm 08** (565 m), den wir kurz darauf erreichen. Nach einer Pause mit Aussicht setzen wir unseren Weg auf dem breiten Waldweg fort. Am Turm vorbei, weiter auf dem roten Kreuz, führt er uns bald um eine Linkskurve. Am breiten Teerweg mit Parkplatz biegen wir rechts ein. Nach kurzem Weg verlässt uns das rote Kreuz nach rechts in den Wald. Wir laufen nun unmarkiert auf dem asphaltierten Weg weiter. Nach zehn Minuten erreichen wir eine T-Kreuzung; hier laufen wir nach links weiter Richtung Bühlerzell, am **Weiher an der Kohlenstraße 09** (499 m) vorbei und immer geradeaus, gute zwanzig Minuten, bis wir eine Gabelung erreichen mit einem Wegkreuz nahe **Gerabronn 10** (467 m). Wir bleiben auf dem Teesträßlein geradeaus, gemeinsam mit dem Radweg Richtung Heilberg. Nach einer guten halben Stunde erreichen wir **Heilberg 11** (397 m). Hier biegen wir rechts ab, überqueren die Bühler und halten uns an der Laurentius Kapelle nochmals rechts. Nun geht es ca. 300 Meter an der Straße entlang, dann, schon nach dem Ort, biegen wir an einem einzelnen Haus links auf einen Teerweg ein. Er führt uns nun hinauf, bald um eine Linkskurve und an einem **Wildgehege 12** (435 m) vorbei. An der Gabelung biegen wir links ab und folgen dem Teerweg weiter, bald mit schönen Ausblicken auf Bühlerzell. Kurz hinter dem Wegkreuz, das wunderschön zwischen zwei Birken ein Plätzchen gefunden hat, weist uns ein Schild nach links, einen Pfad hinab zur Lourdes-Grotte. Nur wenige Minuten später halten wir uns rechts hinab zu der hübschen, relativ großen **Lourdes-Grotte 13** (456 m). Dann folgen wir dem Pfad auf dem Bühlertalwanderweg ein paar Meter zurück und an der Abzweigung geradeaus weiter über einen wurzeligen Pfad aus dem Wald heraus. Über eine Wiese hinab zum Schotterweg, dem wir nach rechts folgen. Er führt geradewegs zurück zum Parkplatz an der Rudolf-Mühleck Halle in **Bühlerzell 01** (393 m).

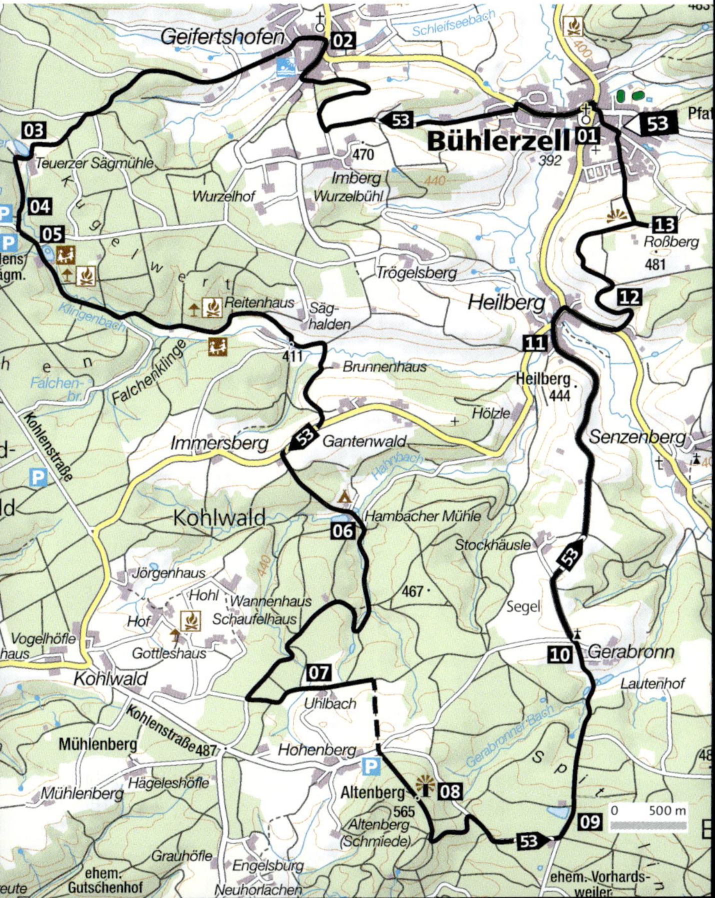

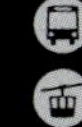
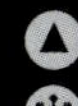
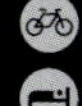
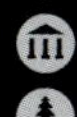

ÜBER VORDERBÜCHELBERG INS TAL DER BLINDEN ROT

Von der Bühlerquelle ins Naturschutzgebiet Rottal

  13,2 km 3:45 h 220 hm 220 hm 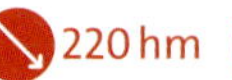  774

START | Von der B19 biegen wir ca. 1,5 km nach Abstgmünd Richtung Wöllstein nach links auf die L1073 nach Schäufele/ Wilfingen ab. Ca. 600 Meter hinter Schäufele nach rechts auf einen unscheinbaren Teerweg. Er führt in wenigen Metern zum Wanderparkplatz Rottal.
Geokoordinaten: [GPS: UTM Zone 32 x: 572787.016 y: 5417872.299].
CHARAKTER | Die Runde verläuft auf breiten Waldwegen und schmalen Teerstraßen und -weglein. Im Wald beim Bühlerursprung hilft ein wenig Orientierungssinn. Gemäßigte Auf- und Abstiege.

Nördlich der Ellwanger Berge entspringt die Blinde Rot und mündet bei Schäufele, oberhalb von Abstgmünd, in den Kocher. Kurz hinter der Burghardsmühle fängt das Naturschutzgebiet an und erwartet uns mit einer reizvollen, unberührten Flusstallandschaft des Keuperberglandes. Das Naturschutzgebiet wurde zur Erhaltung dieser Talaue mit einem natürlichen Bachlauf ausgewiesen. Das Tal bietet wertvollen Boden für eine seltene Vegetation und Lebensraum für eine vielfältige, vom Aussterben bedrohte Tier- und Pflanzenwelt. Vom Hauptweg zweigen zwar immer wieder Pfade ab, doch sollte man sich gerade hier nur auf den beschilderten Wanderwegen bewegen.

▶ Wir starten die Wanderung am

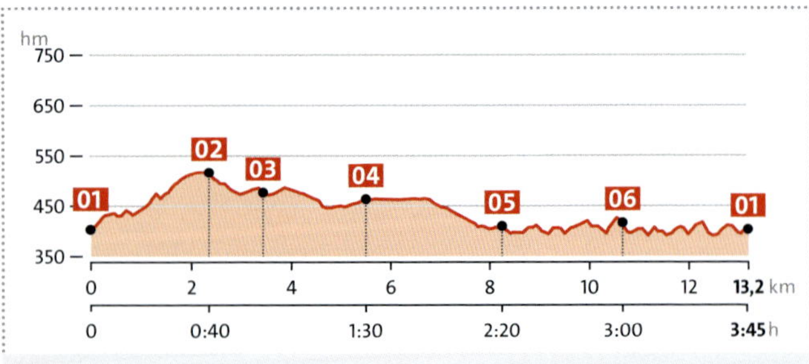

01 Wanderparkplatz Rottal 398 m; 02 Vorderbüchelberg 518 m; 03 Bühleruhrsprung 480 m; 04 Pommertsweiler 454 m; 05 Rottal 424 m; 06 Öl- und Sägmühle 394 m

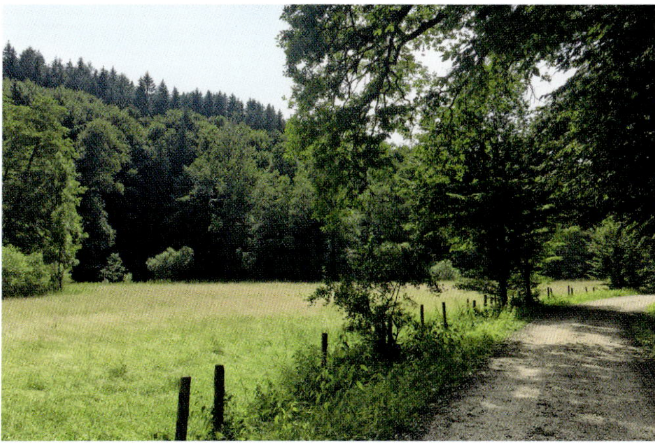

Durch das Rottal.

Wanderparkplatz Rottal 01 (398 m). Zunächst überqueren wir die L1073 nach rechts und folgen auf schmalem Pfad dem roten Kreuz, hinauf in den lichten Wald. Wir stoßen auf einen Waldweg, dem wir nach rechts folgen. Nach einer guten viertel Stunde erreichen wir einen breiten Schotterweg. Auch hier wenden wir uns nach rechts, nur einhundert Meter bis zur Straße, der wir nach links hinauf folgen. Nach guten zehn Minuten gelangen wir an die ersten Häuser von **Vorderbüchelberg** 02 (518 m). Hier folgen wir dem roten Kreuz geradeaus weiter Richtung Pommertsweiler. An der letzten Scheune führt uns das Sträßlein geradeaus hinab, ca. 400 Meter noch, dann biegen wir nach links ein und folgen der Wegbeschilderung Richtung Bühlerquelle auf der Markierung des Bühlertalwanderwegs BTW. Der Feldweg führt uns noch um die Rechtskurve am Waldrand entlang, dann biegt er nach links ab, geleitet uns kurz durchs Grad und dann rechts auf einem Pfad in den Wald hinein. Kurz darauf biegen wir am unbefestigten Waldweg nach links ab und wandern nun gut beschildert ein paar Minuten durch den Wald bis zum **Bühlerursprung** 03 (480 m). Von dort aus führt der Pfad noch wenige Minuten durch den Wald, dann an einen Waldweg und schließlich zum Waldrand an einen breiten Schotterweg. Wir folgen ihm nach rechts, doch schon nach wenigen Minuten

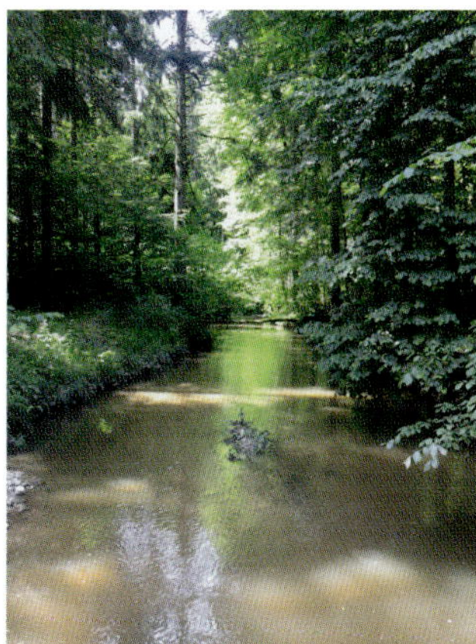

Die Blinde Rot.

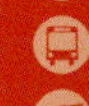

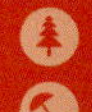

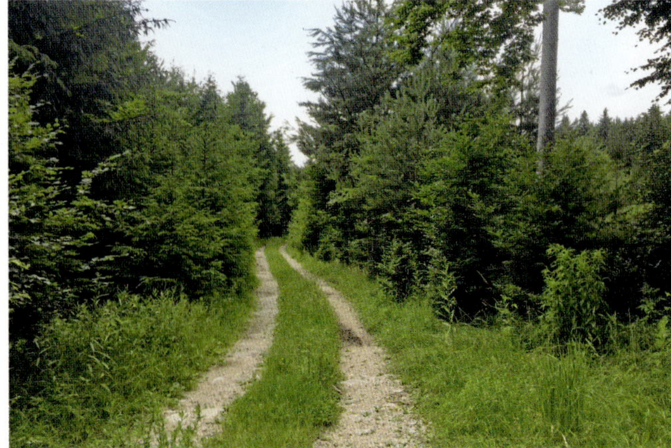

Durch den Wald nach Pommertsweiler.

verlassen wir ihn an der nächsten Gabelung rechts gewandt auf einen unbefestigten Waldweg. Er bringt uns nach ca. 150 Metern nach links über eine kleine grasige Lichtung an einen schönen breiten Waldweg. Hier wenden wir uns nach rechts. Nach einer viertel Stunde biegen wir an der Straße links ein und laufen nun durch **Pommertsweiler** **04** (454 m). Kurz nach Ortsausgang folgen wir einem Weg nach rechts, zusammen mit der Markierung 1 und 9 Richtung Burghardsmühle. Nach einer knappen viertel Stunde weisen uns die Wegzeichen an einer Gabel nach links, kurz darauf halten wir uns nochmals links an der Waldgabel und wandern einen mit groben Steinen bestückten Waldweg

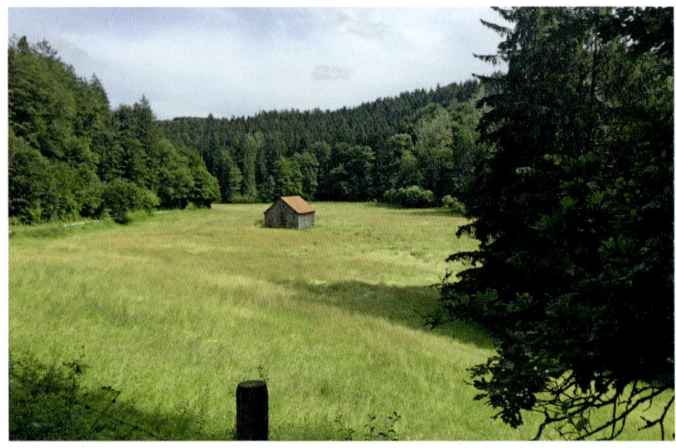

Einsame Lichtung im Rottal.

hinab. Nach ca. 20 Minuten auf dem einsamen Waldweg erreichen wir einen Schotterweg, dem wir nach links folgen. Über die Blinde Rot noch hinüber, erreichen wir einen breiten Schotterweg, das Rottalsträßchen. Wir folgen ihm nun nach rechts auf der Markierung Nr. 9 Richtung Abstgmünd, durchs **Rottal** 05 (424 m) hindurch. Nach ca. 750 Metern halten wir uns rechts, überqueren die Blinde Rot und wandern auf ihrer rechten Seite weiter. Nun immer geradeaus auf diesem Weg, durchs Naturschutzgebiet auf wunderschönem Weg, zwischendurch wechselt die Markierung, wir folgen weiter der Nr. 8. Nach einer halben Stunde passieren wir die **Öl- und Sägmühle** 06 (394 m). Weiter geht es, nochmal fast vierzig Minuten, mal näher, mal weiter vom Fluss entfernt, bis wir an einem Schotterweg rechts einbiegen und in wenigen Minuten zum **Wanderparkplatz Rottal** 01 (398 m) zurückwandern.

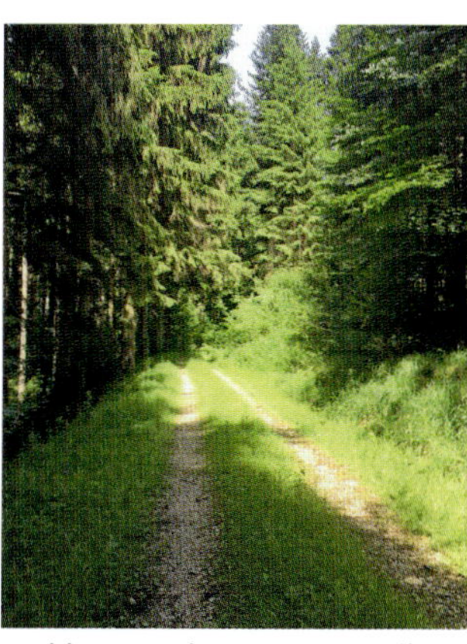

Waldweg nach Pommertsweiler.

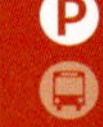
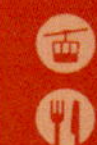
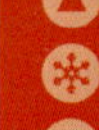

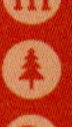

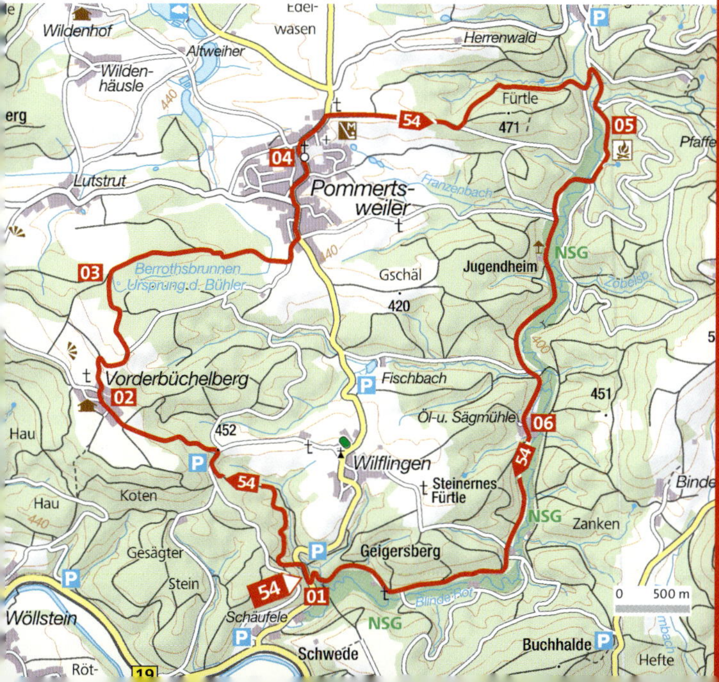

55

VON NEULER NACH SCHREZHEIM

Auf schönen Waldwegen zum Sägsweiher und zum Griesweiher

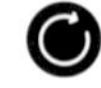

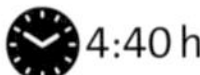

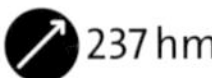

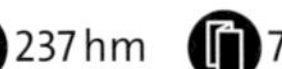

START | Parkmöglichkeiten bei Rathaus in Neuler. Geokoordinaten: [GPS: UTM Zone 32 x: 578349.404 y: 5420005.431]. CHARAKTER | Lange Wanderung, die Ausdauer erfordert, technisch jedoch relativ harmlos ist. Der erste Abschnitt ist nicht beschildert, aber gut zu finden.

Diese Wanderung führt uns an vielen Kleinoden und Besonderheiten vorbei. Kurz vor Schleifhäusel passieren wir die Comboni Mission. Das Missionshaus Josefstal ist die erste Niederlassung der Missionare auf deutschem Boden. Der Schwerpunkt der Arbeit der Missionare liegt dabei darauf, die „Ärmsten und am meisten Vernachlässigten" zu unterstützen. Im Missionshaus Josefstal lag der Schwerpunkt auf der handwerklichen Ausbildung der Missionare. Nur eineinhalb Kilometer entfernt dürfen wir uns einen Besuch der St.-Antonius-Kapelle in Schrezheim nicht entgehen lassen. Sie ist berühmt für ihren Fayencealtar; er entstammt der Schrezheimer Porzellanmanufaktur und stellt eines der bedeutendsten Werke der Fayencekunst dar.

▶ Wir parken am **Rathaus Neuler 01** (509 m) und laufen über den Parkplatz zur Klingenstraße, der wir nach links folgen. An der Hardtstraße biegen wir rechts ein und folgen ihr – ohne Markierung – aus dem Ort hinaus. Kurz nach Verlassen des

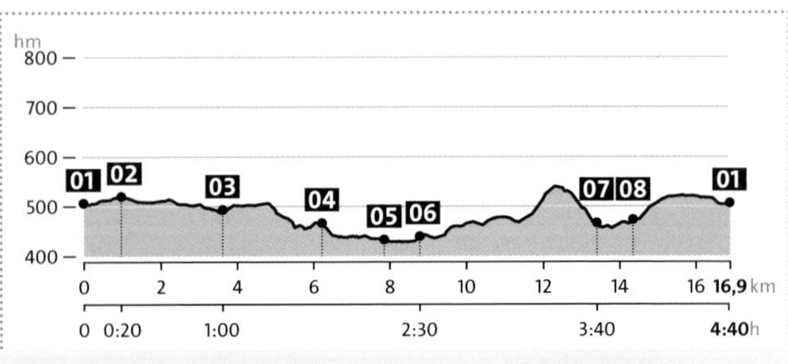

01 Rathaus Neuler 509 m; **02** Wasserturm 525 m; **03** Bächweiher 493 m; **04** Comboni Mission 471 m; **05** St. Antonius Kapelle 439 m; **06** Rotenbach 444 m; **07** Sägweiher 489 m; **08** Griesweiher 473 m

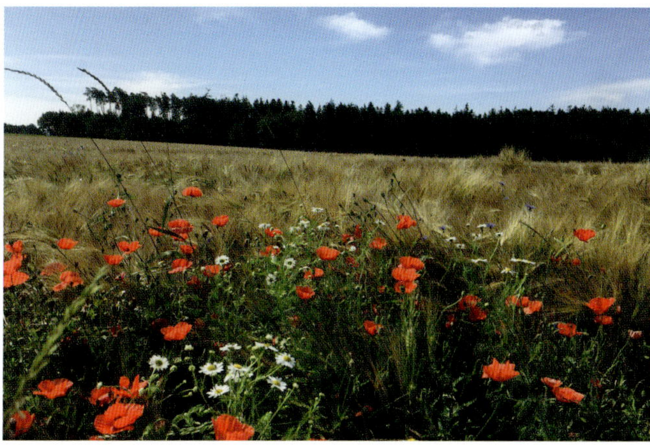

Kornfelder mit Mohnblumen.

Ortes erreichen wir eine T-Kreuzung. Hier weiter auf dem Radweg nach links Richtung Buch, kurz darauf, an der Gabelung, wenden wir uns nach rechts, am **Wasserturm 02** (525 m) vorbei. An der Kreuzung am Waldsaum folgen wir einem Schotterweg geradeaus in den Wald hinein, nun auf der Markierung 4a, der „Muffigelroute". An der nächsten Gabel halten wir uns rechts, dann stetig geradeaus bis zum Waldrand. Hier geradeaus weiter bis zur Kreuzung. Nach links führt uns nun das Sträßchen Richtung Schwenningen, nach ein paar Minuten am **Bächweiher 03** (493 m) vorbei und geradeaus noch an der schiefen Föhre vorbei. Wir folgen der Straße um eine Linkskurve und treffen hier auf HW4 und den Jacobsweg. Nach einer viertel Stunde biegen wir an der T-Kreuzung rechts ab (links geht es nach Schwenningen hinein), wenige Schritte später geht es jedoch schon wieder nach links. Wir folgen gute 500 Meter einem Teerweg hinab, der an einen Schotterweg mündet und uns schnell nach rechts in den Wald hinabführt. An der darauffolgenden T-Kreuzung biegen wir rechts ein, doch auch hier nur wenige Meter, dann führt uns HW4 nach links auf einen Pfad in den dichteren Wald hinab. Am Waldaustritt stoßen wir auf einen breiten Weg, dem wir nach rechts folgen. Er führt bald in angenehmer Steigung auf einen Teerweg, am Holzkreuz vorbei. Nach ca. 200 Metern folgen wir einem weiteren Teerweg nach links hinauf. Nach 150 Metern an der Gabelung wieder links hinab, an der **Comboni Mission 04** (471 m) vorbei. Nach ein paar Minuten erreichen wir eine große Kreuzung mit Holzschnitzfiguren. Wir halten uns links auf dem mittleren Weg, an den Infotafeln und den Auerochsenweiden vorbei. HW4 führt uns in einer Rechtskurve über den Bach und durch Schleifhäusle hindurch bis zur Hauptstraße: Hier biegen wir links ein und wandern parallel zu den Gleisen mit einmaliger Querung bis nach Schrezheim an die Fayencestraße. Diese überqueren wir und sehen rechter Hand auch schon die **St. Antonius Kapelle 05** (439 m). Hier unbedingt einen Blick hinein werfen! Auf dem Fuß- und Radweg geht es

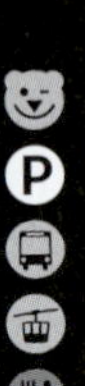

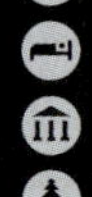

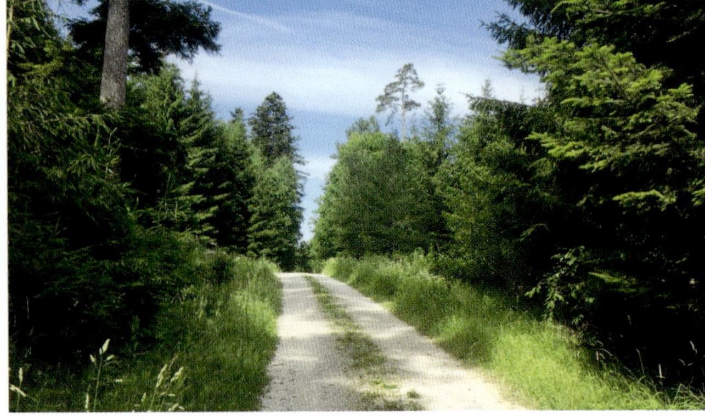

Unendlich zieht es sich durch den Wald.

nun weiter, unter der Bahn hindurch und über den Fluss hinüber, dann am Sportplatz vorbei. Gute 200 Meter hinter dem Sportplatz folgen wir der Beschilderung nach links, über die Jagst hinüber und an der Burgstraße links. HW4 und das rote Kreuz verlassen uns nach rechts, wir wandern eine gute viertel Stunde auf dem roten Krug durch **Rotenbach** **06** (444 m) hindurch wieder nach Schrezheim. Unsere Straße geht in die St.-Georgs-Straße über, der wir noch ein paar Minuten folgen, bis wir schließlich an der Ecke Höhenweg rechts abbiegen. Am Parkplatz vorbei folgen wir dem Fußweg aus dem Ort hinaus. Am Waldrand gabelt sich der Weg: Wir folgen ihm nach rechts. Der Schotterweg führt uns nach zehn Minuten an eine weitere Gabelung, hier folgen wir dem Weg geradeaus (von hinten stößt wieder das rote Kreuz zu uns). Am Weiher vorbei geht es noch ca. 400 Meter geradeaus, dann zweigt mit dem roten Kreuz linker Hand ein Pfad durchs Unterholz ab. Er führt leicht aufwärts. Am Waldaustritt wandern wir noch ein kurzes Stück am Waldrand entlang, dann weist uns unsere Markierung den Weg nach links Richtung Neuler und Espachweiler. Durch eine lichte Stelle am Waldrand, bald auf einen unbefestigten, schönen Weg mit vielen Fingerhüten am Wegesrand. Nach fünf Minuten gelangen wir wiederum an den Waldrand. Rechts gewandt, kurz am Waldrand entlang bis zum Schotterweg. Wir überqueren ihn schräg nach rechts und begeben uns auf einem zugewachsenen Pfad – Achtung, schwer zu erkennen! Er führt hinab zur Straße, der wir nach links folgen, weiter abwärts bis zum **Sägweiher** **07** (489 m). Geradeaus daran vorbei, weiter bis zum Wald und hier scharf rechts leicht hinauf auf einem breiten Waldweg. Zehn Minuten später stehen wir auch schon am **Griesweiher** **08** (473 m). Wir biegen links ab, am Weiher entlang und wandern bis zum Ortsrand von Neuler. Wir halten uns an der Dieselstraße nach rechts, dann an der Ziegeleistraße nach links. An der Leinenfirsterstraße biegen wir links ein, kurz darauf nach rechts in die Hasenbergstraße. An der Schmiedstraße dann nochmal nach links, dann stehen wir vor der Kirche St. Benedikt und laufen in wenigen Schritten zum **Rathaus Neuler** **01** (509 m) zurück.

Der Sägweiher.

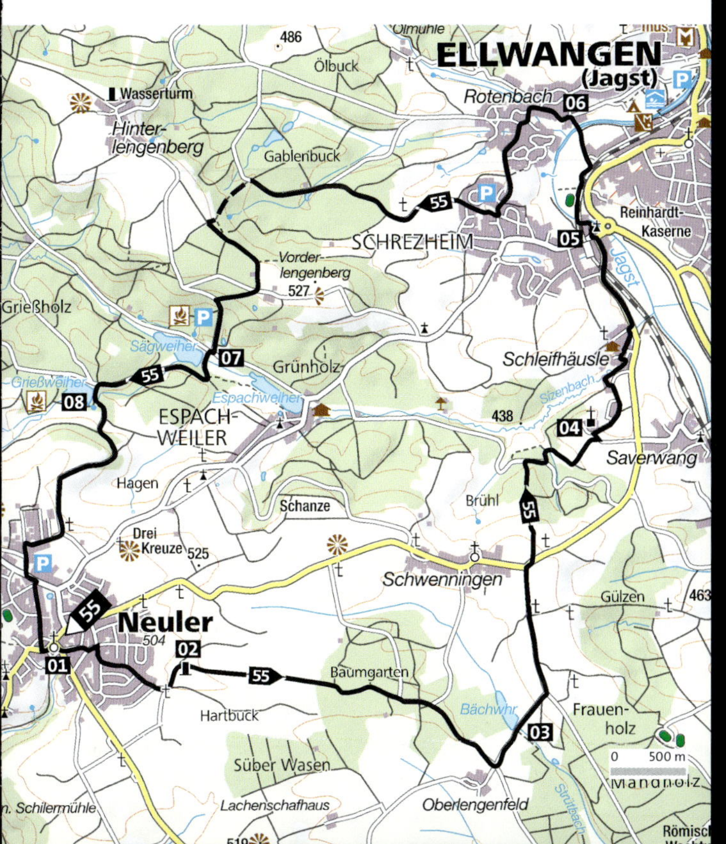

BREITENAUER SEE
In den 80er-Jahren als Rückhaltebecken angelegt, wurde der See ein paar Jahre später für die Öffentlichkeit freigegeben

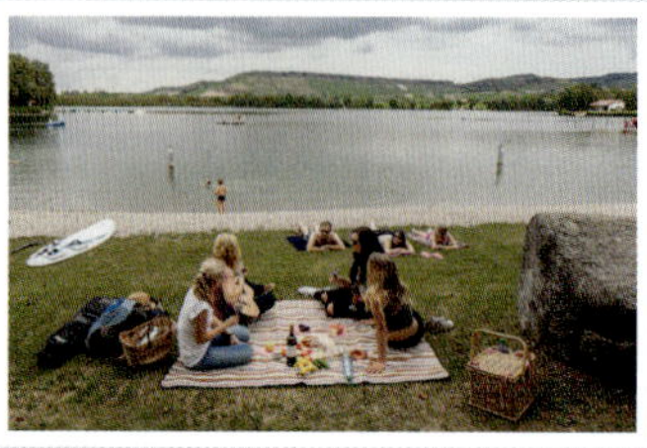

und avancierte im Laufe der Jahre zu einem äußerst beliebten Badesee. Mitten im Naturpark Schwäbisch-Fränkischer Wald, nahe Obersulm gelegen, ist der See mit seinen 40 ha Wasserfläche der

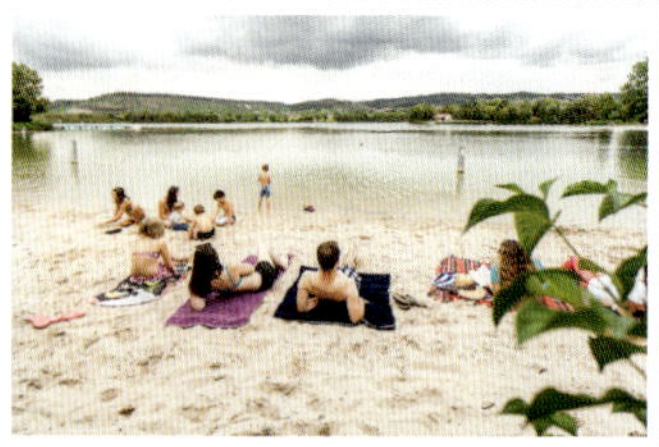

größte Badesee Nordwürttembergs. Auf einem vier Kilometer langen Weg kann man ihn umrunden und sich dabei auf dem Gewässerlehrpfad weiterbilden. Für Schwimmer, Wassersportler (Surfen, Segeln, Tretboot fahren) und Erholungssuchende ist der See im Sommer eine prima Anlaufstelle.
Naherholungszweckverband Breitenauer See | 74182 Obersulm | 07130 28401
freizeit@breitenauer-see.de

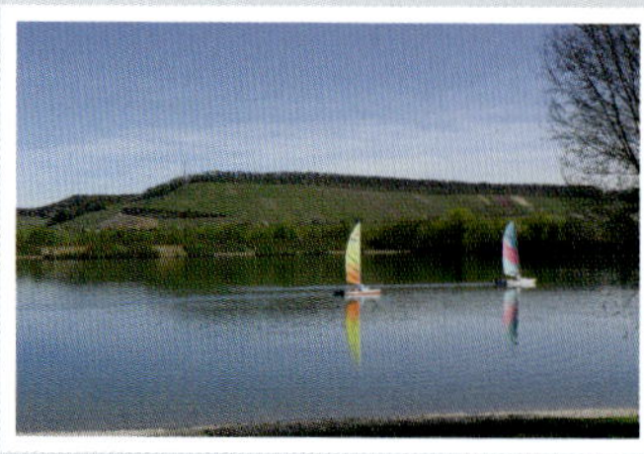

BURG LÖWENSTEIN
Die Burg wurde im 11. Jahrhundert (ca. 1080 – 1090) durch die Grafen von Calw erbaut. Direkt oberhalb von Löwenstein thronen die Reste ihrer Burgmauern auf einem Bergsporn und markieren den Übergang in die Weinberge im Weinsberger Tal. Vom Turm aus bietet sich eine herrliche Aussicht über den Breitenauer See und ins Weinsberger Tal. Von März bis Oktober finden an Sonn- und Feiertagen diverse Aktionen in und um die Burg herum statt. Mit Naturparkführern wird das mittelalterliche Treiben anschaulich erlebbar gemacht, es gibt Mitmach-Aktionen und kostenlose Führungen. Auch der Burgturm kann besichtigt werden.

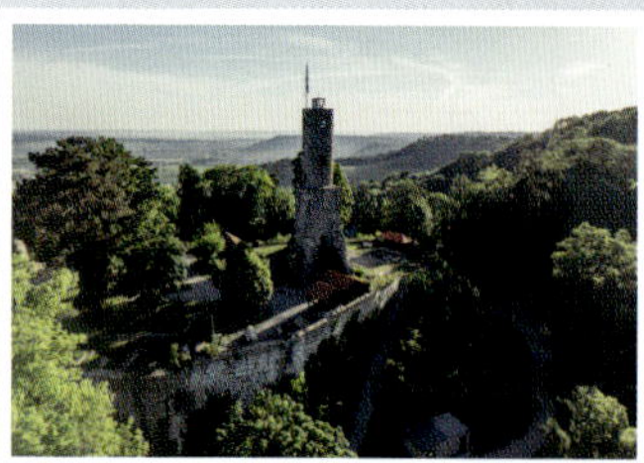

Burg Löwenstein | Burgweg 2 | 74245 Löwenstein | 07130 2223
info@stadt-loewenstein.de

GRILLHÜTTTEN

In der Hohenloher Ebene, aber auch im Schwäbisch-Fränkischen Wald gibt es eine große Anzahl an Grillplätzen. Sie liegen oft im Wald, auf Lichtungen oder auch an kleinen Weihern, oftmals befindet sich an der Grillstelle auch eine Hütte oder ein Pavillon. Und manchmal haben sie sogar einen Spielplatz dabei. An schönen Sommertagen bieten sie sich gut für einen Familienausflug an. Manche Grillplätze müssen vorher reserviert werden. Infos unter https://www.hohenlohe.de/Reiseland/Freizeitparadies/Grillplaetze.html für Hohenlohe oder unter https://www.schwaebischerwald.com/erkunden-entdecken/tipps-ausfluege/spiel-und-grillplaetze für Grillplätze im Naturpark Schwäbisch-Fränkischer Wald.

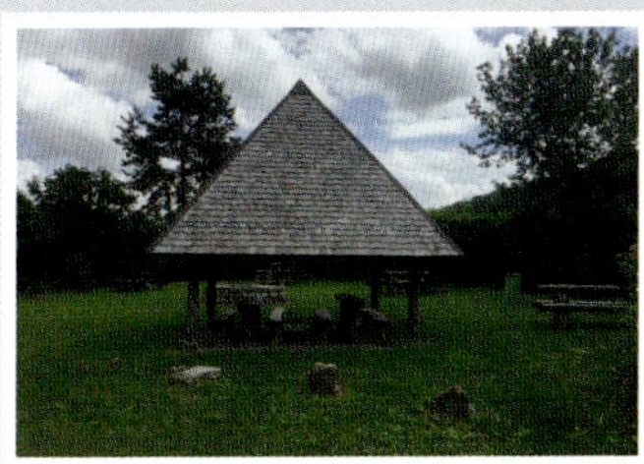

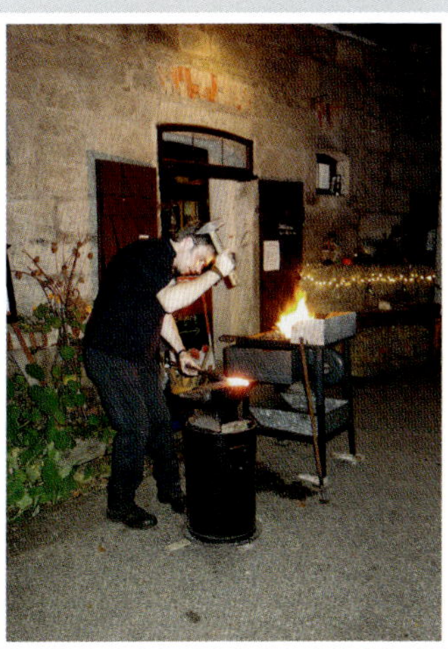

HAMMERSCHMIEDE GRÖNINGEN

Die historische Hammerschmiede bei Gröningen, im idyllischen und naturgeschützten Gronach- und Jagsttal gelegen, ist ein eindrucksvolles, technisches Kulturdenkmal mit Dampfmaschine und Ölmühle. Hier wird der Übergang vom Handwerk zur Industrieproduktion anschaulich erklärt. Die Schmiede stammt aus dem Jahr 1804 und wurde bis 1948 betrieben. Es werden Führungen durch die Hammerschmiede und eine darüber liegende, original eingerichtete Wohnung angeboten. Dabei kann man Geräte und Maschinen handwerklicher und frühindustrieller Fertigungsgänge, ein wasserbetriebenes Schwanzhammerwerk mit drei Hämmern und andere Originalprodukte der Werkstatt bestaunen. Das Highlight ist eine dreiköpfige, von einem Wasserrad angetriebene Schwanzhammer-Anlage. Auch eine historische Ölmühle befindet sich auf dem Gelände.

Hammerschmiede Gröningen | Gröningen | 74589 Satteldorf | 07955 3303
https://www.hohenlohe-schwaebisch-hall.de/Attraktion/hammerschmiede-groeningen-3/
Copyright: Gemeinde Satteldorf

HOHENLOHER FREILANDMUSEUM

Ein Dorf, das zu einer Zeitreise einlädt. Das Hohenloher Freilandmuseum empfängt die Besucher auf einem vierzig ha großen Museumsgelände mit über 70

historischen Gebäuden. Aus den unterschiedlichsten Regionen Hohenlohes wurden hier Bauernhöfe, Handwerkerhäuser, Mühlen, Kapelle, Schulhaus, Bahnhof, Gefängnis und noch vieles mehr umgesetzt und originalgetreu eingerichtet. Es gibt Handwerksvorführungen und Felder und Gärten mit historischer Bepflanzung. All dies gibt einen lebendigen Eindruck in das Leben der Menschen in früheren Zeiten. Sogar Schafe, Kühe, Schweine und Gänse tummeln sich auf kleinen Weiden und begeistern Jung und Alt. Die unterschiedlichsten Führungen und auch Kurse über frühere Handwerksfertigkeiten runden einen Besuch ab. Beim Museumsdorf gibt es zusätzlich eine Gastronomie und einen Museumsladen.
Hohenloher Freilandmuseum | 74523 | Schwäbisch Hall – Wackershofen | Dorfstraße 53 | 0791 971010
info@wackershofen.de / www.wackershofen.de

JAGSTTALBAHN DÖRZBACH

1901 wurde die schmalspurige Nebenbahn der Strecke Möckmühl – Dörzbach eröffnet. Mit 750 mm Spurweite führte sie einst 39 km durch das idyllische Jagsttal. Vor allem mit Zuckerrübentransporten und Stückgutverkehr finanzierte sich die Bahn – neben dem Personenverkehr. 1988 wurde der Betrieb eingestellt, gut 40 km der ursprünglichen Gleisstrecke sind heute noch erhalten geblieben. Der Verein Jagsttalbahnfreunde e.V. versucht jedoch mit verschiedenen Projekten, die Bahn wieder in Betrieb zu nehmen. Dazu zählen die Aufarbeitung der großen Diesellok sowie einiger Waggons und die Wiederherstellung der Anlagen, insbesondere der Gleisanlagen. In Dörzbach sind sie bereits wieder hergestellt. Zudem bietet der Verein Führungen durch die historischen Anlagen und Fahrzeuge im Bahnhof Dörzbach an.
Jagsttalbahnfreunde e.V. | Bahnhofstraße 8 | 74677 Dörzbach | 07937 / 277
post@jagsttalbahn.de
www.jagsttalbahn.de

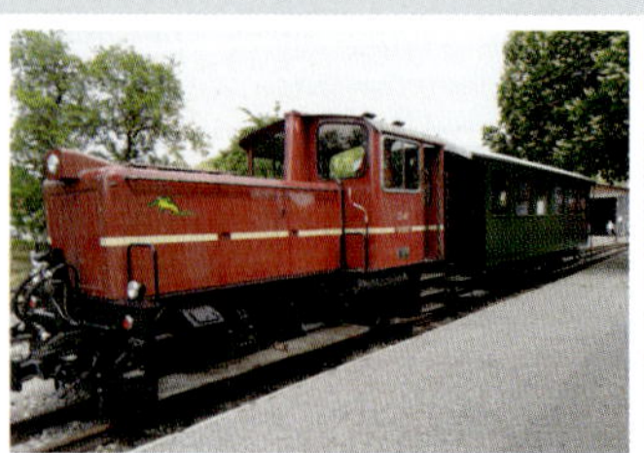

KLETTERTURM ÖHRINGEN

Der Kletterturm in Öhringen entstand als Bürgerprojekt zur Landesgartenschau 2016. Betrieben wird er von der Sektion Heilbronn des Deutschen Alpenvereins. 48 Motto-Stationen bieten Action pur, Spaß, Spannung und Herausforderung.

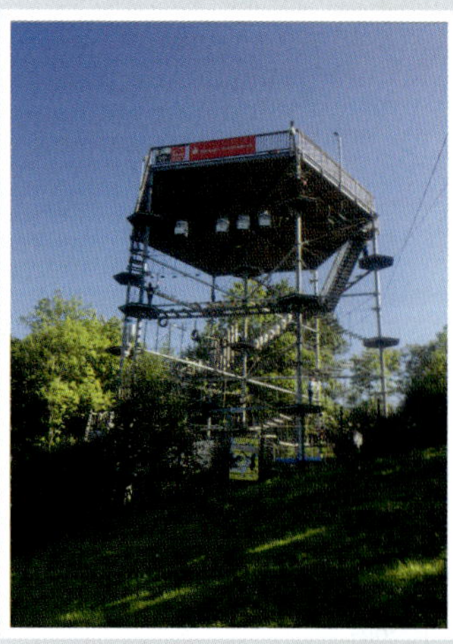

Über vier Ebenen verteilt. Dabei können große und kleine Besucher ihre Geschicklichkeit testen. Ganz Mutige können sich an den „Flying Edi“ wagen, der den Besucher in luftiger Höhe über die Ohrn dahinsausen lässt. Auf einer Höhe von 15 Metern befindet sich eine kostenlose Aussichtsplattform. Anmeldung und Infos unter 07131 679933 | info@kletterturm-oehringen.de oder www.kletterturm-oehringen.de

LIMES CICERONES

Der Verband der Limes Cicerones ist ein eingetragener Verein, der Gästeführer am Weltkulturerbe Limes stellt. Die Führer werden dabei vom Archäologischen Landesmuseum und der Deutschen Limeskommission ausgebildet und geprüft. Die in Verkleidung auftretenden Gästeführer bieten dabei Wanderungen, Führungen, Vorträge und spannende Abenteuer entlang des Limes und machen seine Vergangenheit und aufregende Geschichte spürbar erlebbar. Es gibt die Möglichkeit, an öffentlichen Führungen teilzunehmen, oder sich ein individuelles Angebot zusammenstellen zu lassen.

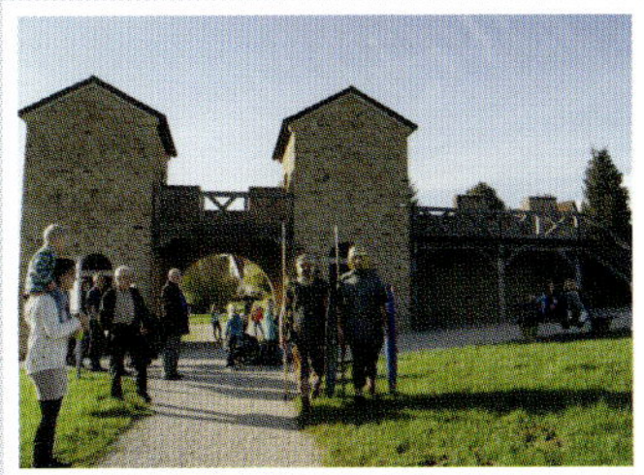

Verband der Limes Cicerones e.V. | Geschäftsstelle | Hauptstraße 3 | 74535 Mainhardt | 07903-940256 | info@limes-cicerones.de | www.limes-cicerones.de

RODELZENTRUM KAISERBACH

Seit 1978 gibt es die Sommerrodelbahn Kaiserbach. Sie besitzt eine 650 Meter lange Edelstahlrinne, in der Spitzengeschwindigkeiten von bis zu 40 Stundenkilometern erreicht werden können. Bei schönem Wetter sind durchgängig 25 Wagen in Betrieb. Bei Regen ist die Bahn geschlossen. Auch im Winter hat man hier mit Ski- und Schlittenlift eine schöne Möglichkeit, Schneetage optimal zu nutzen.

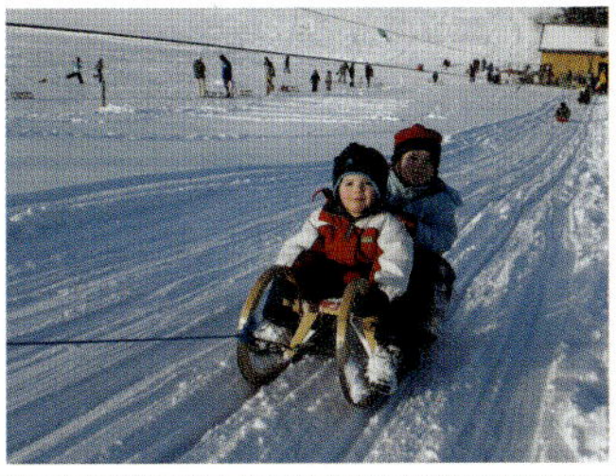

Ski- und Rodelzentrum Kaisersbach | Lichtestraße oder Winterhalde 1 | 73667 Kaisersbach | 07181/71357 | info@rodelzentrum.de | www.rodelzentrum.de

SOLEBAD NIEDERNHALL

Bereits vor dem 19. Jahrhundert wurde in Niedernhall Salz gewonnen. Es wurde dabei aufwändig aus bis zu 290 Meter tiefen Brunnen heraufbefördert. Eben jenes Salz, welches lange Zeit die Geschichte der Stadt mitbestimmte, prägt heute die Badekultur. So auch im Solebad Niedernhall, in dem es drei Becken mit einer durchschnittlichen Wassertiefe von 1,35 m gibt. Die erwärmte Sole wird dabei mit wertvollen Mineralien angereichert. Die Wassertemperatur ist mit 34° C im Bewegungsbecken und 36° C im Wärmebecken extrem angenehm.

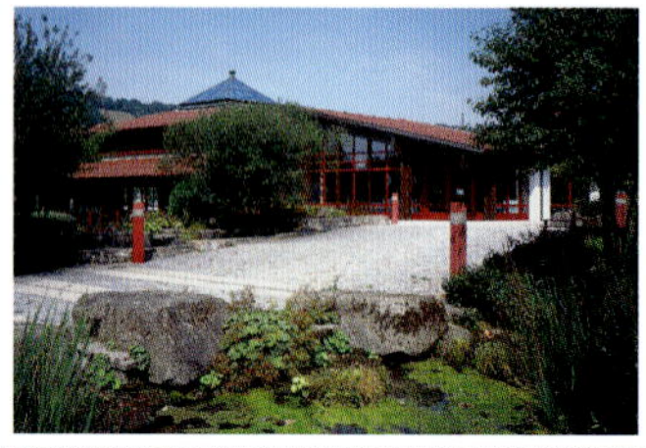

Hier lässt es sich bei schönem wie schlechtem Wetter einen entspannten Nachmittag verbringen.
Solebad Niedernhall | Brückenwiesenweg 29 | 74676 Niedernhall | 07940 55832 | www.niedernhall.de

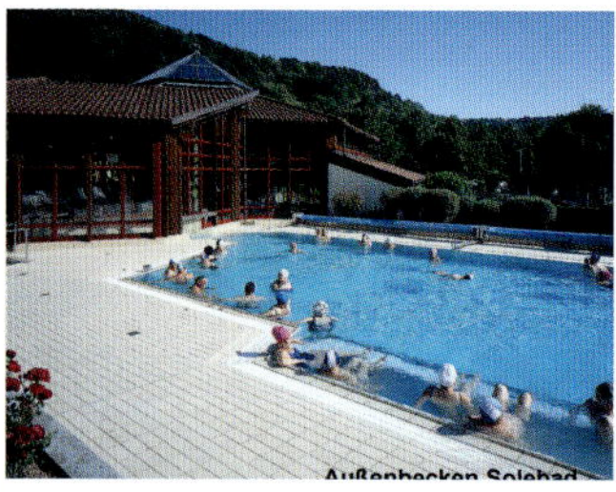

WETZSTEINSTOLLEN

Mitten im Schwäbisch-Fränkischen Wald liegt eine kleine Besonderheit der Industriegeschichte. Unterhalb des Jux bei Spiegelberg wurde seit dem Mittelalter Kieselsandstein abgebaut und zu Wetzsteinen zum Schärfen von Sensen verarbeitet. Anschaulich erzählt wird dieser Teil der Geschichte im Besucherbergwerk Wetzsteinstollen. Das wetzsteintaugliche Material wurde in einem Bergwerk abgebaut – das ist einzigartig in Europa. Ehrenamtliche Führer informieren über Abbau und Verarbeitung des besonderen Sandsteins zu Wetzsteinen und über die

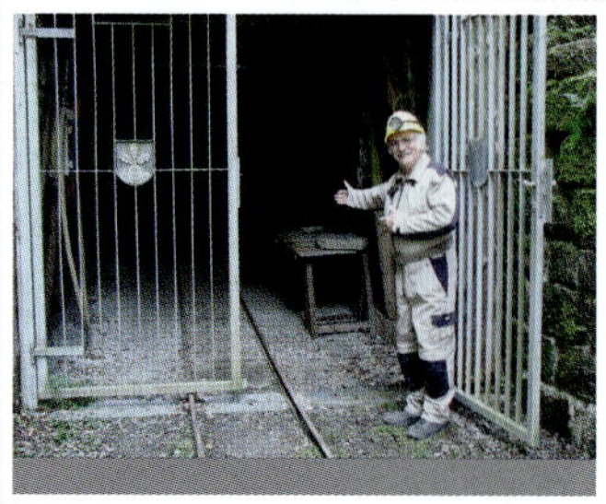

Zeit der Wiederentdeckung und Aufwältigung des Stollens. Führungen dauern etwa eineinhalb Stunden, während derer man 40 Meter in das Bergwerk eintauchen kann.
Gemeindeverwaltung Spiegelberg | Sulzbacher Straße 7 | 71579 Spiegelberg | 07194 9501-0 | www.gemeinde-spiegelberg.de | info@gemeinde-spiegelberg.de

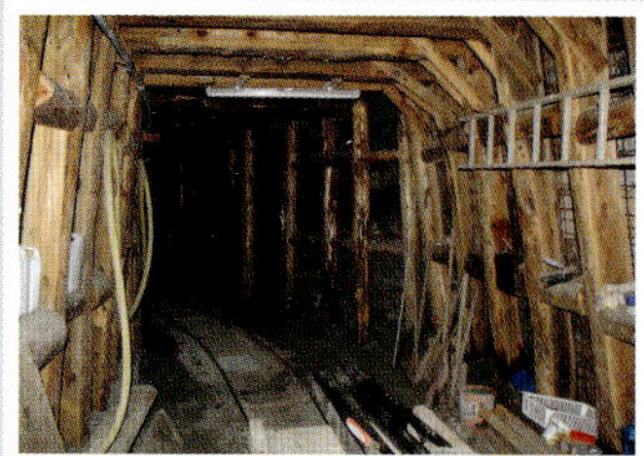

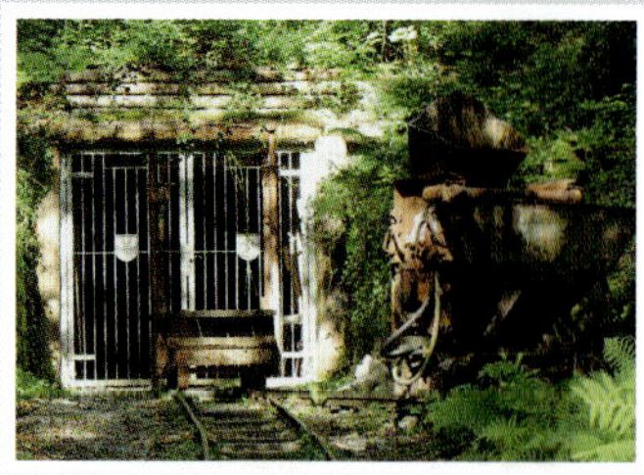

WILDPARK BAD MERGENTHEIM

Auf einer Fläche von 35 Hektar begrüßt der Wildtierpark Bad Mergentheim seine Besucher mit über 70 Tierarten. Dabei sind fast alle Gehege mit kaum wahrnehmbaren Begrenzungen als naturnah

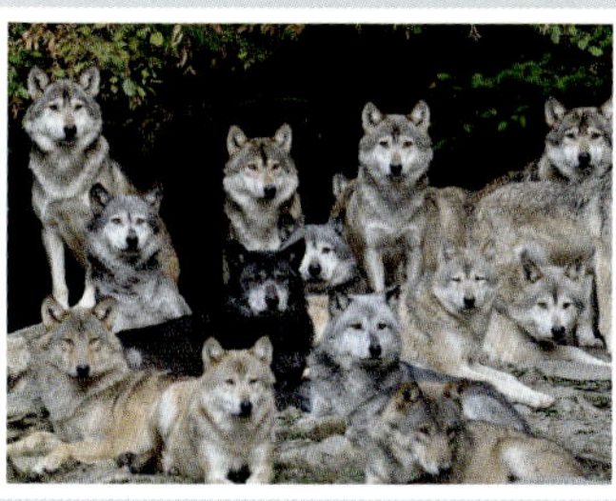

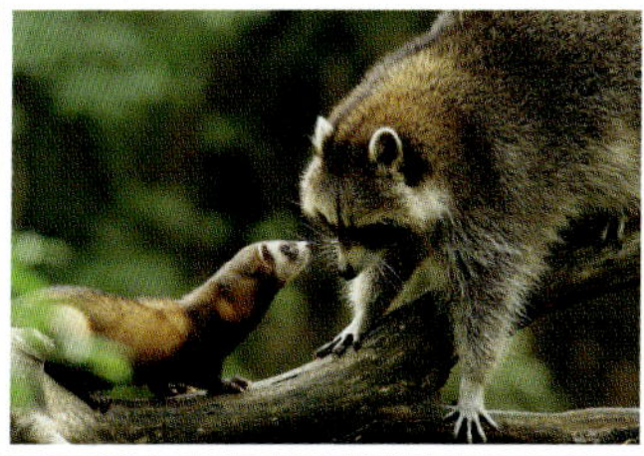

gestaltete Freisichtanlagen erbaut. Natürlichkeit und artgerechte Tierhaltung sind ein Hauptanliegen des Tierparks. Auch auf die heimatliche Verbundenheit wird großer Wert gelegt: So leben hier fast ausnahmslos europäische Tierarten. Mit den jahrzehntelangen Partnerschaften mit den umliegenden Betrieben zeigen sich die regionalen Bezüge. Der familiengeführte Wildpark bietet zudem unterschiedliche Programme an, wie Führungen durch den Park, Streichelzoo oder das Begleiten der Tierpfleger. Mit dem integrierten Wildpark für Kinder soll Kindern der Zugang zu ihrer natürlichen Umwelt erleichtert werden.

Wildpark 1 | 97980 Bad Mergentheim | Baden-Württemberg | 07931 56305-0 | info@wildtierpark.de | www. wildtierpark.de

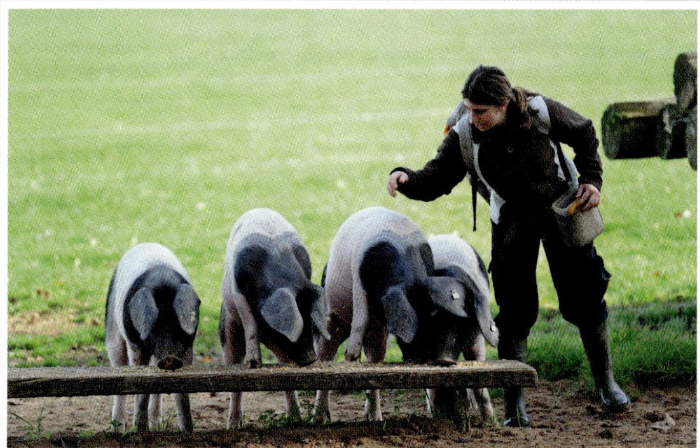

ÜBERNACHTUNGSVERZEICHNIS

€ unter 30 EUR €€ 30 – 60 EUR €€€ über 60 EUR
(pro Pers/DZ/incl. Frühstück)

Bretzfeld **Plz 74626 | +49 (0) 7946**
Bahnhof Busch (€), Bahnhofstraße 23, Tel. 9473894
Hotel Rose Bitzfeld (€€), Weißlensburger Straße 12, Tel. 77 50
Landhaus Rössle (€€) Mainhardter Str. 26, Tel. 91 11 0

Bühlertann **Plz 74424 | +49 (0) 7973**
Landgasthof zum Stern (€€), Hauptstr. 9, Tel. 726
Gasthof zum Bären (€€), Hauptstr. 14, Tel. 6121

Dörzbach **Plz 74677 | +49 (0) 7937**
Gästehaus und Heuhotel (€), Sonnenhalde 5, Tel. 5722
Kochstube Bitzer, Goldbachstraße 2 (€), Tel. 5843

Ingelfingen **Plz 74653 | +49 (0) 7940**
Hotel-Restaurant Haus Nicklass (€€), Mariannenstraße 47, Tel. 9101-0
Schloss-Hotel und Schloss-Stuben (€€€), Schlossstraße 14, Tel. 9165-0
Landgasthof Zum Obergässler (€-€€), Hauptstraße 48, Tel. 98291-0
Gasthaus Linde (€-€€), An der Linde 3, Tel. 328

Jagsthausen **Plz 74249 | +49 (0) 7943**
Rotes Schloss – Gästehaus Krone (€€), Brückenstraße 1, Tel. 943765
Schlosshotel Götzenburg (€€€), Schlossstraße 20, Tel. 4309960
Elli's Vogelnest (€), Am Römerbrunnen 1, Tel. 3709

Kirchberg an der Jagst **Plz 74592 | +49 (0) 7954**
Landhotel Kirchberg (€€), Eichenweg 2, Tel. 98 88-0
Schlosshotel Kirchberg (€€€), Schlossstraße 16/3, Tel. 921 54 71
Pension und Bauernhof Franz (€-€€), Hauptstraße 12, Tel. 8660
Haus Jagstblick by Landhotel Kirchberg (€€), Gaggstatter Straße 35, Tel. 98 88-0

Künzelsau **Plz 74653 | +49 (0) 7940**
Gasthof Engel (€), Schnurgasse 5, Tel. 8304
Landgasthof Adler (€-€€), Steinbacher Weg 4, Tel. 92960
Zum Wilden Mann (€€), Schlossgasse 2, Tel. 91 77 40

Kupferzell **Plz 74635 | +49 (0) 7944**
Landhotel Gasthof Krone (€€), Hauptstraße 40, Tel. 670
Landhotel Günzburg (€€), Hauptstraße 1, Tel. 91010

Langenburg **Plz 74595 | +49 (0) 7905**
Gasthof Post (€-€€), Hauptstraße 55, Tel. 5432
Gästehaus „Jagsttalblick“ (€), Hintere Gasse 25, Tel. 289
Krone Langenburg (€€), Hauptstraße 24, Tel. 941770

Löwenstein **Plz 74245 | +49 (0) 7130**
Landhaus Hohly (€-€€), Friedhofweg 5, Tel. 1313

Gasthof Lamm (€€), Maybachstraße 43, Tel. 401950
Flair Hotel Landgasthof Roger (€€), Heiligenfeld 56, Tel. 230

Mainhardt **Plz 74535 | +49 (0) 7903**
Hotel-Gasthof-Metzgerei Löwen (€€), Stock 15, Tel. 9310
Hotel-Restaurant-Café Schoch (€€), Hauptstraße 40, Tel. 91900
Landgasthof Sonne (€-€€), Haller Straße 3, Tel. 2392

Murrhardt **Plz 71540 | +49 (0) 7192**
Hotel Sonne-Post (€€), Walterichsweg 1, Tel. 92420
Gasthaus Waldeck (€), Siebenknie 38, Tel. 6127
Gasthof Zum Engel (€), Hauptstraße 15, Tel. 5232
Landgasthof Krone (€-€€) – Fornsbach, Rathausplatz 3, Tel. 5401

Öhringen **Plz 74613 | +49 (0) 7941**
Brauereigasthof Krone (€€), Marktstraße 24, Tel. 7278
Hotel-Restaurant Württemberger Hof (€€€), Karlsvorstadt 4, Tel. 92000
Hotel + Restaurant Schillerplatz (€€), Schillerstraße 4, Tel. 989490

Schwäbisch Hall **Plz 74523 | +49 (0) 791**
Gasthof Hirsch (€-€€), Sulzdorfer Straße 14, Tel. 9390220
Gasthof Roter Ochsen (€-€€), Dorfstraße 51, Tel. 9468886
Hotel Blauer Bock (€€), Lange Straße 51-53, Tel. 9494288
Hotel Kronprinz (€€-€€€), Bahnhofstraße 17, Tel. 9770-0

Sindringen **Plz 74670 | +49 (0) 7948**
Landgasthof Hotel Krone am Fluss (€-€€), Untere Straße 2, Tel. 91000
Hotel Nothwang (€€), Pfarrgasse 4, Tel. 521
Gathaus Zum Lamm (€-€€), Marktstraße 12, Tel. 2268

Sulzbach an der Murr **Plz 71560 | +49 (0) 7193**
Gasthof Krone (€), Haller Straße 1, Tel. 9319594
Sulzbacher Hof (€), Flurstraße 2, Tel. 93042-00

Untergröningen **Plz 73453 | +49 (0) 7975**
Brauereigasthof Lamm (€-€€), Haller Straße 2, Tel. 284
Gasthof / Pension Grüner Wald (€), Rötenbach, Tel. 400

Waldenburg **Plz 74638 | +49 (0) 7942**
Hotel-Restaurant Bergfried (€€), Hauptstraße 30, Tel. 9140-0
Pension Gästehaus am Berufskolleg Waldenburg (€-€€), Eichenstraße 11-13, Tel. 91200
Hotel Garni – Gästehaus Nägele (€€), Hauptstraße 27, Tel. 2261

Wüstenrot **Plz 71543 | +49 (0) 7945**
Hotel-Restaurant-Café Schönblick (€€-€€€), Kretschmerstraße 1, Tel. 476
Raitelberg Resort (€€), Schönblickstraße 39, Tel. 9300

Zweiflingen **Plz 74639 | +49 (0) 7948**
Wald & Schlosshotel (€€€), Kärcherstraße, Tel. 60870

NATURPARK- UND TOURISMUSINFORMATIONEN

NATURPARK SCHWÄBISCH-FRÄNKISCHER WALD
Marktplatz 8
71540 Murrhardt
07192-213-888
info@naturpark-sfw.de
https://www.naturpark-sfw.de

HOHENLOHE + SCHWÄBISCH HALL TOURISMUS E. V.
Karl-Kurz-Straße 44
74523 Schwäbisch Hall
0791/755-7444
info@hs–tourismus.de
https://www.hohenlohe-schwaebischhall.de

TOURISTIKGEMEINSCHAFT HOHENLOHE E.V.
Allee 17
74653 Künzelsau
07940 18206
info@hohenlohe.de
https://www.hohenlohe.de

SCHWÄBISCHER ALBVEREIN E.V.
Hospitalstraße 21b
Hauptgeschäftsstelle (Albvereinshaus)
70174 Stuttgart
07 11 / 2 25 85-0
info@schwaebischer-albverein.de
https://albverein.net

TOURISMUSVERBUND HOHENLOHER PERLEN
Marktplatz 15
74613 Öhringen
07941 / 68189
tourismus@hohenlohe-perlen.de
https://www.hohenloher-perlen.de

SCHWÄBISCHER WALD TOURISMUS E.V.
Landratsamt Rems-Murr-Kreis
Alter Postplatz 10
71332 Waiblingen
07151 501-1376
www.schwaebischerwald.com

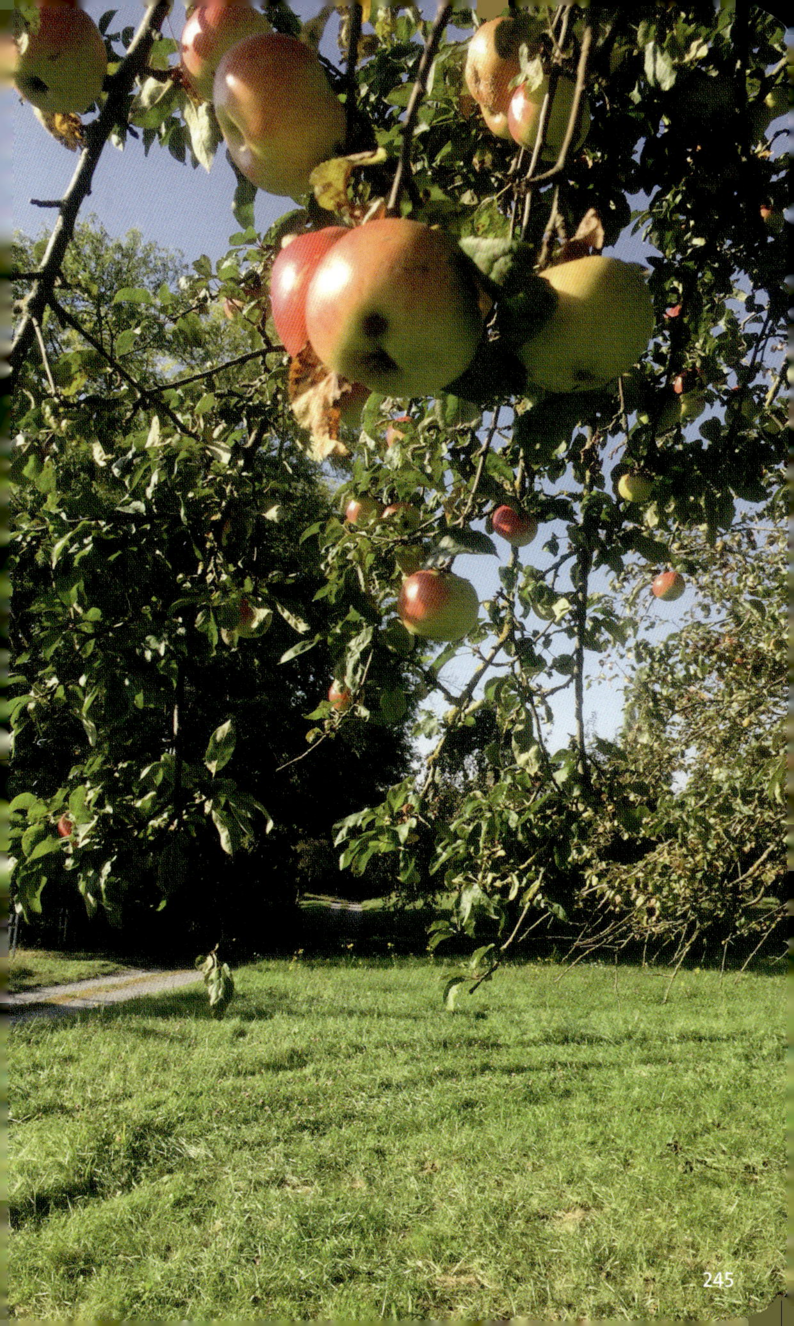

REGISTER

IMPRESSUM

1. Auflage 2022 Verlagsnummer 5390 ISBN 978-3-99121-485-4

Text und Fotografie: Lisa Aigner

Titelbild: Panorama von Schwäbisch Hall
(© Animaflora PicsStock - adobe Stock)

S. 10: © Pixxel_Art; S. 14: © U.Bastgen; S. 17: © Pixxel_Art; S. 238: © Volker Elgner; S. 239: © Uwe Brennstuhl; S. 240: © Stadt Niedernhall; S. 240: © Gemeinde Spiegelberg; S. 241: © wildtierpark bad mergentheim

Grafische Herstellung: Stefan Treichl
Wanderkartenausschnitte: © KOMPASS-Karten GmbH
Kartengrundlage für Gebietsübersichtskarte S. 8–9, U4:
© MairDumont, D-73751 Ostfildern 4

Alle Angaben und Routenbeschreibungen wurden nach bestem Wissen gemäß unserer derzeitigen Informationslage gemacht. Die Wanderungen wurden sehr sorgfältig ausgewählt und beschrieben, Schwierigkeiten werden im Text kurz angegeben. Es können jedoch Änderungen an Wegen und im aktuellen Naturzustand eintreten. Wanderer und alle Kartenbenützer müssen darauf achten, dass aufgrund ständiger Veränderungen die Wegzustände bezüglich Begehbarkeit sich nicht mit den Angaben in der Karte decken müssen. Bei der großen Fülle des bearbeiteten Materials sind daher vereinzelte Fehler und Unstimmigkeiten nicht vermeidbar. Die Verwendung dieses Führers erfolgt ausschließlich auf eigenes Risiko und auf eigene Gefahr, somit eigenverantwortlich. Eine Haftung für etwaige Unfälle oder Schäden jeder Art wird daher nicht übernommen. Für Berichtigungen und Verbesserungsvorschläge ist die Redaktion stets dankbar. Korrekturhinweise bitte an folgende Anschrift:

KOMPASS–Karten GmbH
Karl-Kapferer-Straße 5, A-6020 Innsbruck
www.kompass.de/service/kontakt

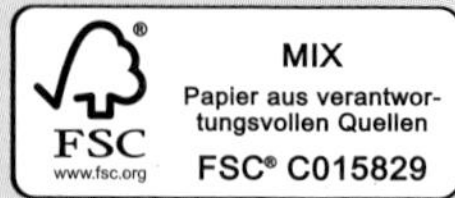